국어의 중요성은 아무리 강조해도 지나치지 않다. 국어가 학교 내신이나 대입 수학능력시험에서 차지하는 비중이 매우 크기도 하지만, 더 나아가 국어 과목은 말하기, 읽기, 듣기, 쓰기 등 커뮤니케이션 능력을 배양하는 과목이기 때문이다.

대체로 국어는 시간 대비 효율이 높지 않은 과목으로 알려져 있다. 열심히 공부해도 그다지 성과가 잘 나오지 않아 고등학교에 가서 아무리 열심히 공부해도 국어 성적 향상은 기대하기 어렵다는 게 정설처럼 받아들여지고 있기까지 하다. 일리가 있다. 하지만 반드시 그런 것은 아니다.

흔히 국어 공부를 하겠다고 하는 학생들이 쉽게 간과하는 것은 바로 문학 공부를 소홀히 하는 것이다. 읽어 보면 다 아는 이야기라는 것이 이들의 생각이다. 하지만 문학이야말로 체계적으로 공부를 해야 하는 영역이다. 수능 등의 시험을 볼 때 단순히 문학 작품을 읽고, 감상하는 것만으로는 문제를 해결할 수 없는 경우가 많기 때문이다. 문학 작품을 읽고 그 작품이 우리에게 전달하는 바를 정확히 이해할 때 우리는 비로소 그 문학 작품과 관련된 문제를 해결할 수 있을 뿐만 아니라, 문학 작품을 쉽고 재미있게 감상할 수 있게 된다.

그렇다면 문학 독해는 어떻게 시작해야 할까? 시, 소설·극 문학, 수필 등의 문학 작품들은 갈래별로 특징이 다르고, 확인해야 하는 것도 다르다. 단순하게 말하자면 시에서는 화자가 무엇을 말하고 있는지를 파악해야 하고, 소설에서는 중심인물이 무엇을 하고 있는지를 파악하는 것이 중요하다.

이번에 자이스토리에서 국어의 문학 영역인 시, 소설·극 문학, 수필 등을 체계적으로 학습할 수 있는 책이 나왔다. 이 책에 제시된 방법으로 독해 훈련을 한다면 탄탄한 국어 능력을 배양할 수 있으리라 확신한다. 교과서와 관련된 문학 작품, 학생들의 흥미와 수준에 맞춘 문학 작품을 읽다 보면 문학 작품을 이해하는 능력과 문제를 해결하는 능력도 눈에 띄게 향상될 것이다. 더불어 이러한 노력을 기울이다 보면 지문을 읽고 질문에 대답하는 형태의 면접 시험에서도 남다른 역량을 갖추게 될 것이다.

지니국어논술 학원(대치, 반포, 분당, 압구정) 대표 윤 진 성

 자이스토리 **국어 공부 로드맵**

수능 연도별 모의고사
고3 국어

고난도 국어 독서

고난도 국어 문학

수능 실전

독서 실전

문학 실전

언어와
매체 실전

화법과
작문 실전

전국연합 고2 국어

고전 시가 총정리

언어(문법) 기본

수능

NEW 독서 완성

NEW 문학 완성

전국연합 고1 국어

독서 기본

문학 기본

국어 기본
(독서, 문학, 문법, 화법, 작문, 매체)

어휘 실력 보충

NEW 고등 국어
문법 총정리

NEW 수능 국어
개념어 총정리

국어 독해력을 키우는
실전 어휘

고등

고등 국어
비문학 독해
1, **2**

고등 국어
문학 독해
1, **2**

중등

중학 국어
비문학 독해
1～**3**

중학 국어
문학 독해 + 문학 용어
1～**3**

NEW 중등 문법
완성

NEW 중등 문법
기본

중학 국어
문해력 키우는 어휘
1, **2**

초등

초등 국어
독해력 쑥쑥 + 낱말 쑥쑥
1～**6**학년

초등 국어
문해력 충전
0～**6**학년

독서＋문학＋생활문

비문학(독서) | **문학** | **기타**

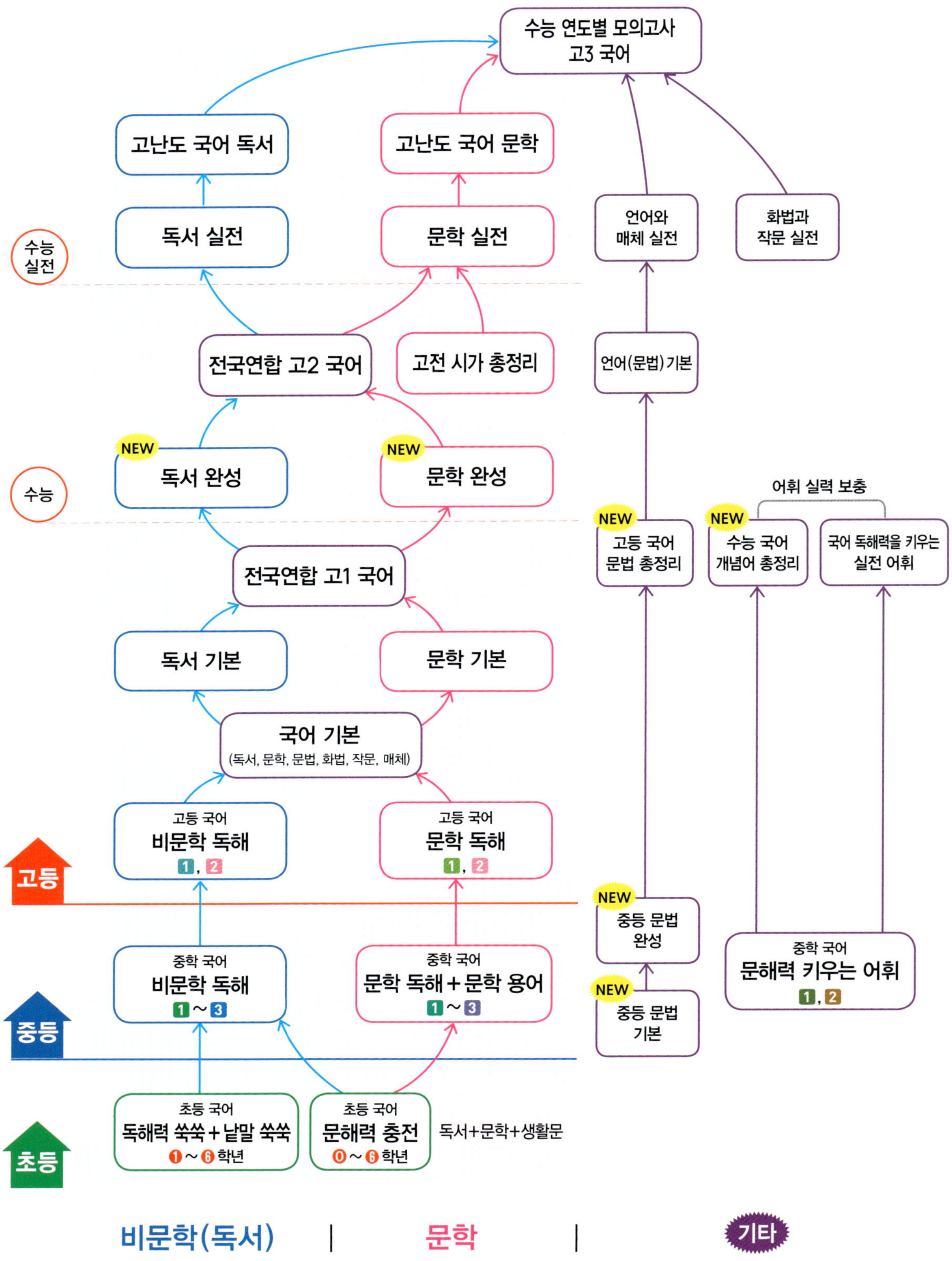

자이스토리

중학 국어 문학 독해 + 문학 용어 ①

[시, 소설·극, 수필]

수경출판사

왜 문학 독해를 공부해야 할까요?

문학이란 사람의 감정을 언어로 표현한 예술로, 우리가 흔히 알고 있는 시, 소설, 극 문학, 수필을 의미합니다.

우리는 문학 작품을 읽으면서 '나'를 비롯한 인간에 대해 이해하고 세상의 다양한 측면을 접함으로써 좀 더 성숙한 인간으로 발전하게 됩니다. 그래서 우리는 문학 작품을 읽어야 합니다.

문학 작품을 읽고 그 작품이 우리에게 전달하는 바를 정확하게 감상할 수 있어야 문학 작품을 올바로 이해했다고 할 수 있습니다. 문학 작품을 쉽고 재미있게, 그리고 정확하게 감상하기 위해서는 문학 작품을 읽는 방법, 즉 문학 독해를 공부해야 합니다.

문학 독해는 어떻게 시작해야 할까요?

우리가 읽는 시, 소설, 극 문학, 수필 등의 문학 작품들은 각각 특징이 다릅니다. '시'에서는 누가 무엇을 말하고 있는지 파악해야 하고, '소설'과 '극 문학'에서는 누구에게 어떠한 사건이 일어나고 있는지 파악해야 하지요.

이처럼 문학 작품은 갈래에 따라 특성이 다르기 때문에 중심적으로 파악해야 하는 것이 무엇인지를 생각하면서 작품을 읽는 연습을 해야 합니다.

또, '화자', '서술자', '직유법', '의인법'…….

시나 소설의 내용은 다 알겠는데 '화자'나 '서술자'가 무엇인지 모르면 어떻게 될까요?

시험을 볼 때 문제의 의미를 이해하지 못하고, 출제자가 원하는 바를 바로 파악할 수 없어 어려움을 겪게 될 것입니다. 그러므로 실제 작품을 통해 '화자', '서술자', '직유법', '의인법'과 같은 용어가 의미하는 바가 무엇인지를 익혀야 합니다. 즉, 문학 용어들을 익히면 진정한 문학 독해를 할 수 있습니다.

자이스토리 중학 국어 **문학 독해 + 문학 용어**

문학 작품을 단계별로 쉽게 독해할 수 있어요!

'시'를
읽을 때는
❶ 화자, 중심 대상을
   먼저 찾고,
❷ 상황, 정서, 태도를
   파악한 후
❸ 표현상 특징을
   파악해야 합니다.

이렇게 하면 어려운
시의 내용도 쉽고 정확하게
이해할 수 있습니다.

'소설 · 극 문학'을
읽을 때는
❶ 중심인물, 배경을
   찾아서,
❷ 중심 사건, 갈등을
   파악한 후
❸ 서술상 특징을
   파악해야 합니다.

이렇게 하면 복잡한
소설 · 극 문학의 내용도 쉽고
정확하게 이해할 수 있습니다.

'수필'을
읽을 때는
❶ 중심 대상을 찾고,
❷ 글쓴이의 생각, 태도를
   파악한 후
❸ 서술상 특징을
   파악해야 합니다.

이렇게 하면 수필에 담긴
글쓴이의 생각을 쉽고 정확하게
이해할 수 있습니다.

지문 이해 특강 에서는 마치 과외 선생님이 옆에서 나의 수준에 맞춰 설명해 주듯이 각 STEP별로
학습할 사항을 안내하고 있어요. 시, 소설, 극 문학, 수필에서 무엇을 확인하며 읽어야 작품을 쉽게
이해할 수 있는지, 그 이후에는 어떤 과정을 거쳐야 작품을 정확하게 이해할 수 있는지를 차근
차근 설명해 줍니다.

문제 풀이 특강 에서는 이 문제가 의미하는 바가 무엇인지, 이 문제를 해결하기 위한 근거는 작품의 어
느 부분에서 찾을 수 있는지를 안내하고 있어요. 문제 풀이 특강에서 알려 주는 대로 함께 문제
를 풀어 나가다 보면 어느새 작품을 이해하는 능력뿐만 아니라, 어려운 문제도 손쉽게 해결할 수
있게 되지요.

문학 용어 특강 에서는 문학 시험 문제에 출제되는 문학 용어의 개념을 제시하고 있어요. 문학 용어를
정확하게 익히면 어려운 문제도 쉽게 이해할 수 있어 국어 성적이 쑥쑥 오릅니다.

구성과 특징

1 하루 2개 작품으로 재미있게 감상 시작!

▶ **흥미로운 작품 구성**
중학 국어 교과서 작품을 중심으로 중학생이 꼭 알아야 하는 작품을 난이도에 따라 구성했습니다.

▶ **STEP별 독해 틀 제공**
각 단계에 따라 확인해야 하는 학습 요소를 작품 옆에 기본 틀로 제공하였습니다.

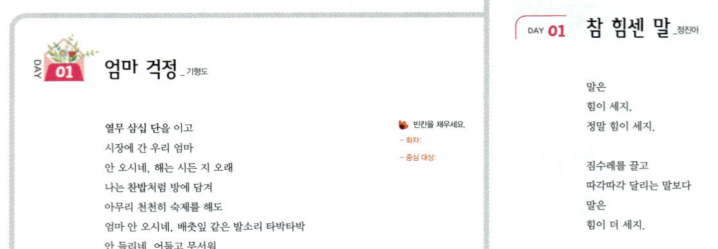

2 독해 방법을 단계별로 훈련하는 '지문 이해 특강', '문제 풀이 특강'

▶ **지문 이해 특강**
작품을 쉽고 빠르게 독해하기 위해서 STEP별로 제시된 학습 내용을 어떻게 적용해야 하는지 구체적인 방법을 알려 줍니다.

▶ **문제 풀이 특강**
문제가 무엇을 의미하는지, 선택지의 적절성을 판단하는 기준이 무엇인지를 제시함으로써 문제에 접근하는 방법을 체계적으로 알려 줍니다.

지문 이해 특강 STEP I

STEP I 화자, 중심 대상 찾기

시의 내용을 이해하려면 우선 말하는 이가 누구인지, 무엇에 대해 말하는지를 알아야 해요.
'**화자**'는 시에서 말하는 사람을 의미해요. 화자는 시인이 읽는 사람에게 어떠한 이야기를 전달하기 위해 시인을 대신하여 내세운 사람이지요.
시에서 화자를 찾으려면 '나, 우리'라는 표현을 찾으면 돼요. 시에 화자가 직접 드러나지 않는 경우도 있어요. 이때는 화자가 '무엇을 하고 있는 사람(혹은 사물)'인지 생각해 보세요.
'**중심 대상**'은 화자가 주로 이야기하는 대상(사람, 사물, 현상 등)이에요.

문제 풀이 특강 STEP I

03 시어 및 구절의 의미 파악하기
윗글에 대한 설명으로 가장 알맞지 않은 것은?

① '열무 삼십 단'을 통해 엄마의 고단함을 표현하고 있다. (○)
★ 근거: ①연 ❶, ❷행

> 열무 삼십 단을 이고 / 시장에 간 우리 엄마

🌱 고단하다는 것은 처지가 좋지 못해 몹시 힘들다는 의미예요. 화자는 시장에서 장사를 하는 엄마의 고단함을 '열무 삼십 단'을 통해 표현하고 있어요.

② 혼자 남겨진 화자의 처지를 '찬밥'이라고 표현하고 있다. (○)
★ 근거: ①연 ❹행

3 기초부터 차근차근, 문학 독해력 향상 STEP ❶~❸

각 STEP을 따라가며 독해를 할 때 무엇에 집중하며 읽어야 하는지를 익혀 보세요. 어느새 독해력이 쑥쑥 길러집니다.

I 시	STEP ❶ 화자, 중심 대상 찾기
	❷ 상황, 정서, 태도 파악하기
	❸ 표현상 특징 파악하기
II 소설·극	STEP ❶ 중심인물, 배경 파악하기
	❷ 중심 사건, 갈등 파악하기
	❸ 서술상 특징 파악하기
III 수필	STEP ❶ 중심 대상 찾기
	❷ 글쓴이의 생각, 태도 파악하기
	❸ 서술상 특징 파악하기

4 개념과 어휘를 동시에 문학 용어 특강 + 어휘 테스트

▶ **문학 용어 특강**

각 갈래별로 반드시 알아야 하는 문학 용어
를 제시했습니다. 구체적인 예를 통해 문학
용어의 쓰임을 쉽고 재미있게 익힐 수 있습
니다.

▶ **문학 용어 + 어휘 테스트**

Day별 문학 용어와 어휘를 다양한 유형의
문제로 테스트해 봄으로써 쉽고 정확하게 문
학 용어와 어휘를 익힐 수 있습니다.

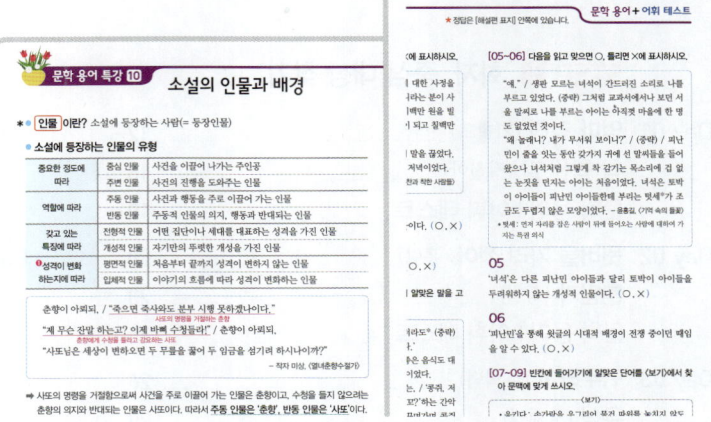

5 다시는 틀리지 않게 완벽히 이해시키는 입체 첨삭 해설

시 이해
시의 내용을 정확하게 파악할 수 있
도록 구체적인 해설을 제시했습니다.

표현 방법
시에 사용된 표현 방법을
상세히 안내했습니다.

❶ 화자, 중심 대상
시의 화자, 중심 대
상에 표시했습니다.

❷ 상황, 정서, 태도
화자가 처해 있는
상황과 그 상황에서
화자가 느끼는 정서
를 비롯한 화자의 태
도를 알 수 있는 부분
에 표시했습니다.

❸ 표현상 특징
주제를 효과적으로
전달하기 위해 사용
된 표현상 특징이
드러난 부분에 표시
했습니다.

★ 독해 공식
각 갈래별로 반드
시 확인해야 하는
STEP별 확인 요소
를 제시했습니다.

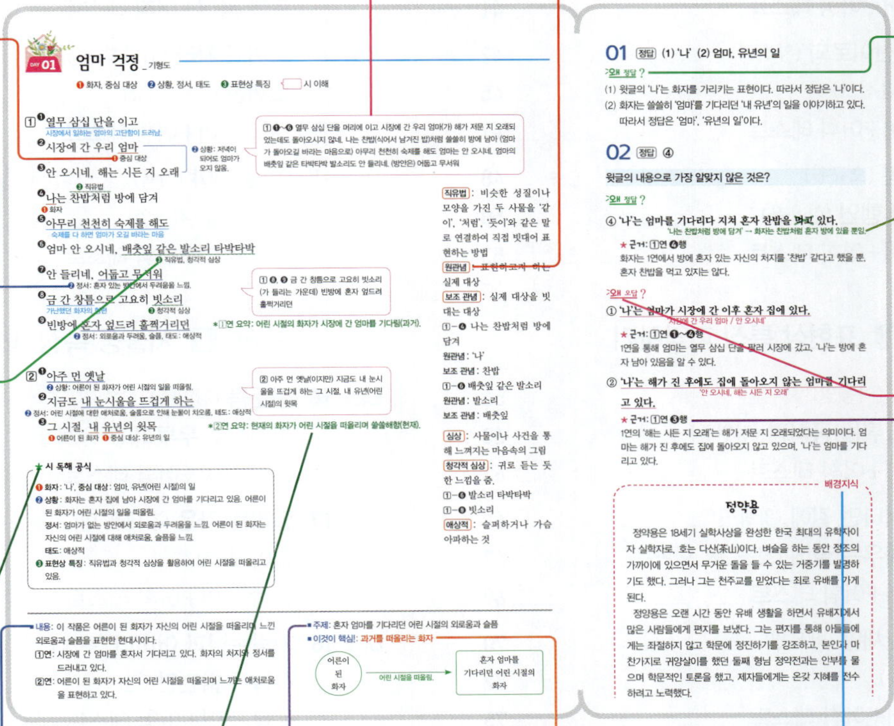

내용
해당 작품이 어떠
한 내용이고, 무슨
갈래에 해당하는지
를 한 문장으로 요
약했습니다.

요약
각 연이나 장면의 내용을
요약해 전체적인 내용을 파
악할 수 있게 했습니다.

주제
작품의 주제를 정리했
습니다.

이것이 핵심!
작품에서 가장 핵심이
되는 내용을 한눈에 볼
수 있게 제시했습니다.

배경지식
작품과 관련 있는 다양
한 자료를 수록하여 학
습과 생각의 깊이를 더
할 수 있게 하였습니다.

왜 정답?
정답이 되는 핵심
이유와 문제의 풀이
를 알기 쉽도록 자
세히 설명했습니다.

첨삭 해설
작품과 문제를 깊이
있게 이해할 수 있
도록 해설을 자세히
수록했습니다.

왜 오답?
틀린 문제에 대한
이해뿐만 아니라 선
택지 출제 원리까
지 터득할 수 있습
니다.

근거
문제 풀이의 근거가
되는 부분을 구체적
으로 제시했습니다.

이 책의 차례

I 시

STEP I 화자, 중심 대상 찾기

STEP II 상황, 정서, 태도 파악하기

STEP III 표현상 특징 파악하기

II 소설 · 극 문학

STEP I 중심인물, 배경 파악하기

STEP II 중심 사건, 갈등 파악하기

STEP III 서술상 특징 파악하기

III 수필

★ 문학 용어 특강

시험에 자주 나오는 중요한 문학 용어를 차근차근 공부하면 문학 문제를 쉽게 해결할 수 있어요!

꾸준함이 문학 독해력을 길러 줍니다.

1. Day별 일정 분량을 꾸준히 공부하세요!

- 매일 2개의 작품을 읽으며 문학 작품과 친숙해져 보세요.
- 아무리 작품을 많이 읽어도 눈으로만 읽으면 무엇을 말하고 있는지 정확하게 이해할 수 없어요. 글쓴이가 말하고자 하는 것이 무엇인지 집중해서 읽고 스스로 정리해 보아야 해요.

2. 문제를 풀면서 글쓴이의 생각을 확인해 봐요!

- 작품을 읽고 문제를 푸는 것은 작품을 통해 글쓴이가 전달하고자 하는 바를 제대로 이해했는지 점검하는 과정이에요.
- 문제를 풀면서 내가 이해한 것이 맞는지, 어떤 부분을 잘못 이해했는지 등을 꼼꼼히 확인하세요.

3. 글을 읽다가 궁금한 점은 찾아봐요!

- 잘 모르는 어휘는 풀이를 보고 문맥을 고려하여 그 뜻을 다시 생각해 보세요.
- 모르는 내용을 짐작만 하지 말고 정확하게 이해할 수 있도록 노력해 보세요.
- 글쓴이가 무슨 이야기를 하고 있는지 곰곰이 생각해 보세요.

4. STEP Ⅰ~Ⅲ에 맞춰 연습하면 글을 더 쉽게 이해할 수 있어요!

- 각 갈래별로 STEP Ⅰ~Ⅲ에서는 작품을 읽을 때 어떤 부분에 집중해야 하는지 안내해 줍니다.
- 갈래에 맞게 각 STEP에 따라 무엇을 중심으로 읽어야 하는지 연습해 보세요.
- 지문 이해 특강에서 STEP Ⅰ~Ⅲ의 과정을 자세하게 설명하고 있어서 스스로 작품을 읽고 쉽게 독해할 수 있는 힘이 생겨요!

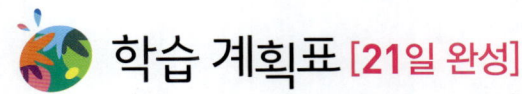
학습 계획표 [21일 완성]

- 매일 작품을 읽고 정리하며, 문학 용어＋어휘 테스트를 통해 복습하는 학습 계획표입니다.
- 계획표대로 공부한 날은 '날짜' 칸에 공부한 날짜를 써 보세요. 날짜가 채워질수록 독해력이 쑥쑥 높아질 거예요.

Day	틀린 문제 / 헷갈리는 문제 번호 적기	날짜		복습 날짜	
01		월	일	월	일
02		월	일	월	일
03		월	일	월	일
04		월	일	월	일
05		월	일	월	일
06		월	일	월	일
07		월	일	월	일
08		월	일	월	일
09		월	일	월	일
10		월	일	월	일
11		월	일	월	일
12		월	일	월	일
13		월	일	월	일
14		월	일	월	일
15		월	일	월	일
16		월	일	월	일
17		월	일	월	일
18		월	일	월	일
19		월	일	월	일
20		월	일	월	일
21		월	일	월	일

I

시

- 현대시
- 고전 시가

오 나의 비너스 ·············· ▶ '나', '내' (화자)

너를 생각하면 내 마음에 ·············· ▶ '너' (중심 대상)

무지개가 몽글몽글 피어나고 ·············· ▲ 사랑하는 사람인 '너'를 '비너스'로 표현함. (표현상 특징)

너를 보면 내 눈에서

솜사탕이 뱅글뱅글 솟아나고 ·············· ▲ '너'를 사랑하는 마음을 여러 가지 방법으로 드 ▶ 러냄. (표현상 특징)

너를 안으면 내 가슴에

화산이 폭발해 ·············· ▼ '너'를 보면 설레는 마음 과 '너'에 대한 사랑을 열렬히 표현하고 있음. (정서, 태도)

'너'에게 사랑을 고백하 고 있음. (상황)

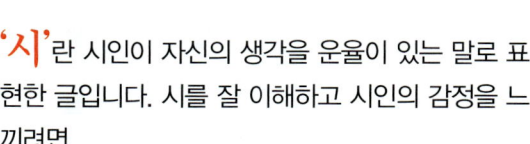

'시'란 시인이 자신의 생각을 운율이 있는 말로 표현한 글입니다. 시를 잘 이해하고 시인의 감정을 느끼려면,

❶ 화자, 중심 대상을 찾고,
❷ 상황, 정서, 태도를 파악하고,
❸ 표현상 특징을 파악해야 합니다.

★ 교과서와 시험에 자주 나오는 필수 작품들을 '현대시'와 '고전 시가'로 구분하여 시 독해 훈련을 할 수 있도록 수록했습니다.

- 현대시: 우리나라에 근대식 문화가 들어오면서부터 지어진 시를 통틀어 현대시라고 합니다.
- 고전 시가: 옛날부터 전해져 내려오는 고대 가요, 향가, 고려 속요, 가사, 악장, 민요, 무가, 한시 등 다양한 갈래가 있습니다.

STEP Ⅰ

화자, 중심 대상 찾기

★ 화자란?

시 속에서 말하는 사람입니다. ('나', 우리, …)

● **화자를 찾는 이유**

시인은 시를 읽는 사람에게 자신이 말하고자 하는 바를 전달하기 위해 화자를 내세워 어떠한 이야기를 전합니다. 즉, 시의 내용은 화자가 전하는 이야기입니다. 따라서 시의 내용을 이해하고 주제를 파악하기 위해서는 가장 먼저 '누가' 이야기를 하고 있는지, 즉 화자를 파악해야 합니다.

● **화자를 찾는 방법**

❶ '나' 혹은 '우리'를 찾기
❷ '나' 혹은 '우리'가 보이지 않으면, 시에서 누가 무엇을 하고 있는지 생각해 보기

★ 중심 대상이란?

화자가 주로 이야기하고 있는 대상입니다.

● **중심 대상을 찾는 이유**

시 속에서 화자는 어떠한 사물이나 인물, 상황 등에 대한 자신의 생각을 이야기합니다. 따라서 화자가 주로 이야기하는 대상, 즉 중심 대상이 무엇인지 찾으면 시의 전체 내용을 쉽게 파악할 수 있어요.

● **중심 대상을 찾는 방법**

❶ 시의 제목 확인하기
❷ 시에서 자주 등장하는 말 찾기
❸ 화자가 무엇에 대해 이야기하고 있는지 찾기

엄마 걱정 _기형도

열무 삼십 단을 이고
시장에 간 우리 엄마
안 오시네, 해는 시든 지 오래
나는 **찬밥**처럼 방에 담겨
아무리 천천히 숙제를 해도
엄마 안 오시네, 배춧잎 같은 발소리 타박타박
안 들리네, 어둡고 무서워
금 간 창틈으로 고요히 빗소리
빈방에 혼자 엎드려 훌쩍거리던

아주 먼 옛날
지금도 내 눈시울을 뜨겁게 하는
그 시절, 내 유년의 윗목

🌷 빈칸을 채우세요.
— 화자:
— 중심 대상:

- **단**: 짚, 땔나무, 채소 따위의 묶음
- **고요히**: 조용하고 잠잠하게
- **눈시울**: 눈 가장자리의 속눈썹이 난 곳
- **유년**: 어린 나이나 때. 또는 어린 나이의 아이
- **윗목**: 온돌방에서 아궁이로부터 먼 쪽의 방바닥. 불길이 잘 닿지 않아 아랫목에 비해 차가운 쪽이다.

STEP Ⅰ 화자, 중심 대상 찾기

시의 내용을 이해하려면 우선 말하는 이가 누구인지, 무엇에 대해 말하는지를 알아야 해요.

'화자'는 시에서 말하는 사람을 의미해요. 화자는 시인이 읽는 사람에게 어떠한 이야기를 전달하기 위해 시인을 대신하여 내세운 사람이지요.

시에서 화자를 찾으려면 '나', '우리'라는 표현을 찾으면 돼요. 시에 화자가 직접 드러나지 않는 경우도 있어요. 이때는 화자가 '무엇을 하고 있는 사람(혹은 사물)'인지 생각해 보세요.

'중심 대상'은 화자가 주로 이야기하는 대상(사람, 사물, 현상 등)이에요.

✿ 윗글의 화자를 찾아볼까요?

1연에서는 '나는 찬밥처럼 방에 담겨', 2연에서는 '내 눈시울을 뜨겁게 하는', '내 유년의 윗목'이라고 했어요. 여기서 화자를 가리키는 '나'라는 표현을 찾을 수 있어요. 따라서 윗글의 화자는 '나'입니다.

여기에서 잠깐! '우리'도 화자를 나타내는 표현이지만 1연 2행의 '우리 엄마'의 '우리'는 대상이 자기와 친한 관계임을 나타내는 말이에요. '우리 밥을 먹으러 가자.'에서처럼 '우리'에 '나'가 포함된 경우에만 '우리'도 화자가 되는 것이랍니다.

✿ 윗글의 내용을 자세히 살펴봅시다.

1연의 '열무 삼십 단을 이고 / 시장에 간 우리 엄마'를 통해 시장에서 열무를 파는 엄마의 삶이 고됨을 알 수 있어요. '안 오시네, 해는 시든 지 오래'는 해가 저물어 저녁이 되어서도 엄마가 집에 돌아오지 않는다는 의미예요.

이러한 상황에서 화자는 '나는 찬밥처럼 방에 담겨'라고 했어요. '찬밥'은 지은 지 오래되어 식은 밥으로, 따뜻한 밥에 비해 사람들이 좋아하지 않죠? 즉, '찬밥'은 집에 혼자 남은 화자의 쓸쓸한 처지를 나타내요.

화자는 '아무리 천천히 숙제를 해도' 엄마가 오지 않고, 엄마의 '배춧잎 같은 발소리'도 들리지 않자 '어둡고 무서'운 밤에 외로움과 두려움을 느끼고 있어요.

이때 '금 간 창틈으로 고요히 빗소리'가 들려오면서 화자의 두려움이 더해져요. 그래서 화자는 '빈방에 혼자 엎드려 훌쩍'거리고 있지요. 창틈에 금이 갔다면 고쳐야 하겠죠? 그런데 화자는 금이 간 창틈으로 빗소리를 듣고 있어요. 이를 통해 화자의 형편이 '금 간 창틈'을 고치지 못할 만큼 좋지 않다는 것을 알 수 있어요.

2연의 '아주 먼 옛날 / 지금도 내 눈시울을 뜨겁게 하는 / 그 시절, 내 유년의 윗목'에서는 2연의 일이 '아주 먼 옛날'인 '유년'에 있었던 일이며, 어른이 된 화자가 과거의 일을 떠올린 것임을 알 수 있어요.

'눈시울'이 뜨거워졌다는 것은 화자가 어린 시절의 일을 생각하고 눈물이 차올랐다는 의미예요.

또한 화자는 그 시절을 '유년의 윗목'이라고 표현하고 있어요. '윗목'이란 온돌방에서 불길이 잘 닿지 않아 차가운 쪽의 방바닥을 가리켜요. 즉, 화자에게는 유년 시절이 '윗목'처럼 차갑고 쓸쓸한 기억으로 남아 있다는 것이지요.

✿ 윗글의 중심 대상을 찾아볼까요?

1연에서 화자는 열무를 팔러 시장에 간 엄마가 오지 않아 훌쩍거리며 빈방에 홀로 있었던 일에 대해 이야기하고 있어요. '엄마 안 오시네'라면서 엄마를 기다리는 마음을 주로 이야기하고 있어요.

또한 2연에서는 1연의 일이 '아주 먼 옛날', '그 시절', '내 유년'의 일이라고 이야기하고 있어요. 즉, 화자는 어린 시절의 일에 대해 이야기하고 있어요.

따라서 윗글의 중심 대상은 '엄마', '유년(어린 시절)의 일'입니다.

01 화자, 중심 대상 찾기

다음 물음에 알맞은 답을 〈보기〉에서 찾아 쓰시오.

〈보기〉
| 엄마 | 시장 | '나' | 숙제 | 해 | 유년의 일 |

(1) 윗글의 화자는 누구인가? (   )
(2) 윗글의 중심 대상은 무엇인가? (   ), (   )

02 화자의 정서와 태도 파악하기

윗글의 내용으로 가장 알맞지 <u>않은</u> 것은?

① '나'는 엄마가 시장에 간 이후 혼자 집에 있다.
② '나'는 해가 진 후에도 집에 돌아오지 않는 엄마를 기다리고 있다.
③ '나'는 어둡고 무서워서 방에 엎드려 혼자 울고 있다.
④ '나'는 엄마를 기다리다 지쳐 혼자 찬밥을 먹고 있다.
⑤ 어른이 된 '나'는 쓸쓸했던 유년 시절을 떠올리고 있다.

03 시어 및 구절의 의미 파악하기

윗글에 대한 설명으로 가장 알맞지 <u>않은</u> 것은?

① '열무 삼십 단'을 통해 엄마의 고단함을 표현하고 있다.
② 혼자 남겨진 화자의 처지를 '찬밥'이라고 표현하고 있다.
③ 가난했던 화자의 어린 시절을 '금 간 창틈'으로 표현하고 있다.
④ '빗소리'를 통해 엄마가 반드시 돌아올 것이라는 화자의 믿음을 드러내고 있다.
⑤ 어린 시절에 대한 차갑고 쓸쓸한 느낌을 '윗목'에 빗대고 있다.

02
윗글의 '나'가 무엇을 하고 있는지 생각해 보세요.

03
윗글의 내용을 통해 각각의 시어와 구절이 무엇을 의미하는지 떠올려 보세요.
• **고단하다**: 처지가 좋지 못해 몹시 힘들다.
• **처지**: 처하여 있는 사정이나 형편

01 화자, 중심 대상 찾기

(1) 윗글의 '나'는 화자를 가리키는 표현이에요. 따라서 정답은 ____'나'____ 입니다.

(2) 화자는 쓸쓸히 '엄마'를 기다리던 '내 유년'의 일을 이야기하고 있어요. 따라서 정답은 ___엄마___ , ___유년의 일___ 입니다.

02 화자의 정서와 태도 파악하기

윗글의 내용으로 가장 알맞지 <u>않은</u> 것은?

① '나'는 엄마가 시장에 간 이후 혼자 집에 있다. (○)
★ 근거: **1**연 **①**~**④**행

> 시장에 간 우리 엄마 / ~ / 나는 찬밥처럼 방에 담겨

🌱 엄마는 열무 삼십 단을 팔러 시장에 갔고, '나'는 방에 혼자 남아 있어요.

② '나'는 해가 진 후에도 집에 돌아오지 않는 엄마를 기다리고 있다. (○)
★ 근거: **1**연 **③**행

> 안 오시네, 해는 시든 지 오래

🌱 '해는 시든 지 오래'라는 표현은 해가 저문 지 오래되었다는 의미예요. 엄마는 해가 진 후에도 돌아오지 않고 있어요.

③ '나'는 어둡고 무서워서 방에 엎드려 혼자 울고 있다. (○)
★ 근거: **1**연 **⑦**, **⑨**행

> 어둡고 무서워 /~/ 빈방에 혼자 엎드려 훌쩍거리던

🌱 '나'는 '어둡고 무서워' '빈방에 혼자 엎드려 훌쩍거'렸다고 했어요.

④ '나'는 엄마를 기다리다 지쳐 혼자 찬밥을 ~~먹고~~ 있다. (✕)
★ 근거: **1**연 **④**행   > 나는 찬밥처럼 방에 담겨

🌱 '나'는 혼자 방에 있는 자신의 처지를 '찬밥' 같다고 했을 뿐, 혼자 찬밥을 먹고 있지는 않아요. **그러므로 정답은 ④!**

⑤ 어른이 된 '나'는 쓸쓸했던 유년 시절을 떠올리고 있다. (○)
★ 근거: **2**연

> 아주 먼 옛날 / 지금도 내 눈시울을 뜨겁게 하는
> 그 시절, 내 유년의 윗목

🌱 1연의 이야기는 어른이 된 '나'가 떠올리는 '아주 먼 옛날' '유년' 시절의 일이에요.

03 시어 및 구절의 의미 파악하기

윗글에 대한 설명으로 가장 알맞지 <u>않은</u> 것은?

① '열무 삼십 단'을 통해 엄마의 고단함을 표현하고 있다. (○)
★ 근거: **1**연 **①**, **②**행

> 열무 삼십 단을 이고 / 시장에 간 우리 엄마

🌱 고단하다는 것은 처지가 좋지 못해 몹시 힘들다는 의미예요. 화자는 시장에서 장사를 하는 엄마의 고단함을 '열무 삼십 단'을 통해 표현하고 있어요.

② 혼자 남겨진 화자의 처지를 '찬밥'이라고 표현하고 있다. (○)
★ 근거: **1**연 **④**행

> 나는 찬밥처럼 방에 담겨

🌱 화자는 방에 혼자 남겨져 쓸쓸히 엄마를 기다리는 자신의 처지를 '찬밥' 같다고 표현하고 있어요.

③ 가난했던 화자의 어린 시절을 '금 간 창틈'으로 표현하고 있다. (○)
★ 근거: **1**연 **⑧**행

> 금 간 창틈으로 고요히 빗소리

🌱 '금 간 창틈'을 고치기 어려울 정도로 어린 시절의 화자는 가난한 형편이었어요.

④ '빗소리'를 통해 엄마가 반드시 돌아올 것이라는 **화자의 믿음**을 드러내고 있다. (✕)
★ 근거: **1**연 **⑦**, **⑧**행

> 안 들리네, 어둡고 무서워
> 금 간 창틈으로 고요히 빗소리

🌱 화자는 해가 져도 엄마가 돌아오지 않아 무서워하고 있으며, '빗소리'는 이러한 화자의 두려움을 더하는 역할을 해요. 엄마가 반드시 돌아올 것이라는 믿음은 빗소리와 관계가 없어요. **그러므로 정답은 ④!**

⑤ 어린 시절에 대한 차갑고 쓸쓸한 느낌을 '윗목'에 빗대고 있다. (○)
★ 근거: **2**연 **③**행

> 그 시절, 내 유년의 윗목

🌱 '윗목'은 온돌방에서 차가운 쪽의 방바닥이에요. 화자는 혼자서 엄마를 기다리던 어린 시절의 외롭고 쓸쓸한 느낌을 차가운 방바닥인 '윗목'에 빗대어 표현하고 있어요.

참 힘센 말 _정진아

말은
힘이 세지,
정말 힘이 세지.

짐수레를 끌고
따각따각 달리는 말보다
말은
힘이 더 세지.

"미안해." 한마디면
서운했던 생각이 멀어지고
화난 마음 살살 녹지.

"잘 할 수 있어." 한마디에
가슴이 따뜻해지고
없던 힘도 불끈 솟지.

🦋 빈칸을 채우세요.
─ 화자:
─ 중심 대상:

• **짐수레**: 짐을 싣는 수레
• **서운하다**: 마음이 모자라 아쉽거나 섭섭한 느낌이 있다.
• **솟다**: 아래에서 위로 힘차게 움직이다.

04 화자, 중심 대상 찾기

다음 빈칸에 들어가기에 알맞은 답을 〈보기〉에서 찾아 쓰시오.

〈보기〉

| 힘이 세지 | 말 | 짐수레 | 미안해. | 잘 할 수 있어. |

(1) 윗글의 중심 대상은 (　　　　　　)(이)다.
(2) 화자는 '(　　　　　　)'라는 말을 들으면 가슴이 따뜻해지고 힘이 솟는다고 생각한다.

05 화자의 정서와 태도 파악하기

윗글의 화자에 대한 설명으로 가장 알맞지 <u>않은</u> 것은?

① 화자는 말이 힘이 세다고 말하고 있다.
② 화자는 짐수레를 끌고 달리는 말과 사람의 말을 비교하고 있다.
③ 화자는 "미안해."라는 말보다 "잘 할 수 있어."라는 말을 더 좋아한다.
④ 화자는 "미안해."라는 말을 들으면 서운함이 사라진다고 생각하고 있다.
⑤ 화자는 "잘 할 수 있어."라는 말을 들으면 힘이 솟는다고 생각하고 있다.

05
화자가 '말'에 대해 무엇이라고 하였는지 살펴보세요.

06 시어 및 구절의 의미 파악하기

'말'에 대한 설명으로 가장 알맞은 것은?

① 말은 많이 하지 않는 것이 좋다.
② 말은 다른 사람을 다치게 할 수 있다.
③ 말은 짐수레를 *끄는* 말보다 힘이 약하다.
④ 말은 삶에 지친 사람들을 위로할 수 없다.
⑤ 말은 서운했던 생각을 멀어지게 할 수 있다.

06
화자가 '말'이 어떠한 힘을 가지고 있다고 했는지 떠올려 보세요.

07 [단답형] 화자의 정서와 태도 파악하기

윗글에서 〈보기〉의 빈칸에 들어가기에 알맞은 말을 찾아 1글자로 쓰시오.

〈보기〉

　〈참 힘센 말〉의 화자는 (　　　　　)이/가 화난 사람의 마음을 풀어 주고 힘든 사람에게 힘을 줄 수 있다고 생각한다.

07
윗글의 화자가 무엇에 대해 이야기하고 있는지 생각해 보세요.

화자와 중심 대상

* ● 화자 란?

시에서 말하는 사람으로, '시적 화자'라고도 한다.

> ① 나 보기가 역겨워 가실 때에는
> ② 안녕히 계세요. / 도련님. / (중략) / 더구나 그 구름이 소나기 되어 퍼부을 때 / 춘향은 틀림없이 거기 있을 거예요.
>
> 시에서 화자는 ①에서처럼 '나, 너, 우리' 등의 말로 직접 드러나기도 하고, 드러나지 않기도 한다. 또한 ②의 화자가 '춘향'인 것처럼 특정한 인물(혹은 사물)로 나타나기도 한다.

● 화자가 시에 드러나는 방식

(1) 화자가 직접 드러나는 경우

> 시장에 간 우리 엄마 / 안 오시네, 해는 시든 지 오래
> 나는 찬밥처럼 방에 담겨 / 아무리 천천히 숙제를 해도
> ▶ 화자가 '나'로 직접 드러남.
>
> — 기형도, 〈엄마 걱정〉

(2) ❶ 화자가 직접 드러나지 않는 경우

> 산에서 우는 작은 새여 / 꽃이 좋아 / 산에서 / 사노라네
> 산에는 꽃 지네 / 꽃이 지네 / 갈 봄 여름없이 / 꽃이 지네
> ▶ 화자가 직접 드러나지 않지만, 새와 꽃을 보고 있는 사람임을 알 수 있음.
>
> — 김소월, 〈산유화〉

(3) 화자가 시인과 같은 경우(화자=시인)

> 죽는 날까지 하늘을 우러러 / 한점 부끄럼이 없기를 //
> 잎새에 이는 바람에도 / 나는 괴로워했다.
> <u>자신을 돌아보는 화자 '나'</u> = 자신을 돌아보는 시인
> ▶ 시 속 화자와 시인의 모습이 같음.
>
> — ❷ 윤동주, 〈서시〉

(4) 화자가 시인과 다른 경우(화자≒시인)

> 엄마야 <u>누나야</u> 강변 살자. / 뜰에는 반짝이는 금모래 빛,
> └─ 어린아이가 쓸 법한 말투
> 뒷문 밖에는 갈잎의 노래 / 엄마야 누나야 강변 살자.
> ▶ 시인은 강변에 살고 싶은 순수한 마음을 표현하기 위해서 어린 화자를 내세움.
> 화자(어린아이) ≠ 시인(성인)
>
>
> — 김소월, 〈엄마야 누나야〉

* ● ❸ 중심 대상 이란?

화자가 시 속에서 이야기의 주된 대상으로 삼는 것이다. 중심 대상은 시에 등장하는 소재, 인물, 화자가 말을 건네는 사람 등으로 다양하게 나타난다.

> 풀이 눕는다 / 비를 몰아오는 동풍에 나부껴
> 풀은 눕고 / 드디어 울었다 / 날이 흐려서 더 울다가
> 다시 누웠다 // 풀이 눕는다
> ▶ 화자는 풀의 모습을 바라보며 풀에 대해 이야기함.
>
> — 김수영, 〈풀〉

---

❶ 화자가 직접 드러나지 않는 경우
화자가 직접 등장하지 않는 시를 읽을 때는, 화자가 '무엇을 하고 있는 사람인지' 생각해 보면 됨. 만약 화자를 전혀 추측할 수 없는 경우에는 중심 대상에 집중하여 시를 읽는 것이 좋음.

❷ 시인 윤동주
일제 강점기에 짧게 살다간 시인. 고통받는 나라의 현실과 나약한 자신의 내면을 돌아보고 고민함. 윤동주의 시에서 화자는 시대를 고민하는 시인의 모습과 같을 때가 많음.

❸ 제목과 중심 대상
일반적으로 시의 제목이 중심 대상이 되는 경우가 많음. 중심 대상을 찾기 어려울 땐 제목을 보면 도움이 됨.

[01~02] 다음을 읽고 맞으면 ○, 틀리면 ✕에 표시하시오.

> 수풀 아래 작은 샘
> 언제나 흰구름 떠가는 높은 하늘만 내어다보는
> 수풀 속의 작은 샘
> 넓은 하늘의 수만 별을 그대로 총총 가슴에 박은 작은 샘
>
> – 김영랑, 〈수풀 아래 작은 샘〉

01
윗글에는 화자가 직접 드러나 있다. (○ , ✕)

02
윗글의 중심 대상은 '작은 샘'이다. (○ , ✕)

[03~04] 다음을 읽고 빈칸에 들어가기에 알맞은 말을 고르시오.

> 순이가 떠난다는 아침에 말 못할 마음으로 함박눈이 나려, 슬픈 것처럼 창밖에 아득히 깔린 지도 우에 덮인다.
> (중략)
> 너는 내 마음속에만 남아 있는 것이냐, 네 쪼고만 발자욱을 눈이 자꾸 나려 덮여 따라갈 수도 없다.
>
> – 윤동주, 〈눈 오는 지도〉

03
윗글에는 화자가 직접 (드러나 있다 / 드러나 있지 않다).

04
윗글의 중심 대상은 (순이 / 함박눈)이다.

★ 다음을 읽고 빈칸에 들어가기에 알맞은 말을 쓰시오.

> 고향에 고향에 돌아와도
> 그리던 고향은 아니러뇨. / (중략)
>
> 어린 시절에 불던 풀피리 소리 아니 나고
> 메마른 입술에 쓰디쓰다.
>
> 고향에 고향에 돌아와도
> 그리던 하늘만이 높푸르구나.
>
> – 정지용, 〈고향〉

05
윗글의 화자는 시에 직접적으로 드러나 있지는 않지만 '어린 시절을 보냈던 (   )에 돌아온 사람'이라고 볼 수 있다.

[06~09] 빈칸에 들어가기에 알맞은 단어를 〈보기〉에서 찾아 문맥에 맞게 쓰시오.

> ─────〈보기〉─────
> • 지천 : 매우 흔함.
> • 시시하다 : 신통한 데가 없고 하찮다.
> • 고단하다 : 처지가 좋지 못해 몹시 힘들다.
> • 유년 : 어린 나이나 때, 또는 어린 나이의 아이
> • 지루하다 : 시간이 오래 걸리거나 같은 상태가 오래 계속되어 따분하고 싫증이 나다.

06
중학생이 된 나는 만화 영화가 (   )해 졌다.

07
나는 똑같은 일을 계속하면서 (   )함을 느꼈다.

08
봄이 되자 언덕 위에 진달래가 (   )(으)로 피었다.

09
일을 마치고 온 언니는 오늘따라 더 (   )해 보인다.

묏버들 가려 꺾어 _홍랑

묏버들 가려 꺾어 보내노라 임에게
자시는 창밖에 심어 두고 보소서
밤비에 새잎이 나거든 나인가도 여기소서

🍂 빈칸을 채우세요.

- 화자:

- 중심 대상:

• **묏버들**: 산(山)의 버드나무
• **가리다**: 여럿 가운데서 하나를 구별하여 고르다.

STEP Ⅰ 화자, 중심 대상 찾기

〈묏버들 가려 꺾어〉는 조선 시대에 쓰인 시조입니다. 시조란 고려 시대 말부터 조선 시대에 가장 활발하게 쓰였던 우리나라 고유의 시로, 대부분 3행으로 이루어져 있어요. 시조의 첫 번째 행을 초장, 두 번째 행을 중장, 세 번째 행을 종장이라고 해요.

🌸 〈묏버들 가려 꺾어〉의 화자를 찾아볼까요?

〈묏버들 가려 꺾어〉에서 '나'라는 말은 종장에서 찾을 수 있어요. 그런데 '밤비에 새잎이 나거든 나인가도 여기소서'라고 했지요? 초장에서 화자는 임에게 '묏버들'을 '가려 꺾어 보내'고 있어요. 그러므로 초장에서 묏버들을 '임'에게 보낸 것은 '나'임을 알 수 있죠.

따라서 윗글의 화자는 '나'입니다.

🌸 〈묏버들 가려 꺾어〉의 내용을 자세히 살펴봅시다.

초장에서 화자는 '묏버들 가려 꺾어 보내노라 임에게'라고 했어요. 묏버들을 가려 꺾는다는 것은 아무 묏버들이나 꺾는다는 것이 아니라, 정성을 다해 좋은 묏버들만 가려서 꺾는다는 거예요.

화자는 왜 '임에게 묏버들 가려 꺾어 보내노라'라고 하지 않고 말의 순서를 바꾸었을까요? 묏버들을 받는 대상인 '임'을 강조하기 위해서 '임에게'를 뒤로 보내어 표현한 거예요. 이렇게 말의 순서를 바꾸어 쓰는 것을 도치법이라고 합니다.

중장에서 화자는 '자시는 창밖에 심어 두고 보소서'라고 했어요. 초장에서 화자가 묏버들을 꺾어 보냈으니까 여기서 창밖에 심어 두고 보라는 것도 바로 묏버들이겠죠? 화자는 임에게 '묏버들'을 잠을 자는 곳의 창밖, 즉 바로 곁에 두고 보라고 부탁하고 있어요.

종장에서 화자는 '밤비에 새잎이 나거든 나인가도 여기소서'라고 했어요. 밤비를 맞은 묏버들에 새로 잎이 나면 임이 화자 자신을 떠올리기를 바라는 마음이 드러나 있는 표현이지요.

한편, 〈묏버들 가려 꺾어〉는 홍랑이 연인이었던 최경창과 이별하면서 쓴 시조라고 해요. 홍랑이 처한 상황을 이해하면 이 작품이 임을 향한 그리움과 사랑을 주제로 쓰였다는 것을 더 쉽게 파악할 수 있죠.

🌸 중심 대상을 찾아볼까요?

'중심 대상'을 찾으려면 화자가 주로 무엇을 이야기하고 있는지 살펴봐야 한다고 했죠? 화자는 '임'에게 '묏버들'을 가려 꺾어 보내고, 임에게 '묏버들'을 주무시는 창밖에 심어 두고 보라고 하면서 '묏버들'에 새잎이 나거든 자신이라고 여기라고 부탁하고 있어요. 즉, 화자는 '묏버들'을 통해 '임'을 그리워하는 마음과 사랑을 이야기하고 싶었던 거예요. 이야기하고 싶었던 것은 '묏버들'에 담긴 '임'을 그리워하는 마음과 사랑이에요.

따라서 윗글의 중심 대상은 '묏버들'입니다.

01 화자, 중심 대상 찾기

다음 빈칸에 들어가기에 알맞은 답을 〈보기〉에서 찾아 쓰시오.

〈보기〉

뫼버들   밤비   새 잎   임

(1) 윗글의 화자는 임에게 (   )을/를 보냈다.

(2) 화자는 (   )에게 창밖에 뫼버들을 심고 새잎이 나면 자신이라고 여
겨 달라고 했다.

02 화자의 정서와 태도 파악하기

윗글의 내용으로 가장 알맞지 않은 것은?

① '나'는 임이 싫어서 임에게 뫼버들을 보냈다.

② '나'는 임에게 보낼 뫼버들을 정성 들여 꺾었다.

③ '나'는 임을 향한 자신의 마음을 뫼버들에 담고 있다.

④ '나'는 임에게 잠을 자는 곳의 창밖에 뫼버들을 심어 달라고 부탁했다.

⑤ '나'는 뫼버들에 새잎이 나면 임이 자신을 생각해 주기를 바라고 있다.

> **02**
> 화자가 임에게 무엇이라고 말하
> 고 있는지, 왜 그러한 말을 했을
> 지 생각해 보세요.

03 소재의 의미 파악하기

'뫼버들'에 대한 설명으로 가장 알맞은 것은?

① 화자에 대한 임의 사랑을 담은 것이다.

② 화자가 창밖에 심어 두고 싶어하는 것이다.

③ 화자에게 임이 사랑의 증표로 남기고 간 것이다.

④ 화자가 임에게 보내기 위해 골라서 꺾은 것이다.

⑤ 화자가 자신을 잊어 달라고 부탁하기 위해 임에게 보낸 것이다.

> **03**
> 뫼버들을 보낸 사람은 누구인지, 왜
> 이것을 보냈는지 생각해 보세요.
> • **증표**: 증명이나 증거가 될 만한 표

01 화자, 중심 대상 찾기

(1) 초장에서 화자는 '묏버들 가려 꺾어 보내노라 임에게'라고 했어요. 즉 화자가 임에게 자신의 마음을 전하기 위해 보낸 것은 <u>묏버들</u> 입니다.

(2) 화자는 임에게 자신이 보낸 묏버들을 창밖에 심고 '밤비에 새잎이 나거든 나인가도 여기소서'라고 했어요. 따라서 화자가 묏버들에 새잎이 나면 자신이라고 여겨 달라고 부탁한 사람은 <u>임</u> 입니다.

02 화자의 정서와 태도 파악하기

윗글의 내용으로 가장 알맞지 않은 것은?

① '나'는 ~~임이 싫어져~~ 임에게 묏버들을 보냈다. (✕)
★ 근거: 초장❶

> 묏버들 가려 꺾어 보내노라 임에게

🍃 가려서 꺾는다는 것은 정성을 들여서 골라서 꺾는다는 의미로, 임에게 좋은 것을 보내고 싶은 화자의 마음이 나타난 표현이에요. 따라서 화자가 임을 싫어해서 임에게 묏버들을 보낸 것이 아니에요. **그러므로 정답은 ①!**

② '나'는 임에게 보낼 묏버들을 정성 들여 꺾었다. (○)
★ 근거: 초장❶

> 묏버들 가려 꺾어 보내노라 임에게

🍃 화자는 임에게 묏버들을 가려 꺾어 보냈어요.

③ '나'는 임을 향한 자신의 마음을 묏버들에 담고 있다. (○)
★ 근거: 초장❶~종장❸

> 묏버들 가려 꺾어 보내노라 임에게
> 자시는 창밖에 심어 두고 보소서
> 밤비에 새잎이 나거든 나인가도 여기소서

🍃 화자는 묏버들을 정성스럽게 골라 꺾어 임에게 보낸다면서 임에게 자신이 보낸 묏버들을 창밖에 심어 두고 보라고 했어요. 그러면서 자신이 보낸 묏버들에 새잎이 나면 자신이라고 여겨 달라고 했어요. 화자는 임을 향한 사랑을 묏버들에 담아 보냈기 때문에 임에게 묏버들을 자신이라고 여겨 달라고 부탁한 거예요.

④ '나'는 임에게 잠을 자는 곳의 창밖에 묏버들을 심어 달라고 부탁했다. (○)
★ 근거: 중장❷   자시는 창밖에 심어 두고 보소서

🍃 화자는 자신이 임에게 보낸 묏버들을 '자시는 창밖', 즉 임이 자는 방의 창밖에 심어 두고 보라고 했어요.

⑤ '나'는 묏버들에 새잎이 나면 임이 자신을 생각해 주기를 바라고 있다. (○)
★ 근거: 종장❸

> 밤비에 새잎이 나거든 나인가도 여기소서

🍃 화자는 밤비를 맞은 묏버들에 새잎이 나면 새잎을 자신처럼 여겨 달라고 했어요. 이는 곧 자신을 생각해 달라는 것이에요.

03 소재의 의미 파악하기

'묏버들'에 대한 설명으로 가장 알맞은 것은?

• **묏버들** : 묏버들은 화자가 임에 대한 자신의 마음을 담아 보낸 것으로 화자 자신의 분신이기도 해요.

🟥 묏버들에 대한 설명으로 올바른 것을 고르는 문제입니다.

① ~~화자에 대한 임의 사랑을~~ 담은 것이다. (✕)
★ 근거: 초장❶~종장❸

🍃 묏버들은 임에 대한 화자의 사랑을 담은 것이지 화자에 대한 임의 사랑을 담은 것이 아니에요.

② ~~화자가~~ 창밖에 심어 두고 싶어하는 것이다. (✕)
★ 근거: 중장❷

> 자시는 창밖에 심어 두고 보소서

🍃 화자는 임에게 자신이 보낸 묏버들을 창밖에 심어 두고 보라고 했어요. 화자가 묏버들을 창밖에 심어 두고 싶어한 것이 아니에요.

③ 화자에게 ~~임이 사랑의 증표로 남기고 간 것이다.~~ (✕)

🍃 묏버들은 화자가 임에게 보낸 것이에요. 윗글을 통해 임이 화자에게 무엇을 남기고 갔는지는 알 수 없어요.

④ 화자가 임에게 보내기 위해 골라서 꺾은 것이다. (○)
★ 근거: 초장❶

> 묏버들 가려 꺾어 보내노라 임에게

🍃 화자는 초장에서 임에게 보내기 위해 묏버들을 골라서 꺾었음을 밝히고 있어요. **그러므로 정답은 ④!**

⑤ 화자가 ~~자신을 잊어 달라고 부탁하기 위해~~ 임에게 보낸 것이다. (✕)
근거: 종장❸

> 밤비에 새잎이 나거든 나인가도 여기소서

🍃 화자는 임에게 자신을 잊어 달라고 한 것이 아니라, 새잎을 보고 자신을 생각해 달라면서 임에게 자신을 떠올려 달라고 부탁하고 있어요.

DAY 02 훈민가 _정철

아버님 날 낳으시고 어머님 날 기르시니

㉠두 분 곳 아니시면 이 몸이 살아시랴*

하늘 같은 끝없는 은덕을 어디다혀* 갚사오리   〈제1수〉

* 살아시랴: 살 수 있었을까?   * 어디다혀: 어떻게 다

🍂 빈칸을 채우세요.

– 화자:

– 중심 대상:

• 은덕: 은혜와 덕. 또는 은혜로운 덕

04 화자, 중심 대상 찾기

다음 물음에 알맞은 답을 〈보기〉에서 찾아 쓰시오.

──────〈보기〉──────
| 어머님 | 아버님 | 날(나) | 하늘 | 은덕 | 이 몸 |

(1) 윗글의 화자는 누구인가? (   ), (   )

(2) 윗글의 화자가 이야기하고 있는 것은? 아버님과 어머님의 (   )

05 화자의 정서와 태도 파악하기

윗글의 화자에 대한 설명으로 가장 알맞지 <u>않은</u> 것은?

① 부모님의 은덕이 하늘과 같다고 생각하고 있다.

② 부모님이 고향에만 계신 것을 안타깝게 여기고 있다.

③ 부모님이 자신에게 베푼 행동에 대해 이야기하고 있다.

④ 부모님이 아니었다면 살 수 없었을 것이라고 말하고 있다.

⑤ 부모님의 은혜를 다 갚을 수 없을 것이라고 생각하고 있다.

05
화자가 부모님에 대해 무엇이라고 말하고, 어떻게 느끼고 있는지 살펴보세요.

06 시어의 의미 파악하기

㉠이 의미하는 바로 가장 올바른 것은?(정답 2개)

① 하늘   ② 은덕   ③ 이 몸   ④ 아버님   ⑤ 어머님

06
화자가 누구 때문에 지금까지 살 수 있었다고 했는지 생각해 보세요.

07 [단답형] 화자의 정서와 태도 파악하기

윗글에서 〈보기〉의 빈칸에 들어가기에 알맞은 말을 찾아 2글자로 쓰시오.

──────〈보기〉──────
〈훈민가〉의 화자는 부모님의 은혜가 (   )와/과 같아 갚기 어렵다고 하였다.

07
화자가 부모님의 은혜가 무엇과 같다고 했는지 찾아보세요.

고전 시가 – 시조

> 고전 시가에는 고대 가요, 향가, 고려 속요, 시조, 가사, 악장, 민요, 무가, 한시 등이 있다.

* ● 고전 시가 란?

옛날부터 전해져 내려오는 우리나라의 오래된 시와 노래를 이르는 말이다.

* ● 시조 란?

고려 말기부터 발달하여 온 우리나라 고유의 정형시. 주로 양반층이 창작하였으며 기생과 평민들이 창작하는 경우도 있었다. 대부분 3행으로 구성되어 있고 시를 쓸 때 정해진 규칙을 엄격히 지킨다.

● 시조의 형식

– 일반적으로 ❶3장 6구 45자 내외의 규칙을 지킨 형태이다.
– 3 · 4조, 4 · 4조의 ❷음수율, 4음보의 음보율을 가진다.
– ❸종장의 첫 음보는 3음절로 고정되어 있다.

> [ ]: 구
> [초장] [이런들 ∨ 어떠하며] ∨ [저런들 ∨ 어떠하리] ▶ 4음보[음보율]
>   3글자   4글자   3글자   4글자   ▶ 3 · 4조[음수율]
> [중장] 만수산 ∨ 드렁츩이 ∨ 얽혀진들 ∨ 어떠하리 ▶ 4음보[음보율]
> [종장] 우리도 ∨ 이같이 얽혀져 ∨ 백 년까지 ∨ 누리리라 ▶ 4음보[음보율]
>   ▶ 종장의 첫 음보가 3글자임.
>   – 이방원, 〈하여가〉

● 시조의 종류

길이에 따라	단시조	하나의 시조로만 이루어진 시조
	연시조	두 개 이상의 평시조가 하나의 제목으로 묶여 있는 시조
형식에 따라	평시조	3장 6구 45자 내외의 기본적인 형태의 시조
	사설시조	평시조의 형태에서 어느 한 장 이상이 길어진 시조. 보통 중장이 길어짐.

– 사설시조: 조선 시대 중기 이후에 주로 평민, 기생 등 일반 백성들이 지었던 시조이다. 이전까지 양반들이 지었던 시조에 비해 형식이 자유롭고 내용도 일반 백성들의 삶을 많이 다루었다.

> [초장] 개를 여라믄이나 기르되 요 개같이 얄미우랴
> [중장] 미운 님 오면은 꼬리를 홰홰치며 내리 뛰며 반겨서 내닫고, 고운 님 오면은 뒷발을 버둥버둥 앞으로 나아가며 캉캉 짖어서 돌아가게 한다
> [종장] 쉰 밥이 그릇그릇 나온들 너 먹일 일이 있으랴   ▶ 중장의 길이가 길게 늘어짐(형식).
>   ▶ 임을 쫓아 보낸 개가 얄밉다는 내용을 다루고 있음(내용).
>   – 작자 미상, 〈개를 여라믄이나 기르되〉

---

❶ 시조의 규칙
• 3장: 초장, 중장, 종장 (3행)
• 6구: 장을 두 번에 끊어 읽는 단위인 '구'가 6개로 이루어짐.
• 45자 내외: 총 글자 수가 45자 정도가 되어야 함.

❷ 음수율과 음보율
• 음수율: 단어를 이루는 글자 수가 일정한 것에서 오는 리듬
  예 이 몸이 죽고 죽어
      3글자   4글자
      ▶ 3 · 4조[음수율]
• 음보율: 쉬지 않고 한번에 말할 수 있는 단위를 음보라고 하고, 이 음보를 일정하게 반복하면 생기는 리듬(시의 가락)을 음보율이라고 함.
  예 이 몸이 ∨ 죽고 죽어 ∨ 일백 번 ∨ 고쳐 죽어
      ▶ 4음보[음보율]

❸ 음절
'아침'의 '아'와 '침'처럼 한 뭉치로 이루어진 소리의 덩어리를 말함.

★ 정답은 [해설편 표지] 안쪽에 있습니다.

[01~03] 다음을 읽고 맞으면 ○, 틀리면 ✕에 표시하시오.

> 푸른 산도 절로절로 푸른 물도 절로절로
> 산 절로 물 절로 자연 속에서 사는 나도 절로
> 그중에 절로 자란 몸이 늙기도 절로절로
>
> — 송시열

01

윗글은 시조이다. (○ , ✕)

02

윗글은 3장 6구 45자 내외의 규칙을 지키고 있다.

(○ , ✕)

03

윗글은 종장의 첫 음보가 4글자로 고정되어 있다.

(○ , ✕)

[04~05] 다음을 읽고 빈칸에 들어가기에 알맞은 말을 쓰시오.

> 꿈은 고향 가건마는 나는 어이 못 가는고
> 꿈아 너는 어느새 고향에 다녀왔뇨 학처럼 머리가
> 흰 부모님은 건강하시며, 안방에 있는 예쁜 아내와 어
> 린 동생들과 집안의 여러 일에 아무 문제가 없더냐
> 편하기는 편하지만 고향의 소식을 몰라 글을 써서
> 걱정하노라
>
> — 작자 미상

04

윗글은 초장, 중장, 종장으로 이루어져 있으며, (   )
이/가 두 줄 이상으로 길게 늘어져 있다.

05

윗글은 평시조보다 형식과 규칙이 자유로운 (   )
(이)다.

[06~07] 다음을 읽고 빈칸에 들어가기에 알맞은 말을 고르시오.

> 방 안에 켜 있는 촛불 누구와 이별하였기에
> 겉으로 눈물 지고 속 타는 줄 모르는고
> 저 촛불 나와 같아서 속 타는 줄 모르도다
>
> — 이개

06

윗글은 하나의 시조로만 이루어져 있으므로 (단시조 /
연시조)이다.

07

윗글은 3장 6구 45자 내외의 규칙을 지키고 있으므로
(평시조 / 사설시조)이다.

[08~11] 빈칸에 들어가기에 알맞은 단어를 〈보기〉에서 찾아 문맥에 맞게 쓰시오.

> 〈보기〉
> • 은덕 : 은혜와 덕. 또는 은혜로운 덕
> • 묏버들 : 산(山)의 버드나무
> • 가리다 : 여럿 가운데서 하나를 구별하여 고르다.
> • 증표 : 증명이나 증거가 될 만한 표
> • 베풀다 : 남에게 돈을 주거나 일을 도와주어서 혜택을 받게 하다.

08

산들바람에 (   )의 가지가 흔들렸다.

09

그는 사람들에게 항상 친절을 (   )었다.

10

나는 부모님의 (   )을/를 생각하면 눈물이 난다.

11

나는 약속을 지키겠다는 (   )(으)로 동생에게
연필을 내밀었다.

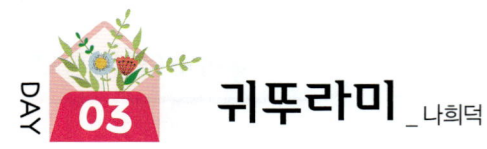

귀뚜라미 _ 나희덕

높은 가지를 흔드는 매미 소리에 묻혀
내 울음 아직은 노래 아니다.

차가운 바닥 위에 토하는 울음,
풀잎 없고 이슬 한 방울 내리지 않는
지하도 콘크리트 벽 좁은 틈에서
숨 막힐 듯, 그러나 나 여기 살아 있다.
귀뚜르르 뚜르르 보내는 타전 소리가
누구의 마음 하나 울릴 수 있을까.

지금은 **매미 떼가 하늘을 찌르는 시절**
그 소리 걷히고 맑은 가을이
어린 풀숲 위에 내려와 뒤척이기도 하고
계단을 타고 이 땅밑까지 내려오는 날
발길에 눌려 우는 내 울음도
누군가의 가슴에 실려 가는 노래일 수 있을까.

🦋 빈칸을 채우세요.
– 화자:
– 중심 대상:

• **지하도**: 땅속으로 만든 길
• **콘크리트**: 시멘트에 모래와 자갈 등을 적당히 섞어 물에 반죽한 것
• **타전**: 전보나 무전을 침.
• **뒤척이다**: 물건을 이리저리 들추며 뒤지다.

01 화자, 중심 대상 찾기

다음 빈칸에 들어가기에 알맞은 답을 〈보기〉에서 찾아 쓰시오.

┌──────────────── 〈보기〉 ────────────────┐
│   매미   귀뚜라미   가을   울음   누군가   │
└──┘

(1) 화자인 '나'는 (   )(이)다.
(2) 귀뚜라미는 가을에 자신의 (   )이/가 노래일 수 있을지에 대해 생각
  하고 있다.

02 구절의 의미 파악하기

윗글의 내용으로 가장 알맞지 <u>않은</u> 것은?

① '높은 가지를 흔드는' 소리는 '나'가 내는 소리가 아니다.
② '차가운 바닥 위'는 '나'가 울고 있는 곳이다.
③ '풀잎 없고 이슬 한 방울 내리지 않는' 곳은 '나'가 살아 있는 곳이다.
④ '지하도 콘크리트 벽 좁은 틈'은 '나'가 살아 있는 곳이다.
⑤ '매미 떼가 하늘을 찌르는 시절'은 '나'가 울음소리를 내는 시간이다.

02

윗글의 화자인 '나'가 누구이고,
현재 어디에서 무엇을 하고 있는
지 살펴보세요.

03 화자의 정서와 태도 파악하기

윗글의 화자에 대한 설명으로 가장 알맞은 것은?

① 자신의 울음이 뛰어난 노래라고 생각하고 있다.
② 자신의 울음이 노래가 될 수 있기를 바라고 있다.
③ 자신의 울음이 높은 가지를 흔든다고 생각하고 있다.
④ 매미 떼 소리가 걷히는 가을이 오지 않기를 바라고 있다.
⑤ 맑은 가을이 와도 자신의 울음이 누군가의 가슴에 실려 갈 수 없을 것이라고 믿고
  있다.

03

화자가 맑은 가을이 이 땅까지
내려오는 날에 바라고 있는 것이
무엇인지 생각해 보세요.

유성 _오세영

밤하늘은
별들의 운동장
오늘따라 ㉠별들 부산하게 바자닌다.*
운동회를 벌였나
아득히 들리는 함성,
먼 곳에서 아슴푸레 빈 우렛소리 들리더니
빗나간 야구공 하나
쨍그랑
유리창을 깨고
또르르 지구로 떨어져 구른다.

*바자니다: '바장이다'(부질없이 짧은 거리를 오락가락 거닐다.)의 옛말

빈칸을 채우세요.
– 화자:
– 중심 대상:

• 유성: 지구의 대기권으로 들어와 빛을 내며 떨어지는 작은 물체
• 부산하다: 급하게 서두르거나 시끄럽게 떠들어 어수선하다.
• 벌이다: 일을 계획하여 시작하거나 펼쳐 놓다.
• 아득히: 보이는 것이나 들리는 것이 희미하고 매우 멀게
• 아슴푸레: 빛이 약하거나 멀어서 조금 어둑하고 희미한 모양
• 우레: '천둥이 칠 때 나는 소리' 혹은 '천둥소리'

04   화자, 중심 대상 찾기

다음 빈칸에 들어가기에 알맞은 답을 〈보기〉에서 찾아 쓰시오.

〈보기〉

| 있다 | 없다 | 야구공 | 유리창 | 지구 | 밤하늘 |

(1) 윗글의 화자가 누구인지 정확하게 알 수 (　　　　　).

(2) 윗글에서는 유성을 유리창을 깨고 떨어지는 (　　　　　)(이)라고 표현하고 있다.

05   화자의 정서와 태도 파악하기

윗글의 화자에 대한 설명으로 가장 알맞은 것은?

① 운동회에 참여하여 함성을 지르고 있다.

② 별이 뜬 밤하늘의 모습을 관찰하고 있다.

③ 별이 떨어지는 것을 보고 슬퍼하고 있다.

④ 야구공이 빗나간 것을 보고 안타까움을 느끼고 있다.

⑤ 야구공이 유리창을 깨고 떨어진 것에 불만을 드러내고 있다.

05
화자가 무엇을 하고 있는지 떠올려 보세요.

06   시어의 의미 파악하기

㉠에 대한 설명으로 가장 알맞은 것은?

① ㉠은 교실 유리창을 깨트리고 있다.

② ㉠은 사람들의 소원을 들어주고 있다.

③ ㉠은 운동장에 모여서 부산을 떨고 있다.

④ ㉠ 중 하나는 지구로 떨어지고 있다.

⑤ ㉠ 중 하나는 멀리서 우레와 같은 함성 소리를 듣고 있다.

06
윗글에서 별들이 무엇을 하고 있다고 표현했는지 살펴보세요.

07   [단답형] 시어의 의미 파악하기

윗글에서 〈보기〉의 설명에 해당하는 시어를 찾아 3글자로 쓰시오.

〈보기〉

• 소리를 흉내 내는 말
• 유리창이 깨질 때의 소리를 나타낸 말

07
윗글에서 야구공이 지구에 떨어질 때 어떤 소리를 내면서 떨어졌다고 했는지 찾아보세요.

시의 특징, 운율

*● 시의 특징

(1) **음악성**: 시는 말에서 가락과 리듬이 느껴진다.

(2) **회화성**: 시를 읽으면 마음속에 그림처럼 어떠한 감각적인 장면이 떠오른다.

(3) **함축성**: 시는 겉으로 보이는 뜻 외에도 더 많은 의미를 갖고 있는 경우가 많다.

*● 운율 이란?

시를 읽을 때 느껴지는 말의 리듬

> ・ '십 년을 ∨ 경영하여 ∨ 초려삼간 ∨ 지어 내니' ▶ 4음보
>   3글자   4글자   4글자   4글자 ▶ 3・4조, 4・4조
> '십 년 동안 계획하여 세 칸짜리 초가집을 지었다'라는 내용을 3・4조, 4・4조의 음수율과 4음보의 음보율을 가진 시조로 표현하였다.
>
> ・ '앞 강물 뒷 강물 / 흐르는 물은 / 어서 따라 오라고 따라 가자고'
> '강물'과 '따라'를 반복함으로써 운율을 만들고 있다.

● 운율의 종류

외형률 : 일정한 형식으로 인해 겉으로 드러나는 규칙적인 운율. 주로 시조, 한시 등의 정형시[1]에서 나타난다.

 ┌ **음수율**: 글자 수가 일정하게 반복되어 생기는 운율
 └ **음보율**: 한번에 말할 수 있는 단위인 음보가 규칙적으로 반복되어 생기는 운율

> [푸른 산도] ∨ [절로절로] ∨ [푸른 물도] ∨ [절로절로] ▶ 4음보[음보율]
>   4글자   4글자   4글자   4글자 ▶ 4・4조[음수율]
> 　　　　　　　　　　　　　　　　　　　　　　　　　　　　　　 – 송시열[2]

내재율 : 겉으로 드러나지 않고 자유롭게 생기는 운율. 자유시[3]나 산문시[4] 등 정해진 형식이 없는 대부분의 현대시에서 나타나며, 반복을 통해 운율을 이룬다.

(1) 시어 또는 시구의 반복

> 곧은 소리는 소리이다. / 곧은 소리는 곧은 / 소리를 부른다.
> ▶ '소리'라는 시어와, '곧은 소리'라는 시구를 반복함.
> 　　　　　　　　　　　　　　　　　　　　　　　　　　　　　　 – 김수영, 〈폭포〉

(2) 비슷한 문장 구조의 반복

> 내를 건너서 숲으로 / 고개를 넘어서 마을로 (중략)
> 　'~를 ~(에)서 ~(으)로'의 문장 구조를 반복함.
> 민들레가 피고 까치가 날고 / 아가씨가 지나고 바람이 일고
> 　'~가/이 ~고'의 문장 구조를 반복함.
> 　　　　　　　　　　　　　　　　　　　　　　　　　　　　　　 – 윤동주, 〈새로운 길〉

(3) 음성 상징어[5]의 반복

> 봄바람 하늘하늘 넘노는 길에 / 연분홍 살구꽃이 눈을 틉니다. //
> 조금 힘없이 늘어져 가볍게 잇따라 흔들리는 모양을 나타낸 의태어
> 연분홍 송이송이 못내 반가워 / 나비는 너훌너훌 춤을 춥니다.
> 팔이나 날개 따위를 활짝 펴고 자꾸 위아래로 부드럽게 움직이는 모양을 나타낸 의태어
> 　　　　　　　　　　　　　　　　　　　　　　　　　　　　　　 – 김억, 〈연분홍〉

---

❶ 정형시
일정한 형식에 맞추어 쓴 시

❷ 송시열
조선 숙종 때의 문신이자 학자 (1607~1689).

❸ 자유시
전통적인 형식을 벗어나 자유로운 리듬의 가락으로 이루어진 모든 형태의 현대시를 말함.

❹ 산문시
행을 나누지 않고 산문으로 쓴 시

❺ 음성 상징어
말소리와 뜻의 관계가 긴밀하게 관련이 있는 단어로, 의성어와 의태어를 함께 이르는 말
・ **의성어**: 사람이나 사물의 소리를 흉내 낸 말
  예 멍멍, 탕탕
・ **의태어**: 사람이나 사물의 모양이나 움직임을 흉내 낸 말
  예 아장아장, 엉금엉금

[01~02] 다음을 읽고 빈칸에 들어가기에 알맞은 말을 고르시오.

> 얼굴 하나야
> 손바닥 둘로
> 폭 가리지만
>
> 보고 싶은 마음
> 호수만 하니
> 눈 감을밖에
>
> — 정지용, 〈호수 1〉

01

윗글의 각 행에서는 비슷한 글자 수를 배치하여 읽을 때 (운율 / 의미)이/가 느껴지게 했다.

02

'호수'는 누군가를 보고 싶어 하는 화자의 마음을 나타내는 소재로, (음악성 / 함축성)을 가지고 있다.

[03~04] 다음을 읽고 맞으면 ○, 틀리면 ✕에 표시하시오.

> 꽃이 진다 하고 새들아 슬퍼 마라
> 바람에 흩날리는 것이니 꽃 탓이 아니로다
> 간다고 희짓는* 봄을 미워해서 무엇하리오
>
> — 작자 미상
>
> * 희짓는: 방해하는

03

윗글은 음보가 규칙적으로 반복되어 생기는 음보율을 갖고 있다. (○ , ✕)

04

윗글에서는 글자 수가 6글자 · 7글자로 일정하게 반복되고 있다. (○ , ✕)

[05~06] 다음을 읽고 빈칸에 들어가기에 알맞은 말을 쓰시오.

> 내 마음의 어딘 듯 한 편에 끝없는
> 강물이 흐르네
> 돋쳐 오르는 아침 날 빛이 빤질한
> 은결을 도도네*
>
> — 김영랑, 〈끝없는 강물이 흐르네〉
>
> * 도도네: 돋우네

05

윗글에서는 겉으로 드러나지 않고 자유롭게 생기는 운율인 (   )이/가 나타나 있다.

06

윗글의 '강물이 흐르네', '은결을 도도네'에서는 '–이/–을 – 네'라는 비슷한 (   ) 구조를 반복하고 있다.

[07~09] 빈칸에 들어가기에 알맞은 단어를 〈보기〉에서 찾아 문맥에 맞게 쓰시오.

> ───〈보기〉───
> • 뒤척이다: 물건을 이리저리 들추며 뒤지다
> • 부산하다: 급하게 서두르거나 시끄럽게 떠들어 어수선하다.
> • 아슴프레: 빛이 약하거나 멀어서 조금 어둑하고 희미한 모양

07

가게 안은 손님이 많아 매우 (   )했다.

08

길가의 가로등이 (   ) 창문을 비추었다.

09

나는 도서관에서 친구를 기다리며 책을 (   )이고 있었다.

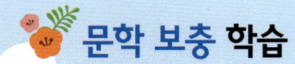

* 시의 개념, 형식, 요소

1. 시의 개념

마음속에 떠오르는 생각이나 느낌을 운율이 있는 말로 표현한 글

2. 시의 형식

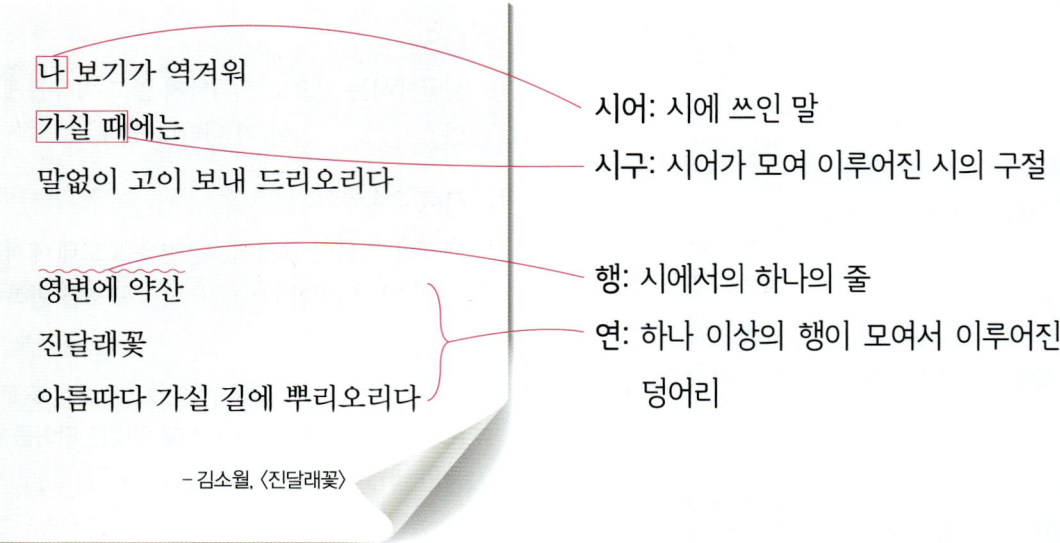

나 보기가 역겨워
가실 때에는
말없이 고이 보내 드리오리다

영변에 약산
진달래꽃
아름따다 가실 길에 뿌리오리다

– 김소월, 〈진달래꽃〉

시어: 시에 쓰인 말
시구: 시어가 모여 이루어진 시의 구절

행: 시에서의 하나의 줄
연: 하나 이상의 행이 모여서 이루어진 덩어리

3. 시 구성의 3요소

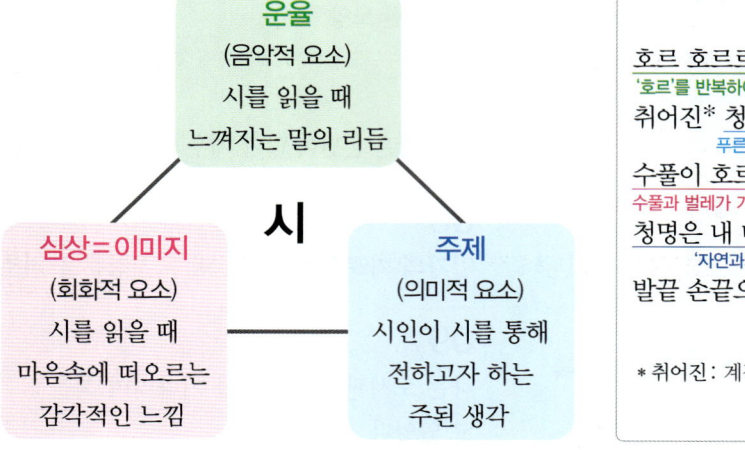

운율
(음악적 요소)
시를 읽을 때 느껴지는 말의 리듬

시

심상=이미지
(회화적 요소)
시를 읽을 때 마음속에 떠오르는 감각적인 느낌

주제
(의미적 요소)
시인이 시를 통해 전하고자 하는 주된 생각

호르 호르르 호르르르 가을 아침
'호르'를 반복하여 운율을 만듦.
취어진* 청명을 마시고 거닐면
푸른 하늘
수풀이 호르르 벌레가 호르르르
수풀과 벌레가 가볍게 움직이는 모습을 감각적으로 그림.(심상)
청명은 내 머릿속 가슴속을 젖어 들어
'자연과의 교감'이라는 주제를 드러냄.
발끝 손끝으로 새어 나가나니

– 김영랑, 〈청명〉

* 취어진: 계절의 정취에 젖어 든

STEP Ⅱ

상황, 정서, 태도 파악하기

★ 상황이란?

시 속에서 화자가 놓여 있는 환경을 말합니다.

● **상황을 파악하는 이유**

시인은 화자가 시를 읽는 사람에게 이야기를 잘 전달할 수 있도록 어떠한 상황을 정합니다. 따라서 시의 상황을 파악하면 시인이 이야기하려는 것이 무엇인지 쉽게 이해할 수 있어요.

● **상황을 파악하는 방법**

❶ 화자가 무엇을 하고 있는지 살펴보기
❷ 화자의 행동이 드러나 있지 않으면, 화자가 무엇에 대해 이야기하고 있는 상황인지 살펴보기

★ 정서, 태도란?

• 정서: 화자가 중심 대상에 대해 느끼는 감정을 말합니다.
• 태도: 화자가 자신이 처한 상황과 정서에 대해 보이는 어떠한 자세를 말합니다.

● **정서, 태도를 파악하는 이유**

화자의 정서와 태도를 파악하면 시의 핵심 내용을 파악할 수 있어요.

● **정서, 태도를 파악하는 방법**

❶ '기쁘다, 외롭다' 등 화자의 감정을 드러내는 말 찾기
❷ 화자가 중심 대상을 좋게 여기는지(긍정적), 나쁘게 여기는지(부정적) 파악하기
❸ 화자의 말투(어조)를 통해 드러나는 자세 파악하기

동해바다 – 후포*에서 _신경림

친구가 원수보다 더 미워지는 날이 많다.
티끌만 한 잘못이 맷방석만 하게
동산만 하게 커 보이는 때가 많다.
그래서 세상이 어지러울수록
남에게는 엄격해지고 내게는 너그러워지나 보다.
돌처럼 잘아지고 굳어지나 보다.

멀리 ㉠동해바다를 내려다보며 생각한다.
널따란 바다처럼 너그러워질 수는 없을까,
깊고 짙푸른 바다처럼.
감싸고 끌어안고 받아들일 수는 없을까,
스스로는 억센 파도로 다스리면서.
제 몸은 맵고 모진 매로 채찍질하면서.

*후포: 경상북도 울진군의 한 지역

🌰 빈칸을 채우세요.

– 화자:

– 중심 대상:

– 상황:

– 정서, 태도:

• **원수**: 원한이 맺힐 정도로 자기에게 해를 끼친 사람이나 집단
• **티끌**: 몹시 작거나 적음을 이르는 말
• **맷방석**: 맷돌을 쓸 때 밑에 까는 짚으로 만든 방석
• **동산**: 마을 부근에 있는 작은 산이나 언덕
• **엄격하다**: 말, 태도, 규칙 등이 매우 엄하고 철저하다.
• **너그럽다**: 마음이 넓고 아량이 있다.
• **잘다**: 생각이나 성질이 대담하지 못하고 좀스럽다.
• **널따랗다**: 꽤 넓다.
• **억세다**: 정도가 아주 높거나 심하다.
• **맵다**: 성미가 사납고 독하다.
• **모지다**: 기세가 몹시 매섭고 사납다.

STEP Ⅱ 상황, 정서, 태도 파악하기

화자와 중심 대상을 찾았다면 이제 화자가 어떤 상황에서 무슨 이야기를 하고 있는지 알아야 해요.

'상황'이란 화자가 처한 환경을 의미해요. 화자는 어떠한 상황 속에서 중심 대상에 대해 느낀 생각이나 감정을 이야기하죠. 바로 이 생각과 감정이 화자의 정서와 태도라고 볼 수 있어요.

'정서'란 화자가 중심 대상에 대해 느끼는 감정을 가리켜요.

'태도'란 화자가 자신이 처한 상황과 정서에 대응하는 자세를 의미해요.

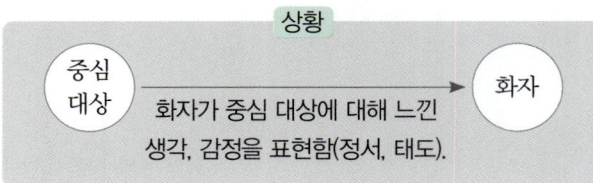

상황

중심 대상 → 화자 가 중심 대상에 대해 느낀 생각, 감정을 표현함(정서, 태도). → 화자

화자의 상황과 정서, 태도를 파악하려면 화자가 무엇을 하고 있는지, 어떠한 감정을 느끼고 무슨 생각을 하는지 살펴보면 돼요.

⚙ **먼저, 〈동해바다〉의 화자와 중심 대상을 찾아볼게요.**

1연 5행에서 '내게는'이라고 하였네요. 여기에서 화자인 '나(내)'를 찾을 수 있어요.

2연 1행에서 알 수 있듯이 화자는 멀리 '동해바다'를 내려다보며 생각을 하고 있어요. 2연에서 화자는 동해바다처럼 살고 싶다고 이야기하고 있죠.

따라서 **윗글의 화자는 '나'이고, 중심 대상은 '동해바다'입니다.**

⚙ **화자의 상황, 정서, 태도를 살펴볼까요?**

1연 1행에서 화자는 '친구가 원수보다 더 미워지는 날이 많다.'라고 했고, 2, 3행에서 '티끌만 한 잘못이 맷방석만 하게 / 동산만 하게 커 보이는 때가 많다.'라고 했어요. 이는 화자의 눈에 친구의 잘못이 점점 커 보이는 것을 의미해요.

1연 4, 5행에서 화자는 '세상이 어지러울수록 / 남에게는 엄격해지고 내게는 너그러워지나 보다.'라고 하면서 남에게는 엄격하고 자신에게는 너그러운 스스로를 반성하고 있어요.

1연 6행 '돌처럼 잘아지고 굳어지나 보다.'에서 돌처럼 잘아지고 굳어지는 것은 누구일까요? 네, 맞아요. 남에게 엄격해지는 화자 자신을 의미해요.

그렇다면 화자는 어떠한 사람이 되고 싶을까요?

2연 1행에서 화자는 '멀리 동해바다를 내려다보며 생각한다.'라고 했어요. 즉 화자는 동해바다를 내려다보며 앞으로의 삶에 대해 다짐하고 있는 것이지요.

화자는 2, 3, 4행 '널따란 바다처럼 너그러워질 수는 없을까, / 깊고 짙푸른 바다처럼. / 감싸고 끌어안고 받아들일 수는 없을까.'라고 했어요. 화자는 동해바다처럼 너그럽고 모든 것을 받아들이는 존재가 되고 싶다고 이야기하고 있는 것이죠.

이러한 화자의 생각은 2연 5, 6행에 더 잘 드러나 있어요. 화자는 동해바다처럼 '스스로는 억센 파도로 다스리면서 / 제 몸은 맵고 모진 매로 채찍질하면서.' 살겠다고 이야기하고 있어요. 동해바다처럼 '남'이나 '친구'에게는 너그럽게 대하고, 자신에게는 엄격해야겠다고 다짐하는 것이지요.

따라서 윗글에 드러난 화자의 상황과 정서를 정리하면 다음과 같아요.

- **화자의 상황:** 동해바다를 내려다보고 있음.
- **화자의 정서:** 자신의 삶을 반성하고 동해바다처럼 남에게는 <u>너그럽고 스스로에게는 엄격한 삶을 살겠다고 다짐함.</u>
- **화자의 태도:** 의지적

01 상황, 정서, 태도 파악하기

다음 빈칸에 들어가기에 알맞은 답을 〈보기〉에서 찾아 쓰시오.

〈보기〉

티끌	맷방석	바다	파도	남

(1) 화자는 세상이 어지러울수록 (　　　　　　　)에게는 엄격해진다고 생각한다.

(2) 화자는 동해바다를 내려다보며 널따란 (　　　　　　　)처럼 너그러워질 수는 없는지에 대해 생각하고 있다.

02 화자의 정서 및 태도 파악하기

윗글의 화자에 대한 설명으로 가장 알맞은 것은?

① 친구와 원수의 잘못이 크다고 생각하고 있다.

② 남에게는 엄격하고 자신에게는 너그러운 태도를 반성하고 있다.

③ 동해바다처럼 자신에게 너그러운 삶을 살겠다고 다짐하고 있다.

④ 자신에게 엄격해지는 것은 스스로에게 도움이 되지 않는다고 여기고 있다.

⑤ 세상이 어지러운 것과 자기 자신을 대하는 태도는 상관이 없다고 생각하고 있다.

02
화자가 동해바다를 보면서 바다의 어떤 점을 닮고 싶다고 하는지 살펴보세요.
• **상관**: 서로 관련을 가짐. 또는 그런 관계

03 시어의 의미 파악하기

㉠에 대한 설명으로 가장 알맞지 <u>않은</u> 것은?

① 돌처럼 잘아지고 굳어진다.

② 자신을 엄격하게 다스린다.

③ 너그러운 마음을 갖고 있다.

④ 다른 것을 감싸고 끌어안는다.

⑤ 다른 것을 이해하고 받아들인다.

03
2연에서 동해바다처럼 '감싸고 끌어안고 받아들일 수는 없을까,'라고 했어요. 화자는 동해바다가 다른 것들을 이해하고 받아들인다고 생각했기 때문에 이렇게 표현한 거예요.

01 상황, 정서, 태도 파악하기

(1) 화자는 '세상이 어지러울수록 남에게는 엄격해'진다고 했어요. 따라서 정답은 __남__ 입니다.

(2) 화자는 동해바다를 내려다보며 바다처럼 너그러워질 수는 없는지에 대해 생각하고 있어요. 따라서 정답은 __바다__ 입니다.

02 화자의 정서와 태도 파악하기

윗글의 화자에 대한 설명으로 가장 알맞은 것은?

① ~~친구와 원수의 잘못이 크다고 생각하고 있다.~~ (×)
★ 근거: ①연 ❶행

> 친구가 원수보다 더 미워지는 날이 많다.

🌱 1연에서 화자는 '친구가 원수보다 더 미워지는 날이 많다.'라고 했을 뿐, 친구와 원수의 잘못이 크다고 말하지는 않았어요.

② **남에게는 엄격하고 자신에게는 너그러운 태도를 반성하고 있다.** (○) ★ 근거: ①연 ❺행

> 남에게는 엄격해지고 내게는 너그러워지나 보다.

🌱 화자는 화자는 남에게는 엄격해지고 자신에게는 너그러운 자신의 삶의 태도를 반성하고 있어요. **그러므로 정답은 ②!**

③ 동해바다처럼 ~~자신에게 너그러운 삶을 살겠다고 다짐하고 있다.~~ (×) ★ 근거: ②연 ❺, ❻행

> 스스로는 억센 파도로 다스리면서.
> 제 몸은 맵고 모진 매로 채찍질하면서.

🌱 2연에서 화자는 동해바다를 내려다보며 동해바다가 스스로는 억센 파도로 다스리고 제 몸을 맵고 모진 매로 채찍질하는 것처럼 자신에게 엄격한 삶을 살겠다고 다짐하고 있어요.

④ 자신에게 엄격해지는 것은 ~~스스로에게 도움이 되지 않는다고~~ 여기고 있다. (×) ★ 근거: ②연 ❺, ❻행

🌱 화자가 동해바다처럼 자신에게 엄격해지겠다고 다짐하는 이유는 그것이 더욱 바람직한 삶이고 스스로에게 도움이 된다고 여기기 때문이에요.

⑤ 세상이 어지러운 것과 자기 자신을 대하는 태도는 ~~상관이 없다고~~ 생각하고 있다. (×) ★ 근거: ①연 ❹, ❺행

> 그래서 세상이 어지러울수록
> 남에게는 엄격해지고 내게는 너그러워지나 보다.

🌱 화자는 세상이 어지러운 것과 자신을 대하는 태도가 상관이 있다고 생각했기 때문에 '세상이 어지러울수록 / ～ 내게는 너그러워'진다고 했어요.

03 시어의 의미 파악하기

㉠에 대한 설명으로 가장 알맞지 않은 것은?

• ㉠: ㉠은 '동해바다'입니다. 화자는 동해바다를 내려다보며 바다처럼 살 수는 없는지에 대해 생각하고 있어요.

🔴 **즉** 동해바다에 대한 설명으로 틀린 것을 고르는 문제입니다.

① ~~돌처럼 잘아지고 굳어진다.~~ (×)
★ 근거: ①연 ❹, ❻행

> 그래서 세상이 어지러울수록 (중략)
> 돌처럼 잘아지고 굳어지나 보다.

🌱 돌처럼 잘아지고 굳어지는 것은 화자가 생각하는 자신의 모습이지, 동해바다의 모습이 아니에요. **그러므로 정답은 ①!**

② **자신을 엄격하게 다스린다.** (○)
★ 근거: ②연 ❺, ❻행

> 스스로를 억센 파도로 다스리면서.
> 제 몸은 맵고 모진 매로 채찍질하면서.

🌱 2연에서 화자는 동해바다를 내려다보며 동해바다처럼 자신을 엄격하게 다스리며 살 수는 없는지에 대해 생각하고 있어요.

③ **너그러운 마음을 갖고 있다.** (○)
★ 근거: ②연 ❷행

> 널따란 바다처럼 너그러워질 수는 없을까,

🌱 화자는 동해바다가 너그러운 마음을 갖고 있다고 생각하고 있어요.

④ **다른 것을 감싸고 끌어안는다.** (○)
★ 근거: ②연 ❹행

> 감싸고 끌어안고 받아들일 수는 없을까,

🌱 2연에서 화자는 널따란 동해바다처럼 '감싸고 끌어안고 받아들일 수는 없을까,'라고 했어요.

⑤ **다른 것을 이해하고 받아들인다.** (○)
★ 근거: ②연 ❹행

🌱 화자는 동해바다가 다른 것들을 이해하고 받아들인다고 생각했기 때문에 2연에서 바다처럼 '감싸고 끌어안고 받아들일 수는 없을까,'라고 표현한 거예요.

소녀들 _양정자

철쭉, 산당화, 매화, 모란, 라일락, 다투어 피어나고 있는
향그런 5월 학교 꽃밭 앞에서
한 떼의 소녀들이 재깔거리며
사진을 찍고 있네
피어나는 꽃보다 훨씬 더 눈부신
자기들이 꽃인 줄도 까마득히 모르는 채

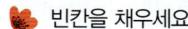 빈칸을 채우세요.

- 화자:

- 중심 대상:

- 상황:

- 정서, 태도:

- **다투다**: 어떤 일을 남보다 먼저 하거나 잘하려고 경쟁적으로 서두르다.
- **재깔거리다**: 나직한 소리로 조금 떠들썩하게 자꾸 이야기하다.
- **까마득히**: 거리가 매우 멀어 보이는 것이나 들리는 것이 희미하게

04 상황, 정서, 태도 파악하기

다음 빈칸에 들어가기에 알맞은 답을 〈보기〉에서 찾아 쓰시오.

〈보기〉
| 철쭉 | 산당화 | 매화 | 모란 | 라일락 | 꽃 | 소녀들 |

(1) 화자는 5월 학교 꽃밭 앞에서 재깔거리는 (   )을/를 보고 있다.

(2) 화자는 소녀들이 피어나는 (   )보다 훨씬 더 눈부시다고 생각하고 있다.

05 시어 및 구절의 의미 파악하기

윗글에 대한 설명으로 가장 알맞지 <u>않은</u> 것은?

① 5월의 학교 꽃밭은 향기롭다.
② 5월에는 철쭉, 산당화 등이 피어난다.
③ 소녀들은 본인들이 꽃이라고 생각한다.
④ 소녀들은 피어나는 꽃보다 훨씬 더 눈부시다.
⑤ 학교의 꽃밭 앞에서 소녀들이 사진을 찍고 있다.

05
윗글에 나타난 5월 학교 꽃밭의 모습과 소녀들이 무엇을 하고 있는지에 대해 생각해 보세요.

06 화자의 정서와 태도 파악하기

윗글의 화자에 대한 설명으로 가장 알맞은 것은?

① 재깔거리는 소녀들을 나무라고 있다.
② 소녀들을 애정을 가지고 바라보고 있다.
③ 5월에 피는 꽃들을 소녀들이라고 표현하고 있다.
④ 소녀들보다 피어나는 꽃이 더 소중하다고 생각한다.
⑤ 소녀들이 자신이 아는 사실을 까마득히 모르고 있음을 비웃고 있다.

06
화자가 어떤 마음으로 소녀들을 바라보았는지, 소녀들을 꽃보다 눈부시다고 한 이유가 무엇인지 생각해 보세요.
• **나무라다**: 상대방의 잘못이나 부족한 점을 꼬집어 말하다.
• **애정**: 사랑하는 마음
• **비웃다**: 어떤 사람, 또는 그의 행동을 어이없다고 여겨 얕잡아 보다. 또는 그런 태도로 웃다.

07 [단답형] 시어의 의미 파악하기

윗글에서 〈보기〉의 빈칸에 들어가기에 적절한 말을 찾아 3글자로 쓰시오.

〈보기〉
〈소녀들〉의 화자는 학교 꽃밭 앞에서 재깔거리며 사진을 찍고 있는 소녀들을 바라보며 피어나는 꽃보다 (   )이/가 훨씬 더 눈부시다고 생각하고 있다.

07
화자가 소녀들을 바라보며 어떠한 생각을 했는지 떠올려 보세요.

상황, 정서

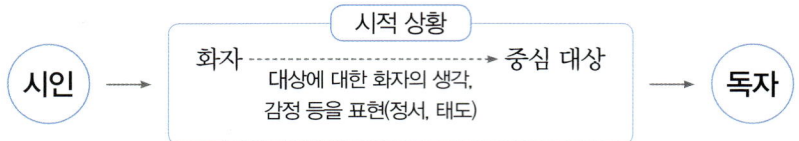

모란이 뚝뚝 떨어져 버린 날, / 나는 비로소 봄을 여읜 설움에 잠길 테요
화자는 모란이 지는 것을 생각하며(상황) 봄이 끝나는 것을 슬퍼하고 있다(정서).

*● 상황 ❶ 이란?

화자가 놓여 있는 환경. 시인은 시 속의 화자가 읽는 사람에게 이야기를 잘 전달할 수 있도록 어떠한 상황을 정한다.

```
                    시적 상황
          ┌─────────────────────────┐
  시인 ──→  화자 ------------→ 중심 대상   ──→  독자
          │ 대상에 대한 화자의 생각,        │
          │ 감정 등을 표현(정서, 태도)      │
          └─────────────────────────┘
```

> **❶ 상황**
> 화자가 무엇을 하고 있는지 살펴보면 화자가 어떤 상황에 놓여 있는지 파악할 수 있음.

*● 정서 란?

화자가 어떠한 상황에서 중심 대상에 대해 느끼는 감정. 좋은 감정이면 긍정적 정서, 안 좋은 감정이면 부정적 정서로 구분할 수 있다.

● 정서의 종류

긍정적 정서 : 화자가 무엇인가를 옳다고 인정하거나 좋아하는 것에서 생기는 감정으로, ❷친근감과 애정, 만족감, 기쁨 등이 있다.

– 친근감, 애정이 드러난 시

> 한 떼의 소녀들이 재깔거리며 / 사진을 찍고 있네 / 피어나는 꽃보다 훨씬 더 눈부신 /
> _{중심 대상에 대한 화자의 애정}
> 자기들이 꽃인 줄 까마득히 모르는 채 – 양정자, 〈소녀들〉
> _{중심 대상 / =소녀들}

> **❷ 친근감, 애정**
> • **친근감**: 친하고 가까운 느낌
> • **애정**: 사랑하거나 좋아하는 마음

➡ 화자는 중심 대상인 '소녀들'이 꽃보다 훨씬 더 눈부시다면서 친근감과 애정을 드러냈다.

– 만족감, 기쁨이 드러난 시

> 내 벗이 몇인가 하니 수석과 송죽이라 / 동산에 달 오르니 그 더욱 반갑구나
> _{물과 바위   소나무와 대나무}
> 두어라 이 다섯 밖에 또 더하여 무엇하리 – 윤선도, 〈오우가〉
> _{물, 바위, 소나무, 대나무, 달   더하지 않아도 충분하다. 만족감   다섯 친구에 대한 노래}

➡ 화자는 중심 대상인 물, 바위, 소나무, 대나무, 달을 '오우(다섯 친구)'로 여기고, 이것들만 있으면 충분하다면서 만족감과 기쁨을 드러내고 있다.

부정적 정서 : 화자가 무엇인가를 옳지 않다고 여기거나 싫어하는 것에서 생기는 감정으로, 슬픔과 그리움, ❸한(恨), 절망, 답답함 등이 있다.

– 슬픔, 그리움이 드러난 시

> **❸ 한(恨)**
> 원망스럽고 억울하거나 안타깝고 슬퍼 응어리진 마음. 우리 민족 고유의 정서로, 주로 이별의 상황을 그린 고전 시가에 나타남.

> 이화우(배나무 꽃잎) 흩날릴 때 울며 잡고 이별한 님
> _{이별로 인한 슬픔이 드러남.}
> 추풍낙엽(가을 바람에 떨어지는 나뭇잎)을 보고 저도 나를 생각하는가
> _{'이별한 님', 화자가 사랑하는 대상}
> 천리에 외로운 꿈만 오락가락 하노라 – 계랑
> _{'님'과 이별한 화자의 외로움이 드러남.}

➡ 화자는 중심 대상인 '님'과 이별한 슬픔과 '님'에 대한 그리움을 드러내고 있다.

[01~02] 다음을 읽고 빈칸에 들어가기에 알맞은 말을 고르시오.

> 실낱*같은 초승달 하늘 돌다가
> 고요히 꿈결처럼 스러지길래*
> 잃어진 그 옛날이 못내 그리워
> 다시금 이내 맘은 한숨 쉽니다
>
> – 김억, 〈옛날〉
>
> *실낱: 실의 가닥
> *스러지길래: 차차 희미해지길래

01

윗글의 화자는 초승달을 보며 (꿈결 / 옛날)을 떠올리고 있다.

02

윗글의 화자는 사라진 옛날에 대한 (그리움 / 친근감)을 느끼고 있다.

[03~04] 다음을 읽고 맞으면 ○, 틀리면 ✕에 표시하시오.

> 나는 당신을 사랑하고, 당신의 행복을 사랑합니다. 나는 온 세상 사람이 당신을 사랑하고, 당신의 행복을 사랑하기를 바랍니다.
>
> 그러나 정말로 당신을 사랑하는 사람이 있다면, 나는 그 사람을 미워하겠습니다.
>
> – 한용운, 〈행복〉

03

윗글의 화자는 '당신'에 대한 애정을 표현하고 있다.
(○ , ✕)

04

윗글의 화자는 '그 사람'이 당신을 미워하기를 바라고 있다. (○ , ✕)

[05~06] 다음을 읽고 빈칸에 들어가기에 알맞은 말을 고르시오.

> 바다로 가자 큰 바다로 가자
> 우리 인제 큰 하늘과 넓은 바다를 마음대로 가졌노라 /
> (중략)
> 우리 삼년 걸려도 큰 배를 짓자꾸나
> 큰 바다 넓은 하늘을 우리는 가졌노라
>
> – 김영랑, 〈바다로 가자〉

05

윗글의 화자는 바다로 가자면서 (큰 배 / 큰 하늘)을/를 짓자고 말하고 있다.

06

윗글에는 바다와 하늘에 대한 화자의 (긍정적 / 부정적) 정서가 드러나 있다.

[07~10] 빈칸에 들어가기에 알맞은 단어를 〈보기〉에서 찾아 문맥에 맞게 쓰시오.

〈보기〉
• 티끌: 몹시 작거나 적음을 이르는 말
• 억세다: 그 정도가 아주 높거나 심하다.
• 재깔거리다: 나직한 소리로 조금 떠들썩하게 자꾸 이야기하다.
• 까마득히: 거리가 매우 멀어 보이는 것이나 들리는 것이 희미하게

07

내 친구는 (   )게 운이 좋은 편이다.

08

수업을 마친 아이들이 (   )며 교실을 나섰다.

09

그녀는 마당에 앉아 (   ) 먼 산을 바라보았다.

10

그는 거짓말을 하고도 (   )만큼도 반성하지 않았다.

DAY **05** 산은 옛 산이로되 _황진이

> 산은 옛 산이로되 물은 옛 물이 아니로다.
>
> 주야에 흐르니 옛 물이 있을쏘냐.
>
> 인걸(人傑)*도 물과 같아서 가고 아니 오노매라.
>
> * 인걸(人傑) : 특히 뛰어난 재주가 있는 사람

🦋 빈칸을 채우세요.

– 화자:

– 중심 대상:

– 상황:

– 정서, 태도:

• **주야**: 밤과 낮

지문 이해 특강 STEP Ⅱ

STEP Ⅱ 상황, 정서, 태도 파악하기

〈산은 옛 산이로되〉는 조선 시대에 유명한 기생이었던 황진이가 쓴 시조입니다. 시조는 초장, 중장, 종장, 즉 3장 6구 4음보의 기본 형태를 가진 평시조와 중장의 길이가 긴 사설 시조로 나누어볼 수 있어요. 〈산은 옛 산이로되〉는 초장, 중장, 종장이 한 줄씩 제시되어 있죠? 따라서 〈산은 옛 산이로되〉는 시조의 기본 형식을 갖춘 평시조에요.

⚙️ **먼저, 〈산은 옛 산이로되〉의 화자와 중심 대상을 찾아볼게요.**

이 시조에서는 '나'나 '우리' 등의 표현을 찾을 수 없죠? 이처럼 시나 시조 속에서 화자가 구체적으로 드러나지 않는 경우도 있답니다.

시조의 내용을 함께 살펴보면 전반적으로 물에 대해서 이야기를 하고, 특히 종장에서 '인걸'이 물과 같다고 이야기하고 있어요.

따라서 윗글의 화자는 드러나지 않으며, 중심 대상은 '물', '인걸'입니다.

⚙️ **화자의 상황, 정서, 태도를 살펴볼까요?**

화자는 초장에서 '산은 옛 산이로되 물은 옛 물이 아니로다.'라고 했어요. 산은 옛날의 산과 똑같은데 물은 옛날의 물과 다르다고 보는 것이지요. 이를 통해 화자가 산과 물을 보고 있음을 알 수 있어요.

화자는 중장에서 '주야에 흐르니 옛 물이 있을쏘냐.'라고 했어요. 초장에서 물이 옛 물이 아니라고 한 이유를 중장에서 밤낮으로 흐르기 때문이라고 설명하고 있는 것이지요.

종장에서 화자는 '인걸도 물과 같아서 가고 아니 오노매라.'라고 했어요. 한번 흐르고 나면 돌아오지 않는 물처럼 인걸, 즉 사람도 한번 가고 나면 돌아오지 않는다는 것이지요. '인걸'은 특히 뛰어난 인재를 뜻하므로 화자는 뛰어난 인재가 가고 다시 돌아오지 않는 현실을 슬퍼하고 있다고 볼 수 있어요.

고요한 마음으로 사물이나 현상을 관찰하거나 비추어 보는 것을 관조적이라고 해요. 윗글의 화자는 산과 물을 바라보며 인걸이 가고 나면 돌아오지 않음을 생각하고 있으므로, 관조적인 태도를 갖고 있다고 할 수 있어요.

따라서 윗글에 드러난 화자의 상황과 정서, 태도를 정리하면 다음과 같아요.

• **화자의 상황**: 산과 물을 바라보고 있음.

• **화자의 정서**: 흐르는 물을 보고 인걸이 가고 나면 오지 않음을 생각함.

• **화자의 태도**: 관조적(산과 물을 관찰하고 이를 사람에게 비추어 봄.)

01 상황, 정서, 태도 파악하기

빈칸에 들어가기에 알맞은 답을 〈보기〉에서 찾아 쓰시오.

〈보기〉

| 산 | 물 | 인걸 | 있다 | 주야 |

(1) 화자는 ( )와/과 ( ), 인걸에 대해 이야기하고 있다.
(2) 화자는 ( )이/가 물과 같아서 가면 안 온다고 했다.

02 화자의 정서 및 태도 파악하기

윗글의 화자에 대한 설명으로 가장 알맞지 <u>않은</u> 것은?

① '산'과 '물'을 비교하고 있다.
② '물'이 변덕스럽다고 생각하고 있다.
③ '물'과 '인걸'이 같은 면이 있다고 생각하고 있다.
④ '인걸'이 가서 돌아오지 않아 기뻐하고 있다.
⑤ '산'과 '물'이 반대의 성격을 가졌다고 말하고 있다.

02
화자가 무엇을 하고 있는지 생각
해 보세요.
• **변덕스럽다**: 이랬다저랬다 하
는, 변하기 쉬운 태도나 성질이
있다.

03 시어의 의미 파악하기

윗글에 대한 설명으로 가장 알맞은 것은?

① '산'은 변하는 존재이다.
② '물'은 변하지 않는 존재이다.
③ '인걸'은 변하지 않는 존재이다.
④ '인걸'은 갔다가 다시 오는 존재이다.
⑤ '물'이 '옛 물'이 아닌 이유는 밤낮으로 흐르기 때문이다.

03
화자가 '산'과 '물', '인걸'에 대해
무엇이라고 이야기하고 있는지
살펴보세요.

01 상황, 정서, 태도 파악하기

(1) 화자는 초장에서 산과 물의 다른 점을, 종장에서 인걸과 물의 같은 점을 이야기하고 있어요. 따라서 정답은 ___산___, ___물___ 입니다.

(2) 화자는 종장에서 '인걸도 물과 같아서 가고 아니 오노매라.' 라고 했어요. 이것은 인걸이 물처럼 한번 가면 돌아오지 않는다는 의미예요. 따라서 정답은 ___인걸___ 입니다.

02 화자의 정서와 태도 파악하기

윗글의 화자에 대한 설명으로 가장 알맞지 않은 것은?

① '산'과 '물'을 비교하고 있다. (○)
★ 근거: 초장

> 산은 옛 산이로되 물은 옛 물이 아니로다.

🍃 화자는 초장에서 옛날과 똑같은 산과 옛날과는 다른 물을 비교하고 있어요.

② '물'이 변덕스럽다고 생각하고 있다. (○)
★ 근거: 초장

🍃 화자는 초장에서 산은 변하지 않지만 물은 변한다고 이야기하고 있어요.

③ '물'과 '인걸'이 같은 면이 있다고 생각하고 있다. (○)
★ 근거: 종장

> 인걸(人傑)도 물과 같아서 가고 아니 오노매라.

🍃 화자는 종장에서 물과 인걸이 갔다가 돌아오지 않는 것이 같다고 생각하고 있어요.

④ '인걸'이 가서 돌아오지 않아 ~~기뻐하고~~ 있다. (×)
★ 근거: 종장

> 인걸(人傑)도 물과 같아서 가고 아니 오노매라.

🍃 화자는 흐르는 물을 보며 인걸도 물과 같아서 간 후에는 돌아오지 않는다고 생각하고 있을 뿐, 인걸이 오지 않아서 기뻐하고 있지는 않아요. **그러므로 정답은 ④!**

⑤ '산'과 '물'이 반대의 성격을 가졌다고 말하고 있다. (○)
★ 근거: 초장

🍃 화자는 현재의 산은 옛날과 같은데 현재의 물이 옛날과 다르다고 하였어요. 이는 변하지 않는 산과 변하는 물의 성격을 비교한 거예요.

03 시어의 의미 파악하기

윗글에 대한 설명으로 가장 알맞은 것은?

① '산'은 ~~변하는~~ 존재이다. (×)
★ 근거: 초장

> 산은 옛 산이로되 물은 옛 물이 아니로다.

🍃 화자는 초장에서 현재의 산과 옛날의 산이 같음을 이야기하고 있어요.

② '물'은 ~~변하지 않는~~ 존재이다. (×)
★ 근거: 초장, 중장

> 산은 옛 산이로되 물은 옛 물이 아니로다.
> 주야로 흐르니 옛 물이 있을쏘냐.

🍃 화자는 초장에서 '물은 옛 물이 아니로다.'라고 했고 중장에서 물이 옛 물이 아닌 이유로 '주야로 흐르'기 때문이라고 하였어요. 즉 물은 밤낮으로 흐르기 때문에 항상 변하는 존재예요.

③ '인걸'은 ~~변하지 않는~~ 존재이다. (×)
★ 근거: 종장

> 인걸(人傑)도 물과 같아서 가고 아니 오노매라.

🍃 화자는 종장에서 인걸도 물과 같다고 했어요. 화자는 물은 변하는 존재로 여기고 있으므로 인걸 역시 변하는 존재라고 생각할 거예요.

④ '인걸'은 ~~갔다가 다시 오는~~ 존재이다. (×)
★ 근거: 종장

> 인걸(人傑)도 물과 같아서 가고 아니 오노매라.

🍃 화자는 종장에서 인걸도 가고 아니 온다고 했어요. 따라서 인걸은 갔다가 돌아오지 않는 존재예요.

⑤ '물'이 '옛 물'이 아닌 이유는 밤낮으로 흐르기 때문이다. (○)
★ 근거: 중장

> 주야로 흐르니 옛 물이 있을쏘냐.

🍃 화자는 중장에서 현재의 물이 옛 물이 아닌 이유가 밤낮으로 흐르기 때문이라고 했어요. **그러므로 정답은 ⑤!**

오우가 _윤선도

내 ㉠벗이 몇이나 하니 수석(水石)*과 송죽(松竹)*이라.
동산에 달 오르니 긔 더욱 반갑구나.
두어라 이 다섯밖에 또 더하여 무엇하리.　　　〈제1수〉

*수석(水石): 물과 돌　　*송죽(松竹): 소나무와 대나무

🍂 빈칸을 채우세요.

– 화자:
– 중심 대상:
– 상황:
– 정서, 태도:

• **동산**: 마을 부근에 있는 작은 산이나 언덕

04 상황, 정서, 태도 파악하기

다음 빈칸에 들어가기에 알맞은 답을 〈보기〉에서 찾아 쓰시오.

〈보기〉
| 달 | 수석 | 송죽 | 동산 | 다섯 |

(1) 화자는 (　　　　　)와/과 (　　　　　) 을/를 벗이라고 생각한다.
(2) 화자는 동산에 떠오른 (　　　　　)을/를 반가워하고 있다.

05 화자의 정서 및 태도 파악하기

윗글의 화자에 대한 설명으로 가장 알맞지 <u>않은</u> 것은?

① 화자는 자연물을 친구로 여기고 있다.
② 화자는 떠오른 달을 반가워하고 있다.
③ 화자는 슬픈 마음으로 벗의 수를 세어 보고 있다.
④ 화자는 자신의 친구가 다섯으로 충분하다고 생각하고 있다.
⑤ 화자는 자신의 친구들이 수석, 송죽, 달인 것에 만족하고 있다.

06 화자의 정서와 태도 파악하기

윗글의 ㉠에 대한 설명으로 가장 알맞은 것은?

① 화자가 피하고 싶은 존재이다.
② 다섯 가지 자연물을 가리킨다.
③ 화자가 가진 많은 것 중 하나이다.
④ 동산에 올라가야만 볼 수 있는 것이다.
⑤ 현실에 대한 화자의 부정적인 인식과 관련이 있다.

07 [단답형] 시어의 의미 파악하기

윗글에서 〈보기〉의 설명과 관련이 있는 것을 찾아 1글자로 쓰시오.

〈보기〉
〈오우가〉의 화자는 사람이 아닌 자연물인 수석과 송죽, 달을 (　　　　　)(이)라고 하면서 자연 속 삶에 대한 만족감을 드러내고 있다.

05
윗글의 화자가 무엇이라고 하였는지, 어떤 감정을 느끼고 있는지 생각해 보세요.
• **충분하다**: 모자람이 없이 넉넉하다.
• **만족하다**: 마음이 흐뭇하고 좋다.

06
화자는 다섯 가지 자연물을 마치 사람인 양 '벗'이라고 표현했어요. 화자에게 '벗'이 어떠한 의미인지 생각해 보세요.

07
화자가 수석, 송죽, 달을 무엇이라고 여기고 있는지 살펴보세요.
• **만족감**: 마음에 흐뭇하고 좋은 느낌

고전 시가의 주제

> 산수 간 바위 아래 띠집(초가집)을 지으려 하니
> 산과 물   작고 초라한 집
> '산수 간 바위 아래'는 자연을 의미하며, '띠집'은 돈과 권력에
> 집착하지 않는 모습을 드러낸다.

● **고전 시가에 자주 나오는❶ 주제**

현대시가 다양한 주제를 다루는 것과 달리 고전 시가에서 다루는 주제는 크게 4가지로 구분할 수 있다.

(1) 자연에서의 삶: 주로 자연에서 지내는 즐거움이나 자연의 가치를 노래한다. 인간 세상의 가치인 돈과 권력에 집착하지 않는 욕심 없는 삶을 바란다.

> 보리밥 풋나물을 알맞게 먹은 후에
>   소박한 상차림
> 바위 끝 물가에서 실컷 노니노라
>
> 그 밖에 남은 일이야 부러워할 줄이 있으랴
>   자연에서 지내는 화자의 만족감을 알 수 있음.
> ▶ 자연에서의 소박한 삶에 만족함.
>   – 윤선도, 〈만흥〉

(2) 대상에 대한 그리움: 고향이나 가족, 사랑하는 사람을 그리워하는 내용을 노래한다. 자연물과 반대되는 화자의 상황을 제시하여 화자의 그리움을 강조하기도 한다.

> 사월 잊지 않고 아아 오는구나 꾀꼬리 새여
> 무엇 때문에 녹사님은 옛 나를 잊고 계신가
>   꾀꼬리와 달리 오지 않는 임을 그리워하고 있음.
> ▶ 오지 않는 임을 그리워함.
>   – 작자 미상, 〈동동〉

(3) 임금과 나라에 대한 마음: 임금을 향한 충성심이나 나라를 위하는 마음을 노래한다. 사랑하는 사람을 그리워하는 여성 화자의 목소리를 빌려서 이와 같은 마음을 드러내기도 한다.

> 내가 님을 그리워하여 울고 지내니 / 산접동새와 난 처지가 비슷하구나
> '님'은 임금을 의미함.
> 나에 대한 말은 진실이 아니며 거짓이라는 것을, 아!
>   화자는 모함을 당함.
> ▶ 연인을 그리워하는 여성의 목소리를 빌려 임금에게 자신의 억울함을 이야기함.   ❷
>   – 정서, 〈정과정〉

(4) 서민들의 삶과 교훈: 소박하지만 활기찬❸ 서민들의 일상생활을 담거나 사람으로서❹ 지켜야 할 도리를 알려 주고자 한다.

> 부모님 살아 계실 때 섬길 일 다하여라
>   효도할 것을 가르침.
> 지나간 후에 애달파한들 어찌하리
> 부모님이 돌아가신 후
> 평생에 다시 못 할 일이 이것뿐인가 하노라
>   효도
> ▶ 부모님을 잘 섬겨야 한다고 충고하고 있음.
>   – 정철, 〈훈민가 제4수〉

---

❶ 주제
시인이 작품을 통해 전하고자 하는 주된 생각

❷ 정서의 〈정과정〉
고려 시대 왕에게 예쁨을 받던 '정서'가 누명을 쓰고 유배되었을 때 임금을 그리워하며 부른 노래. 연인을 그리워하는 여성 화자의 목소리를 빌림.

실제 관계	작품 속 관계
임금-신하	남성-여성

❸ 서민들의 일상생활
농사를 짓거나 집안일을 하는 등의 모습을 말함.

❹ 사람으로서 지켜야 할 도리
부모와 자식 사이의 도리, 임금과 신하 사이의 도리, 부부 사이의 도리, 친구 사이의 도리 등을 말함.

[01~02] 다음을 읽고 빈칸에 들어가기에 알맞은 말을 고르시오.

꿈에나 님을 보려 잠을 자려고 누웠더니
새벽달이 지새도록 우는 두견새* 소리를 어이 하리
두어라 애끓는* 마음이야 너나 나나 다르겠느냐

– 호석균

* 두견새: 접동새. 고전 시가에서 주로 슬픔을 표현할 때 활용함.
* 애끓는: 몹시 답답하거나 안타까워 속이 끓는 듯한

01

윗글의 주제는 (자연에서의 삶 / 대상에 대한 그리움)이다.

02

윗글의 화자는 '(너 / 임)'을/를 그리워하고 있다.

[03~04] 다음을 읽고 맞으면 ○, 틀리면 ✕에 표시하시오.

형제는 두 몸이나 한 부모에게서 나뉘었으니
인간에게 귀한 것이 이외에 또 있는가
돈을 주고도 못 얻을 것은 이뿐인가 하노라 〈제4수〉

– 김상용, 〈오륜가〉

03

윗글의 주제는 부모에게 효도하려는 자식의 마음이다.
(○ , ✕)

04

윗글의 화자는 돈보다 형제간의 우애가 더 소중하다고 말하고 있다. (○ , ✕)

[05~06] 다음을 읽고 빈칸에 들어가기에 알맞은 말을 고르시오.

백구*야 말 물어보자 놀라지 말아라
경치가 좋은 곳을 어디어디 두었더냐
나에게 자세히 알려 주면 너와 거기 가서 놀리라

* 백구: 갈매기   – 김천택

05

윗글의 주제는 (자연에서의 삶 / 사람으로서 지켜야 할 도리)이다.

06

윗글의 화자는 자연을 (멀리 / 가까이) 하며 살고 싶은 마음을 드러내고 있다.

[07~10] 빈칸에 들어가기에 알맞은 단어를 〈보기〉에서 찾아 문맥에 맞게 쓰시오.

〈보기〉
• 주야: 밤과 낮
• 만족감: 마음에 흐뭇하고 좋은 느낌
• 동산: 마을 부근에 있는 작은 산이나 언덕
• 변덕스럽다: 이랬다저랬다 하는, 변하기 쉬운 태도나 성질이 있다.

07

봄이 되자 (   )에 여러 종류의 꽃들이 피어났다.

08

좋아하는 음식을 마음껏 먹어 (   )이 느껴진다.

09

희연이는 (   )을/를 가리지 않고 공부를 해서 중간고사에서 좋은 성적을 거두었다.

10

오늘 하늘이 맑았다가 갑자기 구름이 끼었다가 하는 것이 무척이나 (   )다.

포근한 봄 _오규원

눈이 내린다
봄이라서
봄빛처럼 포근한 눈

담장 위에 쌓이는 봄눈
나무 위에 쌓이는 봄눈
마당 위에 쌓이는 봄눈

그리고
마루에서 졸다가 깬
눈을 하고 앉은
새끼 고양이의 눈 속에도
내리는 봄눈

감았다 떴다 하는
새끼 고양이의 눈처럼
보드라운
봄
봄 하늘
봄 하늘의 봄눈

 빈칸을 채우세요.

– 화자:

– 중심 대상:

– 상황:

– 정서, 태도:

- **담장**: 집이나 일정한 공간을 둘러막기 위하여 흙, 돌, 벽돌 따위로 쌓아 올린 것
- **마당**: 집의 앞이나 뒤에 평평하게 닦아 놓은 땅
- **마루**: 집채 안에 바닥과 사이를 띄우고 깐 널빤지. 또는 그 널빤지를 깔아 놓은 곳
- **보드랍다**: 닿거나 스치는 느낌이 거칠거나 빳빳하지 않다.

01 상황, 정서, 태도 파악하기

다음 물음에 알맞은 답을 〈보기〉에서 찾아 쓰시오.

〈보기〉

| 봄빛 | 봄눈 | 마루 | 담장 | 새끼 고양이 | 봄 | 하늘 |

(1) 윗글의 화자는 하늘에서 내리는 (   )을/를 보고 있다.
(2) 화자는 봄눈을 (   )의 눈처럼 보드랍다고 느끼고 있다.

DAY
06

02 화자의 정서 및 태도 파악하기

윗글의 화자에 대한 설명으로 가장 알맞은 것은?

① 새끼 고양이와 마루에서 졸고 있다.
② 새끼 고양이와 봄눈을 맞으며 놀고 있다.
③ 새끼 고양이가 놀고 있는 것을 보고 있다.
④ 봄눈이 마당 위에 쌓이는 것을 보고 있다.
⑤ 봄에 눈이 내리는 것을 의아하게 생각하고 있다.

02
윗글의 화자가 무엇을 하고 있는
지 생각해 보세요.
• **의아하다**: 의심스럽고 이상하다.

03 시어의 의미 파악하기

윗글에서 〈보기〉의 설명과 관련이 있는 것은?

〈보기〉

• 봄빛처럼 포근한 것
• 새끼 고양이의 눈처럼 보드라운 것

① 봄   ② 봄눈   ③ 담장
④ 나무   ⑤ 마당

03
화자가 무엇을 보고 있는지 떠올
려 보세요.

나룻배와 행인 _한용운

나는 나룻배
당신은 행인.

당신은 흙발로 나를 짓밟습니다.
나는 당신을 안고 물을 건너갑니다.
나는 당신을 안으면 깊으나 옅으나 급한 여울이나 건너갑니다.

만일 당신이 아니 오시면 나는 바람을 쐬고 눈비를 맞으며
밤에서 낮까지 당신을 기다리고 있습니다.
당신은 물만 건너면 나를 돌아보지도 않고 가십니다그려.
㉠그러나 당신이 언제든지 오실 줄만은 알아요.
나는 당신을 기다리면서 날마다 날마다 낡아 갑니다.

나는 나룻배
당신은 행인.

- **나룻배**: 사람이나 짐 따위를 실어 나르는 작은 배
- **행인**: 길을 가는 사람
- **여울**: 강이나 바다 따위의 바닥이 얕거나 폭이 좁아 물살이 세게 흐르는 곳

04 상황, 정서, 태도 파악하기

다음 물음에 알맞은 답을 〈보기〉에서 찾아 쓰시오.

〈보기〉

나룻배　　행인　　당신　　물　　여울

(1) 화자는 (　　　　　　　)(으)로, 당신을 안아 물을 건너간다.
(2) 화자는 행인인 (　　　　　　　)을/를 기다리면서 날마다 낡아 가고 있다.

DAY 06

05 화자의 정서 및 태도 파악하기

윗글의 화자에 대한 설명으로 가장 알맞지 <u>않은</u> 것은?

① 오지 않는 당신을 기다린다.
② 당신이 언젠가 올 것이라고 생각한다.
③ 당신이 흙발로 짓밟기도 하는 존재이다.
④ 물을 건너면 돌아보지 않는 당신을 미워한다.
⑤ 어떠한 상황이라도 당신을 안고 물을 건넌다.

05
화자가 무엇을 하고 있는지 생각해 보세요.

06 시어 및 구절의 의미 파악하기

㉠에 대한 설명으로 가장 알맞은 것은?

① 화자가 당신을 기다리는 원인이다.
② 화자가 당신을 싫어하는 원인이다.
③ 화자가 낡은 배를 고치는 원인이다.
④ 화자가 급한 여울을 피하고 싶어 하는 원인이다.
⑤ 화자가 바람을 쐬거나 눈비를 맞으려 하는 원인이다.

06
화자가 당신이 올 것이라고 생각하고 무엇을 하고 있는지 살펴보세요.

07 [단답형] 시어의 의미 파악하기

윗글에서 〈보기〉의 빈칸에 들어가기에 알맞은 말을 찾아 3글자로 쓰시오.

〈보기〉

한용운은 〈나룻배와 행인〉에서 헌신적인 사랑을 하는 화자 '나'를 (　　　　　　)에 빗대어 표현함으로써 인내와 희생을 통한 임에 대한 사랑을 효과적으로 드러내고 있다.

07
이 시의 화자가 누구인지, 당신에 대해 어떻게 생각하고 있는지 떠올려 보세요.
• **헌신적**: 몸과 마음을 바쳐 있는 힘을 다하는 것

정답 및 해설 24 ～ 25p

 **문학 용어 특강 06** 　　　　**태도, 어조**

① 잎새에 이는 바람에도 / 나는 괴로워했다. / (중략) / 그리고 나한테 주어진 길을 / 걸어가야겠다.

② 먹을 것 없는 사람들의 마을로 / 다시 어두워 돌아가야 한다

①의 화자는 괴로운 상황에서도 자신의 길을 걸어가겠다는 의지적 태도를 드러내는 반면, ②의 화자는 힘든 상황을 어쩔 수 없다는 식으로 받아들이는 체념적 태도를 보이고 있다. 이처럼 힘들고 어려운 상황이라도 화자의 태도는 다르게 나타날 수 있다.

* ● 태도 란?

화자가 자신이 처한 상황과 정서에 대응하는 자세

● 태도의 종류

긍정적 태도 : 자신이 처한 상황이나 대상을 좋게 받아들이려는 자세. 혹은 안 좋은 상황을 극복하려는 자세

(1) **낙관적**: 앞으로의 일이나 사물을 희망적으로 보는 태도

(2) ❶ **의지적**: 현재 상황을 바꾸거나 무언가를 이루려고 하는 태도

> 대장부의 큰 일을 끝까지 이룬 후에 / 그제야 님을 다시 만나 백년 살려 하노라
> ▶ 높은 지위에 올라서 이름을 알린 후에 임을 만나려는 의지적 태도가 드러남.　　　　　– 작자 미상, 〈춘면곡〉

(3) **자연 친화적**: 자연을 좋아하고 가까이하려는 태도

> 사립문 열지 마라 날 찾을 이 누가 있을까 / 밤중에 한 조각 밝은 달이 내 벗인가 하노라
> 　　　　　　　　　　　　　　　　　　　　　화자가 친근하게 여기는 대상, 자연
> ▶ 달(자연)을 가까이하려는 자연 친화적 태도가 드러남.　　　　　– 신흠, 〈방옹시여 제1수〉

(4) **예찬적**: 대상을 훌륭하거나 좋거나 아름답다고 찬양하는 태도

(5) **성찰적**: 자신의 행동과 삶을 돌아보며 반성하는 태도

> 몸과 마음이 건강한 삶
> 낙원이 먼 곳에 있는 게 아닌데 / 무엇하러 벼슬길에 헤매고 있겠는가
> ▶ 벼슬을 사느라 마음의 여유를 잃었던 자신의 삶을 돌아보는 성찰적 태도가 드러남.　　　　– 정약용, 〈보리타작〉

부정적 태도 : 자신이 처한 상황이나 대상을 나쁘게 여기는 자세. 혹은 안 좋은 상황에서 포기하거나 모른 체하는 자세

(1) **비판적**: 어떤 대상이나 상황이 잘못되었음을 지적하는 태도

> 어떠한 세상 사람도 세상에 깨끗한지 탁한지를 모르네
> ▶ 현실의 옳고 그름을 알지 못하는 사람들을 지적하는 비판적 태도가 드러남.　　　　– 이별, 〈장육당육가〉

(2) **비관적**: 앞으로의 일이나 인생을 어둡게만 보는 태도

> 기다리던 것이 오지 않는다는 것은 누구나 안다
> ▶ 바라던 것이 이루어지지 않을 것이라고 생각하는 비관적 태도가 드러남.　　　　– 이성복, 〈다시 봄이 왔다〉

(3) **체념적**: 자신이 처한 안 좋은 상황을 개선하지 않거나 소망하던 것을 포기하는 태도

* ● 어조 란?

시에 나타나는 화자의 특징적인 말투. 화자의 태도에 따라 어조가 달라진다.

담담한 어조	차분하고 평온한 느낌을 주는 어조
단정적 어조	딱 잘라서 판단하고 결정하는 느낌을 주는 어조
독백적 어조	화자가 혼잣말하는 것처럼 자신의 마음을 읊조리는 어조
애상적 어조	슬픈 마음과 가슴 아파하는 것이 드러나는 어조
❷ 명령적 어조	명령이나 요구의 뜻을 드러내는 어조

❶ **의지적 태도**
의지적 태도는 화자가 어려운 상황(부정적 상황)에 놓였을 때 주로 나타남.
예 그런 때일수록 / 나는 더 힘들 때(= 부정적 상황) 욱 소망한다 / 그것들이 내 삶의 거름이 되어 / 화사한 꽃밭을 일구어 낼 수 있기를

❷ **명령적 어조**
명령적 어조는 주로 '–하라/해라' 등의 명령형 어미가 쓰인 문장에 나타남.
예 밤이 어두웠는데 / 눈 감고 가거라

[01~02] 다음을 읽고 빈칸에 들어가기에 알맞은 말을 고르시오.

> 죽는 날까지 하늘을 우러러
> 한 점 부끄럼이 없기를, / (중략)
> 별을 노래하는 마음으로
> 모든 죽어 가는 것을 사랑해야지
> 그리고 나한테 주어진 길을
> 걸어가야겠다.
>
> – 윤동주, 〈서시〉

01

'모든 죽어가는 것을 사랑해야지'에서는 무엇인가를 이루려고 하는 화자의 (비판적 / 의지적) 태도가 드러나 있다.

02

윗글에서는 화자가 혼잣말을 하는 것처럼 자신의 마음을 읊조리는 (독백적 / 명령적) 어조가 사용되고 있다.

[03~04] 다음을 읽고 빈칸에 들어가기에 알맞은 말을 고르시오.

> 붉은 잎이 산에 가득하고 빈 강이 쓸쓸할 때
> 가랑비 내리는 중에 낚시터에 낚싯대를 던지는 것이
> 제 맛이라
> 세상에 이득을 찾는 무리가 이 맛을 어찌 알기 바라리
> – 이별, 〈장육당육가 제2수〉

03

윗글의 화자는 (성찰적 / 자연 친화적)인 태도를 보인다.

04

윗글에서는 '세상에 이득을 찾는 무리'에 대한 화자의 (긍정적 / 부정적) 태도가 드러나 있다.

[05~06] 다음을 읽고 맞으면 ○, 틀리면 ×에 표시하시오.

> 홀로 잠들기가 참말 외로와요
> 맘에는 사무치도록 그리워와요
> 이리도 무던히 / 아주 얼굴조차 잊힐 듯해요 / (중략)
>
> 다만 고요히 누워 들으면
> 다만 고요히 누워 들으면
> 하이얗게 밀려드는 봄 밀물*이
> 눈앞을 가로막고 흐느낄 뿐이야요   – 김소월, 〈밤〉
>
> * 밀물 : 바닷물이 육지 쪽으로 들어오는 것

05

윗글의 화자는 앞으로의 미래에 대해 낙관적 태도를 보이고 있다. (○ , ×)

06

윗글에서는 슬픈 마음을 드러내는 애상적 어조가 사용되고 있다. (○ , ×)

[07~09] 빈칸에 들어가기에 알맞은 단어를 〈보기〉에서 찾아 문맥에 맞게 쓰시오.

> 〈보기〉
> • 행인 : 길을 가는 사람
> • 무심하다 : 남의 일에 걱정하거나 관심을 두지 않다.
> • 보드랍다 : 닿거나 스치는 느낌이 거칠거나 빳빳하지 않다.
> • 담장 : 집이나 일정한 공간을 둘러막기 위하여 흙, 돌, 벽돌 따위로 쌓아 올린 것

07

현이는 지나가던 (   )에게 길을 물었다.

08

제원이는 친구의 (   )한 대답에 화가 났다.

09

수정이는 벽돌로 (   )을/를 만들었다.

🪴 문학 용어 체크

✪ STEP Ⅰ, Ⅱ 학습 체크

앞에서 배운 문학 용어들 중에서 확실히 아는 것에 ✅ 표시를 하세요.
확실히 알지 못하는 것은 다시 복습하세요.

- ☐ 화자 → 18p
- ☐ 중심 대상 → 18p
- ☐ 고전 시가 → 24p
- ☐ 단시조 → 24p
- ☐ 연시조 → 24p
- ☐ 평시조 → 24p
- ☐ 사설시조 → 24p
- ☐ 운율 → 30p
- ☐ 외형률 → 30p
- ☐ 음수율 → 30p
- ☐ 음보율 → 30p
- ☐ 내재율 → 30p

- ☐ 정형시 → 30p
- ☐ 자유시 → 30p
- ☐ 산문시 → 30p
- ☐ 음성 상징어 → 30p
- ☐ 의성어 → 30p
- ☐ 의태어 → 30p
- ☐ 상황 → 40p
- ☐ 정서 → 40p
- ☐ 주제 → 46p
- ☐ 태도 → 52p
- ☐ 낙관적 → 52p
- ☐ 의지적 → 52p

- ☐ 자연 친화적 → 52p
- ☐ 예찬적 → 52p
- ☐ 성찰적 → 52p
- ☐ 비판적 → 52p
- ☐ 비관적 → 52p
- ☐ 체념적 → 52p
- ☐ 담담한 어조 → 52p
- ☐ 단정적 어조 → 52p
- ☐ 독백적 어조 → 52p
- ☐ 애상적 어조 → 52p
- ☐ 명령적 어조 → 52p

✪ STEP Ⅲ 학습 미리 체크

정확히 알고 있는 것에 ✅ 표시를 하세요.
STEP Ⅲ을 공부한 후에 확실히 익혔는지 한 번 더 확인해 보세요.

- ☐ 비유 → 62p
- ☐ 직유법 → 62p
- ☐ 은유법 → 62p
- ☐ 의인법 → 62p
- ☐ 도치법 → 62p
- ☐ 반어법 → 62p
- ☐ 역설법 → 62p
- ☐ 설의법 → 62p
- ☐ 과장법 → 62p
- ☐ 영탄법 → 62p

- ☐ 열거법 → 62p
- ☐ 수미상관 → 62p
- ☐ 선경후정 → 68p
- ☐ 감정 이입 → 68p
- ☐ 상징 → 68p
- ☐ 이미지 → 74p
- ☐ 감각적 이미지 → 74p
- ☐ 시각적 심상 → 74p
- ☐ 청각적 심상 → 74p
- ☐ 후각적 심상 → 74p

- ☐ 미각적 심상 → 74p
- ☐ 촉각적 심상 → 74p
- ☐ 공감각적 심상 → 74p
- ☐ 상승 이미지 → 74p
- ☐ 하강 이미지 → 74p
- ☐ 동적 이미지 → 74p
- ☐ 정적 이미지 → 74p
- ☐ 시상 전개 방식 → 74p

STEP Ⅲ
표현상 특징 파악하기

★ **표현상 특징이란?**
시인이 시를 쓸 때 사용하는 다양한 표현 방법을 말합니다.

● **표현상 특징을 파악하는 이유**
시인은 시를 읽는 사람에게 자신이 이야기하고 싶은 바를 효과적으로 전달하기 위해 다양한 방법을 사용합니다. 특히 자신이 강조하고 싶은 내용일수록 특별한 방법으로 나타내는 경우가 많습니다.
따라서 시를 읽을 때 표현상 특징을 파악하면 시인이 어떠한 이야기를 강조하고 있는지 알 수 있어요.

● **표현상 특징을 파악하는 방법**
❶ 어떤 방식으로 시의 내용을 펼쳐 나가는지 살펴보기
❷ 무엇인가를 다른 것에 빗댄 표현, 반복되는 표현, 화자의 독특한 말투가 나타나는지 살펴보기
❸ 색깔이나 감각, 방향, 움직임 등이 드러난 표현이 있는지 살펴보기
❹ 질문이나 감탄을 하거나 말의 앞뒤 순서가 바뀐 부분이 있는지 살펴보기

수박끼리 _이응인

수박이 왔어요 달고 맛있는 수박
김 씨 아저씨 1톤 트럭 짐칸에 실린 수박
저들끼리 하는 말

[A] 형님아 밑에 있으이 무겁제, 미안하다. 괜안타, 그나저나 제
값에 팔리야 될 낀데. 내사 똥값에 팔리는 거 싫타. 내 벌건 속
알아주는 사람 있을 끼다 그자. 그래도 형님아 헤어지마 보고
싶을 끼다. 간지럽다 코 좀 고만 문대라. 그래, 우리는 사람들
속에 들어가서 다시 태어나는 기라.

털털거리며 저들끼리 얼굴을 부비는 수박들.

 빈칸을 채우세요.

- 화자:

- 중심 대상:

- 상황:

- 정서, 태도:

- 표현상 특징:

- **똥값**: 터무니없이 싼 값
- **문대다**: 여기저기 마구 문지르다.
- **털털거리다**: 깨어지거나 금이 간 그릇 따위를 두드리는 소리가 나다. 또는 그런 소리를 내다.

STEP Ⅲ 표현상 특징 파악하기

시인은 시를 읽는 사람에게 자신이 전달하고자 하는 바, 즉 주제를 전달하기 위하여 다양한 방법을 사용해요. 어떠한 생각을 강조하기 위해 강한 말투를 사용하거나 똑같은 말을 반복하기도 하고, 무언가를 다른 사물에 빗대어서 표현하기도 하죠. 이처럼 시인이 시를 쓸 때 사용하는 다양한 표현 방법을 '표현상 특징'이라고 해요.

🌸 먼저, 〈수박끼리〉의 화자와 중심 대상을 찾아볼까요?

〈수박끼리〉에서는 화자를 가리키는 표현이 나타나지 않아요. 한편 1연에서는 트럭 짐칸에 실린 수박이 저들끼리 말을 한다고 했고, 2연에서는 '형님아' 등의 표현을 통해 수박들이 이야기를 나누는 것을 제시하고 있음을 알 수 있어요. 또 3연에서는 수박들끼리 얼굴을 부빈다고 이야기하고 있어요.

따라서 <u>윗글의 화자는 드러나지 않으며, 중심 대상은 '수박'입니다.</u>

🌸 상황, 정서, 태도를 살펴볼게요.

1연에서 화자는 수박 장사를 하는 김 씨 아저씨의 1톤 트럭 짐칸에 수박이 실려 있다고 했어요. 또 1연 3행에서 '저들끼리 하는 말'이라고 하였는데, 여기에서 '저들'은 바로 '수박들'이에요. 이것을 통해 2연은 수박끼리 하는 대화임을 알 수 있어요.

2연에서 수박들은 자신들이 제값에 팔리지 않을까 걱정하면서 '내 벌건 속 알아주는 사람'이 있을 것이라고 했어요. 여기에서 '벌건 속'은 무엇을 의미할까요? 수박의 속이 빨개지려면 농부의 노력이 필요하겠죠? 즉 '벌건 속'은 농부의 마음이라고 볼 수 있어요. 땀흘려 일하는 농부의 마음을 아는 사람이 수박을 제값에 사 줄 것이라는 것이 바로 수박들의 생각이지요.

3연에서는 수박들끼리 서로 얼굴을 부빈다고 하였네요. 이처럼 화자는 시에 직접 드러나 있지는 않지만, 김 씨 아저씨의 1톤 트럭에 실린 수박들을 보고 있음을 알 수 있어요.

따라서 윗글에 드러난 화자의 상황과 정서를 정리하면 다음과 같아요.

- **화자의 상황**: 1톤 트럭 짐칸에 실린 수박들을 보고 있음.
- **화자의 정서**: 수박들이 자신의 속을 알아줄 사람이 있을 것이라는 희망을 갖고 있음.
- **화자의 태도**: 희망적

🌸 〈수박끼리〉의 표현상 특징을 파악해 볼까요?

1연의 '수박이 왔어요 달고 맛있는 수박'은 누가 한 말일까요? 김 씨 아저씨가 한 말일 수도 있고 김 씨 아저씨가 끌고 다니는 1톤 트럭의 스피커에서 나온 소리일 수도 있어요. 화자의 말이 아니라 다른 사람의 말이죠? 이처럼 다른 사람의 말이나 글을 자신의 말 등에 끌어 쓰는 것을 '인용'이라고 해요.

2연에서는 수박들의 대화를 제시하고 있어요. 사람이 아닌 것을 사람처럼 표현하는 것을 의인법이라고 해요. 즉 수박을 사람처럼 표현하고 있으므로 의인법을 사용하고 있다고 할 수 있죠. 또한 '무겁제', '괘안타' 등의 사투리를 사용하여 현장감과 생동감을 드러내고 있어요.

정리하면, <u>윗글의 표현상 특징은 의인법을 활용하고, 사투리를 사용하고 있다는 것입니다.</u>

다음 빈칸에 들어가기에 알맞은 답을 〈보기〉에서 찾아 쓰시오.

┌─────────────〈보기〉─────────────┐
│   수박   김 씨 아저씨   형님   사투리   속담   │
└───────────────────────────────┘

(1) 윗글에서는 사람이 아닌 (　　　　　　　　)을/를 사람처럼 표현하고 있다.
(2) 수박들이 대화를 나눌 때 (　　　　　　　　)을/사용하여 현장감과 생동감을 주고
　　있다.

윗글의 내용으로 가장 알맞지 <u>않은</u> 것은?

① 수박들은 1톤 트럭의 짐칸에 실려 있다.
② 형님 수박이 동생 수박보다 아래에 있다.
③ 김 씨 아저씨는 1톤 트럭에서 수박을 팔고 있다.
④ 수박들은 자신들이 제값에 팔리기를 바라고 있다.
⑤ 김 씨 아저씨는 수박들이 말을 하는 것이 시끄럽다고 생각하고 있다.

[A]에 대한 설명으로 가장 알맞지 <u>않은</u> 것은?

① 사투리를 사용하여 친근감을 주고 있다.
② 사람이 아닌 것을 사람처럼 표현하고 있다.
③ 같은 표현을 반복하여 운율을 형성하고 있다.
④ 형님 수박과 동생 수박이 대화를 나누는 형식이다.
⑤ 사람들이 수박을 먹는 것을 수박이 사람 속에 들어가서 다시 태어나는 것이라고
　　표현하고 있다.

• **현장감**: 어떤 일이 이루어지고 있는 현장에서 느낄 수 있는 느낌
• **생동감**: 생기 있게 살아 움직이는 듯한 느낌

02
수박들이 어디에서 무엇을 하고 있는지 생각해 보세요.

03
2연의 내용과 형식을 살펴보세요.

01 표현상 특징 파악하기

(1) 윗글은 사람이 아닌 수박을 사람처럼 표현하면서 수박들이 말을 나눈다고 했으므로 정답은 ___수박___ 입니다.

(2) 2연에서는 사투리를 사용하여 수박들이 나눈 대화의 내용을 제시하고 있어요. 이를 통해 현장감과 생동감을 주고 있으므로 정답은 ___사투리___ 입니다.

02 시어 및 구절의 의미 파악하기

윗글의 내용으로 가장 알맞지 않은 것은?

① 수박들은 1톤 트럭의 짐칸에 실려있다. (○)

★ 근거: ①연 ❷행

> 김 씨 아저씨 1톤 트럭 짐칸에 실린 수박

🍃 1연에서 '김 씨 아저씨 1톤 트럭 짐칸에 실린 수박'이라고 하였어요.

② 형님 수박이 동생 수박보다 아래에 있다. (○)

★ 근거: ②연

> 형님아 밑에 있으이 무겁제, 미안하다. 괘안타, ~

🍃 '형님아 밑에 있으이 무겁제.'라고 한 것으로 보아 형님 수박이 동생 수박의 아래에 놓여 있음을 알 수 있어요.

③ 김 씨 아저씨는 1톤 트럭에서 수박을 팔고 있다. (○)

★ 근거: ①연 ❶, ❷행

> 수박이 왔어요 달고 맛있는 수박
> 김 씨 아저씨 1톤 트럭 짐칸에 실린 수박

🍃 수박은 김 씨 아저씨 트럭에 실려 있어요. 김 씨 아저씨가 수박이 왔다고 말했거나 김 씨 아저씨의 트럭의 스피커에서 이러한 소리가 나오고 있음을 알 수 있죠?

④ 수박들은 자신들이 제값에 팔리기를 바라고 있다. (○)

★ 근거: ②연

> 그나저나 제값에 팔리야 될긴데. 내사 똥값에 팔리는 거 싫타. 내 벌건 속 알아주는 사람 있을끼다 그자.

🍃 2연에서 수박들은 똥값이 아니라 제값에 자신들이 팔리기를 바란다고 말했어요.

⑤ ~~김 씨 아저씨는 수박들이 말을 하는 것이 지끄럽다고 생각하고 있다.~~ (✕)

🍃 윗글에서 김 씨 아저씨가 수박에 대해 어떻게 생각하는지에 대해서는 이야기하고 있지 않아요. **그러므로 정답은 ⑤!**

03 표현상의 특징 파악하기

[A]에 대한 설명으로 가장 알맞지 않은 것은?

• [A]: [A]는 2연이에요. [A]에서는 수박을 사람처럼 표현하여 형님 수박과 아우 수박이 나눈 대화가 제시되어 있어요.

🔖 2연에 드러난 표현상의 특징이 아닌 것을 고르는 문제입니다.

① 사투리를 사용하여 친근감을 주고 있다. (○)

★ 근거: ②연

> 형님아 밑에 있으이 무겁제, 미안하다. 괘안타, ~

🍃 2연에서는 수박을 의인화하여 사투리를 사용한 대화의 형식으로 시상을 전개하고 있어요.

② 사람이 아닌 것을 사람처럼 표현하고 있다. (○)

★ 근거: ②연

> 형님아 밑에 있으이 무겁제, 미안하다. 괘안타, ~

🍃 2연에서는 수박을 의인화하여 형님 수박과 동생 수박이 대화를 나누는 형식으로 시상을 전개하고 있어요.

③ ~~같은 표현을 반복하여 운율감을 형성하고 있다.~~ (✕)

🍃 2연에서는 수박을 의인화하여 형님 수박과 아우 수박이 나누는 대화를 제시하고 있을 뿐, 같은 표현을 반복하고 있지는 않아요. **그러므로 정답은 ③!**

④ 형님 수박과 동생 수박이 대화를 나누는 형식이다. (○)

★ 근거: ②연

> 형님아 밑에 있으이 무겁제, 미안하다. 괘안타,

🍃 '형님아 밑에 있으니 무겁제, 미안하다.'는 동생 수박의 말이고 '괘안타.'는 형님 수박의 말이에요.

⑤ 사람들이 수박을 먹는 것을 수박이 사람 속에 들어가서 다시 태어나는 것이라고 표현하고 있다. (○)

★ 근거: ②연

> ~그래, 우리는 사람들 속에 들어가서 다시 태어나는 기라.

🍃 2연에서 사람들이 수박을 먹는 것을 수박의 입장에서 사람 속에서 수박이 다시 태어나는 것이라고 표현하고 있어요.

떨어져도 튀는 공처럼 _정현종

그래 살아 봐야지
너도나도 공이 되어
떨어져도 튀는 공이 되어

살아 봐야지
쓰러지는 법이 없는 둥근
공처럼, 탄력의 나라의
왕자처럼

가볍게 떠올라야지
곧 움직일 준비 되어 있는 꼴
둥근 공이 되어

옳지 최선의 꼴
지금의 네 모습처럼
떨어져도 튀어 오르는 공
쓰러지는 법이 없는 공이 되어

🦋 빈칸을 채우세요.

– 화자:

– 중심 대상:

– 상황:

– 정서, 태도:

– 표현상 특징:

• **탄력**: 용수철처럼 튀거나 팽팽
   하게 버티는 힘
• **꼴**: 겉으로 보이는 사물의 모양

04 표현상 특징 파악하기

다음 빈칸에 들어가기에 알맞은 답을 〈보기〉에서 찾아 쓰시오.

━━━━━━━〈보기〉━━━━━━━
왕자처럼　　　살아 봐야지　　　공이 되어　　　공　　　꼴

(1) 1연과 2연에서는 '(　　　　　　　)'(이)라는 구절을 반복하여 삶에 대한 의지를 드러내고 있다.

(2) (　　　　　　)을/를 '탄력의 나라의 왕자'라고 표현하고 있다.

DAY 07

05 화자의 정서와 태도 파악하기

윗글의 화자에 대한 설명으로 가장 알맞은 것은?

① 자신의 삶과 공이 반대된다고 생각하고 있다.
② 가볍게 떠오르는 공의 모습을 보고 질투심을 느끼고 있다.
③ 공이 움직이는 모습을 보고 다른 사람의 삶을 비난하고 있다.
④ 쓰러지지 않는 공을 보고 자신의 삶이 대단하다고 생각하고 있다.
⑤ 쓰러지지 않는 공을 보고 공과 같은 삶을 살겠다고 다짐하고 있다.

05
공을 본 화자가 어떤 생각을 하고 있는지 살펴보세요.

06 표현상의 특징 파악하기

윗글에 대한 설명으로 가장 알맞지 <u>않은</u> 것은?

① '공이 되어'를 반복하여 운율을 형성하고 있다.
② '공'의 속성에 주목하여 내용을 전개하고 있다.
③ 상승의 이미지와 하강의 이미지를 활용하고 있다.
④ '–야지'라는 표현을 반복하여 의지를 드러내고 있다.
⑤ '공처럼', '탄력의 나라의 왕자처럼'에서 은유법을 사용하고 있다.

06
화자가 자신이 생각하는 바를 전달하기 위해 어떠한 표현 방법을 활용하고 있는지 생각해 보세요.
- **운율**: 시를 읽을 때 느껴지는 말의 가락
- **속성**: 사물의 특징이나 성질
- **상승의 이미지**: 위로 올라가는 느낌을 불러 일으키는 이미지
- **하강의 이미지**: 아래로 향하는 듯한 느낌을 불러일으키는 이미지
- **은유법**: 'A는 B이다'의 형식으로 마치 두 대상이 같은 것처럼 나타내는 방법

07 [단답형] 〈보기〉를 바탕으로 감상하기

윗글에서 〈보기〉의 빈칸에 들어가기에 알맞은 말을 찾아 1글자로 쓰시오.

━━━━━━━〈보기〉━━━━━━━
〈떨어져도 튀는 공처럼〉의 화자는 떨어져도 다시 튀는 (　　　　　)의 모습을 보고 힘겨운 순간에도 좌절하지 않겠다고 다짐하고 있다.

07
윗글의 화자가 무엇을 보고 최선의 꼴이라고 했는지, 무엇처럼 살아가겠다고 했는지 생각해 보세요.

시의 다양한 표현 방법

① 내 노래는 제비같이 날아서 갔소
② 나는 나룻배 / 당신은 행인

직유법은 ①처럼 '-같이' 등의 연결하는 말을 사용하여 말하고자 하는 대상을 다른 대상에 빗대어 표현하는 방법이고, 은유법은 ②처럼 연결하는 말을 사용하지 않고 빗대는 방법이다.

❶ 비유를 활용하는 방법

직유법	비슷한 성질이나 모양을 가진 두 대상을 '-같이', '-처럼', '-듯이' 등의 말로 연결하여 직접 빗대는 방법 예 꽃처럼 예쁜 너, 호수같이 맑은 하늘
은유법	비슷한 두 대상을 연결하는 말 없이 'A는 B이다'의 형태로 은근히 빗대는 방법 예 내 마음은(A) 호수요(B)
의인법	사람이 아닌 것을 사람처럼 표현하는 방법 예 창 밖에 밤비가 속살거려

흐르는 물은 / 어서 따라오라고 따라가자고 / 흘러도 연달아 흡디다려.
▶ '물'이 사람처럼 말할 수 있는 것으로 표현함.
– 김소월, 〈가는 길〉

❶ 비유
어떤 대상을 다른 비슷한 대상에 빗대어서 설명하는 것
- 원관념: 표현하고자 하는 실제 대상(A)
- 보조 관념: 실제 대상을 빗대는 대상(B)
  예 배춧잎(B) 같은 발소리(A)
▶ 발소리를 배춧잎에 빗대고 있으므로, 원관념은 '발소리', 보조 관념은 '배춧잎'임.

● 표현에 변화를 주는 방법

도치법	말의 차례를 바꾸어 쓰는 문장 표현 방법 예 이 편지를 전해주겠다, 너에게 ▶ '이 편지를 너에게 전해주겠다.'라는 문장에서 앞과 뒤를 바꾸어 표현함.
반어법	실제 뜻과는 반대로 말하는 방법 예 오늘도 어제도 아니 잊고 / 먼 훗날 그때에 '잊었노라' ▶ 잊지 않았음을 잊었다고 표현함.
역설법	겉으로는 앞뒤가 맞지 않지만, 그 속에 중요한 의미나 가치를 담고 있는 표현 예 소리 없는 아우성 ▶ '떠들썩하게 지르는 소리'를 의미하는 아우성이 소리가 없다고 표현함.
설의법	쉽게 판단할 수 있는 사실을 물음의 형식으로 표현하는 방법 예 세상은 그 얼마나 아름다운가 = 아름답다

나는 아직 기다리고 있을 테요, 찬란한 슬픔의 봄을 → 문장의 차례를 바꾸어 씀.
▶ 슬픔이 찬란하다는 것은 앞뒤가 맞지 않지만, 이를 통해 '희망적인 슬픔'을 표현함.
– 김영랑, 〈모란이 피기까지는〉

❷ 의도를 강하게 나타내는 방법

과장법	사물이나 상황을 실제보다 크게 혹은 작게 표현하는 방법 예 대동강 물이야 어느 때 마를 건가 / 해마다 이별 눈물 푸른 강물에 더하는 것을 ▶ 이별하는 사람들의 눈물이 해마다 강물에 더해지기 때문에 대동강 물이 마르지 않는다고 표현함.
❸ 영탄법	놀람, 슬픔, 기쁨 등의 감정을 감탄하는 말로 강하게 표현하는 방법. 예 아아, 사랑하는 나의 님은 갔습니다.
열거법	내용이 연결되거나 비슷한 말을 여러 개 늘어놓는 방법 예 별 하나에 추억과 / 별 하나에 사랑과 / 별 하나에 쓸쓸함과
❹ 수미상관	시의 처음과 끝에 같은 구절을 반복하는 방법

❷ 의도
화자가 드러내고자 하는 생각이나 감정

❸ 영탄법
'오, 아아, 아이구' 등의 감탄사를 사용하는 경우가 많음.

❹ 수미상관
수미상관은 동일한 시구가 반복되는 것이기 때문에 의미가 강조되고, 운율감이 생기는 효과가 있음.

나 보기가 역겨워 / 가실 때에는 / 말없이 고이 보내 드리오리다//
영변에 약산 / 진달래꽃 / 아름따다 가실 길에 뿌리오리다//
가시는 걸음 걸음 / 놓인 그 꽃을 / 사뿐히 즈려밟고 가시옵소서//
나 보기가 역겨워 / 가실 때에는 / 죽어도 아니 눈물 흘리오리다

수미상관

– 김소월, 〈진달래꽃〉
▶ 반어법: 임을 떠나보내는 슬픔을 반대로 이야기함.

[01~02] 다음을 읽고 맞으면 ○, 틀리면 ×에 표시하시오.

> 아씨처럼 내린다.
> 보슬보슬 햇비
> 맞아 주자 다 같이
> 옥수숫대처럼 크게
> 닷 자* 엿 자 자라게
> 햇님이 웃는다.
> 나 보고 웃는다.
>
> – 윤동주, 〈햇비〉
>
> * 자 : 길이의 단위. 한 자는 약 30cm에 해당한다.

01

윗글의 '아씨처럼 내린다', '옥수숫대처럼 크게'에 사용된 표현 방법은 은유법이다. (○ , ×)

02

'햇님이 웃는다.'에서는 사람이 아닌 것을 사람처럼 표현하고 있다. (○ , ×)

[03~04] 다음을 읽고 빈칸에 들어가기에 알맞은 말을 고르시오.

> 그 색시 서럽다 그 얼굴 그 눈동자가
> 가을 하늘가에 도는 바람 섞인 구름 조각
> 핼쑥하고 서느러워 어디로 떠갔으랴
> 그 색시 서럽다 옛날의 옛날의
>
> – 김영랑, 〈그 색시 서럽다〉
>
> * 핼쑥하고 서느러워 : 마르고 찬 기운이 느껴져

03

'어디로 떠갔으랴'에서는 (과장법 / 설의법)을 활용하고 있다.

04

윗글의 1, 4행에서는 (도치법 / 반어법)을 사용하고 있다.

[05~06] 다음을 읽고 빈칸에 들어가기에 알맞은 말을 쓰시오.

> 네 네 가요 지금 곧 가요
>   에그 등불을 켜려다가 초를 거꾸로 꽂았습니다그려
> 저를 어쩌나 저 사람들이 흉보겠네
>   님이여 나는 이렇게 바쁩니다 님은 나를 게으르다고
> 꾸짖습니다 에그 저것 좀 보아 '바쁜 것이 게으른 것이
> 다' 하시네 / (중략) //
>   네 네 가요 이제 곧 가요   – 한용운, 〈사랑의 끝판〉

05

윗글에서는 시의 처음과 끝에 같은 구절을 반복하는 표현 방법인 (   )을/를 활용하고 있다.

06

윗글의 '바쁜 것이 게으른 것이다'에서는 겉으로는 앞뒤가 맞지 않지만, 그 속에 중요한 의미를 담은 (   )이/가 사용되었다.

[07~09] 빈칸에 들어가기에 알맞은 단어를 〈보기〉에서 찾아 문맥에 맞게 쓰시오.

> ─── 〈보기〉 ───
> • 꼴 : 겉으로 보이는 사물의 모양
> • 문대다 : 여기저기 마구 문지르다.
> • 털털거리다 : 깨어지거나 금이 간 그릇 따위를 두드리는 소리가 나다. 또는 그런 소리를 내다.
> • 탄력 : 용수철처럼 튀거나 팽팽하게 버티는 힘

07

흙이 묻은 손을 옷에 (   )지 마세요.

08

나는 (   )며 그릇을 옮기기 시작했다.

09

그녀가 만들고 있는 조각이 서서히 (   )을/를 갖추어 갔다.

천만리 머나먼 길에 _왕방연

천만리 머나먼 길에 고운 님 여의옵고
내 마음 둘 데 없어 냇가에 앉았으니
저 물도 내 안 같아서 울며 밤길 가는구나

🌸 빈칸을 채우세요.

– 화자:
– 중심 대상:
– 상황:
– 정서, 태도:
– 표현상 특징:

• **머나멀다**: 몹시 멀다.
• **여의다**: 멀리 떠나보내다.
• **냇가**: 냇물의 가장자리

지문 이해 특강   STEP Ⅲ

STEP Ⅲ 표현상 특징 파악하기

〈천만리 머나먼 길에〉는 조선 시대의 선비인 왕방연이 지은 시조입니다. 시조란 고려 시대 말부터 조선 시대에 가장 활발하게 쓰였던 우리나라만의 시로, 대부분 3행으로 이루어져 있어요. 시조의 첫 번째 행을 초장, 두 번째 행을 중장, 세 번째 행을 종장이라고 해요.

왕방연은 세조에게 왕위를 빼앗긴 단종을 호송하고 돌아오는 길에 이 작품을 지었다고 해요. 따라서 이 작품에서 화자가 이별하는 '임'을 단종이라고 해석하고 읽을 수도 있겠지요.

🌸 먼저, 〈천만리 머나먼 길에〉의 화자와 중심 대상을 찾아볼까요?

〈천만리 머나먼 길에〉의 중장에서 '내 마음 둘 데 없어'라고 하였어요. 이를 통해 화자가 '나'임을 알 수 있네요.

화자는 냇가에 앉아 '저 물'이 자신의 마음과 같아서 울고 간다고 하였어요.

따라서 윗글의 화자는 '나'이며, 중심 대상은 '물'입니다.

🌸 상황, 정서, 태도를 살펴볼게요.

초장에서 화자는 '천만리 머나먼 길에 고운 님 여의옵고'라고 하였어요. 이를 통해 화자가 고운 임과 이별한 상황임을 알 수 있어요.

중장에서는 '내 마음 둘 데 없어 냇가에 앉았으니'라고 했어요. 화자는 임과 이별한 후 자신의 슬픈 마음을 둘 곳이 없어 냇가에 앉아 있어요.

그리고 화자는 종장에서 '저 물도 내 안 같아서 울며 밤길 가는구나'라고 하였어요. 화자는 냇물이 자신의 마음과 같아서 울면서 흐르고 있다고 생각하는 것이죠.

따라서 윗글에 드러난 화자의 상황과 정서를 정리하면 다음과 같아요.

• **화자의 상황**: 사랑하는 임과 이별하고 냇가에 앉아 울고 있음.
• **화자의 정서**: 임과 이별을 하게 되어 매우 슬퍼함.
• **화자의 태도**: 애상적(슬퍼하거나 가슴 아파하는 것).

🌸 〈천만리 머나먼 길에〉의 표현상 특징을 파악해 볼까요?

표현하려는 대상을 실제보다 크거나 작게 표현하는 방법을 과장법이라고 해요. 초장에서 '천만리'는 화자와 임이 이별한 실제 거리일까요? 화자는 임과 이별한 슬픔이 너무 커서 마음속 거리감이 이렇게 큰 것이라고 과장하여 표현한 것이에요.

또 종장에서 '저 물도 내 안 같아서 울며 밤길 가는구나'라고 했어요. 자신의 슬픈 마음과 물의 마음이 같다고 하는 것이지요. 이처럼 화자의 감정을 다른 대상에 옮기어 마치 대상이 화자의 감정을 함께 느끼는 것처럼 표현하는 것을 '감정 이입'이라고 해요. 또 사람이 아닌 '물'이 운다고 표현한 것에서 의인법을 사용했음을 알 수 있어요.

정리하면, 윗글의 표현상 특징은 과장법, 감정 이입, 의인법을 사용하고 있다는 것입니다.

01 표현상 특징 파악하기

다음 빈칸에 들어가기에 알맞은 답을 〈보기〉에서 찾아 쓰시오.

〈보기〉

천만리 머나먼 길   내 마음   냇가   물   밤길

(1) 윗글의 화자는 고운 임과 이별한 자신의 마음이 저 '(   )'와/과 같다면서 감정을 이입하고 있다.

(2) 임과의 거리를 '(   )'(이)라고 표현하여 임과 이별한 감정을 효과적으로 드러내고 있다.

02 화자의 정서와 태도 파악하기

윗글의 화자에 대한 설명으로 가장 알맞은 것은?

① 임과 행복한 시간을 보내고 있다.

② 임과 이별하고 슬픔을 느끼고 있다.

③ 냇가에서 임을 만날 수 있기를 바라고 있다.

④ 임과 언젠가 다시 만날 수 있다고 생각하고 있다.

⑤ 냇물이 자신과 임을 헤어지게 한다고 여기고 있다.

03 표현상의 특징 파악하기

윗글을 읽은 학생들이 한 생각으로 가장 알맞은 것은?

① 민수: 묻고 답하는 방식을 활용하고 있어.

② 지호: 3음보의 율격으로 리듬감을 형성하고 있어.

③ 예림: 은유법을 사용하여 화자의 슬픔을 드러내고 있어.

④ 수지: 의인법을 활용하여 화자의 마음을 드러내고 있어.

⑤ 성찬: 앞부분에서는 감정을 드러내고 뒷부분에서는 경치를 묘사하고 있어.

01

• **감정을 이입**: 화자의 감정을 다른 대상에 불어 넣어 마치 대상이 화자의 감정을 함께 느끼는 것처럼 표현하는 방법

DAY
08

02

윗글의 화자가 어떠한 상황에 처해 있는지, 무엇을 느끼고 있는지 생각해 보세요.

03

화자가 자신의 마음을 드러내기 위해 어떠한 표현 방법을 활용하고 있는지 살펴보세요.

• **음보**: 운율을 이루는 소리의 덩어리로, 띄어 읽는 단위

• **율격**: 격식이나 규격

• **형성하다**: 어떤 사물의 생긴 모양이나 상태를 이루다.

• **묘사하다**: 어떤 대상이나 사물, 현상 따위를 글로 설명하거나 그림을 그려서 표현하다.

01 표현상 특징 파악하기

(1) 화자는 종장에서 '저 물도 내 안 같아서 울며 밤길 가는구나' 라고 했어요. 여기에서 화자는 임과 이별한 자신의 슬픈 마음과 저 물의 슬픈 마음이 같다면서 물에 감정을 이입하고 있어요. 따라서 정답은 ___물___ 입니다.

(2) 화자는 초장에서 '천만리 머나먼 길에 고운 님 여의옵고'라고 했어요. 이는 천만리 길에 임과 이별했다는 것이 아니라, 그만큼 임과의 마음 속 거리가 멀다는 의미예요. 따라서 정답은 ___천만리 머나먼 길___ 입니다.

02 화자의 정서와 태도 파악하기

윗글의 화자에 대한 설명으로 가장 알맞은 것은?

① 임과 ~~행복한 시간을~~ 보내고 있다. (×)

★ 근거: 초장(❶)

> 천만리 머나먼 길에 고운 님 여의옵고

🌱 즉 화자는 사랑하는 임과 이별한 상황이에요. 따라서 임과 행복한 시간을 보내고 있지 않아요.

② 임과 이별하고 슬픔을 느끼고 있다. (○)

★ 근거: 초장(❶), 중장(❷), 종장(❸)

> 천만리 머나먼 길에 고운 님 여의옵고
> 내 마음 둘 데 없어 냇가에 앉았으니
> 저 물도 내 안 같아서 울며 밤길 가는구나

🌱 화자는 임과 이별한 후 슬픈 마음으로 냇가에 앉아 자신의 마음처럼 울며 흐르는 냇물을 보고 있어요. 즉 화자는 사랑하는 임과 이별하고 슬픔을 느끼고 있는 것이지요. **그러므로 정답은 ②!**

③ ~~냇가에서 임을 만날 수 있기를~~ 바라고 있다. (×)

★ 근거: 중장(❷), 종장(❸)

> 내 마음 둘 데 없어 냇가에 앉았으니
> 저 물도 내 안 같아서 울며 밤길 가는구나

🌱 화자는 임과 이별하고 냇가에 앉아 울며 밤길을 흐르는 냇물을 보고 있을 뿐, 냇가에서 임을 만날 수 있을 것이라고 기대하고 있지 않아요.

④ 임과 언젠가 ~~다시 만날 수 있다고 생각하고 있다.~~ (×)

🌱 윗글에서 화자가 임과 다시 만날 수 있다고 말하고 있는 부분은 찾을 수 없어요.

⑤ ~~냇물이 자신과 임을 헤어지게 한다고~~ 여기고 있다. (×)

★ 근거: 종장(❸)

> 저 물도 내 안 같아서 울며 밤길 가는구나

🌱 화자는 자신의 슬픈 마음을 냇물에 이입하여 냇물도 울면서 흐른다고 하였을 뿐, 냇물이 자신과 임을 헤어지게 한다고 여기고 있지 않아요.

03 표현상의 특징 파악하기

윗글을 읽은 학생들이 한 생각으로 가장 알맞은 것은?

① 민수: ~~묻고 답하는 방식을~~ 활용하고 있어. (×)

🌱 묻고 답하는 방식을 문답법이라고 해요. 윗글에서 화자는 임과 이별한 자신의 상황과 슬픈 마음을 말하고 있을 뿐, 무엇인가에 대해 묻거나 답하고 있지 않아요.

② 지호: ~~3음보의~~ 율격으로 리듬감을 형성하고 있어. (×)

★ 근거: 초장(❶)

> 천만리 / 머나먼 길에 / 고운 님 / 여의옵고

🌱 음보란 운율을 이루는 소리의 덩어리로, 띄어 읽는 단위를 말해요. 윗글은 4음보의 율격으로 리듬감을 형성하고 있어요.

③ 예림: ~~은유법을 사용하여~~ 화자의 슬픔을 드러내고 있어. (×)

🌱 은유법은 '내 마음은 호수요.'처럼 'A는 B이다.'라는 형식으로 어떤 대상을 다른 사물에 빗대어 표현하는 방법이에요. 윗글에서 은유법을 활용한 부분을 찾을 수 없어요.

④ 수지: 의인법을 활용하여 화자의 마음을 드러내고 있어. (○)

★ 근거: 종장(❸)

> 저 물도 내 안 같아서 울며 밤길 가는구나

🌱 의인법이란 사람이 아닌 것을 사람처럼 표현하는 방법이에요. 화자는 사람이 아닌 냇물이 울면서 흐른다고 표현하여 임과 이별하여 슬픈 마음을 표현하고 있어요. **그러므로 정답은 ④!**

⑤ 성찬: 앞부분에서는 감정을 드러내고 ~~뒷부분에서는 경치를 묘사하고~~ 있어. (×)

🌱 윗글의 화자는 중장과 종장에서 임과 이별한 슬픔을 드러내고 있으므로 뒷부분에서 경치를 묘사한 것이 아니에요. 참고로 앞부분에서 경치를 묘사하고 뒷부분에서 감정을 드러내는 것을 선경후정이라고 해요.

까마귀 싸우는 골에 _정몽주의 어머니

까마귀 싸우는 곳에 백로야 가지 마라
성낸 까마귀 흰빛을 시샘할세라
청강에 기껏 씻은 몸을 더럽힐까 하노라

🍓 빈칸을 채우세요.

– 화자:

– 중심 대상:

– 상황:

– 정서, 태도:

– 표현상 특징:

- **시샘하다**: 자기보다 잘되
거나 나은 사람을 미워하
고 싫어하다.
- **청강**: 맑은 물이 흐르는 강
- **기껏**: 힘이나 정도가 미
치는 데까지
- **성나다**: ① 몹시 노엽거
나 언짢은 기분이 일다.
② 거칠고 격한 기운이
일다.

DAY
08

04 표현상 특징 파악하기

다음 빈칸에 들어가기에 알맞은 답을 〈보기〉에서 찾아 쓰시오.

〈보기〉

까마귀 백로 흰빛 청강 상징적 객관적

(1) (　　　　　)와/과 (　　　　　)의 속성
을 대비하고 있다.
(2) (　　　　　)인 시어를 활용하여 주제를 드러
내고 있다.

05 화자의 정서와 태도 파악하기

윗글의 화자에 대한 설명으로 가장 알맞은 것은?

① 까마귀와 백로를 악한 존재라고 생각하고 있다.
② 백로가 까마귀를 본받아야 한다고 생각하고 있다.
③ 까마귀가 자신의 몸을 더럽힐까 봐 걱정하고 있다.
④ 까마귀가 백로의 몸을 더럽게 만들까 봐 걱정하고 있다.
⑤ 까마귀와 백로는 서로 친구가 되어야 한다고 생각하고
있다.

06 표현상의 특징 파악하기

윗글에 대한 설명으로 가장 알맞지 <u>않은</u> 것은?

① 상징적인 시어를 활용하고 있다.
② 직유법과 은유법을 활용하고 있다.
③ 주제를 우회적으로 제시하고 있다.
④ 자연물에 빗대어 주제를 드러내고 있다.
⑤ 대조적인 속성을 가진 대상을 활용하고 있다.

07 [단답형] 시어의 의미 파악하기

윗글에서 〈보기〉의 ㉠과 ㉡에 해당하는 것이 무엇인지 찾아
쓰시오.

〈보기〉

시조 〈까마귀 싸우는 골에〉는 ㉠정몽주가 ㉡이성계
에게 가는 것을 말리기 위해 정몽주의 어머니가 지은
것으로 알려져 있다.

㉠: _____　　　　㉡: _____

04
- **속성**: 사물의 특징이나 성질
- **대비하다**: 두 가지의 차이를 밝히
기 위하여 서로 맞대어 비교하다.
- **상징적**: 구체적이지 않은 개념이
나 사물을 구체적인 사물로 나타내
는 것

05
화자가 백로에게 무엇이라고 하였는
지 생각해 보세요.

06
화자가 까마귀 사이로 백로가 가지
않기를 바라는 마음을 어떠한 방법으
로 전달하고 있는지 생각해 보세요.
- **우회적**: 곧바로 가지 않고 멀리 돌
아서 가는 것
- **대조적**: 서로 달라서 대비가 되는 것

07
화자가 어떠한 대상에게 무엇을 하
지 말라고 하였는지 생각해 보세요.

고전 시가의 표현 방법

● **고전 시가에 자주 쓰이는 표현 방법**

(1) **선경후정** : 앞부분에 자연의 풍경이나 사물을 묘사하고, 그것을 통해 느낀 화자의 정서를 뒷부분에 제시하는 방법

> 봄비 보슬보슬 연못에 내리고 / 서늘한 기운 장막 속에 스며들 때
> ▶ 선경: 비가 내리는 봄날의 풍경과 쌀쌀한 분위기를 묘사함.
> 시름에 겨워 병풍에 기대니 / 담장의 살구꽃 후두둑 떨어지네
> ▶ 후정: 화자가 풍경을 보며 느끼는 시름(근심과 걱정)이 드러남.
> – 허난설헌, 〈춘우〉

(2) **감정 이입** : 화자가 어떠한 대상이 자신과 똑같은 감정을 느끼는 것처럼 표현하는 방법

> 방 안에 켜 있는 촛불은 누구와 이별하였기에
> 화자가 감정을 이입한 대상
> 겉으로는 눈물을 흘리고 속이 타는 줄은 모르는고
> 화자가 이별로 인한 자신의 슬픔을 촛불에 이입하여 촛불이 눈물을 흘린다고 표현함.
> – 이개, 〈방 안에 켜 있는 촛불〉

> 대나무 숲 푸른 곳에 새소리가 더욱 서럽다. 감정을 이입한 대상
> 실제로 새가 서럽게 우는 것이 아니라, 화자가 자신이 느끼는 서러움을 새의 울음소리에 이입하여 '새소리'가 서럽다고 느끼는 것이다.

● **고전 시가에 자주 쓰이는 ❶상징어**

– 긍정적 의미로 쓰이는 상징어

매화	소나무, 대나무	해, 달	바위
(이미지)	(이미지)	(이미지)	(이미지)
• 특성: 눈이 녹기 전에 핌. • 의미:❷ 지조, 절개	• 특성: 곧게 뻗어 있으며 항상 푸름. • 의미: 충정, 절개, 지조, 선비 정신	• 특성: 높은 곳에 있으며 세상에 하나뿐임. • 의미: 임금, 이상적 가치	• 특성: 단단하고 변함이 없음. • 의미: 굳은 의지

– 부정적 의미로 쓰이는 상징어

바람, 눈, 서리	까마귀	밤
(이미지)	(이미지)	(이미지)
• 특성: 휘몰아치고 차가움. • 의미: 시련, 고난	• 특성: 깃털이 검음. 까마귀 울음소리는 옛날부터 불길하게 여겨짐. • 의미:❸ 간사한 신하, 배신	• 특성: 빛이 없어 어두움. • 의미: 부정적인 상황

❶ **상징, 상징어**
• 상징: 형태를 갖고 있지 않은 추상적인 대상을 구체적인 사물로 나타내는 것
• 상징어: 겉으로 드러나는 의미 외에 상징적인 의미를 담고 있는 말

❷ **지조, 절개**
지조와 절개는 자신의 마음에 굳게 세운 규칙이나 믿음을 굽히지 않고 끝까지 지키는 꼿꼿한 태도를 의미함.

❸ **간사한 신하**
나쁜 꾀가 있어 거짓으로 남의 비위를 맞추는 태도가 있는 신하, 신하 무리

[01~02] 다음을 읽고 맞으면 ○, 틀리면 ✕에 표시하시오.

> 산은 길고 길고 물은 멀고 멀고
> 부모님 그리워하는 뜻은 많고 많고
> 어디서 외기러기는 울고 울고 가는가
>
> – 윤선도, 〈견회요〉

01
윗글의 화자는 '외기러기'에 감정을 이입하고 있다.

(○ , ✕)

02
윗글에서 '산'과 '물'은 긍정적 의미로 쓰이고 있다.

(○ , ✕)

[03~04] 다음을 읽고 빈칸에 들어가기에 알맞은 말을 고르시오.

> 눈이 자주 내리는 날에 대나무를 보려고 창을 여니
> 온갖 꽃은 간 데 없고 대나무 숲만 푸르구나
> 어째서 청풍*을 반겨 흔들흔들거리는가
>
> – 이신의, 〈사우가〉
>
> * 청풍: 맑은 바람

03
윗글의 '(   )'은/는 절개와 지조를 상징하는 시어이다.

04
윗글에서 차가운 특성이 있는 '(   )'은/는 시련과 고난을 의미한다.

[05~06] 다음을 읽고 빈칸에 들어가기에 알맞은 말을 고르시오.

> 우는구나 우는구나 새여 자고 일어나 우는구나 새여
> 너보다 시름이 많은 나도 자고 일어나 울며 지내노라 / (중략)
> 이럭저럭 하여 낮은 지내왔지만
> 올 사람도 갈 사람도 없는 밤은 또 어찌하리오
>
> – 작자 미상, 〈청산별곡〉

05
윗글의 '(낮 / 밤)'은 화자가 혼자 외로이 보내야 하는 시간으로, 부정적 의미를 나타낸다.

06
윗글의 화자는 자신의 슬픈 감정을 '(새 / 갈 사람)'에 이입하고 있다.

[07~10] 빈칸에 들어가기에 알맞은 단어를 〈보기〉에서 찾아 문맥에 맞게 쓰시오.

> ─〈보기〉─
> • 머나멀다: 몹시 멀다.
> • 형성하다: 어떤 모양이나 상태를 이루다.
> • 시샘하다: 자기보다 잘되거나 나은 사람을 미워하고 싫어하다.
> • 대비하다: 두 가지의 차이를 밝히기 위하여 서로 맞대어 비교하다.

07
(   ) 길을 걸어서인지 몹시 피곤하다.

08
청소년기에 올바른 가치관을 (   )해야 한다.

09
이 책과 저 책을 (   )해 보자.

10
서로를 (   )하지 말자.

물새알 산새알 _ 박목월

물새는
물새라서 바닷가 바위 틈에
알을 낳는다.
보얗게 하얀 / 물새알.

산새는
산새라서 잎수풀 둥지 안에
알을 낳는다.
알락달락 얼룩진 / 산새알.

물새알은
간간하고 짭조름한
미역 냄새
바람 냄새.

산새알은
달콤하고 향긋한
풀꽃 냄새
이슬 냄새.

물새알은
물새알이라서
날갯죽지 하얀
물새가 된다.

산새알은
산새알이라서
머리꼭지에 빨간 댕기를 드린
산새가 된다.

💋 빈칸을 채우세요.

– 화자:

– 중심 대상:

– 상황:

– 정서, 태도:

– 표현상 특징:

- **보얗다**: 연기나 안개가 낀 것처럼 선명하지 못하고 조금 하얗다.
- **간간하다**: 입맛 당기게 약간 짠 듯 하다.
- **짭조름하다**: 조금 짠 맛이 있다.
- **날갯죽지**: 날개가 몸에 붙어 있는 부분
- **드리다**: 고정된 천이나 줄 따위가 아래로 늘어지다.

01 표현상 특징 파악하기

다음 빈칸에 들어가기에 알맞은 답을 〈보기〉에서 찾아 쓰시오.

┌─────────────── 〈보기〉 ───────────────┐
물새알   알록달록   산새   냄새   후각적   청각적
└──────────────────────────────────────┘

(1) 사람이 아닌 (　　　　　　　)을/를 사람처럼 표현하고 있다.

(2) (　　　　　　　)(이)라는 표현을 반복하여 (　　　　　　　) 심상을 활용하고
있다.

- **심상**: 시어에 의해 마음속에 떠오르는 구체적이고 선명한 영상이나 감각적인 인상으로 이미지라고도 함.
- **청각**: 소리를 느끼는 감각

DAY 09

02 시어 및 구절의 의미 파악하기

윗글의 내용으로 알맞지 않은 것은?

① 산새는 머리꼭지에 빨간 무늬가 있다.

② 산새는 잎수풀 둥지에서 알을 낳는다.

③ 물새는 색깔이 알락달락한 알을 낳는다.

④ 물새알에서는 미역 냄새, 바람 냄새가 난다.

⑤ 산새알에서는 풀꽃 냄새, 이슬 냄새가 난다.

02
윗글의 1, 3, 5연에서는 물새알에 대해서, 2, 4, 6연에서는 산새알에 대해서 이야기하고 있어요. 윗글에서 물새알과 산새알에 대해 무엇이라고 이야기했는지 살펴보세요.

03 표현상의 특징 파악하기

윗글에 대한 설명으로 가장 알맞지 않은 것은?

① 대구법을 활용하고 있다.

② 의인법을 활용하고 있다.

③ 시각적 심상을 활용하고 있다.

④ 후각적 심상을 활용하고 있다.

⑤ 청각적 심상을 활용하고 있다.

03
화자가 물새알과 산새알에 대해 이야기할 때 어떠한 표현 방법을 사용했는지 생각해 보세요.
- **대구법**: 형식이나 내용이 비슷한 문장을 나란히 짝을 맞추어 배치하는 방법
- **시각**: 눈을 통해 보는 감각
- **미각**: 맛을 보는 감각

꽃 _김춘수

내가 그의 이름을 불러 주기 전에는
그는 다만
하나의 몸짓에 지나지 않았다.

내가 그의 이름을 불러 주었을 때
그는 나에게로 와서
꽃이 되었다.

내가 그의 이름을 불러 준 것처럼
나의 이 빛깔과 향기에 알맞은
누가 나의 이름을 불러 다오.
그에게로 가서 나도
그의 꽃이 되고 싶다.

우리들은 모두
무엇이 되고 싶다.
너는 나에게 나는 너에게
잊혀지지 않는 하나의 눈짓이 되고 싶다.

🦋 빈칸을 채우세요.

– 화자:

– 중심 대상:

– 상황:

– 정서, 태도:

– 표현상 특징:

• **몸짓**: 몸을 움직이는 모양
• **지나지 않다**: 바로 그것밖에
  달리 되지 않았다.

04 표현상 특징 파악하기

다음 빈칸에 들어가기에 알맞은 답을 〈보기〉에서 찾아 쓰시오.

〈보기〉

몸짓	꽃	빛깔	향기	반복	상징

(1) '(　　　　　　　　)'은/는 의미 없는 존재를, '(　　　　　　　　)'와/과 '눈짓'은 의미 있는 존재를 상징한다.

(2) '되고 싶다.'를 (　　　　　　)하여 화자가 바라는 바를 강조하고 있다.

04
• **상징하다**: 추상적인 사물이나 관념 또는 사상을 구체적인 사물로 나타내다.

05 화자의 정서와 태도 파악하기

윗글의 화자에 대한 설명으로 가장 알맞은 것은?

① 꽃의 이름을 짓고 있다.
② 어떠한 몸짓을 하고 있다.
③ 꽃과 자신의 모습을 비교하고 있다.
④ 누군가에게 의미 있는 존재가 되고 싶어 한다.
⑤ 누군가에게 하나의 눈짓으로 기억되는 것을 싫어한다.

05
화자가 무엇이 되고 싶다고 했는지 생각해 보세요.

06 표현상의 특징 파악하기

윗글에 대한 설명으로 가장 알맞은 것은?

① 역설법을 활용하고 있다.
② 청각적 심상을 활용하고 있다.
③ 공감각적 심상을 활용하고 있다.
④ 묻고 답하는 형식을 반복하고 있다.
⑤ 특정한 어구를 반복하여 주제를 드러내고 있다.

06
화자가 어떠한 표현 방법을 활용하고 있는지 생각해 보세요.
• **역설법**: 겉으로는 모순되거나 논리에 맞지 않는 표현이지만, 그 속에 진정으로 말하고자 하는 의미를 표현하는 방법
• **공감각적 심상**: 둘 이상의 감각이 결합되어 나타나는 것으로 하나의 감각적 대상을 다른 종류의 감각으로 바꾸어 표현하는 방식
• **특정하다**: 특별히 정하여져 있다.

07 [단답형] 〈보기〉를 바탕으로 감상하기

윗글에서 〈보기〉의 빈칸에 들어가기에 올바른 것을 찾아 2글자로 쓰시오.

〈보기〉

　　김춘수의 〈꽃〉에서 '몸짓'은 의미가 없는 존재이다. 하지만 '몸짓'은 화자가 (　　　　　　)을/를 불러 줌으로써 '꽃', '무엇', '눈짓'이라는 의미 있는 존재로 변하게 된다.

07
화자가 다만 하나의 몸짓에 지나지 않는 그를 어떻게 꽃이 되게 하였는지 생각해 보세요.

이미지, 시상 전개 방식

*● 이미지 란? 시어에 의해 마음속에 떠오르는 구체적이고 선명한 인상

> 푸른 종소리
> 시각 ← 청각 [청각의 시각화]
> '푸른 종소리'는 종소리가 푸른색을 가진 것처럼 나타낸 표현이다. 즉, '종소리'에 드러나는 청각이 '푸른'을 통해 시각으로 옮겨간 것이다. 이를 청각의 시각화라고 한다.

● 감각적 이미지

어떠한 현상이나 사물이 감각을 통해 마음속에 선명하게 그려진 것 (= 심상)

시각적 심상	사물의 모양, 움직임, 형태를 자세히 나타내거나 색채어❶ 등을 사용해 눈으로 보는 듯한 느낌을 주는 것 예 노란 달빛
청각적 심상	귀로 듣는 듯한 느낌을 주는 것 예 뻐꾹뻐꾹 우는 소리
후각적 심상	코로 냄새를 맡는 듯한 느낌을 주는 것 예 밥 짓는 냄새
미각적 심상	혀로 맛을 보는 듯한 느낌을 주는 것 예 새콤한 오렌지
촉각적 심상	피부에 닿는 듯한 느낌을 주는 이미지 예 날카롭게 찌르는 가시
공감각적 심상	하나의 감각을 다른 감각으로 옮겨 표현함으로써 둘 이상의 감각이 동시에 떠오르게 하는 것

> ❶ 색채어
> 색이나 빛깔을 나타내는 말
> 예 빨간 장미, 푸른 바다

> 나비 허리에 새파란 초생달이 시리다   – 김기림, 〈바다와 나비〉
> ▶ '새파란 초생달'에 드러나는 시각이 '시리다'라는 촉각으로 옮겨감. (공감각적 심상 – 시각의 촉각화)

● 방향성을 가진 이미지

상승 이미지 : 위로 오르는 듯한 느낌을 불러일으키는 것

하강 이미지 : 아래로 향하거나 꺼지는 듯한 느낌을 불러일으키는 것

> 예 모란이 뚝뚝 떨어져 버린 날, 뻗쳐오르던 내 보람
> 　　아래로 떨어짐. → 하강 이미지　위로 뻗쳐오름. → 상승 이미지
> 　　　　　　　　　　　　　　　　　　　　　– 김영란, 〈모란이 피기까지는〉

● 운동성을 가진 이미지

동적 이미지 : 움직이는 모습을 통해 활발한 느낌을 불러일으키는 것

정적 이미지 : 움직임이 없는 모습을 통해 조용한 느낌을 불러일으키는 것

> 예 산에 있는 밭을 여기저기 매다가 나무 그늘에 누웠으니
> 　　밭을 일구는 움직임이 느껴짐. → 동적 이미지　움직임이 느껴지지 않음. → 정적 이미지

*● 시상 전개 방식 이란? 시인이 시의 내용을 펼쳐 나가는 방식

– 시간의 흐름에 따른 전개 방식:❷ 시간의 변화, 되풀이되는 계절, 시대의 흐름 등에 따라 시상을 전개하는 방법

> 봄에는 연녹색 물결 북쪽으로 / (중략) / 여름이면 뻐꾸기 소리 / (중략)
> 가을에는 황금빛 물결 남쪽으로 / (중략) / 겨울이면 시원한 동치미 맛
> ▶ '봄 – 여름 – 가을 – 겨울'로 되풀이되는 계절의 순서에 따라 내용이 전개되고 있음.   – 김광규, 〈동서남북〉

– 공간의 이동에 따른 전개 방식: 화자가 이동함으로써 나타나는 공간의 변화에 따라 시상을 전개하는 방법

> 내를 건너서 숲으로 / 고개를 넘어서 마을로   – 윤동주, 〈새로운 길〉
> ▶ '내 → 숲', '고개 → 마을'이라는 공간의 변화에 따라 내용이 전개되고 있음.

> ❷ 시간의 변화에 따른 전개 방식
> 대부분의 시에서는 '과거–현재–미래'처럼 시간이 흐르는 순서대로 시상을 전개하는 방식이 주로 사용되지만, 일부 시에서는 화자가 과거의 일을 떠올리는 등 시간의 흐름을 거슬러 올라가는 방식이 사용되기도 함.

DAY 09

[01~02] 다음을 읽고 빈칸에 들어가기에 알맞은 말을 고르시오.

> 봄이 혈관 속에 시내처럼 흘러
> 돌, 돌, 시내 가차운* 언덕에
> 개나리, 진달래, 노오란 배추꽃 / (중략)
>
> 즐거운 종달새야
> 어느 이랑*에서 즐거웁게 솟쳐라
>
> – 윤동주, 〈봄〉
>
> * 가차운 : 가까운
> * 이랑 : 논이나 밭을 갈아 불룩하게 흙을 쌓아 만든 곳

01

'노오란 배추꽃'에서는 (시각적 / 미각적) 심상이 드러나 있다.

02

'즐거웁게 솟쳐라'에서는 (상승 / 하강) 이미지가 나타나 있다.

[03~04] 다음을 읽고 맞으면 ○, 틀리면 ✕에 표시하시오.

> 하늘하늘
> 잎사귀와 춤을 춥니다. //
> 하늘하늘
> 꽃송이와 입맞춥니다. //
> 하늘하늘
> 어디론지 떠나갑니다.
>
> – 김억, 〈봄바람〉

03

윗글은 계절의 변화에 따라 시상을 전개하고 있다.

(○ , ✕)

04

윗글의 '춤을 춥니다', '떠나갑니다'에 나타나는 이미지는 동적 이미지이다. (○ , ✕)

[05~06] 다음을 읽고 빈칸에 들어가기에 알맞은 말을 고르시오.

> 문 열자 선뜻! / 먼 산이 이마에 차라. / (중략)
>
> 얼음 금 가고 바람 새로 따르거니
> 흰 옷고름 절로 향기로워라. / (중략)
>
> 꽃 피기 전 철 아닌 눈에
> 핫옷* 벗고 도로 춥고 싶어라.   – 정지용, 〈춘설〉
>
> * 핫옷 : 솜을 넣어 만든 옷

05

'이마에 차라.', '춥고 싶어라.'에서는 (   ) 심상을 활용하고 있다.

06

'흰 옷고름 절로 향기로워라.'에서는 '시각이 후각으로 옮겨가는 (   ) 심상을 활용하고 있다.

[07~09] 빈칸에 들어가기에 알맞은 단어를 〈보기〉에서 찾아 문맥에 맞게 쓰시오.

> 〈보기〉
> • 몸짓 : 몸을 움직이는 모양
> • 특정하다 : 특별히 정하여져 있다.
> • 간간하다 : 입맛 당기게 약간 짠 듯하다.
> • 보얗다 : 연기나 안개가 낀 것처럼 선명하지 못하고 조금 하얗다.

07

소금 간을 해서 배추가 (   )해졌다.

08

주호는 춤추는 형의 (   )을/를 흉내 내었다.

09

호숫가에 (   )게 안개가 덮여 있어서 물새가 잘 보이지 않았다.

Ⅱ
소설·
극 문학

- 현대 소설
- 고전 소설
- 극 문학

토끼, 자라 (중심인물)

용궁(바닷속) (배경)

자라가 토끼를 속여 용궁에 데려감. (중심 사건)

용왕을 위해 토끼의 간을 빼내려는 자라와, 자라에게 속아 죽을 위기에 처한 토끼 (갈등)

토끼와 자라를 사람처럼 표현함. (서술상 특징)

'소설'이란 사실 또는 글쓴이의 상상력을 바탕으로 꾸며 낸 이야기이고, '극 문학'이란 사실 또는 글쓴이의 상상력을 바탕으로 꾸며 낸 이야기 가운데 연극이나 영화, 드라마 등의 각본을 말합니다. 소설과 극 문학을 잘 이해하려면

❶ 중심인물, 배경을 파악하고,
❷ 중심 사건, 갈등을 파악하고,
❸ 서술상 특징을 파악해야 합니다.

★ 교과서와 시험에 자주 나오는 필수 작품들을 '현대 소설'과 '고전 소설', '극 문학'으로 구분하여 수록했습니다.

- 현대 소설: 현대에 쓰인 소설로, 우리나라에서는 근대식 문화가 들어오면서부터 지어진 소설을 통틀어 현대 소설이라고 합니다.
- 고전 소설: 옛날에 쓰인 소설을 말합니다.
- 극 문학: 무대에서 공연하기 위해 쓴 희곡, 영화를 촬영하기 위해 쓴 시나리오, 드라마를 촬영하기 위해 쓴 드라마 대본이 있습니다.

STEP Ⅰ

중심인물, 배경 파악하기

★ 중심인물이란?

소설, 극 문학에 등장하는 사람 중에서 사건의 중심이 되는 사람입니다.

● **중심인물을 파악하는 이유**

글쓴이는 작품 속에서 각각의 개성을 파악하는 이유 가진 인물들을 내세워 자신이 전하고자 하는 바를 효과적으로 드러냅니다. 따라서 소설, 극 문학의 중심인물이 누구인지 찾고, 그 인물의 성격과 개성을 파악하면 글쓴이가 소설, 극 문학을 통해 무엇을 이야기하고자 하는지 알 수 있어요.

● **중심인물을 파악하는 방법**
❶ 작품 속에 누가 등장하는지 살펴보기
❷ 등장인물 중 누구를 중심으로 사건이 펼쳐지는지 파악하기

★ 배경이란?

소설, 극 문학 속에서 사건이 일어나는 시간과 장소, 사회적 · 역사적 상황을 의미합니다.

● **배경을 파악하는 이유**

소설, 극 문학에서 배경은 인물의 행동이나 생각에 영향을 주고, 어떠한 배경에서 사건이 진행되느냐에 따라 그 사건이 갖는 의미가 달라집니다. 따라서 배경을 파악하면 소설, 극 문학의 내용을 더 쉽게 이해할 수 있어요.

● **배경을 파악하는 방법**
❶ 어떠한 때나 시간의 흐름, 계절이 드러나는 표현 찾기
❷ 장소가 드러나는 표현 찾기
❸ 특정한 시기에만 나타났던 사회적 · 역사적 상황이 드러나는 표현 찾기

소나기 _황순원

① 소년은 개울가에서 소녀를 보자 곧 윤 초시네 증손 녀딸이라는 걸 알 수 있었다. 소녀는 개울에다 손을 잠그고 물장난을 하고 있는 것이다. 서울서는 이런 개울물을 보지 못하기나 한 듯이.

벌써 며칠째 소녀는, 학교에서 돌아오는 길에 물장난이었다. 그런데 어제까지는 개울 기슭에서 하더니, 오늘은 징검다리 한가운데 앉아서 하고 있다.

소년은 개울둑에 앉아 버렸다. 소녀가 비키기를 기다리자는 것이다.

요행 지나가는 사람이 있어, 소녀가 길을 비켜 주었다.

② 다음 날은 좀 늦게 개울가로 나왔다.

이날은 소녀가 징검다리 한가운데 앉아 세수를 하고 있었다. 분홍 스웨터 소매를 걷어 올린 팔과 목덜미가 마냥 희었다.

한참 세수를 하고 나더니, 이번에는 물속을 빤히 들여다본다. 얼굴이라도 비추어 보는 것이리라. 갑자기 물을 움켜 낸다. 고기 새끼라도 지나가는 듯.

소녀는 소년이 개울둑에 앉아 있는 걸 아는지 모르는지, 그냥 날쌔게 물만 움켜 낸다. 그러나 번번이 허탕이다. 그대로 재미있는 양, 자꾸 물만 움킨다. 어제처럼 개울을 건너는 사람이 있어야 길을 비킬 모양이다.

그러다가 소녀가 물속에서 무엇을 하나 집어낸다. 하얀 조약돌이었다. 그러고는 벌떡 일어나 팔짝팔짝 징검다리를 뛰어 건너간다.

다 건너가더니만 획 이리로 돌아서며,

"이 바보." / 조약돌이 날아왔다.

소년은 저도 모르게 벌떡 일어섰다.

단발머리를 나풀거리며 소녀가 막 달린다. 갈밭 사잇길로 들어섰다. 뒤에는 청량한 가을 햇살 아래 빛나는 갈꽃뿐.

이제 저쯤 갈밭머리로 소녀가 나타나리라. 꽤 오랜 시간이 지났다고 생각됐다. 그런데도 소녀는 나타나지 않는다. 발돋움을 했다. 그러고도 상당한 시간이 지났다고 생각됐다.

저쪽 갈밭머리에서 갈꽃이 한 옴큼 움직였다. 소녀가 갈꽃을 안고 있었다. 그리고 이제는 천천한 걸음이었다. 유난히 맑은 가을 햇살이 소녀의 갈꽃 머리에서 반짝거렸다. 소녀 아닌 갈꽃이 들길을 걸어가는 것만 같았다.

소년은 이 갈꽃이 아주 뵈지 않게 되기까지 그대로 서 있었다. 문득, 소녀가 던진 조약돌을 내려다보았다. 물기가 걷혀 있었다. ㉠ 소년은 조약돌을 집어 주머니에 넣었다.

③ 다음 날부터 좀 더 늦게 개울가로 나왔다. 소녀의 그림자가 뵈지 않았다. 다행이었다.

그러나 이상한 일이었다. 소녀의 그림자가 뵈지 않는 날이 계속될수록 소년의 가슴 한구석에는 어딘가 허전함이 자리 잡는 것이었다. 주머니 속 조약돌을 주무르는 버릇이 생겼다.

그러한 어떤 날, 소년은 전에 소녀가 앉아 물장난을 하던 징검다리 한가운데에 앉아 보았다. 물속에 손을 잠갔다. 세수를 하였다. 물속을 들여다보았다. 검게 탄 얼굴이 그대로 비치었다. 싫었다.

소년은 두 손으로 물속의 얼굴을 움키었다. 몇 번이고 움키었다. 그러다가 깜짝 놀라 일어나고 말았다. 소녀가 이리 건너오고 있지 않느냐.

'숨어서 내가 하는 꼴을 엿보고 있었구나.' 소년은 달리기 시작했다. 디딤돌을 헛짚었다. 한 발이 물속에 빠졌다. 더 달렸다.

몸을 가릴 데가 있어 줬으면 좋겠다. 이쪽 길에는 갈밭도 없다. 메밀밭이다. 전에 없이 메밀꽃 내가 짜릿하니 코를 찌른다고 생각됐다. 미간이 아찔했다. 찝찔한 액체가 입술에 흘러들었다. 코피였다. 소년은 한 손으로 코피를 훔쳐 내면서 그냥 달렸다. 어디선가 '바보, 바보.' 하는 소리가 자꾸만 뒤따라오는 것 같았다.

🍂 빈칸을 채우세요.

― 중심인물: ― 배경:

- **초시**: 예전에, 한문을 좀 아는 유식한 양반을 높여 이르던 말
- **기슭**: 바다나 강 따위의 물과 닿아 있는 땅
- **요행**: 뜻밖에 얻는 행운
- **움키다**: 손가락을 우그리어 물건 따위를 놓치지 않도록 힘 있게 잡다.
- **허탕**: 어떤 일을 시도하였다가 아무 소득이 없이 일을 끝냄. 또는 그렇게 끝낸 일
- **갈밭**: 갈대가 우거진 곳 = 갈대밭
- **갈꽃**: 갈대의 꽃. 솜과 같은 흰 털이 많고 부드럽다. = 갈대꽃
- **천천하다**: 동작이나 태도가 급하지 아니하고 느리다. ≒ 서서하다
- **아찔하다**: 갑자기 정신이 아득하고 조금 어지럽다.

STEP Ⅰ 중심인물, 배경 파악하기

우리가 읽는 소설 속에는 다양한 사람이 등장합니다. 소설에 등장하는 사람을 '인물'이라고 해요.

소설에서 인물은 작가가 생각하는 주제를 드러내기 위해 각각 자신만의 개성을 갖고 있어요. 따라서 소설의 인물을 파악할 때에는 그 인물이 지닌 성격, 개성까지 고려해야 해요.

✿ 〈소나기〉의 중심인물을 살펴볼까요?

〈소나기〉에는 '소년'과 '소녀'가 등장하고 있는데, 이 '소년'과 '소녀' 사이에 있었던 일로 이야기가 전개되고 있군요. 따라서 **이 소설의 중심인물은 바로 '소년'과 '소녀'입니다.**

소설에서 사건이 일어나는 시간적, 공간적 배경뿐만 아니라 작품에 반영된 사회적, 역사적 상황도 모두 소설의 배경이라고 해요. 어떤 배경 속에서 사건이 벌어지느냐에 따라 그 사건이 갖는 의미가 달라지기 때문이에요.

소설에서 배경은 소설에 등장하는 인물들의 행동 및 생각에 영향을 줍니다. 또한 배경은 인물의 심리 상태나 사건이 전개되는 방향을 넌지시 알려 주거나 사건이나 장면을 보는 우리에게 현실에서 있을 법한 이야기라는 생각이 들게도 하며, 배경 자체가 무엇을 상징하기도 하죠.

✿ 〈소나기〉의 배경을 함께 살펴볼까요?

'소년'은 며칠 째 개울가에서 물장난을 하던 '소녀'를 보았어요(①). 그다음 날 '소녀'는 '소년'에게 하얀 조약돌을 던지고 갈밭 사잇길로 갔어요. '소년'은 '소녀'의 모습을 보고 갈꽃이 들길을 걸어가는 것만 같다고 생각하다가 '소녀'가 던진 조약돌을 주머니에 넣었어요(②). 그다음 날 개울가에 간 '소년'은 '소녀'를 보고 도망가면서 코피를 흘렸습니다. ①에서 ②, ③으로 시간이 흐름에 따라 공간이 개울가에서 갈밭, 다시 개울가로 변하고 있죠? 따라서 **이 소설의 공간적 배경은 바로 '개울가, 갈밭(사잇길)'입니다.**

01 중심인물, 배경 파악하기

〈보기〉를 보고 다음 물음에 답하시오.

─〈보기〉─

소년   소녀   지나는 사람   개울가   갈밭 사잇길   학교

(1) 윗글에 등장하는 인물들은 누구인가? (   ), (   )

(2) 소녀가 소년에게 하얀 조약돌을 던진 곳은 어디인가? (   )

02 인물의 심리와 태도 파악하기

윗글의 소년에 대한 설명으로 가장 알맞지 <u>않은</u> 것은?

① 메밀밭에서 코피를 흘리면서 달렸다.

② 소녀가 조약돌을 던지자 벌떡 일어났다.

③ 개울둑에 앉아 소녀가 비키기만을 기다렸다.

④ 개울가에서 만난 소녀가 윤 초시네 증손녀 딸이라는 것을 알았다.

⑤ 징검다리 한가운데에 앉아 세수를 하면 흰 얼굴이 될 것이라고 믿었다.

02
소년이 무엇을 하고 있는지, 그러한 행동을 한 이유는 무엇인지 생각해 보세요.

03 인물의 심리와 태도 파악하기

소년이 ㉠처럼 행동한 이유로 가장 알맞은 것은?

① 소녀에게 관심이 있어서

② 조약돌이 흰 것이 신기해서

③ 갈꽃 아래에 가져다 두기 위해서

④ 흰 조약돌을 가지면 행운이 온다고 해서

⑤ 소녀가 자신에게 바보라고 한 이유를 물어보고 싶어서

03
소년이 소녀가 던진 하얀 조약돌을 내려다보다가 주머니에 집어넣은 이유가 무엇일지 생각해 보세요.

01 중심인물, 배경 파악하기

(1) 윗글에는 소년과 소녀가 등장하고 있어요. 따라서 정답은 ___소년___ , ___소녀___ 입니다.

(2) ②에서 소녀는 개울가에서 세수를 하다 물속에서 조약돌을 집어냈고, 그 하얀 조약돌을 소년에게 던졌어요. 따라서 정답은 ___개울가___ 입니다.

02 인물의 심리와 태도 파악하기

윗글의 소년에 대한 설명으로 가장 알맞지 않은 것은?

① 메밀밭에서 코피를 흘리면서 달렸다. (○)
★ 근거: ③-㉔, ㉙

> 메밀밭이다. ~ 소년은 한 손으로 코피를 훔쳐 내면서 그냥 달렸다.

🌱 소년은 소녀가 징검다리를 건너오기 시작하자 손으로 코피를 닦아 가며 메밀밭 쪽으로 달리기 시작했어요.

② 소녀가 조약돌을 던지자 벌떡 일어났다. (○)
★ 근거: ②-⑯, ⑰

> 조약돌이 날아왔다. / 소년은 저도 모르게 벌떡 일어섰다.

🌱 소년은 소녀가 조약돌을 던지자 자신도 모르게 벌떡 일어섰어요.

③ 개울둑에 앉아 소녀가 비키기만을 기다렸다. (○)
★ 근거: ①-⑤~❼

> 그런데 ~ 소년은 개울둑에 앉아 버렸다. 소녀가 비키기를 기다리자는 것이다.

🌱 소녀가 개울가의 징검다리 한가운데서 물장난을 하고 있자 소년은 개울둑에 앉아서 소녀가 비키기를 기다렸어요.

④ 개울가에서 만난 소녀가 윤 초시네 증손녀 딸이라는 것을 알았다. (○) ★ 근거: ①-❶

> 소년은 개울가에서 소녀를 보자 곧 윤 초시네 증손녀딸 이라는 걸 알 수 있었다.

🌱 소년은 소녀가 윤 초시네 증손녀 딸이라는 것을 알았어요.

⑤ 징검다리 한가운데에 앉아 세수를 하면 ~~흰 얼굴이 될 것이라고 믿었다.~~ (✕) ★ 근거: ③-❼~⑪

> ~ 징검다리 한가운데에 앉아 보았다. ~ 세수를 하였다. 물 속을 들여다보았다. 검게 탄 얼굴이 그대로 비치었다.

🌱 소년이 징검다리 한가운데 앉아 세수를 한 것은 이전에 소녀가 징검다리 한가운데 앉아서 세수를 한 행동을 따라한 거예요. **그러므로 정답은 ⑤!**

03 인물의 심리와 태도 파악하기

소년이 ㉠처럼 행동한 이유로 가장 알맞은 것은?

• ㉠: ㉠은 '소년은 조약돌을 집어 주머니에 넣었다.'예요. 소년은 소녀가 "이 바보."라고 하며 던진 흰 조약돌을 집어 자신의 주머니에 넣었어요.

🟥 소년이 소녀가 던진 흰 조약돌을 주머니에 넣은 이유로 알맞은 것을 고르는 문제입니다.

① 소녀에게 관심이 있어서 (○)
★ 근거: ②-㉛~㉞

> 소년은 이 갈꽃이 아주 뵈지 않게 되기까지 그대로 서 있었다. 문득, 소녀가 던진 조약돌을 내려다보았다. ~ 소년은 조약돌을 집어 주머니에 넣었다.

🌱 소년이 흰 조약돌을 주머니에 넣은 이유는 소녀에게 관심이 생겼기 때문이에요. **그러므로 정답은 ①!**

② 조약돌이 흰 것이 ~~신기해서~~ (✕)

🌱 윗글을 통해 소년이 조약돌이 흰 것을 신기해하는지는 알 수 없어요.

③ ~~갈꽃 아래에 가져다 두기 위해서~~ (✕)
★ 근거: ②-⑲~㉚

> 갈밭 사잇길로 들어섰다. ~ 소녀 아닌 갈꽃이 들길을 걸어가는 것만 같았다.

🌱 갈밭 사잇길로 가서 갈꽃을 꺾어 그것을 들고 간 사람은 소녀 예요. 소년은 갈밭으로 가지 않았으며, 갈꽃 아래에 조약돌을 가져다 두지도 않았어요.

④ 흰 조약돌을 가지면 ~~행운이 온다고 해서~~ (✕)

🌱 윗글을 통해 소년이 흰 조약돌을 가지면 행운이 온다고 생각하는지는 알 수 없어요.

⑤ 소녀가 자신에게 바보라고 한 이유를 ~~물어보고 싶어서~~ (✕)

🌱 윗글을 통해 소년이 소녀가 자신에게 바보라고 한 이유를 물어 보고 싶어 하는지는 알 수 없어요.

DAY
10

고무신 _오영수

[앞부분의 줄거리] 귀환 동포들이 모여 살던 산기슭 마을의 아이들에게는 어쩌다 찾아오는 엿장수가 큰 즐거움이었다. 어느 날 윤이와 영이는 엿이 너무 먹고 싶은 나머지 식모 남이가 몹시 아끼던 옥색 고무신을 엿장수에게 가져가 엿으로 바꾸어 먹는다. 몹시 속이 상한 남이는 엿장수에게 고무신을 되찾기 위해 엿장수를 기다린다.

남이가 세숫대야에 걸레랑 헌 양말이랑 담아 옆에 끼고 마악 대문 밖을 나서는데 엿장수의 가위 소리가 들려왔다.

엿장수는 마을 중턱 보리밭 사잇길을 올라오고 있었다. 남이는 대문 설주에 몸을 붙이고 엿장수를 기다렸다. 엿장수는 마을 앞에 오자 한층 더 목청을 높여

"자아— 떨어진 고무신이나 백철 부서진 거나 삼베 속곳 떨어진 거나…… 째깍째깍."

그러자 남이는 / "저놈의 엿장수 미쳤는가 베!"

하고 입속말로 중얼거렸고, 마을 아이들은 어느새 엿장수를 둘러쌌다.

엿장수가 엿판을 길목에 내리자 남이는 가시처럼 꼭 찌르는 소리로 / "보소!"

엿장수는 놀란 듯 힐끗 한 번 돌아보고는 담을 싼 아이들을 헤치고 남이에게로 오는데 남이는 입을 샐쭉하면서 대뜸 / "내 신 내놓소!"

했다. 엿장수는 걸음을 멈추고 한참 동안 남이를 바라보다 말고 은근한 말투로 / "신은 웬 신요?"

하고는 상대편에 의심을 받을 만큼 히죽이 웃어 보이자, 남이는 눈을 까칠해 가지고

"잡아떼면 누가 속을 줄 아는가 베!"

[중략 부분의 줄거리] 고무신을 돌려주는 것에 대해 남이와 엿장수가 실랑이를 벌인다. 그때 남이 저고리 앞섶에 벌 한 마리가 내려앉고, 엿장수는 손바닥으로 벌을 덮어 누른다.

남이는 당황하면서도 귀 언저리를 붉히고 한걸음 뒤로 물러서자 함께, 엿장수 손아귀에는 벌이 쥐어졌다.

쥐인 벌은 고스란히 있을 리가 없다. 한 번 잉 소리를 내고는 그만 손바닥을 쏘아 버렸다. 동시에 엿장수는 "앗!" / 하고 쥐었던 손을 펴 불며 털며 앙감질을 하는 꼴이 남이는 어떻게나 우스웠던지 그만 손등으로 입을 가리고 킥킥하고 웃어 버렸다. 엿장수는 반은 울상 반은 웃는 상 남이를 바라보는데, 남이의 송곳니가 무척 예뻐 보였다. 남이는 엿장수와 눈이 마주치자 무색해서 눈을 땅바닥으로 떨어뜨렸다. 살을 쏘아버린 벌이 꽁무니에 흰 실 같은 것을 달고, 거추장스럽게 기어가고 있다. 남이의 시선을 따라온 엿장수 눈이 이것을 보자 그만 그 억센 발로

"엥이 엥이 엥이."

하고 망깨 다지듯 짓밟고 문질러 자취도 없이 해 버리자 남이는 또 웃음이 나올 것만 같아 문을 밀고 안으로 들어가 버렸다.

엿장수는 무슨 발작이나 막 하고 난 사람처럼 맥이 없었다. 어깨와 두 팔을 축 늘어뜨리고 남이가 들어간 문 쪽을 한참 동안 멍하니 바라보고 나서야 비로소 어슬렁어슬렁 엿판께로 돌아왔다.

🧡 빈칸을 채우세요.

– 중심인물:　　　　　　　　– 배경:

- **귀환**: 다른 곳에 떠나 있던 사람이 본래 있던 곳으로 돌아오거나 돌아감.
- **산기슭**: 산의 기울어 진 곳이 끝나는 아랫부분
- **엿장수**: 엿을 파는 사람
- **식모**: 남의 집에서 돈을 받고 부엌일을 도맡아 하는 여자
- **옥색**: 옥의 빛깔과 같은 흐린 초록색
- **설주**: 문짝을 끼워 달기 위해 문의 양쪽에 세운 기둥
- **백철**: 빛이 흰 쇠붙이
- **삼베**: 삼의 실로 짠 천
- **속곳**: 예전에, 여자들이 입던 아랫도리 속옷
- **샐쭉하다**: 어떤 감정을 나타내면서 입이나 눈이 한쪽으로 약간 샐그러지게 움직이다. 또는 그렇게 하다.
- **은근하다**: 행동 따위가 함부로 드러나지 아니하고 은밀하다.
- **히죽이**: 만족스러운 듯이 슬쩍 한 번 웃는 모양

- **까칠하다**: 야위거나 메말라 살갗이나 털이 윤기가 없고 조금 거칠다.
- **실랑이**: 서로 자기주장을 고집하며 옥신각신하는 일
- **앙감질**: 한 발은 들고 한 발로만 뛰는 짓
- **무색하다**: 겸연쩍고 부끄럽다.
- **거추장스럽다**: 물건 따위가 크거나 무겁거나 하여 다루기가 거북하고 주체스럽다.

- **망깨**: 달구질(집터나 땅을 단단히 다지는 일)의 방언
- **자취**: 어떤 것이 남긴 표시나 자리
- **발작**: 어떤 병의 증세나 격한 감정, 부정적인 움직임 따위가 갑자기 세차게 일어남.

04 중심인물, 배경 파악하기

〈보기〉를 보고 다음 물음에 답하시오.

〈보기〉

| 윤이 | 영이 | 엿장수 | 길목 | 대문 설주 | 엿판께 |

(1) 남이가 고무신을 돌려 달라고 요청하고 있는 사람은 누구인가? (   )

(2) 남이는 어디에 기대어 엿장수를 기다리고 있는가? (   )

04
- **요청하다**: 필요한 어떤 일이나 행동을 청하다.

05 인물의 심리와 태도 파악하기

엿장수에 대한 설명으로 가장 알맞지 <u>않은</u> 것은?

① 입속말을 중얼거리고 있다.

② 벌을 발로 밟아 없애고 있다.

③ 목청을 높여 이야기하고 있다.

④ 은근한 말투로 남이에게 말을 건네고 있다.

⑤ 남이가 문을 밀고 안으로 들어가서 아쉬움을 느끼고 있다.

06
엿장수가 무엇을 하고 있는지, 어떠한 마음인지 생각해 보세요.

06 배경의 의미 파악하기

윗글의 배경을 드러내는 말이 <u>아닌</u> 것은?

① 벌   ② 식모   ③ 엿장수

④ 고무신   ⑤ 산기슭 마을

06
윗글의 시간적 배경이나 공간적 배경과 관련이 없는 것이 무엇인지 생각해 보세요.

07 [단답형] 소재의 의미 파악하기

윗글에서 〈보기〉와 관련이 있는 것을 찾아 3음절로 쓰시오.

〈보기〉

- 남이가 아끼던 물건
- 남이가 엿장수에게 돌려달라고 하는 것

07
남이가 엿장수와 실랑이를 벌이게 된 원인이 무엇인지 생각해 보세요.

소설의 인물과 배경

* ● 인물 이란? 소설에 등장하는 사람(= 등장인물)

● **소설에 등장하는 인물의 유형**

중요한 정도에 따라	중심 인물	사건을 이끌어 나가는 주인공
	주변 인물	사건의 진행을 도와주는 인물
역할에 따라	주동 인물	사건과 행동을 주로 이끌어 가는 인물
	반동 인물	주동적 인물의 의지, 행동과 반대되는 인물
갖고 있는 특징에 따라	전형적 인물	어떤 집단이나 세대를 대표하는 성격을 가진 인물
	개성적 인물	자기만의 뚜렷한 개성을 가진 인물
❶성격이 변화 하는지에 따라	평면적 인물	처음부터 끝까지 성격이 변하지 않는 인물
	입체적 인물	이야기의 흐름에 따라 성격이 변화하는 인물

> 춘향이 아뢰되, / "죽으면 죽사와도 분부 시행 못하겠나이다."
> 사또의 명령을 거절하는 춘향
> "제 무슨 잔말 하는고? 이제 바삐 수청들라!" / 춘향이 아뢰되,
> 춘향에게 수청을 들라고 강요하는 사또
> "사또님은 세상이 변하오면 두 무릎을 꿇어 두 임금을 섬기려 하시나이까?"
>
> – 작자 미상, 〈열녀춘향수절가〉

➡ 사또의 명령을 거절함으로써 사건을 주로 이끌어 가는 인물은 춘향이고, 수청을 들지 않으려는 춘향의 의지와 반대되는 인물은 사또이다. 따라서 **주동 인물은 '춘향'**, **반동 인물은 '사또'**이다.

* ● 배경 이란? 소설의 사건이 일어나는 시간과 장소, 사회적 · 역사적 상황

● **배경의 종류**

시간적 배경	사건이 일어나는 시간(날짜, 계절) 예 오후 2시, 5월의 봄날, 한여름 등
공간적 배경	사건이 일어나는 특정한 장소 예 병원, 기차 안, 감옥 등
시대적 배경	인물을 둘러싸고 있는 사회적 · 역사적 상황. 특정한 시대에만 나타나는 사회의 특성(풍습, 정치, 경제, 종교, 사상, 문화, 생활 환경 등)을 말한다. ❷ 예 일제 강점기, 산업화 시기

> 산허리는 온통 메밀밭이어서 피기 시작한 꽃이 소금을 뿌린 듯이 흐붓한 달빛에 숨
> 공간적 배경   시간적 배경: 밤
> 이 막힐 지경이다. (중략) 앞장선 허 생원의 이야기 소리는 꽁무니에 선 동이에게는 확
> 적히는 안 들렸으나, 그는 그대로 개운한 제멋에 적적하지는 않았다.
>
> – 이효석, 〈메밀꽃 필 무렵〉

➡ 허 생원과 동이 일행은 달빛이 가득한 밤에 메밀꽃으로 가득한 산허리를 지나고 있다. 따라서 윗글의 **시간적 배경은 '밤'**, **공간적 배경은 '산허리'**이다.

> 내가 소녀를 맨 처음 발견한 것은 한나절로 끝나 버린 그 우스꽝스런 피난길에서 돌아온 바로 그 이튿날이었다.
> 윗글에는 '나'와 소녀가 등장하고, '피난길에서 돌아온 바로 그 이튿날'이라는 시간이 드러나 있다. 따라서 윗글의 중심인물은 '나'와 '소녀'이고, 시간적 배경은 '피난길에서 돌아온 바로 그 이튿날'이다.

❶ **성격 제시 방법**
- **직접 제시**: 소설 속에서 이야기를 전하는 서술자가 인물의 성격을 직접 말하는 것
- **간접 제시**: 서술자가 인물의 성격을 직접 말하지 않고 인물의 행동이나 외모, 대화 등을 통해 간접적으로 성격을 드러내는 것

❷ **일제 강점기, 산업화 시기**
- **일제 강점기**: 일본이 우리나라의 국권을 강제로 빼앗아 우리나라를 식민 지배했던 시기
- **산업화 시기**: 온갖 산업과 기술의 발달로 생산이 기계화되고, 사람들이 일감을 찾아 도시로 모이던 시기. 우리나라의 1960~70년대에 해당함.

[01~02] 다음을 읽고 맞으면 ○, 틀리면 ×에 표시하시오.

나는 '참좋은 마트' 사장에게서 남자에 대한 사정을 좀더 자세히 듣게 되었다. 이 사람 어머니라는 분이 사채*를 쓴 모양인데…… (중략) 처음에 이백만 원을 빌린 게 금세 사백만 원이 되고 육백만 원이 되고 칠백만 원이 된 모양이에요. (중략)

'참좋은 마트' 사장은 그 대목에서 잠시 말을 끊었다. (중략) 매미가 울고, 날파리가 많은 여름 저녁이었다.

* 사채: 개인이 진 빚   – 이기호, 〈권순찬과 착한 사람들〉

01
'나'는 사채를 빌려 쓴 이야기의 중심인물이다. (○ , ×)

02
윗글의 시간적 배경은 구체적이지 않다. (○ , ×)

[03~04] 다음을 읽고 빈칸에 들어가기에 알맞은 말을 고르시오.

'저것이 아무리 그 전엔 나를 모해했더라도* (중략) 저토록 사과하는 것이니 기특한 일이다.'

이렇게 생각하고는 콩쥐는 팥쥐에게 좋은 음식도 대접하고 (중략) 집안 구경도 시켜 주는 것이었다.

이때 팥쥐는 겉모습과는 달리 속으로는, / '콩쥐, 저년을 어떻게 하면 움도 싹도 없어지게 할꼬?' 하는 간악한 심술이 북받쳐 뱃속으로 온갖 꾀를 꾸며가며 콩쥐를 따라 별의별 화초를 구경하다가 연못 앞에 이르자 문득 한 꾀를 생각해 내고 목욕하자고 권하였다. (중략) 팥쥐는 슬금슬금 콩쥐를 깊은 곳으로 끌고 가서 별안간 연못 속으로 밀어 넣었다.   – 작자 미상, 〈콩쥐팥쥐전〉

* 모해했더라도: 꾀를 써서 해치려 했더라도
* 간악한: 마음이 바르지 않고 모진

03
팥쥐는 콩쥐의 의지와 반대되는 (주동 / 반동) 인물이다.

04
윗글에서 콩쥐가 위기에 처한 장소는 (연못 / 집안)이다.

[05~06] 다음을 읽고 맞으면 ○, 틀리면 ×에 표시하시오.

"얘." / 생판 모르는 녀석이 간드러진 소리로 나를 부르고 있었다. (중략) 그처럼 교과서에서나 보던 서울 말씨로 나를 부르는 아이는 아직껏 마을에 한 명도 없었던 것이다.

"왜 놀래니? 내가 무서워 보이니?" / (중략) / 피난민이 줄을 잇는 동안 갖가지 귀에 선 말씨들을 들어 왔으나 녀석처럼 그렇게 착 감기는 목소리에 겁 없는 눈짓을 던지는 아이는 처음이었다. 녀석은 토박이 아이들이 피난민 아이들한테 부리는 텃세*가 조금도 두렵지 않은 모양이었다.   – 윤흥길, 〈기억 속의 들꽃〉

* 텃세: 먼저 자리를 잡은 사람이 뒤에 들어오는 사람에 대하여 가지는 특권 의식

05
'녀석'은 다른 피난민 아이들과 달리 토박이 아이들을 두려워하지 않는 개성적 인물이다. (○ , ×)

06
'피난민'을 통해 윗글의 시대적 배경이 전쟁 중이던 때임을 알 수 있다. (○ , ×)

[07~09] 빈칸에 들어가기에 알맞은 단어를 〈보기〉에서 찾아 문맥에 맞게 쓰시오.

〈보기〉
• 움키다: 손가락을 우그리어 물건 따위를 놓치지 않도록 힘 있게 잡다.   • 요행: 뜻밖에 얻는 행운
• 거추장스럽다: 물건 따위가 크거나 무겁거나 하여 다루기가 거북하고 주체스럽다.

07
미꾸라지는 맨손으로 (   )기가 어렵다.

08
(   )을/를 바라는 그는 종종 복권을 산다.

09
솜옷이 너무 두꺼워서 움직이기가 (   ).

흥부전 ① _작자 미상

DAY 11

[앞부분의 줄거리] 형제인 흥부와 놀부는 부모님이 돌아가신 후에도 한집에 살고 있었다. 그러나 욕심 많은 형 놀부는 재산을 몽땅 가로채고 동생 흥부를 집에서 내쫓았다. 빈손으로 쫓겨난 흥부는 도저히 가족을 먹여 살릴 길이 없어 놀부의 집에 찾아갔다.

① "형님 전에 뵙니다. 세 끼를 굶어 누운 자식 살려 낼 길 없어 염치코치 불구하고 찾아왔으니 동기간 정을 생각하여 무엇이든지 좀 주시면 품을 판들 못 갚으며 일을 한들 공으로 가져가겠습니까? 모쪼록 죽는 목숨 살려 주십시오."

이렇듯 애걸하였으나 놀부는 차디차기만 하였다. 오히려 맹호같이 날뛰며 모진 눈을 부릅뜨고 핏대를 올리는 것이었다.

"너도 염치없는 놈이다. 내 말을 들어 보아라. 하늘이 내지 않은 자는 벼슬에 못 오르고 땅이 내지 않은 자는 이름 없는 인간이다. 너는 어찌하여 복이 없어 날 보고 이렇게 보채느냐? 잔말은 듣기 싫다."

흥부는 울며 사정하였다.

"양식이 못 되거든 돈 서 돈 주시면 하루라도 살겠습니다."

"이놈아 들어 보아라. 쌀이 많다 한들 너 주자고 섬을 헐며, 벼가 많다 한들 너 주자고 노적 헐며, 돈이 많다 한들 너 주자고 궤돈 헐며, 가루 되나 주자 한들 너 주자고 큰 독에 가득한 것을 떠내며, 의복 가지나 주자 한들 너 주자고 행랑것들 벗기며, 찬 밥술이나 주자 한들 너 주자고 마루 아래 청삽사리 굶기며, 지게미나 주자 한들 너 주자고 새끼 낳은 돼지를 굶기며, 콩 섬이나 주자 한들 큰 농우가 네 필이니 너를 주고 소 굶기랴? 정말 염치없고 속이 없는 놈이로구나."

"아무리 그러시더라도 죽는 동생 살려 주오."

놀부는 화를 더럭 내어 벼락같은 소리로 하인 마당

쇠를 부르는 것이었다.

"이놈아, 뒷광문 열고 들어가면 저편에 보리 쌓은 담불이 있지?"

거기 있는 도끼 자루 묶음을 내오게 하고는 손에 닿는 대로 골라잡더니 그만 달려들어 흥부의 뒤꼭지를 잔뜩 움켜쥐고 사정없이 친다. 마치 손 잰 중이 비질하듯, 상좌중이 법고 치듯이다.

"이놈 내 눈앞에 뵈지 마라."

② 흥부는 어찌나 맞았던지 온몸이 나른하여 그만 돌아가고 싶었다. 그러나 형수나 보고 가려고 엉금엉금 부엌으로 기어갔다. 놀부 아내가 마침 밥을 푸고 있었다. 흥부는 굶은 창자에 밥 냄새를 맡으니 오장이 뒤집혔다.

"애고 형수님, 밥 한 술만 떠 주오. 이 동생을 살려 주오."

그러나 이년 또한 몹쓸 년이었다.

"남녀가 유별한데 어디를 들어 오노?"

밥 푸던 주걱으로 흥부의 마른 **뺨**을 우지끈 때리니 흥부는 두 눈에 불이 화끈 일고 정신이 아찔한 중에도 얼떨결에 손을 슬쩍 **뺨** 위로 밀어 보니 밥이 볼때기에 붙어 있는 것이었다. 얼른 입으로 쓸어 넣는다.

"아주머님은 **뺨**을 쳐도 먹여 가며 치시니 감사한 말을 어찌 다 하겠습니까? ㉠ <u>수고스럽지만 이쪽 **뺨** 마저 쳐 주십시오. 밥 좀 많이 붙은 주걱으로요. 그 밥 갖다가 아이들 구경이나 시키겠소."</u>

이 몹쓸 년이 주걱은 내려놓고 부지깽이로 흥부를 실컷 때리니, 흥부는 아프단 말도 못하고 할 수 없이 통곡하며 돌아오는 것이었다.

🍓 빈칸을 채우세요.

– 중심인물: – 배경:

- **염치**: 부끄러움을 아는 마음
- **동기간**: 형제 자매 사이
- **품을 팔다**: 돈을 받고 일을 하다.
- **애걸하다**: 소원을 들어 달라고 애처롭게 빌다.
- **맹호**: 사나운 범
- **돈**: 예전에 엽전을 세던 단위
- **섬**: 부피의 단위. 한 섬은 약 180리터이다.
- **노적**: 곡식 따위를 한데에 수북이 쌓음. 또는 그런 물건
- **궤돈**: 한 금고 속에 수북이 쌓아둔 돈
- **행랑것**: 하인을 낮잡아 부르는 말

- **지게미**: 술을 거르고 남은 찌꺼기
- **농우**: 농사일에 부리는 소
- **뒷광문**: 여러 물건을 두는 광의 뒤편에 달린 문
- **담불**: 곡식이나 나무를 높이 쌓아 놓은 무더기
- **재다**: 동작이 재빠르다.
- **상좌 중이 법고 치듯**: 무엇을 아주 빨리 쾅쾅 치는 모양을 비유적으로 이르는 말
- **나른하다**: 맥이 풀리거나 몸이 고단하여 기운이 없다.
- **유별하다**: 다름이 있다.
- **아찔하다**: 갑자기 정신이 아득하고 조금 어지럽다.
- **부지깽이**: 아궁이나 화로 따위에 불을 피울 때 불을 거두어 넣거나 재를 끌어내는 데에 쓰는 ㄱ자 형태의 막대기를 말한다.

지문 이해 특강 　STEP Ⅰ

STEP Ⅰ 중심인물, 배경 파악하기

〈흥부전〉은 많이 들어 본 옛날이야기이죠? 이러한 옛날이야기 가운데 소설로 기록된 것을 고전 소설이라고 하며, 우리나라에서는 보통 조선 시대에 지어진 소설까지를 고전 소설이라고 해요.

현대 소설과 마찬가지로 고전 소설을 읽을 때에도 중심인물과 배경을 파악하는 것이 중요해요. 어떠한 배경에서 중심인물을 둘러싼 어떤 일이 벌어지는지가 고전 소설의 주된 내용이기 때문이지요.

또한 고전 소설의 제목에는 주인공의 이름이 들어가는 경우가 많아요. 주로 주인공의 일생을 따라 이야기가 전개되기 때문이에요. 따라서 고전 소설을 읽기 전에 제목을 보면 주인공이 누구인지 추측할 수 있어요.

✿ 〈흥부전〉의 중심인물을 살펴볼까요?

〈흥부전〉이라는 제목을 통해 주인공이 '흥부'라는 것을 추측할 수 있어요. 내용을 살펴보면 '흥부'와 '놀부', '놀부 아내'가 등장하고, 이들 사이에서 일어난 일이 제시되어 있어요.

따라서 **이 소설의 중심인물은 '흥부'와 '놀부', '놀부 아내'** 입니다.

✿ 〈흥부전〉의 배경을 함께 살펴볼까요?

'흥부'는 '놀부'의 집에 가서 '놀부'에게 세 끼를 굶어 죽은 자식을 살려낼 길이 없다면서 도와 달라고 하였어요. '놀부'는 '흥부'에게 염치가 없다면서 화를 내고 '흥부'를 사정없이 때리지요(①). '놀부'에게 맞아 온몸이 나른해진 '흥부'는 돌아가려다 형수, 즉 '놀부 아내'를 보고 가려고 부엌으로 향해요. 부엌에서 주걱으로 밥을 푸고 있던 '놀부 아내'는 주걱으로 '흥부'의 뺨을 치고, '흥부'는 반대 쪽 뺨도 쳐 달라고 했다가 그만 '놀부 아내'에게 부지깽이로 맞고 말아요(②).

따라서 윗글의 공간적 배경은 '놀부의 집', '부엌'입니다.

또한 윗글에서는 '벼슬', '행랑것', '하인 마당쇠' 등의 표현을 찾아볼 수 있어요. '벼슬'이란 관아에 나가서 나랏일을 맡아 다스리는 자리를 일컫는 말이고, '행랑것'은 행랑에서 살던 하인을 낮잡아 이르던 말이에요. 하인 마당쇠 역시 하인을 일컫는 말이죠. 이를 통해 윗글의 시대적 배경은 벼슬이 있고 하인이 있던 때, 즉 신분이 있던 시대라고 볼 수 있어요. 따라서 **이 소설의 시대적 배경은 조선 시대**입니다.

01 중심인물, 배경 파악하기

〈보기〉를 보고 다음 물음에 답하시오.

〈보기〉

놀부   맹호   하인   마당쇠   뒷광   부엌

---

(1) 흥부가 자식을 먹여 살릴 수 있게 도와 달라고 부탁한 사람은 누구인가?
(   )

(2) 흥부가 놀부 아내에게 뺨을 맞은 곳은 어디인가? (   )

02 사건과 갈등 파악하기

윗글의 내용으로 가장 알맞지 <u>않은</u> 것은?

① 놀부는 흥부에게 염치가 없다고 화를 냈다.
② 놀부는 집에 가려는 흥부에게 놀부 아내를 보고 가라고 했다.
③ 놀부는 마당쇠에게 도끼 자루를 가져오게 하여 흥부를 때렸다.
④ 흥부는 놀부 아내에게 밥을 푸던 주걱으로 뺨을 때려 달라고 했다.
⑤ 흥부는 세 끼를 굶어 누운 자식을 살리기 위해 놀부에게 찾아왔다.

02
흥부와 놀부가 무엇을 했는지, 무엇이라고 말하고 있는지 살펴보세요.

03 인물의 심리와 태도 파악하기

흥부가 ⊙과 같이 말한 이유로 가장 알맞은 것은?

① 놀부에게 맞은 이후 온몸이 나른해져서
② 밥 냄새를 맡은 후 너무 밥이 먹고 싶어서
③ 밥이 볼때기에 붙어 있는 것을 믿기 어려워서
④ 놀부 아내의 얼굴을 보자 반가운 마음이 들어서
⑤ 뺨에 밥알이 붙으면 그것을 아이들에게 가져다주려고

03
흥부는 놀부 아내가 밥을 푸던 주걱으로 자신의 뺨을 때려 뺨에 밥풀이 붙자 다른 쪽 뺨도 쳐 달라고 하였어요. 흥부가 왜 그러한 말을 했을지 생각해 보세요.

01 중심인물, 배경 파악하기

(1) 흥부는 놀부에게 '세 끼를 굶어 누운 자식 살려낼 길 없어 염치코치 불구하고 찾아왔'다면서 놀부에게 도와 달라고 했어요. 따라서 정답은 ___놀부___ 입니다.

(2) 흥부는 놀부 아내를 보고 가려고 부엌에 들렸다가 놀부 아내에게 밥을 푸던 주걱과 부지깽이로 맞았어요. 따라서 정답은 ___부엌___ 입니다.

02 사건과 갈등 파악하기

윗글의 내용으로 가장 알맞지 않은 것은?

① **놀부는 흥부에게 염치가 없다고 화를 냈다. (○)**
★ 근거: ①-❹
> "너도 염치없는 놈이다. ~보채느냐?"

🌿 놀부는 도와 달라는 흥부에게 염치가 없다면서 화를 냈어요.

② **놀부는 집에 가려는 흥부에게 놀부 아내를 보고 가라고 했다. (✕)**
★ 근거: ②-❶, ❷
> 흥부는 ~ 그만 돌아가고 싶었다. 그러나 형수나 보고 가려고 엉금엉금 부엌으로 기어갔다.

🌿 놀부에게 맞은 흥부는 집에 돌아가고 싶었지만 놀부 부인을 보고 가려고 부엌으로 기어 갔어요. 놀부가 집에 가려는 흥부에게 자신의 아내를 보고 가라고 한 것이 아니에요. **그러므로 정답은 ②!**

③ **놀부는 마당쇠에게 도끼 자루를 가져오게 하여 흥부를 때렸다. (○)**
★ 근거: ①-❾~⓫
> 놀부는 ~ 하인 마당쇠를 부르는 것이었다.
> "이놈아, 뒷광문 열고 들어가면 저편에 보리 쌓은 담 불이 있지?" / 거기 있는 도끼 자루 묶음을 내오게 하고는 ~ 흥부의 뒤꼭지를 잔뜩 움켜쥐고 사정없이 친다.

🌿 놀부는 흥부를 사정없이 때렸어요.

④ **흥부는 놀부 아내에게 밥을 푸던 주걱으로 뺨을 때려 달라고 했다. (○)**
★ 근거: ②-⓵
> "아주머님은 ~ 수고스럽지만 이쪽 뺨마저 쳐 주십시오. ~"

🌿 흥부는 주걱으로 밥을 푸던 놀부의 아내에게 한쪽 뺨을 맞은 후 다른 쪽 뺨마저 쳐 달라고 했어요.

⑤ **흥부는 세 끼를 굶어 누운 자식을 살리기 위해 놀부에게 찾아왔다. (○)** ★ 근거: ①-❶
> "형님 ~ 세 끼를 굶어 누운 자식 살려 낼 길 없어 염치코치 불구하고 찾아왔으니~"

🌿 흥부는 놀부에게 자식을 살려 낼 길이 없어 찾아왔다고 했어요.

03 인물의 심리와 태도 파악하기

흥부가 ㉠과 같이 말한 이유로 가장 알맞은 것은?

• ㉠: ㉠은 '수고스럽지만 이쪽 뺨마저 쳐 주십시오.'로, 흥부가 놀부 부인에게 한 말이에요.

답 흥부가 놀부의 아내에게 뺨을 때려 달라고 한 이유로 가장 알맞은 것을 고르는 문제입니다.

① **놀부에게 맞은 이후 온몸이 나른해져서 (✕)**
★ 근거: ②-❶, ⓵
> • 흥부는 ~ 온몸이 나른하여 그만 돌아가고 싶었다.
> • "아주머님은 ~ 그 밥 갖다가 아이들 구경이나 시키겠소."

🌿 흥부가 온몸이 나른해서 놀부의 아내에게 한쪽 뺨마저 때려달라고 한 것이 아니에요.

② **밥 냄새를 맡은 후 너무 밥이 먹고 싶어져 (✕)**
★ 근거: ②-❹, ⓵
> • 흥부는 굶은 창자에 밥 냄새를 맡으니 오장이 뒤집혔다.
> • "아주머님은 ~ 그 밥 갖다가 아이들 구경이나 시키겠소."

🌿 흥부는 배가 몹시 고픈 상태이지만 본인이 밥이 먹고 싶어서 뺨을 때려 달라고 한 것이 아니에요.

③ **밥이 볼때기에 붙어 있는 것을 믿기 어려워져 (✕)**
★ 근거: ②-⓵
🌿 밥이 볼에 붙어 있는 것을 믿기 어려워서 한쪽 뺨마저 때려 달라 한 것이 아니에요.

④ **놀부 아내의 얼굴을 보자 반가운 마음이 들어서 (✕)**
★ 근거: ②-⓵
🌿 흥부는 놀부 아내의 얼굴을 보고 반가운 마음이 들어서 뺨을 때려 달라고 한 것이 아니에요.

⑤ **뺨에 밥알이 붙으면 그것을 아이들에게 가져다주려고 (○)** ★ 근거: ②-⓵
> "아주머님은 ~ 그 밥 갖다가 아이들 구경이나 시키겠소."

🌿 흥부는 주걱으로 밥을 푸던 놀부의 아내에게 한쪽 뺨을 맞아 주걱에 붙어 있던 밥풀이 볼에 붙자 그 밥알이라도 아이들에게 갖다 주기 위해 놀부 부인에게 밥 주걱으로 다른 쪽 뺨도 때려 달라고 했어요. **그러므로 정답은 ⑤!**

DAY **11**

[앞부분의 줄거리] 흥부가 다리를 다친 제비를 고쳐 주고 얻은 박씨를 심어 부자가 되었다는 말을 들은 놀부는 일부러 새끼 제비의 다리를 부러뜨리고 이를 고쳐 준다. 흥부처럼 제비가 물어다 준 박씨를 심은 놀부는 박이 익자 박을 타고, 박에서 온갖 몹쓸 것들이 나와 그의 재산을 몽땅 가져가고 만다. 놀부 부부는 마지막 박은 다를 것이라는 희망으로 박을 타기 시작한다.

슬근슬근 타다가 반쯤 켜고 우선 궁금증이 나서 박 속을 기웃이 들여다보니 그 속이 아주 싯누런 것이 온통 황금 같으므로 놀부 놈 좋아라 한다.

"수 났구나! 그럼 그렇지! 마누라, 자네도 이 박 속을 들여다 보게. 저 누런 것이 온통 황금일세."

놀부 아내가 한동안 코를 훌쩍거리더니 되물었다.

"누런 것을 보니 금인가 싶소만 그 속에서 구린내가 물큰물큰 나니 그게 웬일이오?"

놀부가 말하였다.

"자네도 어리석은 소리 작작 하게. 박이 더 익고 덜 익은 것이 있을 거 아닌가. 이 박은 아주 무르익었으므로 구린내가 나는 것을 모른단 말인가? 어서 타고 보세."

슬근슬근 거의 타다가 놀부 양주 궁금증이 또 나므로 톱을 멈추고 양편에 마주 앉아 들여다보는데 별안간 박 속으로부터 모진 바람이 쏟아져 나오며 벼락같은 소리가 나더니 똥 줄기가 무자위에서 나오는 물줄기처럼 쏟아져 나오는 것이었다.

놀부 양주는 피할 사이도 없이 똥 벼락을 맞으며 나동그라졌다. 똥 줄기는 천군만마가 달려오듯 태산을 밀치고 바다를 메울 듯 터져 나와 삽시간에 놀부 집 안팎 채가 똥으로 그득하게 되자 놀부 양주는 온몸이 황금 덩이가 되어 달아났다. 멀찍이 물러나서 뒤돌아보니 온 집안이 똥에 묻혀 있는 것이었다.

놀부가 기가 막혀 발을 동동 구르며 탄식하였다.

"여보 마누라, 이 노릇을 어찌하면 좋단 말이오? 재

물을 얻으려다 재물을 탕진하고 끝장은 똥더미로 의복 한 가지 없게 되었으니 앞으로 어떻게 살아간단 말이오? 애고 답답 서러워라."

이때 앞뒷집에 사는 양반네들 제 집까지 똥이 밀려와서 그득하게 쌓이게 되자 그 양반들이 고두쇠를 벼락같이 부르더니 분부하는 것이었다.

㉠ "빨리 가서 놀부 놈을 잡아 오너라!"

고두쇠가 새총알 같이 달려가서 놀부놈의 덜미를 퍽퍽 눌러 짚고 풍우 같이 몰아다가 생원님들 앞에 꿇어앉혔다.

"이놈 놀부야, 들어라! 양반 댁에 쌓인 똥을 해지기 전에 다 쳐내지 못하면 죽을 줄을 알아라!"

놀부놈은 기왓장 위에 꿇어앉은 채 계집을 시켜 돈 오백 냥을 갖다 놓고 거름 장사들을 닥치는 대로 불러다가 삯전을 후히 주고 똥을 쳐낸 다음에야 겨우 풀려났다. 놀부 내외 서로 붙들고 갈 곳이 없어 통곡하는데, 이때 건넛마을 흥부가 형이 패가망신했다는 말을 듣고 급히 하인을 거느리고 와서 놀부 양주와 조카들을 데리고 제 집으로 돌아왔다. 그리고 흥부는 안방을 치우고 형님 내외를 거처케 한 다음 의식을 후히 내어 대접하며 위로하고, 한편으로 좋은 터를 잡아 수만금을 아낌없이 들여 집을 짓되 제 집과 같게 하고 세간이며 의복, 음식을 똑같게 하여 그 형을 살게 하여 주었다.

🦔 빈칸을 채우세요.

‒ 중심인물:　　　　　　　　 ‒ 배경:

• **슬근슬근**: 물체가 서로 맞닿아 가볍게 스치며 자꾸 비벼지는 모양
• **싯누렇다**: 매우 누렇다.
• **물큰물큰**: 냄새 따위가 자꾸 심하게 풍기는 모양
• **양주**: 주인과 안주인이라는 뜻으로, '부부'를 이르는 말
• **무자위**: 물을 높은 곳으로 퍼 올리는 기계
• **천군만마**: 아주 많은 수의 군사와 말을 이르는 말
• **그득하다**: 제한된 공간 안에 한껏 차 있다.

- **탄식하다**: 한탄하여 한숨을 쉬다.
- **탕진하다**: 재물 따위를 다 써서 없애다.
- **분부하다**: 윗사람이 아랫사람에게 명령이나 지시를 내리다.
- **덜미**: 목의 뒤쪽 부분과 그 아래 근처

- **삯전**: 일을 한 대가로 주는 돈
- **후하다**: 마음 씀씀이나 태도가 너그럽다.
- **패가망신하다**: 집안의 재산을 다 써 없애고 몸을 망치다.
- **세간**: 집안 살림에 쓰는 온갖 물건

04 중심인물, 배경 파악하기

〈보기〉를 보고 다음 물음에 답하시오.

〈보기〉

흥부 놀부 양반네 생원 놀부의 집 흥부의 집 좋은 터

(1) 똥이 들어 있는 박을 탄 사람은 누구인가? (   )
(2) 흥부가 패가망신한 놀부 부부를 데려간 곳은 어디인가? (   )

DAY 11

05 인물의 심리와 태도 파악하기

'놀부'에 대한 설명으로 가장 알맞은 것은?

① 은혜를 갚은 제비를 기특하게 생각했다.
② 재산을 잃고 가장 먼저 흥부를 찾아갔다.
③ 부자가 되기를 기대하며 마지막 박을 탔다.
④ 양반들의 집을 채운 똥을 스스로 치웠다.
⑤ 마지막 박에는 똥이 들어 있을 것이라고 예상했다.

05
놀부가 무엇을 했는지, 어떠한 생각을 했는지 살펴보세요.

06 인물의 심리와 태도 파악하기

양반들이 ㉠이라고 말한 이유로 가장 알맞은 것은?

① 고두쇠가 자신들의 말을 듣지 않아서
② 흥부가 부자가 되었다는 소식을 들어서
③ 놀부 부부가 갈 곳이 없다는 소식을 들어서
④ 놀부 부부가 부자가 되었다는 소문을 들어서
⑤ 놀부 부부네 집에 있던 똥이 자신들의 집까지 밀려와서

06
양반들이 놀부 부부를 불러다 꿇어 앉힌 후 무엇이라고 말했는지 확인해 보세요.

07 [단답형] 소재의 의미 파악하기

윗글에서 〈보기〉와 관련이 있는 것을 찾아 1음절로 쓰시오.

〈보기〉

- 놀부 부부가 함께 켠 것
- 구린내가 나고 속에 똥이 들은 것

07
놀부가 똥 벼락을 맞은 원인이자 결국 재산마저 다 쓰게 한 것이 무엇 때문인지 생각해 보세요.

소재, 고전 소설

＊● ❶ 소재 란?

작가가 이야기를 펼쳐 나가기 위해 사용하는 재료. 작가는 읽는 사람에게 주제를 효과적으로 전달하기 위해 소설 속에 어떠한 의미나 가치 등을 담고 있는 소재를 일부러 두는 경우가 많다.

> 점순이는 즈 집께를 할금할금 돌아다보더니 (중략) 나의 턱 밑으로 불쑥 내미는 것이다. 언제 구웠는지 아직도 더운 김이 홱 끼치는 굵은 감자 세 개가 손에 뿌듯이 쥐였다. "느 집엔 이거 없지?" 하고 생색 있는 큰소리를 하고는 제가 준 것을 남이 알면 큰일날 테니 여기서 얼른 먹어 버리란다. 그리고 또 하는 소리가
> "너 봄 감자가 맛있단다."
> – 김유정, 〈동백꽃〉

➡ 점순이는 '나'에게 집에서 몰래 가져온 감자를 주면서 얼른 먹으라고 말한다. 따라서 '감자'는 '나'에 대한 점순이의 관심을 나타내는 소재이다.

＊● 고전 소설 이란?

옛날에 쓰인 소설. 우리나라에서는 보통 19세기 이전에 쓰인 소설을 고전 소설이라고 한다.

> 고전 소설은 〈홍길동전〉처럼 영웅의 일생을 다룬 소설, 〈흥부전〉처럼 한 가정 내에서 일어난 일을 다룬 소설, 〈춘향전〉처럼 남녀 간의 사랑을 다룬 소설 등 내용에 따라 다양한 종류로 나눌 수 있다.

● 고전 소설의 종류

영웅 소설	영웅적 인물의 일생을 그린 소설
가정 소설	가정 내에서 일어나는 사건을 다룬 소설. 계모로 인한 갈등, 아내와 첩의 갈등 등이 주된 소재이다.
애정 소설	남녀 간의 사랑을 다룬 소설. 남녀 주인공이 인연을 맺어 혼인하기까지의 과정, 시련 등을 폭넓게 다룬다.
우화 소설	동물이나 식물 등을 사람처럼 표현하여 쓴 소설. 동물이나 식물에 빗대어 인간 세상의 부정적인 면을 비판하거나, 읽는 사람에게 교훈을 주려는 의도로 지어진 경우가 많다.
❷ 적강 소설	하늘나라의 선녀나 신선이 인간 세상에 내려오거나 사람으로 태어나는 이야기를 다룬 소설

> 이때 천자가 옥새를 목에 걸고 항서를 손에 든 채 진문 밖으로 나오다가 보니, 뜻밖
> <small>임금 임금의 도장   항복의 뜻을 밝힌 문서</small>
> 에 호통 소리가 나며 어떤 한 대장이 적장 문걸의 머리를 베어 들고 중군으로 들어가
> <small>주인공 유충렬의 활약: 적을 물리치고 나라를 위기에서 구함.</small>
> 거늘, 매우 놀라고 또 기뻐서 말하기를,
> "적장 벤 장수 성명이 무엇이냐? 빨리 모시고 들어오라."
> <small>유충렬의 활약을 기뻐하는 천자</small>
> – 작자 미상, 〈유충렬전〉

➡ 유충렬은 적을 물리쳐 항복할 위기에 처한 천자를 구해 낸다. 즉 〈유충렬전〉은 영웅적 인물인 유충렬의 활약상을 그린 영웅 소설이다.

---

❶ 소재의 다양한 기능
- 주제와 관련된 상징적 의미를 가짐.
- 인물의 상황이나 심리를 드러냄.
- 장면과 장면을 연결함.
- 앞으로 일어날 사건을 암시함.
- 갈등을 일으키거나 없앰.
- 인물이 과거를 떠올리게 함.

❷ 적강 소설의 배경
적강 소설의 배경은 크게 천상계와 지상계로 나뉨.

천상계	하늘 위의 세계로, 주인공이 인간 세상으로 내려오기 전에 살던 초월적 공간
지상계	주인공이 내려와 지내는 인간 세계

★ **다음을 읽고 빈칸에 들어가기에 알맞은 말을 고르시오.**

> 심 봉사는 홀로 앉아 심청을 기다리는데, 배가 고파 등에 붙고 방은 추워 턱이 떨어질 지경이다. 새는 자려고 둥지를 찾아 날아들고 먼 절에서 종소리가 들리니 심 봉사가 날이 저문 줄 알고 혼자 하는 말이,
> '내 딸 심청이는 무슨 일에 빠져서 날이 저문 줄 모르는고. 주인에게 잡히어 못 오는가, 오는 길에 동무에게 붙잡혀 있는가?'
> 　　　　　　　　　　　　　　　 – 작자 미상, 〈심청전〉

01
윗글은 고전 소설 가운데 가정 내에서 일어난 사건을 주로 다루고 있는 (가정 /적강) 소설이다.

[02~03] 다음의 빈칸에 들어가기에 알맞은 말을 고르시오.

> "어사또는 들으시오. (중략) 틀린 소리 마옵시고 어서 바삐 죽여 주소."
> 어사또는 더 이상 묻지 않고 빙긋 웃더니 옥반지를 꺼내 사령에게 주었다. / "이것을 춘향에게 주어라."
> 춘향이 제 앞에 놓인 옥반지를 보니, 이별할 때 자기가 이 도령에게 준 바로 그것이었다. (중략)
> 춘향은 번쩍 고개를 들었다. 동헌 마루에 높이 앉은 어사또는 어제저녁 옥문 밖에 왔던 낭군*이 분명하였다.
> 　　　　　　　　　　　　　　　 – 작자 미상, 〈춘향전〉
> * 낭군: 예전에, 여자가 자기 연인을 부르던 말

02
윗글은 춘향과 어사또의 사랑을 다룬 (가정 / 애정) 소설이다.

03
춘향은 (옥문 / 옥반지)을/를 통해 어사또가 자신의 낭군임을 확인하고 있다.

★ **다음을 읽고 맞으면 ○, 틀리면 ✕에 표시하시오.**

> "이제 호왕이 나를 치우고 우리 대군을 범하고자 함이니 (중략) 제군은 따라오라."
> 하고 달려가니 빠르기 비바람 같은지라.
> "호왕은 나의 임금을 해치 말라."
> 하는 소리 천지진동하니 (중략) 대성의 칠성검은 호왕의 머리를 베어 말 아래에 떨어지느니라. 원수가 호왕의 머리를 창 끝에 꿰어 들고 말에서 내려 강변에 다다르니 임금이 기절하여 누웠거늘 대성 엎드려 아뢰기를,
> "대성이 호왕을 죽이고 왔나이다."
> 　　　　　　　　　　　　　　　 – 작자 미상, 〈소대성전〉

04
윗글은 주인공 대성이 나라를 구하는 이야기를 그린 영웅 소설이다. (○ , ✕)

[05~08] 빈칸에 들어가기에 알맞은 단어를 〈보기〉에서 찾아 문맥에 맞게 쓰시오.

> ⟨보기⟩
> • 애걸하다 : 소원을 들어 달라고 애처롭게 빌다.
> • 그득하다 : 제한된 공간에 한껏 차 있다.
> • 염치 : 부끄러움을 아는 마음
> • 천군만마 : 아주 많은 수의 군사와 말을 이르는 말

05
창고에 곡식이 (　　　　)했다.

06
그러한 행동은 (　　　　)이/가 없어 보인다.

07
시험만은 미루어 달라고 선생님께 (　　　　)해 볼까?

08
네가 나를 믿어준다니 (　　　　)을/를 얻은 것 같아.

꿩 _ 이오덕

[앞부분의 줄거리] 용이의 아버지는 마을에서 머슴 일을 한다. 이 때문에 용이도 학교 친구들에게 머슴 취급을 받는다. 매일 친구들의 책 보퉁이를 나르며 학교를 다니던 용이는 부모님께 학교에 가지 않겠다고 투정을 부리고, 아버지가 머슴을 그만둔다는 어머니의 말에 일 년만 참아 보기로 결심한다. 그러던 어느 등굣길, 아이들이 용이에게 책 보퉁이를 던지고 신나게 고갯길을 올라 간다.

용이는 화가 났습니다. 벌써 고개 위에 다 올라갔는지 아이들의 고함이 산 위에서 들려왔을 때, 용이는 눈앞에 있는 책 보퉁이를 그냥 콱콱 짓밟아 버리고 싶은 생각이 났습니다. 발밑에 돌멩이 하나가 밟혔습니다. 용이는 벌떡 일어나 그 돌멩이를 집어 힘껏 골짜기 아래로 던졌습니다. 돌멩이가 저 밑에 떨어지자, 갑자기 온 산골을 뒤흔드는 소리를 치면서 커다란 뭉텅이 하나가 솟아올랐습니다.

"꼬공 꼬공, 푸드득!"

그것은 온 산골의 가라앉은 공기를 뒤흔들어 놓고 하늘을 날아오르는, 정말 살아 있는 생명의 소리였습니다.

'야, 참 멋지다!'

날개를 쫙 펴고 꽁지를 쭉 뻗고 아침 햇빛에 눈부신 모습으로 산을 넘어가는 꿩을 쳐다보는 용이의 온몸에 갑자기 어떤 힘이 마구 솟구쳤습니다. 용이는 그 자리에서 한번 훌쩍 뛰어올라 보았습니다. 하늘에라도 날아오를 듯합니다. 용이는 발에 채는 책 보퉁이 하나를 집어 들었습니다. 그리고 그것을 하늘 위로 던졌습니다.

횡! 공중에서 몇 바퀴 돌던 책 보퉁이가 퍽 소리를 내면서 골짜기에 떨어졌을 때, 용이는 두 번째 책 보퉁이를 집어던졌습니다.

또 하나, 또 하나…….

마지막에 던진 작대기는 건너편 벼랑의 소나무 가지를 철썩 치도록 멀리 떨어졌습니다.

됐다! / 용이는 이제 하늘이 탁 트이고 가슴이 시원해져서, 저 건너 산을 보고 "하하하" 웃었습니다.

떠가는 구름을 따라 마구 날아갈 것 같았습니다.

'내가 정말 못난이였구나! 이제 다시는 그런 짓 안 한다!' / 용이는 제 책 보퉁이만 허리에 둘러맸습니다. 그러고는 고개를 향해 날 듯이 뛰어올라갔습니다.

(중략)

"너, 책 보퉁이 어쨌어?"

"이 자식, 죽고 싶나? 빨리 말해!"

용이는 아이들을 한번 둘러보고는 조용히, 그러나 힘찬 소리로 말했습니다. 이상하게도 책 보퉁이를 모두 날리고 나니 마음이 가라앉는 것이 조금도 겁이 나지 않았습니다.

"너희들 책 보퉁이 말이제? 저 밑의 뚜꺼비 바우 밑에 던져 놨어."

"뭐? 이 자식이!" / "이 자식 돌았나?"

"빨리 못 가져오겠나?"

그러나 용이는 여전히 조용한 소리로 말했습니다.

"나, 이젠 못난 아이 아니야!"

"어, 이 자식이?" / "요런, 머슴의 자식이."

"나쁜 자식! 맛 좀 볼래?"

아이들의 발과 주먹이 용이를 덮쳐 왔을 때, 용이는 번개같이 거기를 빠져나와 몇 걸음 발을 옮기더니, 발밑에 있는 돌을 두 손으로 한 개씩 거머쥐고는 거기 있는 커다란 바윗돌 위에 껑충 뛰어올랐습니다.

그 몸놀림이 어찌나 재빠른지, 아이들이 모두 놀랐습니다. 지금까지의 용이와는 아주 다른 딴 아이였습니다.

"자, 덤빌람 덤벼! 누구든지 오는 녀석은 가만두지 않을 끼다!"

🍓 빈칸을 채우세요.

– 중심인물:

– 배경:

- **보퉁이**: 물건을 천에 싸서 꾸려 놓은 것
- **벼랑**: 낭떠러지의 험하고 가파른 언덕
- **거머쥐다**: 틀어잡거나 휘감아 쥐다.
- **재빠르다**: 동작 따위가 재고 빠르다.

01 중심인물, 배경 파악하기

〈보기〉를 보고 다음 물음에 답하시오.

---〈보기〉---
용이   아버지   아이들   꿩   돌맹이   뚜꺼비 바우   산골 고개
---

(1) 꿩을 본 이후 하늘 위로 책 보퉁이를 던진 사람은 누구인가? (   )

(2) 용이가 아이들에게 책 보퉁이를 던졌다고 한 장소는 어디인가? (   )

02 배경의 의미 파악하기

윗글의 배경을 알 수 있게 해 주는 것은?(정답 2개)

① 꿩   ② 머슴   ③ 골짜기

④ 돌멩이   ⑤ 책 보퉁이

02
윗글의 시대적 배경이 언제인지 생각해 보고, 무엇이 그것을 알 수 있게 해 주는지 찾아보세요.

03 인물의 심리와 태도 파악하기

용이에 대한 설명으로 가장 알맞지 <u>않은</u> 것은?

① 꿩을 보고 멋지다고 생각했다.

② 책 보퉁이를 찾는 아이들에게 돌을 던졌다.

③ 자신의 책 보퉁이만 허리에 둘러매고 고개 위를 올랐다.

④ 아이들의 책 보퉁이를 밟아 버리고 싶다고 생각했다.

⑤ 꿩을 보고 용기를 얻어 아이들의 책 보퉁이를 하늘로 던졌다.

03
용이가 무엇을 하고 있는지, 어떤 생각을 하고 있는지 살펴보세요.

흰 종이수염 _하근찬

[앞부분의 줄거리] 6·25 전쟁 직후, 어느 시골 마을에 살던 동길이는 사친회비를 몇 달간 밀렸다는 이유로 책보를 빼앗기고 교실에서 쫓겨난다. 집으로 돌아온 동길이는 징용에서 돌아온 아버지가 오른팔을 잃었다는 사실을 알게 된다. 이튿날 아이들은 동길의 아버지를 '외팔뚝이'라고 놀리고 동길은 화를 낸다. 그날 저녁 아버지는 술에 취해 집에 들어온다.

"아, 오늘 김 주사가 한턱내더라. 우리 목공소 주인 김 주사가 말이지, 징용 나가서 고생 많이 했다고 한턱내더라니까. 고생 많이 했다고…… 팔뚝을 하나 나라에 바쳤다고…… 으흐흐흐흐……."

그러고는 또,

"이놈! 너, 오늘 와 핵교 안 갔노, 응? 돈이 없어서 안 갔나, 응? 응? 이 못난 자식아! 뭐, 핵교를 안 댕기겠다고?"

하고 마구 퍼부어 댄다.

"이놈아, 오늘 내가 핵교에 갔다. 핵교에 갔어. 너거 선생 만나서 다 얘기했다. 이봐라, 이놈아! 내 팔이 하나 안 없어졌나. 이것을 내보이면서 다 얘기하니까 너거 선생 오히려 미안해서 죽을라 카더라. 죽을라 캐. 봐라, 이렇게 책보도 안 받아 왔는강."

아버지는 책보를 동길이 앞에 불쑥 내밀었다. 동길이는 책보와 흰 종이를 한꺼번에 받아 안으며 모가지를 움츠렸다.

"이놈아, 아버지가 징용에 나갔다고 선생님한테 와 말 못 하노. 아부지가 돌아오면 다 갖다 바치겠다고 와 말을 못 하노 말이다. 입은 뒀다가 뭐 할라 카는 입이고?"

"아부지 노무자 나갔다고 캤심더."

동길은 약간 뾰로통해졌다.

"뭐, 이놈아? 니가 똑똑하게 말을 못 했으니까 그렇지. 병신자식 같으니……."

어머니가 밥상을 들고 와서 아버지 앞에 놓으며,

"자아, 그만하고 어서 저녁이나 드이소."

했다. 아버지는 숟가락을 들었다. 그러나 밥을 떠올릴 생각은 않고 연방 떠들어 댄다.

"내가 비록 이렇게 팔이 하나 없어지긴 했지만, 이놈아, 니 사친회비 하나를 못 댈 줄 아나? 지금까지 밀린 것 모두 며칠 안으로 장만해 준다. 방학할 때까진 어떠한 일이 있어도 장만해 준단 말이다. 오늘 너거 선생님한테도 그렇게 약속했다. 문제없단 말이다. 애비의 이 맘을 알고 니가 더 열심히 핵교에 댕기야지, 나 핵교 때리챠 버릴랍니더가 다 뭐꼬? 이눔으 자식! 그게 말이라고 하는 기가?"

동길이는 그만 울먹울먹해졌다. 그러나 한사코 눈물을 흘리지는 않았다.

아버지는 밥을 몇 숟갈 입에 떠 넣다가 별안간 또 무슨 생각이 났는지 이번에는 어머니에게,

"이봐, 나 오늘 취직했어, 취직. 손이 하나 없으니까 목수질은 못 하지만 그래도 다 써먹을 데가……."

정말인지 거짓부렁인지 알 수는 없는 소리를 대고 주워섬긴다.

🫘 빈칸을 채우세요.

− 중심인물 :   − 배경 :

- **사친회비**: 1950년대 초에 있었던, 학교를 중심으로 교사와 학부모로 이루어진 조직에 대하여 내는 회비
- **주사**: (남자의 성 아래 쓰여) 그를 높여 이르는 말
- **징용**: 전쟁 또는 이와 같은 비상 상황에 국가의 힘으로 국민을 강제적으로 일정한 일을 시키는 것
- **움츠리다**: 몸이나 몸의 일부를 몹시 오그리어 작아지게 하다.
- **노무자**: 육체노동을 하여 그 임금으로 살아가는 사람
- **연방**: 연속해서 자꾸
- **장만하다**: 필요한 것을 사거나 만들거나 하여 갖추다.
- **한사코**: 죽기로 기를 쓰고
- **별안간**: 갑작스럽고 아주 짧은 동안

04 중심인물, 배경 파악하기

다음 빈칸에 들어가기에 알맞은 답을 〈보기〉에서 찾아 쓰시오.

〈보기〉

동길이   아버지   어머니   징용   노무자   취직

(1) 사친회비를 내지 않았다는 이유로 (   )은/는 교실에서 쫓겨난다.
(2) 동길이의 (   )이/가 징용에 나갔다가 왔다고 한 것을 통해 윗글의 시대적 배경이 6·25전쟁 이후임을 알 수 있다.

05 인물의 심리와 태도 파악하기

윗글의 내용으로 가장 알맞지 <u>않은</u> 것은?

① 동길이는 아버지께 책보를 받아서 몹시 기뻤다.
② 동길이는 아버지가 혼을 내자 조금 뾰로통해졌다.
③ 아버지는 학교에 가서 동길이의 책보를 받아 왔다.
④ 아버지는 동길이가 열심히 학교에 다니기를 바란다.
⑤ 아버지는 손이 하나 없어도 취직을 하여 가족의 생계를 책임지려고 했다.

06 배경의 의미 파악하기

다음 중 윗글의 시대적 배경과 관련이 있는 것은?(정답 2개)

① 학교   ② 책보   ③ 징용
④ 취직   ⑤ 목수질

07 [단답형] 소재의 의미 파악하기

윗글에서 〈보기〉와 관련 있는 소재를 찾아 2음절로 쓰시오.

〈보기〉

• 아버지가 팔뚝을 잃게 된 이유
• 아버지가 왜 선생님께 자신이 이것을 나갔다고 하지 않았냐고 동길이에게 물은 것

정답 및 해설 50~51p

05
동길이와 아버지가 하는 말을 통해 동길이와 아버지에게 어떤 일이 있었는지, 어떤 마음이 들었을지 생각해 보세요.
• **뾰로통하다**: 못마땅하여 얼굴에 성난 빛이 나타나 있다.
• **생계**: 현재 살림을 살아가고 있는 형편

06
윗글의 시대적 배경은 6·25 이후입니다. 윗글에서 시대적 배경을 짐작할 수 있게 해 주는 소재는 무엇인지 살펴보세요.

07
아버지가 팔뚝을 잃은 원인이 무엇인지 찾아보세요.

소설의 특징과 요소, 구성 단계

> 나는 부끄러워하면서 내 악몽의 비밀을 말씀드렸더니, 선생님은 말했어.
> "애써보지도 않고 덮어놓고 무서워만 하면 비굴한 사람이 됩니다. 그래서 겁쟁이가 되어 끝내 무서움에서 놓여날 수가 없는 거예요."
> '나'와 선생님의 대화는 작가가 꾸며 낸 것이지만(허구성), 이를 통해 작가는 두려움을 피하지 말고 마주 보라는 이야기를 전하고 있다(진실성).

*● 소설의 특징

(1) **허구성**: 소설은 실제로 일어난 일이 아니라 작가가 상상을 통하여 꾸며 낸 이야기이다.
(2) **모방성**: 소설 속 세계는 허구이지만 현실 세계를 본뜨거나 반영한 것이다.
(3) **진실성**: 소설에는 작가가 전하고자 하는 삶의 진실, 바람직한 인간상이 담겨 있다.
(4) **서사성**: 소설은 일정한 흐름에 따라 진행되는 이야기이다.
(5) **산문성**: 소설은 줄글 형태로 이루어진 대표적인 ❶산문 문학이다.

*● 소설의 3요소: 주제, 구성, 문체

주제	구성	❷문체
소설을 통해 작가가 전달하고자 하는 중심 생각	주제를 효과적으로 전달하기 위해 이야기를 하나의 흐름으로 짜는 것	문장에 드러나는 작가만의 독특한 어투, 개성 있는 표현

소설 구성의 3요소

인물	사건	배경
소설 속에 등장하여 사건을 일으키는 사람, 동물 등	인물들을 둘러싸고 벌어지는 일, 갈등	사건이 일어나는 시간과 장소, 사회적·역사적 상황

❶ **산문, 운문**
- **산문**: 율격 등의 형식에 얽매이지 않고 자유로운 문장으로 쓴 글 → 소설, 수필, 희곡 등
- **운문**: 일정한 형식에 따라 운율이 나타나도록 쓴 글 → 시

*● 소설의 구성 단계: 소설은 인물이 등장하면서부터 사건이 벌어지고 해결되기까지 일정한 단계에 따라 구성된다.

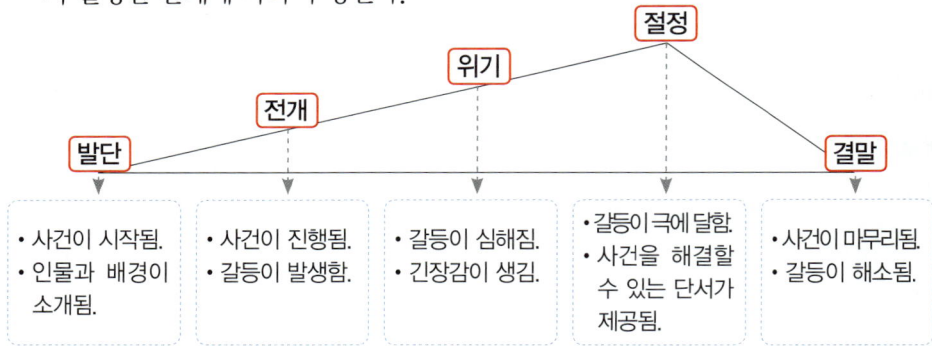

- **발단**: 사건이 시작됨. / 인물과 배경이 소개됨.
- **전개**: 사건이 진행됨. / 갈등이 발생함.
- **위기**: 갈등이 심해짐. / 긴장감이 생김.
- **절정**: 갈등이 극에 달함. / 사건을 해결할 수 있는 단서가 제공됨.
- **결말**: 사건이 마무리됨. / 갈등이 해소됨.

❷ **소설에 나타나는 다양한 문체**
- **문장이 긴 문체(만연체)**: 긴 문장을 반복하여 사용함으로써 차분하고 설명하는 듯한 느낌을 주는 문체
- **문장이 짧은 문체(간결체)**: 짧은 문장을 연달아 사용하여 속도감과 긴장감을 느끼게 하는 문체
- **예스러운 문체**: 오늘날에는 쓰지 않는 옛날 말이나 한자어를 많이 사용하여 옛글을 보는 것 같은 느낌을 주는 문체

□: 인물

우리 집 정말 식구는 어머니와 나와 단 둘뿐인데, (중략) 우리 외삼촌이 사랑방에 와 있게 되었대요. / (중략) 집으로 돌아오노라니까, 사랑에서 큰외삼촌이 — 우리 집 사랑에 와 있는 외삼촌의 형님 말이야요. — 웬 낯선 사람 하나와 앉아서 이야기를 하고 있었습니다.

– 주요섭, 〈사랑손님과 어머니〉

➡ 윗글은 '집'을 배경으로 '어머니, 나, 외삼촌, 큰 외삼촌, 낯선 사람'이 등장하고, 인물들이 만남에 따라 사건이 시작되고 있다. 따라서 **윗글이 해당하는 구성 단계는 인물과 배경을 소개하고 사건이 시작되는 '발단'**이다.

[01~02] 다음을 읽고 맞으면 ○, 틀리면 ×에 표시하시오.

> "노새는 찾았대?"
> "찾고나 그러면 괜찮게요? 노새는 간데온데없고 사람들만 다치고 하니까, 누구네 노새가 그랬는지 수소문 끝에 우리 집으로 순경이 찾아왔지 뭐유."
> 아버지는 술이 확 깨는 듯 그 자리에 선 채 한동안 눈만 데룩데룩 굴리고 서 있더니 힝 하고 코를 풀었다. 그러고는 아무 말 없이 스적스적 문밖으로 걸어 나갔다. 나는 '아버지' 하고 따랐으나 아버지는 돌아보지도 않고 어두운 골목길을 나가고 있었다.   – 최일남, 〈노새 두 마리〉

01
윗글의 공간적 배경은 '골목길'이다. (○ , ×)

02
우리 집으로 순경이 찾아온 것은 현실에서 실제로 일어난 일이다. (○ , ×)

[03~04] 다음을 읽고 빈칸에 들어가기에 알맞은 말을 고르시오.

> "이런 오라질 년, 주야장천* 누워만 있으면 제일이야! 남편이 와도 일어나지를 못 해." (중략)
> "……" / "이년아, 죽었단 말이냐, 왜 말이 없어."
> "……" / "으응, 또 대답이 없네, 정말 죽었나 버이."
> 이러다가 누운 이의 흰 창을 덮은 위로 치뜬 눈을 알아보자마자, / "이 눈깔! 이 눈깔! 왜 나를 바라 보지 못하고 천장만 바라보느냐, 응?"
> 하는 말끝엔 목이 메었다. 그러자 산 사람의 눈에서 떨어진 닭똥 같은 눈물이 죽은 이의 뻣뻣한 얼굴을 어룽어룽 적시었다.   – 현진건, 〈운수 좋은 날〉
>
> *주야장천: 밤낮으로 쉬지 않고 연달아

03
김첨지가 방에 누워 있는 아내에게 호통을 친 것은 윗글의 (사건 / 주제)이다.

04
윗글은 김첨지가 죽은 아내를 발견함으로써 이야기가 마무리되므로 소설의 구성 단계는 (전개 / 결말)이다.

★ 다음을 읽고 빈칸에 들어가기에 알맞은 말을 고르시오.

> 최치원은 맞서 싸우지 않고 적진에 격문* 한 장을 보냈을 뿐이었는데 반란군이 모두 항복했다. 이에 (중략) 황제가 매우 기뻐하며 땅을 더 내리는 한편 많은 황금을 내리니, 황제의 총애*가 비할 데가 없었다. 이로 대신들이 최치원을 질투하게 되어 다음과 같이 모함하며 헐뜯는 말을 했다. / "최치원은 중국이 비록 크지만 소국*만 못하다고 말하고 다닙니다."
> 황제가 노여워하여 최치원을 남쪽 바다의 섬으로 귀양 보내고 음식을 절대로 주지 말도록 했다.   – 작자 미상, 〈최고운전〉
>
> *격문: 적군을 달래거나 꾸짖기 위한 글
> *총애: 남달리 귀여워하고 사랑함.
> *소국: 윗글에서 '조선'을 가리키는 말

05
윗글은 황제의 총애로 인해 최치원과 대신들 사이에 갈등이 심해져 대신들이 최치원을 모함하고 있는 부분이므로 소설의 구성 단계상 (발단 / 위기)에 해당한다.

[06~08] 빈칸에 들어가기에 알맞은 단어를 〈보기〉에서 찾아 문맥에 맞게 쓰시오.

> ────〈보기〉────
> • 한사코: 죽기로 기를 쓰고
> • 뽀로통하다: 못마땅하여 얼굴에 성난 빛이 나타나 있다.
> • 부르짖다: 큰 기쁨이나 슬픔, 고통 따위의 격한 감정을 억누르지 못하여 소리 높여 크게 떠들다.

06
광장에 모인 사람들이 만세를 (   )었다.

07
무진이는 (   ) 사진을 찍지 않겠다고 했다.

08
언니에게 꾸중을 들은 동생의 얼굴이 (   )해졌다.

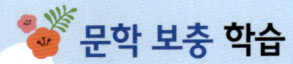 문학 보충 학습

* 소설의 갈등, 서술자와 시점

1. 갈등의 개념
소설의 등장인물이 마음속에서 혼란을 느끼거나 어떠한 대상과 대립하는 것

2. 갈등의 종류

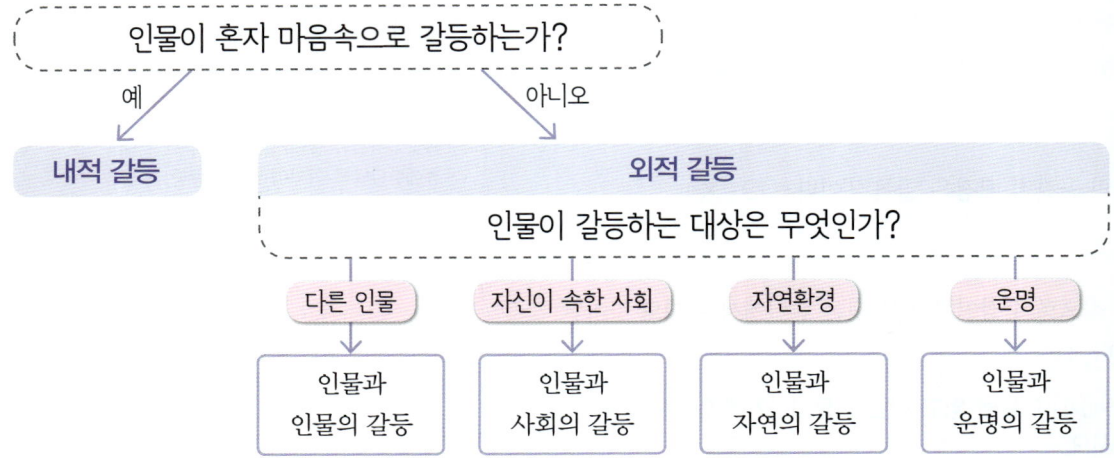

3. 서술자, 시점의 개념
- 서술자: 소설에서 이야기를 전달하는 사람
- 시점: 서술자가 이야기를 전하는 방식이나 관점

4. 시점의 종류

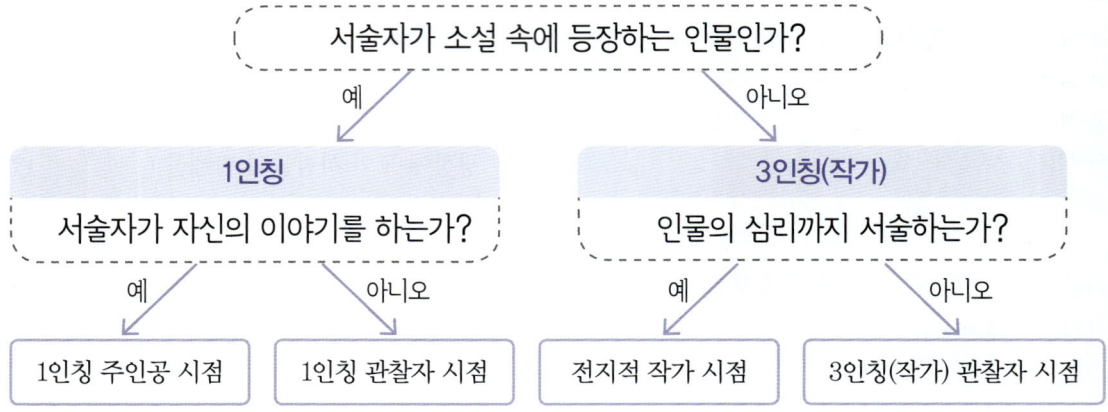

STEP Ⅱ

중심 사건, 갈등 파악하기

★ 중심 사건이란?

소설, 극 문학에서 중심인물을 둘러싸고 벌어지는 주된 일을 말합니다.

● 중심 사건을 파악하는 이유

소설, 극 문학은 중심인물에게 벌어지는 사건을 중심으로 내용이 전개됩니다. 따라서 소설, 극 문학의 중심 사건을 파악하면 소설, 극 문학의 내용을 쉽게 이해하고 오래 기억할 수 있어요.

● 중심 사건을 파악하는 방법

❶ 중심인물이 어떠한 행동을 하는지 살펴보기

❷ 중심인물의 주변에서 어떠한 일이 일어나는지 살펴보기

★ 갈등이란?

인물이 마음속에서 혼란을 느끼거나 어떠한 대상과 대립하는 것을 말합니다.

● 갈등을 파악하는 이유

소설, 극 문학에서 갈등은 사건을 진행시킵니다. 또한 인물은 갈등이 생기면 그것에 대처하기 위해 어떠한 선택과 행동을 하게 되는데, 이 과정에서 소설, 극 문학의 주제가 드러나는 경우가 많아요. 따라서 갈등을 파악하면 소설, 극 문학의 주제를 쉽게 파악할 수 있어요.

● 갈등을 파악하는 방법

❶ 인물의 마음속에서 서로 다른 생각이 부딪쳐 인물이 혼란스러움을 느끼는지 살펴보기

❷ 인물이 다른 인물과 부딪치거나, 자신을 둘러싼 상황으로 인해 괴로워하는지 살펴보기

할머니를 따라간 메주 _오승희

[앞부분의 줄거리] '나'는 부모님과 할머니와 함께 아파트에 살고 있다. 할머니는 무엇이든 현대식으로 간편히 하려고 하는 어머니를 못마땅하게 여기며 많은 양의 송편을 직접 만드는 등 '나'의 어머니와 갈등을 겪고 있다.

① 며칠 후, 엄마가 몸이 좀 안 좋다고 일찍 들어온 날이었다. 내 방에서 숙제를 하고 있는데 못 박는 소리가 났다. 곧이어 엄마의 놀란 목소리가 들려왔다.

"아니, 어머니. 뭘 하시는 거예요?"

나도 밖으로 나가 보았다. 할머니가 베란다에 의자를 내놓고 그 위에 올라가 있었다. 그러고는 또 하나 못을 박는 것이었다. 창고 문틀 위에 나란히 못이 박혀 있었다.

"메주 매달아 놓을라고 그려."

엄마는 한숨을 폭 쉬었다.

"어머니, 그런 데다 못을 박으시면 어떡해요."

"매달아 놓을 데가 마땅치 않아 그러재. 원 메주 하나 매달아 놓을 데도 없는 집구석이 어디 있다냐. 몹쓸 놈의 집구석이여."

할머니는 못을 또 하나 들어서 박았다. 그것을 본 엄마는 입을 앙다물고 눈을 한 번 꼭 감았다 뜨더니 떨리는 목소리로 외쳤다.

"아니, 메주만 중요하고 집 꼴은 아무렇게나 돼도 괜찮단 말씀이세요?"

할머니는 그제서야 돌아서서 엄마 얼굴을 똑바로 바라보았다.

"뭐여? 집 꼴? 그럼 내가 집 꼴을 망치고 있단 말여? 못 몇 개 박은 게 집 꼴을 망치는 거란 말여?"

② 할머니는 눈을 부릅뜨고 노여워 어쩔 줄 몰라 했다. 나는 무서웠다. 엄마가 이렇게 할머니에게 대드는 것은 처음 보았다. 엄마는 울상을 지으며 말했다.

"그러니까 메주 만들지 마시라 그랬잖아요."

"뭣이여? 메주를 만들지 마라? 니가 지금 메주 만드는 거 돕기나 하면서 그런 말을 하냐? 손가락 하나 까딱 안 하고 만들지 말란 소리만 하면 다여?"

⊙ "요즘 아파트에서 그런 거 만드는 사람이 몇이나 된다고 그러세요."

"너는 안 먹고 살래? 아무리 아파트기로서니 사람이 할 일은 하고 살아야재. 그래, 아파트 살면 장을 다 사 먹어야 한단 말이여?"

"아유, 그만두세요. 어머닌 옛날 방식만 고집하시니."

엄마는 돌아서서 안방 쪽으로 갔다. 할머니는 속이 상한지 한참이나 그대로 서 있었다. 나는 조심스럽게 할머니를 불러 보았다.

"…… 할머니이."

할머니는 그제서야 내 얼굴을 보더니 혼잣말같이 중얼거렸다.

"시상이 아무리 달라졌다 혀도 달라지지 않는 것도 있는 법이여. 그렇재, 암."

그러고는 박아 놓은 못에 메주를 걸었다. 메주는 창고 문 앞에 주렁주렁 매달렸다. 못에 다 걸 수가 없어서 빨래 건조대에도 매달았다.

🍂 **빈칸을 채우세요.**

– 중심인물:　　　　　　　　　– 배경:

– 중심 사건, 갈등:

- **메주**: 콩을 삶아서 찧은 다음, 덩이를 지어서 띄어 말린 것으로, 간장, 된장, 고추장을 담그는 원료로 사용된다.
- **앙다물다**: 힘을 주어 꽉 다물다.
- **노엽다**: 화가 날 만큼 분하고 섭섭하다.

STEP Ⅱ 중심 사건, 갈등 파악하기

'중심 사건'이란 소설에서 중심인물을 둘러싸고 벌어지는 중심이 되는 일을 의미해요. '갈등'이란 인물이 마음속에서 혼란을 느끼거나 어떤 대상과 반대되는 것을 의미하지요. 갈등은 크게 두 가지 종류로 나눌 수 있어요.

내적 갈등	인물의 마음속에서 두 가지 이상의 심리가 서로 부딪치는 것
외적 갈등	인물이 다른 인물, 사회, 자연환경, 운명과 반대되는 입장에 있는 것

소설의 내용을 이해하려면 중심인물이 어떤 사건이나 갈등을 겪고 있는지를 살펴봐야 해요.

❀ 먼저, <할머니를 따라간 메주>의 중심인물과 배경을 파악해 볼게요.

<할머니를 따라간 메주>에는 '나'와 '엄마'와 '할머니'가 등장하고 있어요. 그중에서도 '나'가 '엄마'와 '할머니' 사이의 일을 관찰하면서 이야기가 전개되고 있네요.

따라서 윗글의 중심인물은 '엄마'와 '할머니'입니다.

[앞부분의 줄거리]에서 '나'는 부모님, '할머니'와 함께 아파트에 살고 있다고 하였어요. 또 '나'는 방에서 숙제를 하다가 몸이 좋지 않아 일찍 들어온 '엄마'와 '할머니'가 베란다에서 갈등을 겪는 모습을 목격하게 되지요.

따라서 윗글의 공간적 배경은 '아파트'와 '베란다'이고, 시간적 배경은 '엄마가 몸이 안 좋다고 일찍 들어온 날'입니다.

❀ <할머니를 따라간 메주>의 중심 사건과 갈등은 무엇일까요?

①에서 '나'는 방에서 숙제를 하다가 몸이 좋지 않아 일찍 들어온 '엄마'와 메주를 걸기 위해 베란다 창고 문 위에 못을 박는 '할머니' 사이의 갈등을 보게 됩니다. '엄마'는 '할머니'께 '메주만 중요하고 집 꼴은 아무렇게나 돼도 괜찮단 말씀'이냐고 하고, '할머니'는 '못 몇 개 박은 게 집 꼴을 망치는 거란 말여?'라며 노여움을 드러내죠.

②에서는 '엄마'와 '할머니'의 갈등이 더욱 심해집니다. '엄마'는 '할머니'가 옛날 방식만 고집하신다고 말하고는 안방 쪽으로 가고, '할머니'는 세상이 아무리 달라졌다고 해도 달라지지 않는 것이 있다면서 박아 놓은 못에 메주를 겁니다.

메주를 매달기 위해 베란다 창고 문 위에 못을 박는 '할머니'는 전통적인 방식으로 삶을 살고자 합니다. '할머니'의 행동이 집 꼴을 망치는 것이라고 이야기하는 '엄마'는 실용성과 편리함을 추구하며 현대적인 방식으로 편하고 빠른 삶을 살고자 합니다. 그러므로 '할머니'와 '엄마' 사이의 갈등은 삶의 방식의 차이 때문에 발생한 것이라고 볼 수 있어요.

윗글의 사건과 갈등을 정리하면 다음과 같아요.
- 중심 사건: 할머니가 메주를 매달기 위해 베란다 창고 문틀 위에 못을 박음.
- 갈등: 집에 못을 박아 메주를 매달아 두려는 할머니와 할머니의 전통적 사고방식을 이해하지 못하는 엄마(외적 갈등)

01   중심 사건, 갈등 파악하기

〈보기〉를 보고 다음 물음에 답하시오.

<보기>
'나'	엄마	할머니	아파트	송편	메주	건조대

(1) 윗글에서 갈등을 겪고 있는 인물은 누구인가? (　　　　　)와/과 (　　　　　)

(2) 할머니가 만들어 창고 문 앞에 매단 것은 무엇인가? (　　　　　)

02   인물의 심리와 태도 파악하기

할머니에 대한 설명으로 가장 알맞지 <u>않은</u> 것은?

① 엄마와 갈등을 겪고 있다.

② 메주를 만드는 것을 중요하게 생각하고 있다.

③ 자신이 살아온 방식을 계속해서 고집하고 있다.

④ 숙제를 하지 않는 '나'의 행동을 이해하지 못하고 있다.

⑤ 엄마가 집의 미관만 생각하는 태도에 노여움을 느끼고 있다.

02

할머니가 '나'와 엄마의 행동을 보고 어떤 생각을 했는지, 엄마에게 무엇이라고 말했는지 생각해 보세요.

03   인물의 심리와 태도 파악하기

엄마가 ㉠처럼 말한 이유로 가장 알맞은 것은?

① 할머니가 메주를 만드시는 것을 돕고 싶었기 때문이다.

② 할머니가 살아온 삶의 방식에 답답함을 느꼈기 때문이다.

③ '나'가 할머니의 말을 듣지 않을까 봐 걱정이 되었기 때문이다.

④ 할머니가 옛날 방식을 고집하는 모습이 존경스러웠기 때문이다.

⑤ 메주를 만들겠다는 할머니의 생각이 바뀔까봐 걱정이 되었기 때문이다.

03

할머니가 메주를 매달겠다고 하자 엄마가 무엇이라고 말했는지 살펴보세요.

문제 풀이 특강   STEP Ⅱ

01 중심 사건, 갈등 파악하기

(1) 윗글은 메주를 아파트 베란다 창고 문틀 위에 박은 못에 매달려고 하는 할머니와 집의 꼴을 해친다는 이유로 이것을 반대하는 엄마 사이의 갈등을 중심으로 이야기가 진행되고 있어요. 따라서 정답은 **엄마** 와 **할머니** 입니다.

(2) 할머니는 엄마의 반대에도 아파트 베란다 창고 문틀 위에 못을 박고 '메주'를 매달았어요. 따라서 정답은 **메주** 입니다.

할머니에 대한 설명으로 가장 알맞지 <u>않은</u> 것은?

① **엄마와 갈등을 겪고 있다. (○)**

★ 근거: ①, ②

> • "어머니, 그런 데다 못을 박으시면 어떡해요."
> • "아니, 메주만 중요하고 집 꼴은 아무렇게나 돼도 괜찮단 말씀이세요?"

🌿 할머니가 메주를 매달아 놓기 위해 베란다 창고 문틀 위에 못을 박자, 엄마는 그런 곳에 못을 박으면 어떡하냐면서 할머니와 언성을 높이고 있어요. 즉 할머니와 엄마는 메주를 집에 매다는 것 때문에 갈등을 겪고 있어요.

② **메주를 만드는 것을 중요하게 생각하고 있다. (○)**

★ 근거: ②-⑧

> "~아무리 아파트기로서니 사람이 할 일은 하고 살아야재. ~"

🌿 할머니는 아파트에 살더라도 사람이 할 일, 즉 메주를 만들어 장을 만드는 것을 하면서 살아야 한다고 생각해요.

③ **자신이 살아온 방식을 계속해서 고집하고 있다. (○)**

★ 근거: ②-⑮

> "시상이 아무리 달라졌다 혀도 달라지지 않는 것도 있는 법이여. 그렇재. 암."

🌿 할머니는 자신이 살아온 방식을 유지하려 하고 있어요.

④ **숙제를 하지 않는 '나'의 행동을 이해하지 못하고 있다. (✕)**

★ 근거: ①-❷, ❺

> 내 방에서 숙제를 하고 있는데 못 박는 소리가 났다. ~ 나도 밖으로 나가 보았다.

🌿 ①에서 '나'는 숙제를 하다가 할머니가 못을 박는 소리와 어머니의 목소리를 듣고 방 밖으로 나갔어요. 따라서 '나'가 숙제를 하지 않았다고 할 수 없고, 윗글에서 할머니가 '나'의 행동을 이해하지 못하는 부분도 찾을 수 없어요. **그러므로 정답은 ④!**

⑤ **엄마가 집의 미관만 생각하는 태도에 노여움을 느끼고 있다. (○)**

★ 근거: ①-⑮, ②-❶

> • "아니, 메주만 중요하고 집 꼴은 아무렇게나 돼도 괜찮단 말씀이세요?"
> • 할머니는 눈을 부릅뜨고 노여워 어쩔 줄 몰라 했다.

🌿 할머니는 엄마의 말을 듣고 노여워 어쩔 줄 몰라 했어요.

엄마가 ㉠처럼 말한 이유로 가장 알맞은 것은?

• ㉠: ㉠은 '요즘 아파트에서 그런 거 만드는 사람이 몇이나 된다고 그러세요.'예요. 엄마는 아파트에서 메주를 만들어 베란다 창고 문틀 위에 매달려고 하는 할머니의 모습을 보고 이렇게 말했어요.

즉 전통적인 생활 양식을 고집하는 할머니에 대한 엄마의 생각으로 알맞은 것을 고르는 문제입니다.

① **할머니가 메주를 만드시는 것을 <u>돕고 싶었기</u> 때문이다. (✕)**

★ 근거: ②-❺, ❻

> "그러니까 메주 만들지 마시라 그랬잖아요."
> "뭣이여? 메주를 만들지 마라? 니가 지금 메주 만드는 거 돕기나 하면서 그런 말을 하냐? 손가락 하나 까딱 안 하고 만들지 말란 소리만 하면 다여?"

🌿 엄마는 할머니가 메주를 만드는 것을 싫어하여 할머니를 돕지 않았어요.

② **'할머니'가 살아온 삶의 방식에 답답함을 느꼈기 때문이다. (○)**

★ 근거: ②-❼, ❾

> • "요즘 아파트에서 그런 거 만드는 사람이 몇이나 된다고 그러세요."
> • "아유, 그만 두세요. 어머닌 옛날 방식만 고집하시니."

🌿 엄마는 할머니가 옛날 방식만 고집하는 것에 답답함을 느꼈기 때문에 '요즘 아파트에서 그런 거 만드는 사람이 몇이나 된다고 그러세요.'라고 말했어요. **그러므로 정답은 ②!**

③ **'나'가 할머니의 말을 듣지 않을까봐 걱정이 되었기 때문이다. (✕)**

🌿 엄마는 '나'가 보는 앞에서 할머니와 갈등을 겪고 있을 뿐, '나'가 할머니의 말을 듣지 않을까 봐 걱정하고 있지는 않아요.

④ **할머니가 옛날 방식을 고집하는 모습이 <u>존경스러웠기</u> 때문이다. (✕)**

★ 근거: ②-❾

> "아유, 그만 두세요. 어머닌 옛날 방식만 고집하시니."

🌿 엄마는 메주를 만들고 이것을 매달기 위해 아파트에 못을 박는 할머니의 모습에 불만을 드러내고 있어요.

⑤ **메주를 만들겠다는 할머니의 <u>생각이 바뀔까 봐 걱정이</u> 되었기 때문이다. (✕)**

★ 근거: ②-❾

🌿 엄마는 메주를 만들어 베란다에 매달려고 하는 할머니의 행동을 보고 '그만 두세요.'라고 했어요. 즉 엄마는 할머니가 메주를 만드는 것을 좋아하지 않고 있어요.

**DAY
13**

나비를 잡는 아버지 _현덕

[앞부분의 줄거리] 바우는 서울로 진학한 경환이와 달리 시골에 남게 된다. 경환은 졸업 후 하릴없이 나비와 놀고 있던 바우를 보게 되고, 바우에게 나비를 달라고 한다. 심술이 난 바우는 경환의 말을 못 들은 체하며 나비를 날려 보낸다. 화가 난 경환은 바우네 참외밭을 다 밟아 버리고, 경환과 바우의 싸움은 경환이네와 바우네의 갈등으로 번진다.

그리고 어머니는 경환이 집 안주인이 꾸중꾸중하더라는 것, 그리고 바우가 나비를 잡아 가지고 와서 경환이에게 빌지 않으면 내년부턴 땅 얻어 부칠 생각을 말라더란 말을 옮기며 또 바우에게

"어서 나비 잡아 가지고 가서 빌어라, 빌어."

[중략 부분의 줄거리] 어머니의 말을 들은 바우는 집을 나갔다가 해가 저물 때가 되어서야 집에 돌아온다.

"나빈 잡아 갔지?" / 하고 다져 묻는다. 바우는 고개를 숙인 채 묵묵하다. 아버지는 기가 막힌 듯 잠시 건너다 보기만 하다가 언성을 높였다.

"이때껏 나가서 뭘 했어. 인마, 간 봄에 늙은 아비가 땅 얻어 부치느라고 갖은 애 다 쓰던 것을 네 눈으로도 보았지. 가뜩한데 너까지 말썽일 게 뭐냐. 어서 가서 빌지 못하겠어."

아버지는 담뱃대 끝으로 바우의 수그린 머리를 찌를 듯 겨눈다. 그러는 대로 바우는 무춤무춤 피할 뿐 조금도 걸음을 옮기려 하지 않는다.

"그래도 네 고집만 실 테냐? 그럴라거든 아주 나가 거라. 아주 나가." / 하고, 아버지는 빗자루를 들고 나섰다.

(중략)

그 아버지가 보이지 않는 곳에 이르자 어머니는 부엌에서 나와 작은 음성으로 바우를 달랜다.

"아버지 속상하시게 하지 말고 오늘은 나빌 잡아 가지고 가 봐라. 땅이 떨어지거나 하면 너는 좋겠니. 생각해 봐라."

바우는 여전히 말이 없다. 어머니는 그것을 바우가 순종하는 뜻으로 여긴 모양, 부엌에서 아침을 차리기에 분주하였다. / "얼른 밥 차려 줄게. 먹고 나가 봐."

그러나 바우는 어머니가 밥상을 날라 오기 전에 자기가 먼저 슬며시 집 밖으로 나갔다. 밥을 열 끼를 굶는 한이 있더라도 그 경환이 앞에 나비를 잡아 가지고 가서 머리를 숙이기는 무엇보다 싫었다. 아들의 그만한 체면쯤 보아줄 줄 모르고 자기네 요구만 고집하는 아버지가, 그리고 어머니까지 바우는 무척 야속했다. 노여웠다. (중략)

산을 또 좀 더 내려와 바라볼 때 경환이로 본 그것은 어른이 분명했다.

'흥, 경환이란 놈이 저희 집 머슴을 시켜 나비를 잡게 하는구나.'

그리고 바우는 또 한 번 같은 웃음을 웃는다.

바우는 산을 내려와 맞은편 언덕 위로 올라섰다. 그리고 가까운 거리에서 메밀밭을 내려다보았을 때 그는 놀라 벌린 입을 다물지 못했다. 경환이 집 머슴으로 본 사람은 남 아닌 바로 자기 아버지였다.

아버지는 농립을 벗어 두고 나비를 쫓아 엎드렸다 일어섰다 하며 그 똑똑지 못한 걸음으로 밭두렁을 지척지척 돌고 있다.

바우는 머리를 얻어맞은 듯 멍하니 아래를 바라보고 섰다. 그러다가 갑자기 언덕 모래 비탈을 지르르 미끄러져 내려가며 그렇게 빠른 속력으로 지금까지 잠기어 있던 어두운 마음에서 벗어나, 그 아버지가 무척 불쌍하고 정답고 그 아버지를 위하여서는 어떠한 어려운 일이든지 못할 것이 없을 것 같고, 바우는 울음이 되어 터져 나오려는 마음을 가슴 가득히 참으며 언덕 아래 메밀밭을 향해 소리쳤다.

"– 아버지."/" – 아버지."/" – 아버지."

빈칸을 채우세요.

– 중심인물:

– 배경:

– 중심 사건, 갈등:

- **하릴없이**: 어떻게 달리 할 도리가 없이
- **번지다**: 병이나 불, 전쟁 따위가 차차 넓게 옮아가다.
- **얻어 부치다**: 다른 사람의 토지를 빌려 농사를 짓는 일
- **애쓰다**: 마음과 힘을 다하여 무엇을 이루려고 힘쓰다.
- **무춤무춤**: 놀라거나 어색하여, 하던 일을 갑자기 자꾸 멈춤.
- **생계**: 살림을 살아 나갈 방도. 또는 현재 살림을 살아가고 있는 형편

- **순종하다**: 순순히 따르다.
- **분주하다**: 이리저리 바쁘고 수선스럽다.
- **체면**: 남을 대하기에 떳떳한 도리나 얼굴
- **야속하다**: 무정한 행동이나 그런 사람을 섭섭히 않게 생각하다.
- **노엽다**: 화가 날 만큼 분하고 섭섭하다.
- **농립**: 여름철에 농사일을 할 때 쓰는 모자

DAY 13

04 중심 사건, 갈등 파악하기

다음 빈칸에 들어가기에 알맞은 답을 〈보기〉에서 찾아 쓰시오.

─── 〈보기〉 ───

나비 　 땅 　 빗자루 　 체면 　 머슴

(1) 어머니는 바우에게 (　　　　　)을/를 잡아다 경환이에게 빌라고 하였다.

(2) 바우는 아버지와 어머니가 자신의 (　　　　　)을/를 보아 주지 않는다고 생각했다.

05 사건과 갈등 파악하기

윗글의 내용으로 가장 알맞지 <u>않은</u> 것은?

① 아버지는 경환이네 머슴이 되기로 했다.

② 아버지는 바우의 머리 근처에 담뱃대 끝을 겨누었다.

③ 아버지는 바우와 이야기를 하다가 빗자루를 들고 나갔다.

④ 어머니는 경환이네 집 안주인의 말을 바우에게 들려주었다.

⑤ 어머니는 바우에게 아침을 차려 주기 위해 분주히 움직였다.

06 인물의 심리와 태도 파악하기

바우에 대한 설명으로 가장 알맞은 것은?

① 나비를 잡는 아버지를 보고 연민을 느꼈다.

② 자신을 야단치는 아버지에게 존경심을 느꼈다.

③ 경환이에게 나비를 잡아주겠다고 고집을 부렸다.

④ 어머니가 아버지의 생각에 반대하는 이유를 궁금해 했다.

⑤ 어머니를 위해서라면 어떠한 일이든 할 수 있을 것이라고 생각했다.

07 [단답형] 소재의 의미 파악하기

윗글에서 〈보기〉와 관련이 있는 것을 찾아 2음절로 쓰시오.

─── 〈보기〉 ───

- 어머니가 바우에게 잡아 가지고 가서 빌라고 하는 것
- 아버지가 경환이네 머슴 대신 잡고 있는 것

05

어머니와 아버지가 어떠한 행동을 하였는지 살펴보세요.

- **머슴**: 주로 농가에 고용되어 그 집의 농사일과 잡일을 해 주고 대가를 받는 사내

06

바우가 어머니, 아버지와 대화를 하면서 어떠한 생각을 했는지, 나비를 잡는 아버지를 보며 무엇을 느꼈는지 떠올려 보세요.

- **연민**: 불쌍하고 가련하게 여김.

07

바우와 경환이 사이에서 발생한 갈등의 원인이 무엇인지 생각해 보세요.

사건과 갈등

> 〈홍길동전〉에서 길동은 신분으로 인해 집안과 사회에서 갈등을 겪고, 이로 인해 백성을 돕는 도적이 된다. 만약 길동이 이러한 갈등을 겪지 않았다면 나중에 백성을 돕는 도적이 되지 않았을 것이다. 이처럼 갈등은 뒤에 이어질 사건과 관계가 있다.

＊● 사건 이란? 소설 속에서 인물을 둘러싸고 벌어지는 크고 작은 일

＊● ❶ 갈등 이란?

인물이 마음속에서 혼란을 느끼거나 어떤 대상과 대립하는 것. 소설의 사건과 관련이 있다.

● **갈등의 종류**

내적 갈등 : 인물의 마음속에서 두 가지 이상의 생각이나 심리가 서로 부딪치는 것

> 낮에 내가 한 짓은 옳은 짓이었을까? 옳을 것도 없지만 나쁠 것은 또 뭔가. 자가용
> <자전거를 가지고 도망침.>
> 까지 있는 주제에 나 같은 아이에게 오천 원을 우려내려고 그렇게 간악하게 굴던 신사
> <'나'의 자전거가 쓰러지면서 신사의 차를 들이받았다며 수리비를 요구함.>
> 를 그 정도 골려 준 것이 뭐가 나쁜가? 그런데도 왜 무섭고 떨렸던가. 그때의 내 꼴이
> <수리비를 내지 않고 도망친 일에 만족함.>
> 어땠으면, 주인 영감님까지 "네놈 꼴이 꼭 도둑놈 꼴이다."라고 하였을까.
> <도둑질을 했다는 죄책감을 느낌.>
>
> — 박완서, 〈자전거 도둑〉

➡ '나'는 신사를 골려 준 것에 만족감을 느끼면서도 자전거를 가지고 도망친 일에 죄책감을 느끼고 있으므로, **윗글에서 '나'가 겪고 있는 갈등은 '내적 갈등'**이다.

외적 갈등 : 인물이 자신을 둘러싼 바깥의 대상(다른 인물, 사회, 자연환경, 운명)과 대립하는 것

인물과 인물의 갈등	등장인물들 사이에 서로 성격이나 의견, 가치관이 달라서 일어나는 갈등
인물과 사회의 갈등	인물이 자신이 살고 있는 사회의 제도, 관습 등과 부딪쳐 겪는 갈등
인물과 자연의 갈등	인물이 자연재해(홍수, 가뭄, 전염병 등)로 인해 어려움을 겪음으로써 발생하는 갈등
인물과 운명의 갈등	인물이 타고난 운명에 의해 겪는 갈등

> 길동이 절하고 말씀드리기를,
> <길동은 양반인 아버지와 노비인 어머니 사이에서 태어난 서자임.>
> "소인이 평생 서러워하는 바는, (중략) 아버지를 '아버지'라 못 하옵고 형을 '형'이라
> 못 하오니, 어찌 사람이라 하겠습니까?"
> <서자로 태어난 길동의 한> — 허균, 〈홍길동전〉

➡ 길동은 적자와 서자를 차별하는 사회 제도로 인해 괴로워하고 있다. 따라서 **윗글에서 길동이 겪는 갈등은 '인물과 사회의 갈등'**이다.

> 위이도에 이르니 마침 가뭄이 극심하여 만물이 모두 붉게 시들어 있었다. (중략)
> "이 섬의 주민들은 가뭄의 고통을 이기지 못해 모두 말라 죽을 지경에 이르렀습니다."
> <섬사람들이 가뭄에 시달림.> — 작자 미상, 〈최고운전〉

➡ 섬사람들은 가뭄으로 인해 말라 죽을 위기에 처해 있다. 따라서 **윗글에서 섬사람들이 겪는 갈등은 '인물과 자연의 갈등'**이다.

❶ 갈등과 주제
소설 속에서 갈등이 일어나면 인물은 그것에 대처하기 위해 어떠한 선택과 행동을 하는데, 이 과정에서 소설의 주제가 드러나는 경우가 많음.

❷ 적자와 서자
• 적자: 정식으로 들인 아내가 낳은 아들
• 서자: 양반과 양반이 아닌 여성 사이에서 낳은 아들

[01~02] 다음을 읽고 빈칸에 들어가기에 알맞은 말을 고르시오.

> 위층의 소리는 멈추지 않았다. 드르륵거리는 소리에 머리카락 올이 진저리를 치며 곤두서는 것 같았다.
> "아래층인데요. (중략) 공동 주택에는 지켜야 할 규칙들이 있잖아요? 난 그 소리 때문에 병이 날 지경이에요."
> "여보세요. 난 날아다니는 나비나 파리가 아니에요. 내 집에서 맘대로 움직이지도 못하나요? 해도 너무하시네요. 이틀거리로 전화를 해 대시니 저도 피가 마르는 것 같아요. 절더러 어쩌라는 거예요?"
> – 오정희, 〈소음 공해〉

01

윗글에서는 (소리 / 냄새) 때문에 겪는 갈등이 드러나 있다.

02

윗글에서는 인물과 (인물 / 사회)의 갈등이 나타나 있다.

[03~04] 다음을 읽고 맞으면 ○, 틀리면 ✕에 표시하시오.

> 심청이 왈, / "우리 아버지 앞을 못 봐 '공양미 삼백 석을 바치면 눈을 떠 보리라.' 하되 가난하여 장만할 길이 전혀 없어 내 몸을 팔려 하니 어떠하뇨?" (중략)
> 심청이 그날부터 곰곰이 생각하니, 눈 어두운 아버지와 영영 이별하고 십오 세에 죽을 일에 정신이 아득하고 일에도 뜻이 없어 근심으로 지내더니 다시금 생각하되, / '엎질러진 물이요, 쏘아 놓은 화살이다.'
> – 작자 미상, 〈심청전〉

03

심청이는 아버지를 위하는 마음과 죽음에 대한 두려움 사이에서 내적 갈등을 겪고 있다. (○ , ✕)

04

심청은 아버지와 겪었던 갈등을 극복하기 위해 공양미 삼백 석을 구하기로 했다. (○ , ✕)

[05~06] 다음을 읽고 빈칸에 들어가기에 알맞은 말을 고르시오.

> 게다가 이건 이른바 칠팔월 긴 장마가 아니라 하루 이틀, 그러다가 사흘째부터는 바로 억수로 변해 가더니 마침내 광풍*까지 겹쳐서 온통 폭풍우로 바뀌고 말았다. (중략) 어느 산이라도 뒤엎었는지 황토로 물든 물굽이가 강이 차게 밀려내렸다. (중략)
> "조마이섬은 어찌 됐소?" (중략)
> "가야 아무것도 없소. 모두 피난소로 옮기고, 남은 건 물바다뿐임더. 우짤라꼬 이 놈의 하늘까지……"
> – 김정한, 〈모래톱 이야기〉
>
> * 광풍 : 미친 듯이 사납게 휘몰아치는 거센 바람

05

윗글에서는 인물들이 홍수로 인해 겪는 (내적 / 외적) 갈등이 드러나 있다.

06

조마이섬의 사람들은 (자연 / 운명)과의 갈등을 겪고 있다.

[07~09] 빈칸에 들어가기에 알맞은 단어를 〈보기〉에서 찾아 문맥에 맞게 쓰시오.

> ─〈보기〉─
> • 순종하다 : 순순히 따르다.
> • 앙다물다 : 힘을 주어 꽉 다물다.
> • 하릴없이 : 어떻게 달리 할 도리가 없이

07

은수는 결심을 한 듯 입술을 (   )었다.

08

연오는 벤치에 앉아 (   ) 친구를 기다렸다.

09

전쟁에 나간 군사들은 장군의 명령에 (   )했다.

DAY
13

토끼와 자라 _엄인희

등장인물 : 토끼, 자라, 용왕, 문어, 뱀장어, 전기뱀장
　　　어, 고등어, 꼴뚜기, 도루묵
장소 : 바닷속 궁궐(용궁), 산속

〈제 1 장〉

(바닷속 궁궐)

　용왕이 있는 용궁이 무대이다.
　용궁은 온갖 해초들이 넘실대는 화려한 궁전이다.
　가운데 용왕의 의자가 놓여 있다.
　막이 오르면 시름시름 앓고 있는 용왕이 의자에 앉아 있다.
　양옆으로 신하들이 늘어서 있다.
　신하들은 용왕의 부름을 받고 분부를 기다리는 중이다.

(중략)

① 용왕 : 듣기 싫어! 황공이고 무지고 그런 소리 말고
　내 병이 깔끔히 나을 묘수를 말하란 말이다.
꼴뚜기 : 폐하! 약초보다는 어패류가 나은 줄 아뢰오.
용왕 : 어패류가 무엇을 말하는고? 신약이 나왔단 말이냐?
문어 : 어패류란 물고기나 조개 종류를 말하는 것인 줄
　아뢰오. / 용왕 : 물고기…… 너희를 먹으라고?

　용왕 놀란다. / 용왕 구역질을 한다.
　신하들은 깜짝 놀라 꼴뚜기를 두드려 팬다.

② 뱀장어 : 어물전 망신은 꼴뚜기가 시킨다더니, 아예
　용궁 망신까지 시키는구나. 누굴 먹어?
꼴뚜기 : (분해서) 폐하! 예로부터 뱀장어가 몸에 좋고
　기력이 살아난다는 명약으로 알려졌다고 합니다.
뱀장어 : (당황해서) 폐하! 죄송스러우나 지난 여섯 달간
　다이어트를 하고 있어서 약 될 것이 없는 줄 아뢰오.
　차라리 제 사촌 전기뱀장어가 어떨는지요.
전기뱀장어 : 이런 의리 없는 사촌을 봤나. 폐하! 제 몸
　은 전기가 흐르고 있어 물속에서 드시면 전기가 올

라 입이 삐뚤어진다고 하옵니다. 저보다는 도루묵이
　어떨는지요.
도루묵 : (펄쩍 뛰며) 폐하! 오죽하면 제 이름이 도루묵
　이겠습니까? 옛날 어느 임금이 피란 가다 우리 할아
　버지 묵고기를 잡수셨는데, 너무 맛있어서 눈물이
　주루룩 나왔다고 합니다. 그래서 우리 묵고기들은
　이름이 금어로 고쳐졌다고 하옵니다. 금어.
용왕 : 금붕어가 아니고? (도루묵 끄덕끄덕) 옳지, 그래.
　네놈을 먹어야겠다.
도루묵 : 그런데! 그런데 전쟁이 끝나고 다시 우리 아버
　지 묵고기를 잡수시다가 퉤퉤 토하며 "아, 이런 맛대
　가리를 봤나. 이놈 이름을 도루묵이라고 해라." 하셨
　답니다. 그러니 고등어가 어떨는지요.
고등어 : 마마! 저는 죽이나 마나 먹어 보나 마나입니다.
용왕 : 왜? / 고등어 : 저는 등 푸른 생선이라 머리를 좋
　아지게 할 뿐이지 병을 낫게 하지는 못한답니다. 그
　리고 제가 비려요. 냄새 좀 맡아 보세요.

　고등어, 용왕의 앞으로 다가가 등을 내민다.
　용왕, 냄새를 맡아 보다가 얼굴을 찡그린다.
　용왕, 나머지 신하를 샅샅이 훑어본다.
　문어와 자라는 벌벌 떨고 있다.
　먼저 핑계를 대는 것이 낫겠다 싶어서 문어가 나선다.

문어 : 폐하! 저는 머리칼이 없는 생선이라 약효가 없는
　줄로 아뢰오.
용왕 : 머리칼은 다 없어. 너만 없는 줄 알아?
문어 : (당황하며) 그게 아니고 비닐……. / 용왕 : 비닐?
문어 : 비닐이 아니고 비늘이 없을 뿐만 아니라, 다리에
　붙은 빨판은 배 속으로 들어가 먹은 자의 피를 빨아
　버린답니다. / 용왕 : 정말?
문어 : 마마! 저는 아주 질긴 고기인 줄로 아뢰오.
용왕 : 그럼 누가 남았느냐? 참으로 힘이 든다.

(중략)

③ 자라 : 그렇습니다. 토끼의 간을 꺼내 드시면 만병이
　　　 다 낫는다고 하옵니다.
용왕 : (벌떡 일어나) 여봐라! 얼른 자라를 땅으로 보내
　　　 토끼를 데려오도록 하여라! / 신하들 : 예이!
자라 : 저 보고 가라고요?
용왕 : 내가 아주 급하다! 냉큼 다녀오너라!
신하들 : 냉큼 다녀오랍신다!

〈별주부전〉 판소리에서 뭍으로 나오는 소리 한 대목을
튼다.

🌰 빈칸을 채우세요.

– 중심인물 :　　　　　　　　　 – 배경 :

– 중심 사건, 갈등 :

- **병환** : 병의 높임말
- **구역질** : 속이 메스꺼워 자꾸 토하려고 하는 짓
- **어물전** : 생선, 김, 미역 따위의 어물을 전문적으로 파는 가게
- **기력** : 사람의 몸으로 활동할 수 있는 정신과 육체의 힘
- **명약** : 효험이 좋아 이름난 약
- **샅샅이** : 틈이 있는 곳마다 모조리
- **빨판** : 다른 동물이나 물체에 달라붙기 위한 기관
- **약효** : 약의 효력, 약의 기운
- **아뢰다** : 말씀드려 알리다.

STEP Ⅱ 중심 사건, 갈등 파악하기

　중심인물 및 배경을 파악하고 인물들 사이에서 일어나는 사건
이나 갈등을 파악해야 하는 문학 갈래는 소설만이 아닙니다. 공
연을 목적으로 하는 연극의 대본인 희곡과 영화 촬영을 목적으
로 한 각본인 시나리오 역시 소설과 마찬가지로 어떤 배경에서
중심인물이 어떤 사건이나 갈등을 겪고 있는지를 살피며 읽어야
합니다.
　한편 희곡은 '장'과 '막'으로 장면을 구분하고, 보통 하나의 장
면 안에서는 같은 장소와 시간을 배경으로 하여 인물의 행동과
대사를 통해 내용이 전개됩니다.

🌸 〈토끼와 자라〉를 함께 살펴볼까요?

　이 작품은 장과 인물의 대사, 지시문이 있는 것으로 보
아 희곡이라는 것을 알 수 있어요.
　대사는 등장인물이 하는 말로, 두 명 이상의 등장인물
들이 서로 주고받는 말인 대화, 혼자서 하는 말인 독백,
등장인물이 말은 하지만 무대 위의 다른 인물에게는 들
리지 않고 관객들에게만 들린 것으로 약속된 방식이 있
어요. 보통 대사를 통해 사건이 어떻게 진행되는지, 인물
의 성격은 어떠한지가 드러나지요. 지시문은 무대 장치
나 인물의 동작, 표정, 심리 등을 상황에 맞게 지시하는
부분이고 해설은 주로 희곡의 맨 처음에 '등장인물, 장
소, 배경' 등을 제시하는 부분이에요. 희곡을 읽을 때에
는 대사, 지시문, 해설을 꼼꼼하게 살펴보아야 해요.

🌸 〈토끼와 자라〉의 중심인물과 배경을 함께 살펴볼까요?

　〈토끼와 자라〉에서는 먼저 등장인물과 장소가 제시되
어 있어요. 제시된 부분에서는 '용왕'과 그의 신하인 '꼴
뚜기', '뱀장어', '전기뱀장어', '도루묵', '고등어', '문어',
'자라'가 용왕의 병을 어떻게 낫게 할 것인가에 대해 이야
기하고 있어요. 따라서 윗글의 중심인물은 '용왕'입니다.
　장소에서는 '바닷속 궁궐(용궁)'이라고 하였고, '바닷속
궁궐'에서 '용왕'이 신하들과 이야기를 하고 있어요.
　따라서 윗글의 공간적 배경은 '바닷속 용궁'이에요.

🌸 〈토끼와 자라〉의 중심 사건과 갈등은 무엇일까요?

　①에서 '용왕'이 자신의 병을 낫게 할 묘수를 말하라고
하자, '꼴뚜기'는 약초보다 어패류가 낫다고 답했어요. 그
러자 신하들은 ②에서 각자 자신을 먹어서는 안 되는 이
유를 대고, '용왕'에게 자신이 아닌 다른 신하를 먹으라고
권하고 있어요. ③에서 '자라'가 '토끼'의 간을 꺼내 먹으
면 만병이 다 낫는다고 하자, 용왕은 자라를 땅으로 보내
'토끼'를 데려오라고 명합니다.
　윗글의 사건과 갈등을 정리하면 다음과 같아요.

- **중심 사건** : 신하들이 용왕의 병을 낫게 할 묘수로 어떤 물
　고기를 먹을지 이야기함. 자라는 토끼 간을 꺼내 먹으면
　용왕이 나을 것이라고 하고, 용왕은 자라를 땅으로 보냄.
- **갈등** : 신하들이 용왕에게 다른 물고기를 먹으라고 함(외적
　갈등).

01 중심 사건, 갈등 파악하기

다음 빈칸에 들어가기에 알맞은 답을 〈보기〉에서 찾아 쓰시오.

<보기>

| 병 | 용왕 | 약초 | 고등어 | 뱀장어 | 문어 | 자라 | 어물전 |

(1) 신하들은 병에 걸린 (   )에게 자신이 아니라 다른 신하들을 먹으라고 추천하고 있다.

(2) 용왕은 토끼의 간이 만병을 낫게 한다는 (   )의 말에 자라를 땅으로 보내 토끼를 데려오라고 명했다.

02 사건과 갈등 파악하기

윗글의 내용으로 가장 알맞지 않은 것은?

① 자라는 용왕이 자신을 먹을까 봐 두려워서 겁에 질렸다.
② 문어는 용왕에게 자신은 머리카락이 없어 약효가 없다고 했다.
③ 전기뱀장어는 용왕에게 자신을 먹으면 전기가 오를 수 있다고 했다.
④ 용왕은 도루묵을 먹고 감동하여 그 이름을 금어로 바꾸라고 했다.
⑤ 용궁에 있는 여러 신하들은 용왕이 자기가 아닌 다른 어패류를 먹기를 바랐다.

02
꼴뚜기가 용왕의 병을 고치기 위해 어패류를 먹으라고 한 후 신하들이 어떻게 반응하고 있는지 생각해 보세요.

03 갈래의 특성 파악하기

윗글에 대한 설명으로 가장 알맞지 않은 것은?

① 공연을 목적으로 하는 연극의 대본이다.
② 대사를 통해 인물의 성격을 드러내고 있다.
③ 특수한 용어를 사용해 카메라 기법을 안내하고 있다.
④ 지시문을 통해 인물의 동작을 상황에 맞게 지시하고 있다.
⑤ 지시문을 통해 등장인물의 마음을 상황에 맞게 지시하고 있다.

03
윗글에 드러난 특성이 아닌 것이 무엇인지 생각해 보세요.
• **특수하다**: 특별히 뛰어나다.
• **기법**: 예술 작품을 만드는 기술

01 중심 사건, 갈등 파악하기

(1) 신하들은 병에 걸린 용왕에게 잡아 먹히지 않기 위해 갖은 핑계를 댄 후, 용왕에게 자신이 아닌 다른 신하들을 먹으라고 추천하고 있어요. 따라서 정답은 __용왕__ 입니다.

(2) 자라가 '토끼의 간을 꺼내 드시면 만병이 다 낫는다고 하옵니다.'라고 했어요. 따라서 정답은 __자라__ 입니다.

02 사건과 갈등 파악하기

윗글의 내용으로 가장 알맞지 않은 것은?

① 자라는 용왕이 자신을 먹을까 봐 두려워서 겁에 질렸다. (○) ★ 근거: ②-⑭

> 문어와 자라는 벌벌 떨고 있다.

🌿 ②에서 다른 신하들이 자신을 먹어서는 안 되는 이유를 말하며 용왕에게 다른 물고기들을 추천할 때 자라는 용왕이 자신을 먹을까 봐 두려워서 벌벌 떨고 있었어요.

② 문어는 용왕에게 자신은 머리카락이 없어 약효가 없다고 했다. (○) ★ 근거: ②-⑯

> 문어: 폐하! 저는 머리칼이 없는 생선이라 약효가 없는 줄로 아뢰오.

🌿 ②에서 문어는 먼저 핑계를 내는 것이 낫겠다 싶어 앞으로 나서며 용왕에게 머리카락이 없다는 핑계를 댔어요.

③ 전기뱀장어는 용왕에게 자신을 먹으면 전기가 오를 수 있다고 했다. (○) ★ 근거: ②-④

> 전기뱀장어: 이런 의리 없는 사촌을 봤나. 폐하! 제 몸은 전기가 흐르고 있어 물속에서 드시면 전기가 올라 입이 삐뚤어진다고 하옵니다. 저보다는 도루묵이 어떨는지요.

🌿 전기뱀장어는 자신의 몸속에 전기가 흐른다고 했어요.

④ 용왕은 도루묵을 먹고 감동하여 그 이름을 금어로 바꾸라고 했다. (✕) ★ 근거: ②-⑤

> 도루묵: (펄쩍 뛰며) 폐하! ~ 옛날 어느 임금이 피란 가다 우리 할아버지 묵고기를 잡수셨는데. ~ 그래서 우리 묵고기들은 이름이 금어로 고쳐졌다고 하옵니다. 금어.

🌿 도루묵의 이야기에 따르면 도루묵을 먹고 감동하여 이름을 금어로 바꾸라고 한 인물은 용왕이 아니라 옛날 어느 임금이에요. **그러므로 정답은 ④!**

⑤ 용궁에 있는 여러 신하들은 용왕이 자기가 아닌 다른 어패류를 먹기를 바랐다. (○)

★ 근거: ②

🌿 꼴뚜기는 뱀장어를, 뱀장어는 전기뱀장어를, 전기뱀장어는 도루묵을, 도루묵은 고등어를 먹으라고 용왕에게 추천했어요. 이는 모든 신하들이 용왕이 자신을 먹지 않기를 바랐기 때문에 한 말이에요.

03 갈래의 특성 파악하기

윗글에 대한 설명으로 가장 알맞지 않은 것은?

① 공연을 목적으로 하는 연극의 대본이다. (○)

🌿 희곡은 대사, 해설, 지문으로 구성되어 있어요. 윗글에도 대사, 해설, 지문을 모두 찾아볼 수 있어요.

② 대사를 통해 인물의 성격을 드러내고 있다. (○)

🌿 용왕과 신하들의 말을 통해 각 인물의 성격을 알 수 있어요.

③ 특수한 용어를 사용해 카메라 기법을 안내하고 있다. (✕)

🌿 윗글은 무대에서 공연하기 위한 목적으로 쓰인 희곡이에요. 카메라를 사용하지 않기 때문에 카메라 기법은 안내하고 있지 않아요. **그러므로 정답은 ③!**

④ 지시문을 통해 인물의 동작을 상황에 맞게 지시하고 있다. (○)

★ 근거: ②-⑤, ⑥

> 도루묵: (펄쩍 뛰며) 폐하! ~
> 용왕: 금붕어가 아니고? (도루묵 끄덕끄덕) 옳지, ~

🌿 윗글에서는 지시문을 사용하여 도루묵의 동작을 상황에 맞게 지시하고 있어요.

⑤ 지시문을 통해 등장인물의 마음을 상황에 맞게 지시하고 있다. (○)

★ 근거: ②-②

> 뱀장어: 어물전 망신은 꼴뚜기가 시킨다더니, 아예 용궁 망신까지 시키는구나. 누굴 먹어?
> 꼴뚜기: (분해서) 폐하!

🌿 윗글에서는 지시문을 사용하여 '(분해서)'처럼 등장인물의 마음을 드러내고 있어요.

DAY 14

토끼전 _ 작자 미상

[앞부분의 줄거리] 북해 용왕은 우연히 병을 얻게 된다. 어떤 약을 써도 효험이 없던 어느 날, 한 도사가 나타나 용왕의 병을 고칠 약은 토끼의 간이라고 알려 준다. 이를 들은 별주부는 용왕을 위해 육지에 나가 토끼를 꾀어 온다. 수궁에서 배가 갈릴 위기에 처한 토끼는 꾀를 내어 자신의 간이 육지에 있다고 주장한다.

용왕이 더욱 의심하여 말하였다.

"네가 간을 들이고 낼 수 있다 하니, 배 속에 간이 있는데 혹시 착각하고 있는 것은 아닌가? 그렇다면 배를 갈라 보아야 하지 않겠는가?"

토끼가 다시 여쭈었다.

"제가 비록 간을 들이고 낼 수 있으나, 그 또한 정해진 때가 있사옵니다. 매달 초하루부터 보름까지는 배 속에 넣어 해와 달의 정기를 받아 천지의 기운을 온전히 간직하고, 보름부터 그믐까지는 배에서 꺼내 옥처럼 깨끗한 계곡물에 씻어 소나무와 대나무가 우거진 깨끗한 바위틈에 아무도 모르게 감춰 둔답니다. 그렇기에 제 간을 두고 세상 사람들이 모두 영약이라고 하는 것이지요. 별주부를 만난 때는 곧 오월 하순이었습니다. 만일, 별주부가 용왕님의 병환이 이렇듯 위급함을 미리 말했더라면 며칠 기다렸다 간을 가져왔을 것이니, 이는 모두 별주부의 미련한 탓이로소이다."

대개 수궁은 육지의 사정에 밝지 못한 까닭에 용왕은 토끼의 말을 묵묵히 듣고 있다가 속으로 헤아리되,

'만일 저 말과 같을진대, 배를 갈을 간이 없으면 애써 잡은 토끼만 죽일 따름이요, 다시 누구에게 간을 얻을 수 있으리오? 차라리 살살 달래어 육지에 나가 간을 가져오게 함이 옳도다.'

하고, 좌우에 명하여 토끼의 결박을 풀고 자리를 마련해 편히 앉도록 했다. 토끼가 자리에 앉아 황공함을 이기지 못하거늘, 용왕이 가로되,

"토 선생은 과인의 무례함을 너무 탓하지 마시게."

하고, 옥으로 만든 술잔에 귀한 술을 가득 부어 권하며 재삼 위로하니, 토끼가 공손히 받아 마신 후 황송함을 아뢰었다.

그때, 한 신하가 문득 앞으로 나와 아뢰었다.

"신이 듣자오니 토끼는 본디 간사한 짐승이라 하옵니다. 바라옵건대 토끼의 간사한 말을 곧이듣지 마시고 바삐 간을 내어 옥체를 보중하옵소서."

모두 바라보니, 간언(諫言)을 잘하는 자가사리였다. 하지만 토끼의 말을 곧이듣게 된 용왕은 기꺼워하지 않으며 말하였다.

"토 선생은 산중의 점잖은 선비인데, 어찌 거짓말로 과인을 속이겠는가? 경은 부질없는 말을 내지 말고 물러가 있으라."

결국 자가사리가 분함을 못 이기고 하릴없이 물러났다.

용왕이 이에 크게 잔치를 열어 토끼를 대접하였다. 온갖 귀한 음식이 옥으로 만든 쟁반에 쌓여 있고, 세상에 보기 드문 귀한 술이 잔마다 가득하고, 흥겨운 음악을 연주하는 미녀들은 쌍쌍이 춤추고 노래하였다. 토끼가 술에 흠뻑 취해 속으로 생각하되

'내 간을 줄지라도 죽지 아니할 것 같으면 이곳에서 평생 살고 싶구나.' / 하였다.

🦪 **빈칸을 채우세요.**

– 중심인물:　　　　　　　– 배경:

– 중심 사건, 갈등:

- **효험**: 일의 좋은 보람. 또는 어떤 작용의 결과
- **정기**: 지극히 크고 바른 하늘과 땅의 본래의 기운
- **천지**: 하늘과 땅　　**영약**: 뛰어난 효과가 있는 신성한 약
- **미련하다**: 터무니없는 고집을 부릴 정도로 매우 어리석고 둔하다.
- **간사하다**: 자기의 이익을 위해 나쁜 꾀를 부리는 등 마음이 바르지 않다.
- **옥체**: 임금의 몸　　**보중하다**: 몸의 관리를 잘하여 건강을 유지하다.
- **간언**: 웃어른이나 임금에게 옳지 못하거나 잘못된 일을 고치도록 하는 말
- **하릴없이**: 어찌 할 방법이 없이

04 중심 사건, 갈등 파악하기

다음 빈칸에 들어가기에 알맞은 답을 〈보기〉에서 찾아 쓰시오.

〈보기〉

용왕   별주부   토끼   자가사리

(1) 용왕은 간을 넣었다가 뺄 수 있다고 하는 (   )의 말을 믿게 되었다.
(2) 용왕은 토끼의 간사한 말을 곧이 듣지 말라는 (   )에게 물러가라고
    하였다.

05 인물의 심리와 태도 파악하기

토끼에 대한 설명으로 가장 알맞은 것은?

① 마음이 여리다.
② 순진하고 착하다.
③ 뻔뻔하고 눈치가 없다.
④ 무례하고 간언을 잘한다.
⑤ 위험한 상황에서도 침착하다.

05
토끼가 어떠한 태도로 용왕과 대화를 하고 있는지 생각해 보세요.
• **여리다**: 의지나 감정 따위가 모질지 못하고 약간 무르다.
• **뻔뻔하다**: 부끄러운 짓을 하고도 염치없이 태연하다.
• **침착하다**: 행동이 들뜨지 아니하고 차분하다.

DAY
14

06 사건과 갈등 파악하기

윗글의 내용으로 가장 알맞지 <u>않은</u> 것은?

① 용왕은 자가사리의 말을 들어 주지 않았다.
② 용왕은 온갖 귀한 음식으로 토끼를 대접하였다.
③ 용왕은 토끼에게 간이 없다는 것을 처음부터 알고 있었다.
④ 토끼는 용왕이 자신을 편하게 앉게 하자 황공함을 느꼈다.
⑤ 토끼는 용왕에게 자신이 간을 가져 오지 못한 이유를 말하였다.

06
토끼와 용왕의 말과 행동을 살펴보세요.
• **대접하다**: 음식을 차려 손님을 모시다.
• **황공하다**: 위엄 따위에 눌리어 두렵다.

07 [단답형] 소재의 의미 파악하기

윗글에서 〈보기〉와 관련이 있는 것을 찾아 1음절로 쓰시오.

〈보기〉

• 용왕이 토끼의 배를 갈라 얻고자 하는 것
• 토끼가 별주부 때문에 갖고 오지 못했다고 한 것

07
용왕과 토끼가 갈등을 겪고 있는 원인이 무엇 때문인지 찾아보세요.

극 문학 – 희곡, 시나리오

1 무대 조명, 서서히 꺼진다. 다만, 무대 뒤쪽의 들판 풍경을 그린 걸개그림만이 환하게 밝다. 막이 내린다.
2 S#84. 보모상궁의 방(밤) / (중략) 처사: (E.) 저 혹시 들어가도 돼유?
1은 '무대', '막'이라는 표현을 통해 무대 위에서 공연하기 위한 희곡임을 알 수 있고, 2는 'S#84'이라는 장면 번호, 'E.'라는 용어를 통해 영화를 촬영하기 위한 시나리오임을 알 수 있다.

* ● 극 문학 이란?

무대에서 공연하거나 TV, 영화관에서 상영하기 위해 쓰인 글로, 희곡과 시나리오, 드라마 대본 등이 있다.

* ● 희곡 이란? 무대에서 공연하기 위해 쓰인 연극의 대본

– 희곡 구성의 3요소: 해설, 대사, 지시문

해설		막이 오르기 전에 등장인물, 배경, 무대 장치를 설명하는 글
대사	대화	등장인물들끼리 주고받는 말
	독백	한 명의 등장인물이 상대방 없이 혼자 하는 말
	방백	무대 위의 다른 인물들에게는 들리지 않고 관객만 들을 수 있는 것으로 약속된 말
지시문(지문)		무대 장치나 등장인물의 행동, 표정, 말투 등을 상황에 맞게 지시하는 글

등장인물: 토끼, 자라, 용왕, 문어, 뱀장어, 고등어, 꼴뚜기 등 ┐ 해설
장소: 바닷속 궁궐(용궁), 산속

(중략)

토끼, 용궁으로 들어온다. 토끼, 온갖 대신들이 모두, 물고기들이라 깜짝 놀란다. ← 지시문

토끼: (뒤따라오는 자라한테 화를 낸다.) 아니, 용궁으로 데리고 온다더니 ┐ 대사
　　지시문
수산물 파는 횟집에 온 거 아냐?
자라: 토끼님 눈에는 이 용궁이 수족관으로 보인단 말이오?　　　　– 엄인희, 〈토끼와 자라〉

❶ 희곡의 장면 단위
희곡의 장면은 '장'과 '막'으로 구분됨.
• 장: 무대 장면이 변하지 않고 이루어지는 사건의 한 토막. 주로 조명이 꺼졌다 켜짐으로써 장이 바뀜.
• 막: 여러 개의 '장'이 모여 이뤄짐. 주로 무대의 커튼이 오르고 내림으로써 막이 바뀜.

* ● 시나리오 란?

영화를 만들기 위해 쓴 각본. 희곡과 마찬가지로 해설, 대사, 지시문 등으로 구성되며, 장면을 효과적으로 촬영하기 위해 다양한 용어가 쓰인다.

– 다양한 시나리오 용어

S#	장면 번호	NAR. (내레이션)	화면 밖에서 들려오는 설명 형식의 대사
E.	효과음(Effect). 장면을 실감 나게 표현하기 위해 넣는 소리	C.U. (클로즈업)	특정 대상이나 인물을 확대하여 촬영하는 것

❷ 시나리오의 장면 단위
시나리오는 'S#'이라는 장면 번호로 장면을 구분함. 하나의 장면 안에서는 같은 장소와 시간을 배경으로 내용이 전개됨.

● 희곡과 시나리오의 비교

		희곡	시나리오
공통점		• 등장인물의 대사와 행동을 통해 사건이 전개됨. • 해설, 대사, 지시문으로 구성됨.	
차이점	창작 목적	무대 위에서 공연하는 것	영화관에서 상영하는 것
	등장인물의 수, 시간·공간	무대 위에서 공연할 수 있어야 하므로 제한이 있음.	촬영 후에 기술적으로 처리할 수 있으므로 제한을 덜 받음.

[01~02] 다음을 읽고 맞으면 ○, 틀리면 ✕에 표시하시오.

> 등장인물: 형, 아우, 측량 기사, 조수들, 사람들
> 장소: 들판 (중략)
>   형과 아우, 들판에서 그림을 그리고 있다. (중략) 형, 아우에게 다가가서 그림을 바라본다.
>   형: 야, 멋진데! 아주 멋지게 그렸어!
>   아우: 경치가 좋으니까 그림이 잘 그려져요.
> — 이강백, 〈들판에서〉

01

윗글은 무대에서 공연하기 위해 쓰인 희곡이다.

(○ , ✕)

02

윗글에는 해설과 대사, 지시문이 모두 나타나 있다.

(○ , ✕)

[03~04] 다음을 읽고 빈칸에 들어가기에 알맞은 말을 고르시오.

> S#101. 춘천 공설 운동장/아침
>   경숙, 초원을 잡아끌지만, 초원은 움직일 생각을 안 한다.
>   경숙: 너 뛰다가 쓰러지면 또 주사 맞잖아. 주사 맞을 거야?
>   초원: (머뭇거리다가 이내) 안 쓰러져. 초원이 안 쓰러져.
>   그 순간 '타앙' 울리는 출발 총성. '와아'하는 함성 소리와 함께 물밀 듯이 밀려 나가기 시작하는 사람들. 그 틈바구니에서 손을 붙잡은 채, 서로 노려보고 있는 초원과 경숙.
> — 정윤철 외, 〈말아톤〉

03

윗글은 영화의 (희곡 / 시나리오)이다.

04

윗글은 무대 위에서 공연하기 위해 쓰인 것보다 등장인물의 수의 제한을 (더 / 덜) 받는다.

[05~06] 다음을 읽고 빈칸에 들어가기에 알맞은 말을 쓰시오.

> S# 47. 암자 안 (밤)
>   들어오는 천수, 보면 박 나인이 한삼*으로 입을 막은 채 토악질을 하고 있다. (중략) 한참을 그러고 나니, 잠시 토악질을 멈추는 박 나인. 힘없이 누우려는데, 박 나인이 누웠던 곳에 작은 쪽지 하나가 있다. 쪽지를 발견하는 천수. (중략) 수라간*에서 급히 썼는지, 종이에 간장으로 쓴 한 나인의 옛 한글 서찰이다. (중략)
>   한 나인: (E) 명이야, 살았느냐? 살았느냐? 지금 너를 죽일 약병을 들고 어찌할 줄을 모르겠다.
> — 김영현, 〈대장금〉
>
> *한삼: 윗옷 소매 끝에 흰 헝겊으로 길게 덧대는 소매
> *수라간: 임금이 끼니때마다 먹는 음식을 만드는 곳   *서찰: 편지

05

윗글에서는 (   )을/를 통해 천수와 박 나인의 행동을 지시하고 있다.

06

'E'는 한 나인의 대사를 실감 나는 소리로 처리하라는 의미의 용어인 (   )을/를 말한다.

[07~09] 빈칸에 들어가기에 알맞은 단어를 〈보기〉에서 찾아 문맥에 맞게 쓰시오.

> 〈보기〉
> • 약효: 약의 효력, 약의 기운
> • 기력: 사람의 몸으로 활동할 수 있는 정신과 육체의 힘
> • 여리다: 의지나 감정 따위가 모질지 못하고 약간 무르다.

07

이 약의 (   )은/는 6시간 이상 유지된다.

08

마음이 (   ) 사람은 쉽게 상처를 받는다.

09

그녀는 (   )이/가 다한 나머지 길에서 쓰러졌다.

야, 춘기야 _김옥

[앞부분의 줄거리] 중학교 입학을 앞둔 예린은 한창 외모 꾸미기에 관심이 많다. 엄마와 매일 크고 작은 말다툼을 하던 예린은 친구 윤선과 마트에서 산 염색약으로 머리에 염색을 한다.

오후에 엄마가 여느 때보다 훨씬 일찍 집에 들어왔다. 엄마를 맞이할 마음 준비가 끝나기도 전에 와 버려서 나도 놀랐지만, 엄마도 내 모습에 어지간히 놀랐나 보다.

한참을 입을 벌린 채 바라보더니 비명처럼 소리를 질렀다.

"머리 꼴이 그게 뭐야? 누가 우리 딸 머리를 그렇게 만들어 버렸어? 누구야 누구?"

"아니야, 엄마. 내가 집에서 했어."

내가 기어들어 가는 소리로 말하자 엄마의 짧은 머리카락이 일일이 곤두서는 것 같더니 눈동자가 커질 대로 커졌다.

"너 미쳤구나? 학생이 염색을 다 하고."

"윤선이도 했는데."

내 말대꾸에 엄마는 불같이 화를 내기 시작했다.

"집에서 하라는 공부는 안 하고 잘한다. 응? 그리고 매니큐어는 왜 발랐어? 너 지금 한 것 내 허리띠 맞지? 도저히 참을 수 없어. 날마다 엉뚱한 짓이나 하고."

엄마는 내가 차고 있던 허리띠를 휙 빼앗아 가더니만 또다시 소리쳤다.

"휴대 전화도 압수야! 내가 너만 한 나이 때는 공부만 하고 책만 읽었다. 도대체 누굴 닮아 엉뚱한 궁리만 하는 거야?"

휴대 전화를 뺏기고 나자 억울해서 눈물이 다 나왔다. 더 이상 참을 수가 없어 소리쳤다.

"엄마도 화장하고 파마도 하잖아."

"나하고 너하고 같아? 나는 어른이고 너는 학생이잖아."

"그럼 엄마처럼 바쁘다는 핑계로 딸 밥도 잘 안 챙겨 주는 거는 엄마 노릇 잘하는 거야?"

나는 울면서 소리쳤다.

"내가 누구 때문에 이렇게 열심히 사는데……."

"누군 누구야. 엄마가 좋아서 엄마 인생 사는 거지. 나는 바보처럼 공부만 하면서 살고 싶지 않아. 해 보고 싶은 것은 다 하면서 살 거야. 그리고 절대로 엄마처럼은 살지 않을 거야."

엄마 눈이 휘둥그레졌다.

짧은 순간 커다란 눈 가득 눈물을 글썽이더니 내 등짝을 세게 후려치며 말했다.

"난 애들이 어른한테 대드는 꼴은 죽어도 못 봐. 하여간 검은 염색약 사다 다시 염색할 거니까 그런 줄 알아."

나는 내 방에 들어가 문을 걸어 잠그고 엉엉 울었다.

'집 나가 버릴 거야. 혼자서도 얼마든지 살 수 있어.'

한참 뒤 엄마가 현관을 나가는 소리가 들렸다.

'검은 염색약 사러 가는 건가?' 하는 생각이 들었지만 나가보지는 않았다.

한참 있다 화장실로 가 세수를 했다. 거울 속에는 어른도 아이도 아닌 갈색 머리가 서 있었다.

'어서 저 낯선 애와 친해져야 할 텐데.'

🦋 빈칸을 채우세요.

- 중심인물: - 배경:

- 중심 사건, 갈등:

- **어지간하다**: 정도나 형편이 기준에 크게 벗어나지 아니한 상태에 있다.
- **곤두서다**: 거꾸로 꼿꼿이 서다.
- **압수**: 강제로 물품을 거두어 보관함.
- **대들다**: 요구하거나 반항하느라고 맞서서 달려들다.

01 중심 사건, 갈등 파악하기

다음 빈칸에 들어가기에 알맞은 말을 〈보기〉에서 찾아 쓰시오.

〈보기〉

엄마   '나'   외할머니   밥   화장   염색

(1) '나'가 (   )을/를 한 것을 본 엄마는 소리를 질렀다.

(2) '나'는 (   )에게 엄마처럼은 살지 않을 것이라고 울면서 소리쳤다.

02 사건과 갈등 파악하기

윗글의 내용으로 가장 알맞지 않은 것은?

① 엄마는 '나'가 염색을 잘했다고 말했다.

② '나'는 엄마처럼 살지 않겠다고 이야기했다.

③ 엄마는 '나'가 염색한 것이 엉뚱한 짓이라고 말했다.

④ '나'는 공부만 하면서 사는 것은 바보같다고 말했다.

⑤ '나'는 엄마가 엄마 노릇을 잘하지 못한다고 말했다.

02

집에 들어온 엄마가 '나'를 보고 어떻게 반응하고 있는지, 엄마의 반응에 '나'가 무엇이라고 말했는지 살펴보세요.

03 사건과 갈등 파악하기

엄마와 '나'가 말다툼을 한 원인으로 가장 알맞은 것은?

① '나'가 염색을 했기 때문이다.

② '나'가 매니큐어를 발랐기 때문이다.

③ '나'가 엄마의 허리띠를 착용했기 때문이다.

④ 엄마가 화장을 하고 파마를 했기 때문이다.

⑤ 엄마가 '나'의 휴대 전화를 압수했기 때문이다.

03

엄마가 소리를 치고 '나'의 등짝을 세게 후려친 이유가 무엇인지 생각해 보세요.

• **착용하다**: 옷, 모자, 신발, 액세서리 따위를 입거나, 쓰거나, 신거나, 차거나 하다.

오마니별 _김원일

[앞부분의 줄거리] 6·25 전쟁 때 피란을 가던 길에 조평안은 어머니와 누이를 잃고 만다. 고아로 떠돌던 조평안은 어느 집의 양자가 되고, 어른이 된 후 6·25 전쟁 때 헤어진 동생을 찾는 안나 리의 소식을 듣게 된다. 안나 리와 만난 조평안은 어릴 적 추억에 관한 이야기를 나눈다.

"어린 동생 데리고 하염없이 걷고 걸었던 그해 겨울 추위와 배고픔을 나는 이날 이때까지 하루도 잊어 본 적 없답니다. 그럼 내가 묻겠어요. 어머니가 숨을 거두었던 겨울밤은 생각납니까?"

줄리 여사 통역을 듣던 황 이장이 답답해 미칠 지경이란 듯 조 씨 무릎을 흔들며 조 씨 귀에 대고 큰 소리로 말했다.

"이 사람아, 그건 기억난다고 했잖아. 꾸물대지 말구 어서 말해 봐!"

"그래, 그래 기억나."

그제야 조 씨가 머리를 끄덕였다.

"그렇다면 어머니가 숨 거둔 그날 밤, 하늘을 보고 내가 했던 말을 기억합니까?"

안나 리 여사도 답답했던지 프랑스 말에 달아 천장을 쳐다보며, / "별, 별 말입니다!"

하고 분명한 한국 발음으로 강조했다. 그네는 터지려는 울음을 손수건으로 막았다. 한순간에 실내는 숙연해졌고 모두의 시선이 조 씨 얼굴에 쏠렸다.

"별?"

조 씨가 천장을 올려다보며 눈을 깜박이더니 추위를 타듯 어깨를 움츠리고 온몸을 떨어 댔다.

"하늘에 별?"

"별 보구 내 뭐라 말했어?"

봇물이 터진 듯 안나 리 여사 입에서 자연스럽게 한국말이 터졌고 낮춤말을 썼다. 그네가 팔걸이 쥔 손에 얼마나 힘을 주었던지 휠체어가 흔들렸다.

"오마니별, 거기 있어…….."

허공을 보는 조 씨 입에서 꿈결이듯 그 말이 흘러나왔고 눈동자가 뿌옇게 풀어졌다.

손수건으로 입을 막아 격한 감정을 다스리던 안나 리 여사의 비탄이 터진 것은 그 순간이었다.

"오마니별을 알다니! 내 동생이 틀림없어!"

엄마가 숨을 거둔 겨울밤이었다. 폭격으로 반쯤 허물어진 빈집의 무너진 천장 사이로 밤하늘이 보였고, 찬 별들이 하늘 가득 보석처럼 박혀 있었다. 헌 이불을 둘러쓰고 서로 껴안아 체온으로 밤을 새울 때, 밤하늘의 별을 보며 누이가 말했다. 중길아, 저 하늘에 반짝이는 별 두 개를 봐. 아바지별과 오마니별이야. 천지 강산에 우리 둘만 남기구 아바지가 오마니 데빌구 하늘에 가서 별루 떴어. 저기, 저기 오마니별 보여?

"중길아! 네 이름은 이중길이야. 여기루 오라구!"

안나 리 여사가 떨리는 두 팔을 한껏 벌리고 외쳤다.

그 순간을 놓치지 않겠다는 듯 현 선생이 앞으로 나서며 카메라를 들이댔다. ㉠ 안나 리 여사 며느리는 뒤쪽에 따로 준비해 둔 한 아름 생화 꽃다발을 들고 활짝 웃으며 조 씨 쪽으로 걸어왔다.

🍎 빈칸을 채우세요.

– 중심인물: – 배경:

– 중심 사건, 갈등:

- **피란:** 전쟁과 같은 난리를 피하여 옮겨 감.
- **하염없이:** 시름에 싸여 멍하니 이렇다 할 만한 아무 생각이 없이
- **꾸물대다:** 게으르고 굼뜨게 행동하다.
- **숙연해지다:** 고요하고 엄숙해지다.
- **봇물:** 농사에 쓰려고 흘러가지 못하게 막아 놓은 물
- **허공:** 텅 빈 공중   • **격하다:** 기세나 감정 따위가 급하고 거세다.
- **비탄:** 몹시 슬퍼하면서 한숨을 쉼.
- **폭격:** 비행기에서 폭탄을 떨어뜨려 적의 군대나 시설물, 또는 국토를 파괴하는 일

04 중심 사건, 갈등 파악하기

다음 빈칸에 들어가기에 알맞은 답을 〈보기〉에서 찾아 쓰시오.

〈보기〉
| 안나 리 | 황 이장 | 하늘 | 손수건 | 오마니별 |

(1) 조 씨와 (　　　　　　　　)은/는 서로가 가족임을 알게 되었다.

(2) 안나 리는 조 씨가 (　　　　　　　　)을/를 알기 때문에 자신의 동생이 틀림없다고 여기고 있다.

05 사건과 갈등 파악하기

윗글의 내용으로 가장 알맞지 않은 것은?

① 조 씨는 오마니 별에 대해 기억하고 있었다.

② 안나 리는 조 씨와 이야기하면서 추위에 떨었다.

③ 누이는 중길이에게 아바지별과 오마니별에 대해 설명해 주었다.

④ 안나 리는 어머니가 숨을 거둔 날 동생과 밤하늘의 별을 보았다.

⑤ 어머니가 숨을 거둔 겨울밤, 남매는 폭격으로 무너진 빈집에 있었다.

05

윗글에 등장하는 인물들이 과거에 무엇을 하였고, 무슨 이야기를 나누었는지 살펴보세요.

DAY
15

06 사건과 갈등 파악하기

㉠의 이유로 가장 알맞은 것은?

① 안나 리가 한국말을 했기 때문이다.

② 하늘에 별이 보석처럼 박혀 있었기 때문이다.

③ 조 씨가 안나 리의 동생임을 확신했기 때문이다.

④ 아바지별과 오마니별이 하늘에 떠 있었기 때문이다.

⑤ 조 씨가 온몸을 떨어대는 것이 안쓰러웠기 때문이다.

06

안나 리 여사의 며느리가 꽃다발을 들고 조 씨 쪽으로 걸어가기 전에 어떠한 사실이 밝혀졌는지 생각해 보세요.

• **확신하다**: 굳게 믿다.
• **안쓰럽다**: (남의 처지나 형편이) 가엾고 불쌍하다.

07 [단답형] 소재의 의미 파악하기

윗글에서 〈보기〉와 관련이 있는 것을 찾아 4음절로 쓰시오.

〈보기〉
• 안나 리와 조 씨가 남매임이 밝혀진 계기가 된 단서
• 안나 리가 어머니가 숨을 거둔 날 밤, 밤하늘의 별을 보고 동생에게 해 준 말

07

어머니가 숨을 거둔 겨울밤, 누이가 동생에게 아버지가 어머니를 데리고 갔다고 말해 주면서 반짝이는 별이 무엇이라고 했는지 찾아보세요.

갈등과 소재의 역할

> "따른 집에나 가보라니께!" / "아줌마한테 요걸 보여줄려구요." 녀석은 엄지와 인지를 붙여 동그라미를 만들어 보였다. (중략) 금반지는 어느새 어머니의 손에 건너가 있었다.
> 아줌마가 자신을 내쫓으려고 해도 녀석은 금반지를 건네고 있다. 이를 통해 녀석의 성격이 영리하고 당돌함을 알 수 있으며, 금반지는 녀석과 아줌마의 갈등을 해소하는 계기가 된다.

*● 갈등 의 역할

(1) 인물의 성격을 드러낸다.

> 어느새 모여든 사람들에게 들으라는 듯이 아줌마가 악을 쓴다. / "대드는 게 아니고, 돈 달라고 하는 건데요." / 용우도 지지 않는다.
> 밀린 아르바이트 임금을 달라고 함.
> – 공선옥, 〈힘센 봉숭아〉

➡ 밀린 아르바이트 임금을 두고 아줌마와 갈등하는 모습에서 용우의 당당한 성격이 드러난다.

(2) 사건에 필연성❶을 부여한다.

> 노새가 갑자기 달아난 건 어저께 일이었다. (중략)
> 노새를 잃어버림.
> "이걸 어쩌우, 글쎄 경찰서에서 당신을 오래요. 그놈의 노새가 사람을 다치게 하고
> 노새를 잃어버렸기 때문에 생긴 일임.
> 가게 물건들을 박살을 냈대요. 이걸 어쩌지."
> – 최일남, 〈노새 두 마리〉

➡ 노새를 잃어버린 일은 이후 노새가 사람을 다치게 하고 가게의 물건들을 망가뜨린 일과 관련이 있다.

(3) 갈등을 해결하는 과정을 통해 주제를 드러낸다.

> 참옹고집 공손히 하는 말이, "이놈의 죄를 생각하면 천 번 죽어도 애석하지 않으나
> 자신의 잘못을 뉘우침.
> 늙은 어머니, 어린 처자 다시 보게 하옵소서." (중략) 방에 있던 짚옹고집은 간데없고
> 난데없는 짚 한 묶음이 놓여 있을 따름이오.
> 갈등이 해결됨.
> – 작자 미상, 〈옹고집전〉

➡ 참옹고집이 잘못을 뉘우치자 짚옹고집이 사라짐으로써 인간의 도리를 지켜야 한다는 주제가 드러난다.

*● 소재 의 역할

(1) 주제를 상징적❷으로 드러낸다.

> 어머니의 사랑   어머니와 아들
> "눈길을 혼자 돌아가다 보니 그 길엔 아직도 우리 둘 말고는 아무도 지나간 사람이
> 없지 않았겠냐. (중략) 굽이굽이 돌아온 그 몹쓸 발자국들에 아직도 도란도란 저 아
> 그의 목소리나 따뜻한 온기가 남아 있는 듯만 싶었제."
> – 이청준, 〈눈길〉

(2) 갈등이 심해지거나 해소되는 계기가 된다.

> 흙이랄 것도 없는 한 줌의 먼지에 허겁지겁 뿌리 내리고 눈물겹도록 노랗게 핀
> 민들레꽃을 보자 나는 갑자기 부끄러운 생각이 들었습니다. 살고 싶지 않아 하던 게
> '나'가 다시 살고자 하는 마음을 가진 계기
> 큰 잘못같이 생각되었습니다.
> – 박완서, 〈옥상의 민들레꽃〉

(3) 소재를 대하는 인물의 태도를 통해 인물의 성격이나 심리, 가치관 등을 보여 준다.

> "천금이 쏟아진대두 난 땅은 못 팔겠다. 내 아버님께서 손수 이룩허시는 걸 내 눈으
> 루 본 밭이구, 내 할아버님께서 손수 피땀을 흘려 모신 돈으루 장만허신 논들이야."
> 땅에 담긴 가족의 역사와 추억을 소중하게 여기는 인물의 가치관이 드러남.
> – 이태준, 〈돌다리〉

❶ 필연성
어떠한 일이 반드시 그렇게 될 수밖에 없는 것

❷ 상징적
추상적인 개념이나 사물을 구체적인 사물로 나타내는 것

[01~02] 다음을 읽고 빈칸에 들어가기에 알맞은 말을 고르시오.

> 메뚜기*가 영래를 불러내어 / "반장과 함께 조용히 자습을 시킨 뒤에, 자치 회의를 해라." / 이르고 훌쩍 나가 버렸다. (중략)
> 영래가 말했다. / "전부들 책을 집어넣어. 오늘 오전에는 씨름 대회를 연다." (중략)
> 그때 석환이가 안으로 폭삭 기어들어간 목소리로 중얼거렸다. / "나는 말야……. 씨름 대회는 반대한다."
> – 황석영, 〈아우를 위하여〉
>
> *메뚜기: 담임 선생님의 별명 *자치 회의: 학생들이 학교생활을 스스로 다스리기 위하여 하는 회의

01

윗글에서는 영래와 석환이가 (자치 회의 / 씨름 대회)를 하는 것을 두고 갈등을 겪고 있다.

02

영래의 일방적인 제안을 반대하는 (메뚜기 / 석환)(이)의 모습에서 불의에 저항하는 석환이의 성격이 드러난다.

[03~04] 다음을 읽고 맞으면 ○, 틀리면 ×에 표시하시오.

> "너 혹 붙장 안의 돈 봤니?" / 하다가는 채 문기가 입을 열기 전에 숙모는 "학교서 지금 오는 애가 알겠니. 참 점순이 고년 앙큼헌 년이더라. 낮에 내가 뒤꼍에서 화초 모종을 내고 있는데 집을 간다고 나가더니 글쎄 돈을 집어 갔구나." 문기는 잠잠히 듣기만 한다. / (중략) 방 안의 문기는 그 밤을 뜬눈으로 새웠다.

03

문기는 자기 대신 누명을 쓴 점순이 때문에 외적 갈등을 겪고 있다. (○ , ×)

04

'붙장 안의 돈'은 문기의 마음을 불편하게 하는 소재이다. (○ , ×)

[05~06] 다음을 읽고 맞으면 ○, 틀리면 ×에 표시하시오.

> 그의 고향은 대구에서 멀지 않은 K군 H란 외딴 동리*였다. (중략) 넉넉지는 못할망정 평화로운 농촌으로 남부럽지 않게 지낼 수 있었다. 그러나 세상이 뒤바뀌자 ㉠그 땅은 전부가 동양 척식 주식 회사*의 소유에 들어가고 말았다. (중략)
> 지금으로부터 구 년 전, 그가 열일곱 살 되던 해 봄에 그의 집안은 살기 좋다는 바람에 서간도로 이사를 갔다. 쫓겨 가는 운명이거든 어디를 간들 신신하랴*.
> – 현진건, 〈고향〉
>
> *동리: 마을 *동양 척식 주식 회사: 일제 강점기에 일본이 한국의 경제를 착취하기 위하여 세운 회사 *신신하랴: 마음에 들랴

05

'땅'은 그가 가진 욕심을 드러내는 소재이다. (○ , ×)

06

㉠은 그의 집안이 이사간 것에 필연성을 부여한다. (○ , ×)

[07~08] 빈칸에 들어가기에 알맞은 단어를 〈보기〉에서 찾아 문맥에 맞게 쓰시오.

> ───── 〈보기〉 ─────
> • 격하다: 기세나 감정 따위가 급하고 거세다.
> • 어지간하다: 정도나 형편이 기준에 크게 벗어나지 아니한 상태에 있다.
> • 허물어지다: 쌓이거나 짜이거나 지어져 있는 것이 헐려서 무너지다.

07

우리는 홍수로 인해 (   )진 돌담을 다시 쌓았다.

08

(   ) 실력으로는 국가 대표가 될 수 없다.

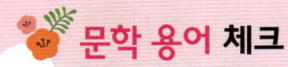

문학 용어 체크

✿ STEP Ⅰ, Ⅱ 학습 체크

[앞에서 배운 문학 용어들 중에서 확실히 아는 것에 ☑️ 표시를 하세요.
  확실히 알지 못하는 것은 다시 복습하세요.]

- ☐ 중심인물 → 84p
- ☐ 주변 인물 → 84p
- ☐ 주동 인물 → 84p
- ☐ 반동 인물 → 84p
- ☐ 전형적 인물 → 84p
- ☐ 개성적 인물 → 84p
- ☐ 평면적 인물 → 84p
- ☐ 입체적 인물 → 84p
- ☐ 시간적 배경 → 84p
- ☐ 공간적 배경 → 84p
- ☐ 시대적 배경 → 84p
- ☐ 소재 → 92p
- ☐ 영웅 소설 → 92p
- ☐ 가정 소설 → 92p
- ☐ 애정 소설 → 92p

- ☐ 적강 소설 → 92p
- ☐ 우화 소설 → 92p
- ☐ 천상계 → 92p
- ☐ 지상계 → 92p
- ☐ 허구성 → 98p
- ☐ 모방성 → 98p
- ☐ 진실성 → 98p
- ☐ 서사성 → 98p
- ☐ 산문성 → 98p
- ☐ 소설의 3요소
  (주제, 구성, 문체) → 98p
- ☐ 구성의 3요소
  (인물, 사건, 배경) → 98p
- ☐ 소설의 구성 단계(발단, 전개,
  위기, 절정, 결말) → 98p

- ☐ 사건 → 108p
- ☐ 갈등 → 108p
- ☐ 내적 갈등 → 108p
- ☐ 외적 갈등 → 108p
- ☐ 극 문학 → 116p
- ☐ 희곡 → 116p
- ☐ 희곡 구성의 3요소
  (해설, 대사, 지시문) → 116p
- ☐ 시나리오 → 116p
- ☐ S# → 116p
- ☐ E. → 116p
- ☐ NAR. → 116p
- ☐ C.U. → 116p
- ☐ 갈등의 역할 → 122p
- ☐ 소재의 역할 → 122p

✿ STEP Ⅲ 학습 미리 체크

[정확히 알고 있는 것에 ☑️ 표시를 하세요.
  STEP Ⅲ을 공부한 후에 확실히 익혔는지 한 번 더 확인해 보세요.]

- ☐ 서술자 → 132p
- ☐ 시점 → 132p
- ☐ 1인칭 주인공 시점 → 132p
- ☐ 1인칭 관찰자 시점 → 132p
- ☐ 전지적 작가 시점 → 132p
- ☐ 3인칭(작가) 관찰자 시점 → 132p
- ☐ 설화 → 132p

- ☐ 신화 → 132p
- ☐ 전설 → 132p
- ☐ 민담 → 132p
- ☐ 대화 → 140p
- ☐ 서술 → 140p
- ☐ 요약적 서술 → 140p
- ☐ 묘사 → 140p

- ☐ 의식의 흐름 기법 → 140p
- ☐ 전개 방식 → 146p
- ☐ 순행적 구성 → 146p
- ☐ 역순행적 구성 → 146p
- ☐ 환몽 구조 → 146p
- ☐ 풍자 → 146p
- ☐ 해학 → 146p

STEP Ⅲ
서술상 특징 파악하기

★ 서술상 특징이란?

소설, 극 문학에서 인물의 성격이나 배경, 사건 등을 효과적으로 전달하기 위해 활용하는 다양한 표현 방법을 말합니다.

★ 소설

● 서술상 특징을 파악하는 이유

소설의 글쓴이는 이야기를 효과적으로 전달하기 위해 다양한 방법을 사용합니다. 누가 어떠한 방식으로 이야기를 전달할지, 사건을 일어난 순서대로 보여 줄지, 과거의 일을 나중에 밝힐지 등을 정하여 자신이 이야기하고자 하는 바를 효과적으로 서술하는 것이지요. 따라서 소설을 읽을 때 서술상 특징을 파악하면, 글쓴이가 어떠한 이야기를 전하고자 하는지 이해하는 데 도움이 돼요.

● 서술상 특징을 파악하는 방법

❶ 이야기를 전달하는 사람이 누구인지 파악하기
❷ 어떠한 방식으로 소설의 내용을 펼쳐 나가는지 살펴보기
❸ 소설에 쓰인 문장이나 인물의 말투가 어떠한지 살펴보기

★ 극 문학

● 서술상 특징을 파악하는 이유

극 문학의 글쓴이는 작품을 연극이나 영화, 드라마 등으로 만들기 위해 여러 가지 방법을 사용합니다. 극 문학은 희곡, 시나리오, 드라마 대본 중 구체적인 갈래가 무엇인지에 따라 각각의 특성 및 사용하는 용어 등이 달라져요. 따라서 극 문학을 읽을 때는 작품의 구체적인 갈래를 파악하며 읽어야 해당 작품의 특정을 효과적으로 이해할 수 있어요.

● 서술상 특징을 파악하는 방법

❶ 작품 속에 사용된 용어 살펴보기
❷ 지시문이 지시하는 바를 살펴보기

DAY 16 구운몽 _ 김만중

[앞부분의 줄거리] 중국 당나라 때 육관 대사의 가르침을 받으며 도를 닦던 성진은 육관 대사의 심부름을 갔다 돌아오는 길에 팔 선녀들을 만나 불도의 법을 어기게 된다. 지옥의 왕인 염라대왕이 성진에게 인간으로 다시 태어나라는 벌을 내려 성진은 인간 세계에서 양소유로 태어나게 된다. 인간 세상에서 높은 벼슬에 올라 부귀영화를 누린 양소유는 삶이 허망하다는 것을 깨닫고 불도에 귀의하려고 한다. 이때 한 노승이 나타난다.

1 노승이 웃으며 말하였다.

"승상은 평생 사귀던 오랜 벗을 모르십니까?"

승상이 한참 보다가 깨닫고 여러 낭자를 돌아보며 말하였다.

"내 토번을 치러 갔을 때 꿈에 동정호에 갔다가 남악 산에 올라 늙은 화상이 제자를 데리고 토론하는 모습을 보았는데 사부가 바로 그분이십니까?"

노승이 박장대소하며 말하였다.

"옳소! 옳소! 그러나 승상은 꿈속에서 한 번 본 것만 기억하고, 십 년을 같이 산 일은 생각하지 못하십니까?"

승상이 멍한 채로 말하였다.

"십육 세 이전은 부모의 곁을 떠나지 아니하고, 십육 세 후는 벼슬하여 임금을 섬겨 분주하여 겨를이 없었는데, 어느 때 사부를 좇아 십 년을 놀았겠습니까?"

노승이 웃으며 말하였다.

"승상이 오히려 꿈을 깨닫지 못하였소."

승상이 말하였다.

"사부께서 저를 깨닫게 하시겠습니까?"

노승이 말하였다.

"이 어렵지 않다."

하고, 막대기를 들어 난간을 치니, 문득 흰 구름이 일어나 사면에 두루 껴 지척을 분간치 못하였다.

승상이 크게 불러 말하였다.

"사부는 바른 도리로 가르치지 아니하시고 어찌 환술로 희롱하십니까?"

말을 마치지 못하여 구름이 걷히며 노승과 두 부인 육 낭자는 간 데 없었다. 승상이 크게 놀라 자세히 보니 누대 궁궐은 간 데 없고, 몸은 홀로 작은 암자 가운데 앉아 있었다. 손으로 머리를 만지니 새로 깎은 흔적이 송송하고 백팔 염주가 목에 걸려 있으니 다시는 대승상 위의는 없고 불과 연화 도량의 성진 소화상이었다.

2 다시 생각하되, / '당초 일념 그르침을 사부가 경계 하려 하여 인간 세상에 나가 부귀영화와 남녀 정욕을 한번 알게 하신 게구나.'

하고, 즉시 새암에 가 세수한 후, 장삼을 바로 입고 고깔을 뚜렷이 쓰고 방장에 들어가니 모든 제자들이 다 모여 있었다.

대사가 큰 소리로 말하였다.

"성진아, 인간 세상의 재미가 어떠하더냐?"

성진이 머리를 땅에 두드리며 눈물을 흘려 말하였다.

"이제야 깨달았습니다. 성진이 함부로 굴어 도심이 바르지 못하니 마땅히 인간 세상에 윤회하는 벌을 받아야 하거늘, 사부께서 자비하시어 하룻밤 꿈으로 제자의 마음을 깨닫게 하시니, 사부의 은혜는 천만 겁이 지나도 갚기 어렵습니다."

대사가 말하기를,

"네가 흥을 타고 갔다가 흥이 다하여 돌아왔으니 내가 무슨 간여할 바가 있겠느냐? 또 네가 말하기를, '인간 세상에 윤회한 것을 꿈을 꾸었다.'라고 하니, 이는 꿈과 세상을 다르다고 하는 것이니, 네가 아직도 꿈을 깨지 못하였도다. 옛말에 '장주가 꿈에서 나비가 되었다가 다시 나비가 장주가 되었다.'라고 하니, 어느 것이 거짓 것이고, 어느 것이 참된 것인지 분변하지 못하나니, 이제 성진과 소유에 있어 어느 것이 참이며 어느 것이 꿈이냐?"

🍪 빈칸을 채우세요.

– 중심인물:　　　　　　　　　 – 배경:

– 중심 사건, 갈등:

– 서술상 특징:

• **불도**: 부처의 가르침　　• **허망하다**: 거짓되고 망령되다.
• **귀의하다**: 부처 등에 의지하여 구원을 청하다.
• **분주하다**: 몹시 바쁘게 뛰어다니다.　• **지척**: 아주 가까운 거리

• **분간하다**: 사물이나 사람의 옳고 그름, 좋고 나쁨 따위와 그 정체를 구별하거나 가려서 알다.　• **암자**: 큰 절에 딸린 작은 절≒암
• **송송하다**: 작은 구멍이나 자국이 많이 나 있다.
• **염주**: 염불할 때에, 손으로 돌려 개수를 세거나 손목 또는 목에 거는 기구
• **위의**: 위엄이 있고 엄숙한 태도나 차림새　• **소화상**: 젊은 승려
• **정욕**: 이성의 육체에 대하여 느끼는 성적 욕망
• **윤회하다**: 중생이 생사 세계를 그치지 아니하고 돌고 돌다.
• **간여하다**: 어떤 일에 간섭하여 참여하다.
• **분변하다**: 세상 물정에 대한 바른 생각이나 판단을 하다.= 분별하다.

STEP Ⅲ 서술상 특징 파악하기

시와 마찬가지로 소설에서도 인물의 성격이나 배경, 사건 등을 효과적으로 전달하기 위해 다양한 표현 방법을 활용해요. 소설에서 활용하는 표현 방법은 '서술상 특징'이라고 하지요.

소설을 읽을 때 가장 먼저 파악해야 할 서술상 특징은 바로 '서술자'와 '시점'이에요. 시에서 말하는 사람을 화자라고 하는 것처럼 소설에서 이야기를 하는 사람을 **서술자**라고 해요. 서술자가 소설 속 등장인물인 '나'라면 '1인칭 서술자'이고, 소설 속에 등장하지 않는 서술자라면 '3인칭 서술자' 혹은 '작가'라고 해요.

시점은 서술자가 이야기를 전하는 방식이나 관점을 의미해요. 1인칭 혹은 3인칭 서술자가 등장인물의 속마음까지 다 알고 전달하는지, 인물과 사건을 보이는 대로 관찰한 내용만 전달하는지에 따라 시점은 4가지로 구분할 수 있어요.

서술 범위 \ 서술자의 위치	소설 속	소설 밖
속마음까지 제시	1인칭 주인공 시점	전지적 작가 시점
객관적으로 관찰	1인칭 관찰자 시점	3인칭(작가) 관찰자 시점

✿ 〈구운몽〉의 **중심인물**과 **배경**을 살펴봅시다.

①에는 '노승', '승상'이, ②에는 '성진'과 '(육관) 대사'가 등장해요. '승상'은 '성진'이고 '노승'이 '(육관) 대사'이죠? 따라서 **윗글의 중심인물은 '성진(승상)'과 '노승(육관 대사)'**입니다.

한편 '승상'은 두 부인과 육 낭자와 함께 누대 궁궐에 있었으나 '노승'이 막대기를 들어 난간을 치자, 작은 암자 가운데 자신이 앉아 있음을 알게 돼요. 그리고 곧 자신이 연화 도량의 '성진 소화상'임을 깨닫죠.

따라서 **윗글의 공간적 배경은 '누대 궁궐'과 '작은 암자', '연화 도량'**입니다.

✿ 〈구운몽〉의 **중심 사건**과 **갈등**은 무엇일까요?

'승상'은 자신을 알지 못하겠냐는 '노승'의 말에 자신을 깨닫게 해 달라고 하고, '노승'은 막대기로 난간을 쳐서 흰 구름을 만들어 내요(①). 이내 '승상'은 자신이 '성진 소화상', 즉 승려임을 알게 되지요. '성진'은 대사에게 가서 하룻밤 꿈으로 자신을 깨닫게 해 준 은혜를 갚기 어렵다고 말했고, '대사'는 '성진'에게 무엇이 참이고 무엇이 꿈인지를 물어요.

윗글의 사건과 갈등을 정리하면 다음과 같아요.
• **중심 사건**: 노승(육관 대사)을 만난 승상(성진)이 꿈에서 깨어나 현실로 돌아옴.
• **갈등**: 크게 두드러지지 않음.

✿ 〈구운몽〉의 **서술상 특징**을 파악해 볼까요?

'승상이 한참 보다가 깨닫고 여러 낭자를 돌아보며 말하였다.'를 통해 작품 밖의 서술자가 중심인물인 승상의 마음까지 이야기하고 있음을 알 수 있어요. 즉 〈구운몽〉의 서술자는 3인칭 서술자이고, 시점은 전지적 작가 시점임을 알 수 있죠.

한편 주인공 '승상'은 '노승'을 만나 꿈에서 깨어나 자신이 '성진'임을 깨닫고 인생의 허무함을 알게 됩니다. 이처럼 주인공이 꿈속에서 새로운 삶을 체험한 뒤, 꿈에서 깨어 깨달음을 얻는 구조를 환몽 구조라고 해요.

'대사'는 꿈에서 깨어났다고 말하는 '성진'에게 '옛말에 장주가 꿈에서 나비가 되었다가 다시 나비가 장주가 되었다.'라고 말했어요. 이처럼 다른 사람의 말을 자신의 말이나 글에 끌어 오는 것을 인용이라고 합니다.

따라서 **윗글의 서술상 특징은 3인칭 서술자, 전지적 작가 시점, 환몽 구조의 내용 전개, 고사 인용**입니다.

DAY 16

01 서술상 특징 파악하기

다음 빈칸에 들어가기에 알맞은 답을 〈보기〉에서 찾아 쓰시오.

〈보기〉

노승   옛말   속담   승상

(1) 성진은 꿈속에서 양소유, (   )으로 살면서 인간 세상을 경험하고 있다.

(2) 대사는 '장주가 꿈에서 나비가 되었다가 다시 나비가 장주가 되었다.'라는 (   )을/를 인용하여 성진에게 깨달음을 주고 있다.

01
• **인용하다**: 남의 말이나 글을 자신의 말이나 글 속에 끌어 쓰다.

02 서술상의 특징 파악하기

윗글에 대한 설명으로 가장 알맞은 것은?

① 과거의 이야기와 현재의 이야기가 섞여 있다.

② 서술자가 자신의 이야기를 직접 전달하고 있다.

③ 꿈속 세계와 현실 세계의 이야기가 제시되어 있다.

④ 공간적 배경이 변하면서 과거의 이야기가 전개되고 있다.

⑤ 여러 개의 주제 아래 다양한 인물의 이야기가 전개되고 있다.

02
윗글이 어떠한 방식으로 내용을 전개하여 주제를 전달하는지 살펴보세요.

03 사건과 갈등 파악하기

윗글의 내용으로 알맞지 않은 것은?

① 승상은 꿈속에서 노승을 만난 적이 있다.

② 성진은 사부가 자비롭다고 생각하고 있다.

③ 성진은 사부의 은혜가 크다고 생각하고 있다.

④ 승상은 노승이 자신의 스승임을 알아보지 못하고 있다.

⑤ 사부가 막대기로 난간을 치자 팔선녀가 난간 위로 나타나고 있다.

03
윗글의 등장인물들이 각각 무엇을 하고 있는지, 어떠한 생각을 하고 있는지 생각해 보세요.

01 서술상 특징 파악하기

(1) 연화 도량의 성진은 양소유로 태어나 승상이 되어 부귀영화를 누리는 꿈을 꾸었어요. 따라서 정답은 <u>승상</u> 입니다.

(2) ②에서 대사, 즉 노승은 '옛말에 장주가 꿈에서 나비가 되었다가 다시 나비가 장주가 되었다.'라는 옛말을 인용하고 있어요. 따라서 정답은 <u>옛말</u> 입니다.

02 서술상의 특징 파악하기

윗글에 대한 설명으로 가장 알맞은 것은?

① 과거의 이야기와 현재의 이야기가 섞여 있다. (×)
　🌱 윗글은 성진이 꿈에서 깨어 깨달음을 얻는 과정이 시간의 흐름대로 진행되고 있을 뿐, 과거의 이야기와 현재의 이야기가 섞여 있지는 않아요.

② 서술자가 자신의 이야기를 직접 전달하고 있다. (×)
　🌱 윗글은 전지적인 작가가 주인공인 성진(승상)을 둘러싼 이야기와 성진의 마음까지 모두 서술하고 있을 뿐, 서술자가 자신의 이야기를 하고 있지 않아요.

③ 꿈속 세계와 현실 세계의 이야기가 제시되어 있다. (○)
　🌱 윗글의 앞부분에서는 승상이 노승을 만난 꿈속 세계가, 뒷부분에서는 성진이 승상의 삶이 꿈이었다는 것을 깨닫는 현실 세계가 제시되어 있어요. **그러므로 정답은 ③!**

④ 공간적 배경이 변하면서 과거의 이야기가 전개되고 있다. (×)
　🌱 승상이 있는 곳은 누대 궁궐이고, 성진이 있는 곳은 작은 암자예요. 공간적 배경이 변하면서 성진이 꿈에서 깨어나고 있을 뿐, 성진의 과거 이야기가 전개되고 있지는 않아요.

⑤ 여러 개의 주제 아래 다양한 인물의 이야기가 전개되고 있다. (×)
　🌱 윗글은 꿈속 세계에서 소유(승상)의 삶을 산 성진이 꿈에서 깨어나 부귀영화의 허무함을 깨닫는다는, 성진을 중심으로 한 이야기가 주로 제시되어 있을 뿐, 다양한 인물의 이야기가 여러 개의 주제 아래 전개되고 있지 않아요.

03 사건과 갈등 파악하기

윗글의 내용으로 알맞지 않은 것은?

① 승상은 꿈속에서 노승을 만난 적이 있다. (○)
　★근거: ①-❹, ❻
> "내 토번을 치러 갔을 때 꿈에 ~ 늙은 화상이 제자를 데리고 토론하는 모습을 보았는데 사부가 바로 그분이십니까?" ~ "옳소! 옳소! ~"

　🌱 ①에서 승상은 꿈에서 본 늙은 화상이 노승이냐고 물었고, 노승은 맞다고 했어요.

② 성진은 사부가 자비롭다고 생각하고 있다. (○)
　★근거: ②-❺
> "이제야 ~ 사부께서 자비하시어 ~ "

　🌱 ②에서 꿈에서 깨어난 성진은 머리를 땅에 두드리며 사부가 자비롭다고 말했어요.

③ 성진은 사부의 은혜가 크다고 생각하고 있다. (○)
　★근거: ②-❺
> "이제야 ~ 사부의 은혜는 천만겁이 지나도 갚기 어렵습니다."

　🌱 ②에서 성진은 사부의 은혜가 갚기 어렵다고 했어요.

④ 승상은 노승이 자신의 스승임을 알아보지 못하고 있다. (○)　★근거: ①-❷~❽
> • "승상은 평생 사귀던 오랜 벗을 모르십니까?"
> • "옳소! 옳소! 그러나 승상은 ~ 십 년을 같이 산 일은 생각하지 못하십니까?"
> • "십육 세 ~ 어느 때 사부를 좇아 십 년을 놀았겠습니까?"

　🌱 ①에서 승상은 자신은 어린 시절은 부모의 곁을 떠나지 않았고 그 이후에는 임금을 섬겼기 때문에 어느 때에 사부를 좇아 십 년을 놀았겠느냐고 말하고 있어요. 이를 통해 승상은 노승이 자신의 스승임을 알아보지 못했음을 알 수 있어요.

⑤ 사부가 막대기로 난간을 치자 팔선녀가 난간 위로 나타나고 있다. (×)　★근거: ①-⓮~⓳
> ~ 막대기를 들어 난간을 치니, ~ 누대 궁궐은 간 데 없고, 몸은 홀로 작은 암자 가운데 앉아 있었다. ~ 불과 연화 도량의 성진 소화상이었다.

　🌱 ①에서 승상이 노승에게 자신을 깨닫게 해 달라고 하자, 노승이 막대기로 난간을 쳤어요. 그 이후 승상은 자신이 연화 도량의 성진 소화상임을 깨닫게 되었어요. 그러나 이 과정에서 팔선녀가 난간 위에 나타나지는 않았어요. **그러므로 정답은 ⑤!**

아기장수 우투리 _작자 미상

[앞부분의 줄거리] 먼 옛날 왼쪽 겨드랑이에 작은 날개를 단 우투리가 태어났다. 부모는 우투리와 지리산 깊은 골로 들어가 숨어 살았지만, 임금은 영웅이 났다는 소문을 듣고 군사를 보내 우투리를 없애려 했다. 우투리는 군사와 맞서 싸우기 전 자신이 죽거든 뒷산 바위 밑에 좁쌀 석 되, 콩 석 되, 팥 석 되와 같이 묻어 달라고 유언을 남긴다. 우투리가 죽은 후 백성들 사이에서 우투리가 살아 있다는 소문이 돌고, 소문은 임금의 귀에까지 들어갔다.

"에잇, 안 되겠다. 이번에는 내 손으로 죽이는 수밖에 없다."

임금이 화가 나서 군사들을 많이 데리고 우투리네 집을 찾아갔어. 찾아가서 우투리 어머니, 아버지더러,

"우투리를 어디에 묻었느냐? 바른대로 대라!"

하고 을러대겠지. 그런다고 어머니, 아버지가 순순히 가르쳐 줄 리 있나? 입을 딱 다물고 죽어도 말 못 한다고 버렸지. 아무리 으름장을 놓아도 말을 안 하니까 임금이 시퍼런 칼을 아버지 목에 딱 갖다 대고,

"이래도 말 안 할 테냐?"

하는데, 그걸 보니 어머니가 그만 눈앞이 아득해져서 저도 모르게 뒷산 바위 밑에 묻었노라고 말해 버렸어.

임금이 그길로 뒷산에 가서 우투리 묻었다는 바위 밑을 파 보았지. 그런데 이게 참 귀신이 곡할 노릇이야. 암만 파도 아무것도 안 나와. 우투리는커녕 개미 뒷다리 하나 없어. 아주 깨끗해. 임금이 가만히 살펴보니, 우투리가 살아 있다면 숨을 데라고는 그 위에 있는 바위 속뿐이겠거든. 그렇지만 바위에 뭐 틈이 있기나 하나? 바위를 열고 속을 들여다보려고 해도 도무지 열 재간이 있어야 말이지. 임금이 바위를 이리 쳐다보고 저리 쳐다보고 빙빙 돌기만 하다가 다시 우투리 어머니, 아버지한테로 갔어. 가서,

"우투리 낳을 때 뭐 이상한 일이 없었느냐? 바른대로 대라!"

하는데, 이번에도 칼을 아버지 목에 딱 갖다 대고 으름

장을 놓으니 어머니가 그만 눈앞이 아득해 가지고, 탯줄이 안 잘려서 억새풀로 잘랐노라고 가르쳐 줘 버렸어.

임금이 다시 뒷산으로 가서 억새풀을 한 아름 베어다 바위를 탁 쳤지. 그랬더니 이게 웬일이냐? 우르르 하고 땅이 흔들리면서 바위 한가운데에 금이 쩍 가더니 그 큰 바위가 스르르 두 쪽으로 갈라지지 않겠어? 갈라진 틈으로 바위 속을 들여다보니, ㉠야, 참 이런 장관이 없구나.

소문대로 우투리가 죽지 않고 살아, 바위 속에서 병사를 기르고 있었던 게지. 그 사이에 좁쌀 석 되, 콩 석 되, 팥 석 되가 모조리 병사가 되고, 말이 되고, 투구가 됐어. 투구를 쓴 병사들이 저마다 말을 타고 늘어섰는데, 그 수가 몇 천이나 되는지 몇 만이나 되는지 몰라. 그때 우투리는 막 말을 타려고 한 발은 땅을 딛고 한 발은 말 안장에 걸쳤는데, 그때 그만 바위가 갈라져 버린 거야. 바위가 갈라져 바깥바람이 들어가니까 그 많은 병사가 스르르 녹아서 없어지고, 우투리도 스르르 눈 녹듯이 녹아서 형체가 없어져 버렸어. 그때가 삼 년에서 딱 하루가 빠지는 날이었단다. 하루만 더 있었으면 우투리가 병사들과 함께 바위를 열고 나와 백성들을 살렸을 텐데, 딱 하루가 모자라 그리되고 말았어.

바위가 열리고 우투리가 병사들과 함께 사라지던 바로 그 순간, 지리산 자락 어느 냇가에 날개 달린 말이 나타나 사흘 밤 사흘 낮을 울었대. 그렇게 슬피 울던 말이 냇물 속으로 스르르 들어가 버렸는데, 그 뒤에도 물속에서는 자주 말 우는 소리가 들렸대. 백성들은 그 소리를 듣고 우투리가 아직도 죽지 않고 살아 있다고 믿고 있어. 날개 달린 말이 우투리를 태우고 물속으로 들어갔다고 믿는 게지. 우투리는 지금도 그 물속에 살아 있을까?

🍂 빈칸을 채우세요.

– 중심인물:

– 배경:

– 중심 사건, 갈등:

– 서술상 특징:

- **을러대다**: 위협적인 언동으로 을러서 남을 억누르다. ≒을러메다.
- **으름장**: 말과 행동으로 위협하는 짓
- **아득하다**: 정신이 흐려진 상태이다.
- **재간**: 어떤 일을 할 수 있는 재주와 솜씨
- **형체**: 물건의 생김새나 그 바탕이 되는 몸체

04 서술상 특징 파악하기

다음 빈칸에 들어가기에 알맞은 답을 〈보기〉에서 찾아 쓰시오.

─〈보기〉─

문어체   구어체   전지적 작가   1인칭 주인공   1인칭 관찰자

(1) 윗글의 서술자는 일상적으로 이야기를 하는 말투인 (   )을/를 사용하고 있다.

(2) 윗글의 시점은 (   ) 시점이다.

05 서술상의 특징 파악하기

윗글에 대한 설명으로 알맞지 <u>않은</u> 것은?

① 신비로운 인물의 이야기가 제시되어 있다.

② 주인공의 목소리로 이야기를 전개하고 있다.

③ 비극적인 결말로 이야기가 마무리되고 있다.

④ 시간의 흐름에 따라 이야기를 전개하고 있다.

⑤ 읽는 사람에게 질문을 하며 이야기를 전개하고 있다.

06 서술상의 특징 파악하기

㉠에 대한 설명으로 가장 알맞은 것은?

① 서술자가 임금의 마음을 대신 이야기한 것이다.

② 서술자가 어머니의 마음을 대신 이야기한 것이다.

③ 서술자가 우투리의 생김새에 대해 이야기한 것이다.

④ 서술자가 우투리의 마음 상태를 대신 이야기한 것이다.

⑤ 서술자가 바위 안의 모습에 대해 자신이 느낀 바를 이야기한 것이다.

07 [단답형] 소재의 의미 파악하기

윗글에서 〈보기〉와 관련이 있는 것을 찾아 3음절로 쓰시오.

─〈보기〉─

• 우투리가 태어날 때 탯줄을 자른 것   • 임금이 바위를 열 때 사용한 것

04
- **문어체**: 일상적인 대화에서 쓰는 말투가 아닌, 주로 글에서 쓰는 말투
- **구어체**: 글에서 쓰는 말투가 아닌, 일상적인 대화에서 주로 쓰는 말투

05
우투리라는 인물의 이야기를 어떠한 방식으로 전달하고 있는지 생각해 보세요.
- **제시되다**: 어떠한 의사가 말이나 글로 나타내어져 보이다.
- **전개하다**: 내용을 진전시켜 펴 나가다.

06
서술자가 무엇을 보고, 왜 ㉠이라고 했는지 생각해 보세요.

07
임금이 우투리가 숨어 지내던 바위를 열기 위해 무엇을 이용했는지 살펴보세요.

문학 용어 특강 16
서술자, 시점, 설화

· ① 나는 금년 여섯 살 난 처녀애입니다. 내 이름은 박옥희이고요.
② 나귀와 조 선달은 재빨리 거의 건넜으나 동이는 허 생원을 붙드느라고 두 사람은 훨씬 떨어졌다.
①에서는 등장인물인 옥희가 '나는 ~'이라면서 이야기를 전달하므로, 윗글의 서술자는 옥희('나')이다. 반면 ②에서는 작품 속에 등장하지 않는 서술자가 등장인물인 조 선달, 동이, 허 생원의 상황을 전달하고 있다.

*● 서술자 란?
소설에서 이야기를 전달하는 사람. 서술자가 소설 속 등장인물인 '나'이면 '1인칭 서술자'라고 하고, 소설 속에 등장하지 않는 서술자면 '3인칭 서술자' 혹은 '작가'라고 한다.

*● 시점 이란? 서술자가 이야기를 전하는 방식이나 태도

● 시점의 종류

(1) 1인칭 주인공 시점: 작품 속 주인공인 '나'가 자신의 이야기를 전달한다.

> 나는 요즘 '멋 내기'라는 심오한 학문에 푹 빠져 있다.   – 김옥, 〈야, 춘기야〉
> 주인공이자 서술자

(2) 1인칭 관찰자 시점: 작품 속에 등장하는 '나'가 다른 사람(주인공)의 이야기를 관찰하여 전달한다.

> 그러나 저러다가 말겠지, 했던 남자는 내 예상과는 다르게 몇 날 며칠 그 자리에 계속 앉아 있었다.
> 서술자가 관찰하는 대상, 주인공   서술자   – 이기호, 〈권순찬과 착한 사람들〉

(3) ❷ 전지적 작가 시점: 작품 밖에 위치한 서술자가 모든 것을 다 아는 신처럼 인물의 속마음, 사건의 숨겨진 속사정까지 모두 전달한다.

> 익중이 하는 수 없어 뛰쳐나와 마을 앞 수풀 속에 기대어 앉아서 생각해 보니, 이것이 꿈인가 생시인가 싶었다.   – 작자 미상, 〈권익중전〉
> 익중의 속마음: 작품 속에 등장하지 않는 서술자가 주인공인 익중의 속마음까지 전달함.

(4) 3인칭(작가) 관찰자 시점: 작품 밖에 위치한 서술자가 인물의 행동과 사건을 겉으로 보이는 대로 관찰하여 전달한다.

> 철호는 뒷자리 한구석에 가서 몸을 틀어박은 채 고개를 뒤로 젖히고 눈을 감고 있었다.
> ▶ 작품 밖의 서술자가 겉으로 보이는 철호의 행동만 서술함.   – 이범선, 〈오발탄〉

*● 설화 란? 옛날부터 입에서 입으로 전해 내려오던 이야기

● 설화의 종류

신화	한 민족 안에서 전해 내려오는 신 같은 존재나 영웅에 대한 이야기. 사람들은 신화의 내용을 대부분 신성하다고 여긴다.
전설	신이나 영웅이 아닌 평범한 인간에 관한 이야기. 구체적인 배경이 드러나고, 실제로 있었던 일이라는 것을 보여 주는 증거물이 있다. 주로 이야기가 비극적인 결말로 끝난다.
민담	재미와 교훈 위주의 이야기. 구체적인 배경이 제시되지 않으며, 이야기가 행복한 결말로 끝난다.

❶ 시점의 종류
1인칭 혹은 3인칭 서술자가 등장인물의 속마음까지 다 알고 전달하는지, 인물과 사건을 관찰한 내용만 전달하는지에 따라 시점은 4가지로 구분할 수 있음.

서술자의 위치 / 서술 범위	작품 속	작품 밖
속마음까지 제시	1인칭 주인공 시점	전지적 작가 시점
객관적으로 관찰	1인칭 관찰자 시점	3인칭(작가) 관찰자 시점

❷ 편집자적 논평
전지적 작가 시점에서는 서술자가 이야기에 끼어들어 등장인물이나 사건에 대한 평가를 직접 드러내는 경우가 있음. 이를 '편집자적 논평'이라고 하며, 고전 소설에서 주로 나타남.

★ 다음을 읽고 맞으면 ○, 틀리면 ✕에 표시하시오.

> 나는 비시시 웃음이 새어 나왔다. 편지 내용도 그렇고 친구의 장난기도 그랬다.
>
> 어쨌든 나는 그 창호지를 아는 표구사*에 맡겼다. 그게 어떤 편지냐고 묻는 표구사 주인한테는,
>
> "굉장한 겁니다. 이건 정말 국보급입니다."
> 하고 얼버무렸다. 표구사 주인은 머리를 기웃거렸다.
>
> 그 후 나는 그 창호지 편지를 감감히 잊어버리고 있었다.
>
> – 이범선, 〈표구된 휴지〉
>
> *표구사: 그림의 뒷면이나 테두리에 종이 또는 천을 발라서 꾸미는 일을 하는 집

01

윗글에서는 '나'가 자신의 이야기를 전달하고 있으므로, 윗글의 서술자는 1인칭 서술자이고, 시점은 1인칭 주인공 시점이다. (○ , ✕)

[02~03] 다음을 읽고 빈칸에 들어가기에 알맞은 말을 고르시오.

> 이 추운 겨울밤에 다리에서 자가품*이 나도록 뛰어다녀야만 하는 제 신세가 새삼스러이 가엾은 생각이 들었다.
>
> '아이 하루 밥 세끼를 얻어 먹기가 이다지도 구차하단 말이냐?'/하고 한숨을 내뿜었다. 그러나 실상 수영의 눈에 눈물까지 맺게 한 것은 아직도 고생을 하고 있는 동지들에게 대한 미안한 생각 때문이다.
>
> – 심훈, 〈영원의 미소〉
>
> *자가품: 손목, 발목, 손아귀가 마비되어 시고 아픈 증상

02

윗글의 서술자는 (1인칭 / 3인칭) 서술자이다.

03

윗글의 시점은 작품 밖의 서술자가 인물의 속마음까지 모두 전달하는 (1인칭 관찰자 / 전지적 작가) 시점이다.

★ 다음을 읽고 빈칸에 들어가기에 알맞은 말을 고르시오.

> 스님은 "당신이 살려면 나를 따라오되 절대 뒤돌아보지 말라."고 말했다.
>
> 며느리는 집을 떠나던 중, 갑자기 들려오는 커다란 소리에 자기도 모르게 뒤를 돌아보았다. 며느리는 그 자리에서 돌이 되었고, 며느리가 살던 집은 연못이 되었다. 지금도 그 집터에 바위와 연못이 남아 있다.
>
> –작자 미상, 〈장자못설화〉

04

윗글은 구체적인 배경이 드러나고, 실제로 있었던 일이라는 것을 보여 주는 증거물이 있으므로 설화 가운데 (전설 / 민담)에 해당한다.

★ 다음을 읽고 빈칸에 들어가기에 알맞은 말을 쓰시오.

> 나는 나와 마주 앉은 그를 매우 흥미 있게 바라보고 또 바라보았다. 두루마기 격으로 기모노*를 둘렀고, 그 안에서 옥양목* 저고리가 내어 보이며, 아랫도리엔 중국식 바지를 입었다.
>
> – 현진건, 〈고향〉
>
> *기모노: 일본의 전통 의상   *옥양목: 빛이 희고 얇은 면

05

윗글의 서술자는 '(   )'(이)고, 시점은 (   ) 시점이다.

[06~07] 빈칸에 들어가기에 알맞은 단어를 〈보기〉에서 찾아 문맥에 맞게 쓰시오.

> ────〈보기〉────
>
> • 분간하다: 사물이나 사람의 옳고 그름, 좋고 나쁨 따위와 그 정체를 구별하거나 가려서 알다.
> • 사면: 전후좌우의 모든 방면

06

섬은 (   )이/가 바다로 둘러싸여 있다.

07

진짜 보석과 가짜 보석을 (   )할 수 있니?

DAY
16

달리는 차은 _김태용 외

[앞부분의 줄거리] 중학교 육상부인 차은은 필리핀에서 온 새엄마와 아빠, 남동생과 함께 살고 있다. 학교 육상부가 해체되자 코치는 남은 학생들을 데리고 육상부가 있는 다른 도시로 올라가고, 차은은 육상을 계속하기 위해 코치를 따라 전학을 가겠다고 한다. 하지만 아버지는 이를 반대하고, 분노한 차은은 가출을 한다. 엄마는 한밤중에 버려진 배 옆에서 놀던 차은을 발견하고, 뾰로통한 차은을 달래기 위해 서울로 향한다.

① S#26 달리는 트럭 안. 밤

국도를 빠르게 달리는 트럭 안, 엄마가 트럭을 운전하고, 그 옆에 앉은 차은.

엄마 : 아빠한테 전화해야겠다.

엄마, 휴대 전화를 집어 통화 버튼을 누른다.

엄마 : 여보세요. 예, 차은이랑 같이 있어요! 차은이랑 서울 놀러 갈라고……. (엄마, 제법 큰소리다.) 아니, 내 딸하고 놀러 가는데 무슨 상관이냐고!

차은, 힐끗 엄마를 본다.

엄마 : (점점 당당히 큰소리다.) 내가 내 딸하고 같이 놀러 가는데, 당신이 무슨 상관이냐고! 동민이나 잘 챙겨요! 알았어요! 알았어요!

갑자기 울리는 전화벨 소리! 엄마가 당황한다.

엄마 : 여보세요! 여보세요!

차은의 눈치를 보며 전화를 그냥 끊는 엄마, 차은은 이 상황이 제법 웃긴다. (중략)

S#28 트럭 안. 밤

갓길에 세워진 트럭, 엄마는 잠시 눈을 붙이고 있고, 차은은 하늘의 반짝이는 별을 본다.

② S#29 경기장 입구. 밤

잠겨 있는 입구. 엉성하게 닫혀 있는 셔터와 바닥 사이에 작은 틈이 있다. 엄마가 틈을 벌려 보려고 애를 쓴다. 차은이 그 틈으로 들어간다. 차은을 따라 들어가려는 엄마. 좀처럼 들어가지 못하는데, 차은이 셔터 버튼을 발견하고 누른다.

삐익! 내려가는 셔터, 엄마 등을 누른다.

엄마 : 아야!
차은 : 미안해!(피식)

셔터 올리는 버튼을 다시 누르는 차은, 엄마가 들어온다.

cut to* 어두운 복도 끝에 빛이 가득 들어온다. 빛을 따라 걸어가는 두 사람. 환한 운동장을 바라본다. 뛰어가는 엄마와 차은.

* cut to : 다른 장면(scene)으로 바뀌다.

❤️ 빈칸을 채우세요.
- 중심인물: - 배경:

- 중심 사건, 갈등:

- 서술상 특징:

- **뽀로통하다**: 못마땅하여 얼굴에 화난 빛이 나타나 있다.
- **국도**: 나라에서 직접 관리하는 도로   • **상관**: 서로 관련을 가짐.
- **갓길**: 고속도로나 자동차 전용 도로 따위에서 자동차가 달리는 도로 폭 밖의 가장자리 길   • **눈을 붙이다**: 잠을 자다.
- **엉성하다**: 사물의 형태나 내용이 부실하다.

STEP Ⅲ 서술상 특징 파악하기

희곡은 연극의 대본으로, 무대에서 공연하기 위해 쓰였어요. 드라마 대본과 영화의 각본인 시나리오는 카메라로 촬영하여 TV로 방영하거나 극장에서 상영하기 위해 쓰였어요. 그래서 희곡과 시나리오, 드라마 대본에는 소설과는 다른 서술상 특징이 드러나지요.

희곡은 '장'과 '막'으로, 시나리오와 드라마 대본은 'S#'이라는 장면 번호로 장면을 구분해요. 하나의 장면 안에서는 같은 장소와 시간을 배경으로 하여 인물의 행동과 대사를 통해 내용이 전개돼요.

🌸 〈달리는 차은〉을 함께 살펴볼까요?

〈달리는 차은〉은 장면 번호(S#)와 인물의 대사, 지시문이 있고 'cut to'라는 용어가 쓰인 시나리오예요.

🌸 〈달리는 차은〉의 중심인물과 배경을 살펴볼게요.

〈달리는 차은〉에는 '엄마'와 '차은'의 이야기가 전개되고 있네요. 따라서 윗글의 중심인물은 '엄마'와 '차은'입니다.

한편 'S#26 달리는 트럭 안. 밤', 'S#28 트럭 안. 밤', 'S#29 경기장 입구. 밤'에서는 장면 번호와 함께 공간적 배경과 시간적 배경이 드러나 있어요. 이를 통해 장면이 변함에 따라 공간적, 시간적 배경이 변하고 있음을 알 수 있지요. 따라서 **윗글의 공간적 배경은 '트럭 안', '경기장'이고, 시간적 배경은 '밤'입니다.**

🌸 〈달리는 차은〉의 중심 사건과 갈등은 무엇일까요?

S#26에서 '엄마'는 '아빠'와 전화 통화를 하는 척 하다가 갑자기 전화벨 소리가 울려 당황해요. '차은'은 이 상황을 제법 웃겨 하죠. S#28에서는 '엄마'가 잠시 눈을 붙인 동안 '차은'은 잠시 별을 바라보고 있어요. S#29에서는 '차은'과 '엄마'가 문이 닫힌 경기장에 들어가는 모습이 그려져요. '차은'은 셔터 버튼을 눌러 셔터가 '엄마'의 등을 누르게 하는 등 '엄마'에게 장난을 치고, 이내 두 사람은 환한 운동장으로 뛰어갑니다.

윗글에서는 갈등이 강하게 드러나지 않아요. '엄마'에게 마음의 문을 닫았던 '차은'이 '엄마'에게 장난을 치는 것을 통해 갈등이 해소되고 있음을 알 수 있어요.

윗글의 사건과 갈등을 정리하면 다음과 같아요.
- **중심 사건: 엄마가 차은을 위로하기 위해 차은을 경기장으로 데려감.**
- **갈등: 크게 두드러지지 않음.**

🌸 〈달리는 차은〉의 서술상 특징을 파악해 볼까요?

드라마 대본이나 시나리오에는 장면을 효과적으로 촬영하기 위해 다양한 용어가 쓰여요. 〈달리는 차은〉에서도 마찬가지입니다.

S#29의 마지막 부분에서 'cut to'가 보이죠? 'cut to'를 통해 같은 장면 번호 안에서 장면을 바꿀 수 있어요. 이것은 경기장 입구에서 웃으며 장난을 치던 '엄마'와 '차은'의 모습에서 빛이 가득한 복도 끝, 더 나아가 환한 운동장으로 장면이 전환된다는 의미에요. 이 장면을 영화로 찍으면 화면에 경기장 입구가 복도 끝, 환한 운동장으로 변화할 거예요.

또 윗글에서는 '(엄마, 제법 큰 소리다.)', '차은은 이 상황이 제법 웃긴다.' 등의 지시문을 통해 인물의 말투, 행동을 제시하고 있어요.

정리하면 **윗글의 서술상 특징은 시나리오 용어(S#, cut to)를 사용한다는 것과 지시문을 통해 인물의 말투, 행동, 표정 등을 제시한다는 것입니다.**

01 서술상 특징 파악하기

다음 빈칸에 들어가기에 알맞은 답을 〈보기〉에서 찾아 쓰시오.

〈보기〉

차은   엄마   아빠   트럭   대사   지시문

(1) 윗글에서는 등장인물들의 (   )을/를 통해 내용을 전개하고 있다.
(2) 윗글에서는 (   )을/를 통해 인물의 행동을 구체적으로 드러내고 있다.

02 서술상의 특징 파악하기

윗글에 대한 설명으로 가장 알맞지 <u>않은</u> 것은?

① 영화 촬영을 목적으로 한 각본이다.
② 지시문을 통해 인물의 심리를 드러내고 있다.
③ 장면이 바뀜에 따라 공간적 배경도 달라지고 있다.
④ 등장인물의 대사와 행동으로 이야기가 흘러가고 있다.
⑤ 작품 속 인물이 해설자로 등장해 장면을 설명하고 있다.

02
윗글이 쓰여진 목적과 전개 방식을 생각해 보세요.

03 사건과 갈등 파악하기

윗글의 내용으로 가장 알맞지 <u>않은</u> 것은?

① 차은과 엄마는 운동장에서 함께 뛰었다.
② 엄마는 밤중에 트럭에 차은을 태우고 서울로 향했다.
③ 차은은 셔터를 잘못 누른 척하면서 엄마에게 장난을 쳤다.
④ 차은은 엄마가 아빠와 전화 통화를 하는 것이 싫어서 화를 냈다.
⑤ 엄마는 차은의 기분을 풀어 주기 위해 아버지와 전화 통화를 하는 척했다.

03
인물의 말과 행동을 통해 각 인물들이 무엇을 하고, 어떻게 느끼고 있는지 생각해 보세요.

문제 풀이 특강   STEP Ⅲ

01 서술상 특징 파악하기

(1) 윗글은 엄마와 차은의 대사와 행동을 통해 내용을 전개하고 있어요. 따라서 정답은 __대사__ 입니다.

(2) 윗글은 지시문을 통해 인물의 말투와 몸짓 등을 구체적으로 드러내고 있어요. 따라서 정답은 __지시문__ 입니다.

02 서술상의 특징 파악하기

윗글에 대한 설명으로 가장 알맞지 않은 것은?

① **영화 촬영을 목적으로 한 각본이다.** (○)

🍃 윗글에서 S#, 지시문, 대사 등을 찾아볼 수 있으므로 윗글은 시나리오이고, 영화 촬영을 목적으로 함을 알 수 있어요.

② **지시문을 통해 인물의 심리를 드러내고 있다.** (○)

★ 근거: S#26(①)-❼, ❾

> • 갑자기 울리는 전화벨 소리! 엄마가 당황한다.
> • 차은의 눈치를 보며 전화를 그냥 끊는 엄마, 차은은 이 상황이 제법 웃긴다.

🍃 S#26의 지시문에서 엄마와 차은의 심리를 드러내고 있어요.

③ **장면이 바뀜에 따라 공간적 배경도 달라지고 있다.** (○)

★ 근거: S#26, S#28, S#29

> • S#26 달리는 트럭 안, 밤
> • S#28 트럭 안, 밤
> • S#29 경기장 입구, 밤

🍃 S#(Scene number)는 시나리오에서 각 장면의 번호를 일컬어요. S#26, S#28의 공간적 배경은 트럭 안이고 S#29의 공간적 배경은 경기장 입구로, 장면이 달라짐에 따라 공간적 배경이 바뀌고 있어요.

④ **등장인물의 대사와 행동으로 이야기가 흘러가고 있다.** (○)

🍃 차은과 엄마의 말과 행동을 통해 이야기가 전개되고 있어요.

⑤ **작품 속 인물이 해설자로 등장해 장면을 설명하고 있다.** (✕)

🍃 윗글은 시나리오로, 인물 간의 대화와 지시문을 통해 내용이 전개되고 있어요. 윗글에서 따로 해설자가 등장하여 장면을 설명하고 있지는 않아요. **그러므로 정답은 ⑤!**

03 사건과 갈등 파악하기

윗글의 내용으로 가장 알맞지 않은 것은?

① **차은과 엄마는 운동장에서 함께 뛰었다.** (○)

★ 근거: S#29(②)-❹, ❺

> 환한 운동장을 바라본다. 뛰어가는 엄마와 차은.

🍃 S#29(②)에서 차은은 엄마와 함께 경기장에 갔으며, 두 사람은 환한 운동장을 바라보다가 뛰어가고 있어요.

② **엄마는 밤중에 트럭에 차은을 태우고 서울로 향했다.** (○)

★ 근거: S#26(①)-❹

> • S#26 달리는 트럭 안, 밤
> • 엄마: 여보세요, 예, 차은이랑 같이 있어요! 차은이랑 서울 놀러 갈라고……

🍃 엄마는 밤에 트럭에 차은을 태우고 서울로 향하고 있어요.

③ **차은은 셔터를 잘못 누른 척하면서 엄마에게 장난을 쳤다.** (○)

★ 근거: S#29(②)-❻~❾

> ~차은이 셔터 버튼을 발견하고 누른다.
> 삐익! 내려가는 셔터, 엄마 등을 누른다.
> 엄마: 아야! / 차은: 미안해!(피식)

🍃 S#29(②)에서 엄마와 경기장에 도착한 차은은 셔터 버튼을 잘못 누른 척 하면서 셔터를 내려 엄마에게 장난을 쳤어요.

④ **차은은 엄마가 아빠와 전화 통화를 하는 것이 싫어져 화를 냈다.** (✕)

★ 근거: S#26(①)-❺, ❾

> • 차은, 힐끗 엄마를 본다.
> • 차은의 눈치를 보며 전화를 그냥 끊는 엄마, 차은은 이 상황이 제법 웃긴다.

🍃 S#26(①)에서 엄마가 아빠와 전화 통화하는 척을 할 때 갑자기 울리는 전화벨 소리에 엄마는 당황했고, 차은은 이 상황을 웃겨 하고 있어요. 즉 차은은 처음에는 별 관심이 없어 하다가 이내 웃고 있을 뿐, 엄마가 아빠와 전화 통화를 하는 것이 싫어서 화를 낸 적은 없어요. **그러므로 정답은 ④!**

⑤ **엄마는 차은의 기분을 풀어 주기 위해 아버지와 전화 통화를 하는 척했다.** (○)

★ 근거: S#26(①)-❸~❾

> 엄마, 휴대 전화를 집어 통화 버튼을 누른다.
> 엄마: 여보세요. ~ (엄마, 제법 큰소리다.) 아니, 내 딸하고 놀러 가는데 무슨 상관이냐고! (중략) /
> 갑자기 울리는 전화벨 소리! 엄마가 당황한다.
> 엄마: 여보세요! 여보세요!
> 차은의 눈치를 보며 전화를 그냥 끊는 엄마, 차은은 이 상황이 제법 웃긴다.

🍃 엄마는 차은의 기분을 풀어 주기 위해 차은의 아빠와 전화 통화를 하는 척했어요. 하지만 갑자기 전화벨 소리가 울리자, 엄마가 당황하면서 거짓임이 들통나게 되고, 이 상황을 차은은 제법 재밌어하고 있어요.

항아리 _ 정호승

[앞부분의 줄거리] '나'는 도시로 떠났던 젊은이가 가업을 잇기 위해 고향으로 돌아와 처음으로 만든 항아리이다. 이 항아리에는 젊은이의 서툰 솜씨가 그대로 담겨 있다. 젊은이는 그런 '나'를 달갑지 않아 하고, '나'를 마당가에 방치한다.

버려지고 잊힌 자의 가슴은 무척 아팠습니다. 항아리가 된 내가 그 무엇을 위해 소중하게 쓰이는 존재가 될 줄 알았으나, 나는 버려진 항아리라는 것 말고는 아무것도 아니었습니다.

소나기가 지나가면 빗물이 고였습니다.

빗물에 구름이 잠깐 머물다가 지나갔습니다.

가끔 가랑잎이 날아와 맴돌 때도 있었습니다.

밤에는 이따금 별빛들이 찾아와 쓰다듬어 주었습니다. 만일 그들마저 찾아와 주지 않았다면 나는 아마 그대로 죽고 말았을 것입니다.

그러나 그들만을 위해 존재하고 있기에는 나 자신이 너무나 초라하고 안타까웠습니다. 나는 그 누군가를 위해 사용되는 가장 소중한 그 무엇이 되고 싶었습니다. 그래야만 뜨거운 가마의 불구덩이 속에서 끝끝내 살아남은 의미와 가치가 있을 것 같았습니다.

그러던 어느 가을이었습니다. 하루는 젊은이가 삽을 가지고 와서 깊게 땅을 파고는 모가지만 남겨둔 채 나를 묻고 그대로 돌아가 버렸습니다.

땅속에 파묻힌 나는 내가 무엇으로 쓰일지 알 수 없었습니다. 그렇지만 가슴은 두근거렸습니다. 이제서야 내가 버려진 존재가 아니라 남을 위해 무엇으로 쓰일 수 있는 존재라는 사실에 그저 한없이 가슴이 떨려 왔습니다.

그날 밤이었습니다. 감나무 가지 위에 휘영청 보름달이 걸려 있었습니다. 어디선가 나를 향해 다가오는 젊은이의 발걸음 소리가 들렸습니다. 나는 가슴을 억누르고 두 귀를 쫑긋 세웠습니다. 젊은이의 발걸음 소리는 바로 내 머리맡에 와서 딱 멈추었습니다.

나의 가슴은 크게 고동쳤습니다. 달빛에 비친 젊은이의 그림자가 바람에 흔들렸습니다. 나는 고요히 숨을 죽이고 젊은이를 향해 마음속으로 크게 팔을 벌렸습니다.

[A]

아, 그런데 이게 도대체 무슨 일입니까. 젊은이는 고의춤을 열고 주저 없이 나를 향해 오줌을 누는 것이었습니다. 그리고는 뒤도 돌아보지 않고 다시 방 안으로 들어가 버렸습니다. 아, 나는 그만 오줌독이 되고 만 것이었습니다.

🫘 빈칸을 채우세요.

– 중심인물: – 배경:

– 중심 사건, 갈등:

– 서술상 특징:

- **서툴다**: '서투르다(익숙하지 못하거나 능숙하지 못하다.)'의 준말
- **달갑다**: 거리낌이나 불만이 없어 마음이 흡족하다.
- **방치하다**: 내버려 두다.
- **초라하다**: 보잘것없고 변변하지 못하다.
- **휘영청**: 달빛 따위가 몹시 밝은 모양
- **고동치다**: 희망이나 이상이 가득 차 마음이 생기 있고 활발하게 움직이다.
- **고의춤**: 고의나 바지의 허리를 접어서 여민 사이
- **주저**: 머뭇거리며 망설임.

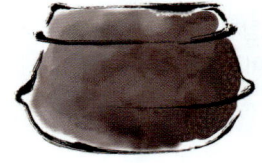

04 서술상 특징 파악하기

다음 빈칸에 들어가기에 알맞은 답을 〈보기〉에서 찾아 쓰시오.

• 전개하다: 내용을 진전시켜 펴 나가다.

〈보기〉

> 항아리   구름   가랑잎   젊은이   가슴   귀   머리맡   발걸음

(1) 윗글은 '(   )'이/가 읽는 사람에게 말을 건네는 방식으로 이야기를 전개하고 있다.

(2) '(   )은/는 무척 아팠습니다.', '두 (   )을/를 쫑긋 세 웠습니다.' 등에서 사람이 아닌 항아리를 사람처럼 표현하고 있음을 알 수 있다.

05 사건과 갈등 파악하기

윗글에 대한 설명으로 가장 알맞은 것은?

① '나'는 오줌독에 오줌을 쌌다.
② '나'는 서툰 솜씨로 항아리를 만들었다.
③ '나'는 밤에 항아리를 쓰다듬고 지나갔다.
④ '나'는 자신이 쓸모 있게 쓰이기를 바랐다.
⑤ '나'는 오줌독이 마음에 들지 않아 마당가에 버려 두었다.

05
'나'가 누구인지, '나'가 어떠한 생각을 하고 있는지 살펴보세요.

06 사건과 갈등 파악하기

[A]의 내용으로 가장 알맞지 않은 것은?

① 젊은이는 '나'를 향해 오줌을 쌌다.
② '나'는 자신의 쓰임새에 만족하고 있다.
③ 젊은이는 '나'를 두고 혼자 방으로 들어갔다.
④ '나'는 젊은이가 '나'를 향해 다가오자 가슴이 몹시 떨렸다.
⑤ '나'는 젊은이가 '나'를 향해 오줌을 눈 이후 자신이 오줌독이 되었다고 생각한다.

06
'나'와 '젊은이'가 무엇을 하고 있는지, '나'가 '젊은이'의 행동을 보고 무엇을 느꼈는지 생각해 보세요.

07 [단답형] 서술상의 특징 파악하기

윗글에서 〈보기〉와 관련이 있는 소재를 찾아 3음절로 쓰시오.

〈보기〉

> 사람이 아닌 동식물이나 사물을 주인공으로 하여 그들의 행동 속에 교훈을 나타내 는 것을 '우화'라고 한다.

07
윗글의 주인공이 누구인지 생각해 보세요.

대화, 서술, 묘사

＊● 대화 : 소설 속의 등장인물들이 서로 주고받는 말. 대화를 통해 사건이 구체적으로 전개되고 인물의 성격이나 심리, 태도 등이 간접적으로 드러난다.

> 이윽고 나는 이런 말을 물었다. / "그래, 이번 길에 고향 사람은 하나도 못 만났습니까?"
> '그'는 고향에 갔다 오는 길임.
> "하나 만났구마. 단지 하나." / (중략) / "여간 반갑지 않으셨지요."
> '나'는 '그'의 말에 잘 반응해 줌.
> "반갑다마다, 죽은 사람을 만난 것 같더마. 더구나 그 사람은 나와 까닭도 좀 있던 사람인데……." / "까닭이라니?" / "나와 혼인 말이 있던 여자구마."
> '그'는 고향에서 옛 연인을 만났음.
> – 현진건, 〈고향〉

➡ '나'와 '그'의 대화를 통해 '그'가 고향에 다녀오는 길이며, 고향에서 옛 연인을 만났다는 것이 드러난다. 또한 '그'의 말에 잘 반응해 주는 '나'의 태도도 확인할 수 있다.

＊● 서술 : 서술자가 독자에게 사건, 배경, 인물의 심리 등을 직접 설명하는 것
①
– 요약적 서술: 오랜 시간에 걸쳐 일어난 사건을 자세히 서술하지 않고, 사건의 핵심을 요약하여 전달하는 것

> 그가 열일곱 살 되던 해 봄에 그의 집안은 살기 좋다는 바람에 서간도로 이사를 갔
> '그'의 가족이 서간도로 이사를 간 일을 요약하여 전달함.
> 었다.
> – 현진건, 〈고향〉

➡ 윗글에서는 '그'가 17살 때 가족과 함께 서간도로 이사 간 일을 요약하여 서술하고 있다.

＊● ② 묘사 : 서술자가 사건, 배경, 인물의 외모나 심리를 단순히 설명하는 것이 아니라 그림을 그리듯이 구체적으로 전달하는 것

> 밤중을 지난 무렵인지, 죽은 듯이 고요한 속에서 짐승 같은 달의 숨소리가 손에 잡힐 듯이 들리며, 콩 포기와 옥수수 잎새가 한층 달에 푸르게 젖었다. 산허리는 왼통 메밀밭이어서 피기 시작한 꽃이 소금을 뿌린 듯이 흐붓한 달빛에 숨이 막힐 지경이다.
> – 이효석, 〈메밀꽃 필 무렵〉

➡ 윗글에서는 온통 메밀꽃이 피어 있고 달빛이 쏟아지는 산허리의 모습을 묘사하고 있다.

– 의식의 흐름 기법: 인물의 생각을 의식의 흐름에 따라 자세히 묘사하는 방식

> 중립국. 아무도 나를 아는 사람이 없는 땅. (중략) 병원 문지기라든지, 소방서 감시원이라든지, 극장의 매표원, 그런 될 수 있는 대로 마음을 쓰는 일이 적고, 그 대신 똑같은 움직임을 하루 종일 되풀이만 하면 되는 일을 할 테다. 나는 문간을 깨끗이 치우고 아침저녁으로 꽃밭에 물을 준다.
> 중립국에서의 '나'의 생활을 상상함.
> – 최인훈, 〈광장〉

➡ 윗글에서는 의식의 흐름 기법을 통해 중립국에서의 생활에 대해 인물이 떠올리는 생각을 그대로 묘사하여 전달하고 있다.

---

① 고놈의 계집애가 요새로 들어서서 왜 나를 못 먹겠다고 고렇게 아르렁거리는지 모른다. / (중략) / **②** 눈에 독을 올리고 한참 나를 요렇게 쏘아보더니 나중에는 눈물까지 어리는 것이 아니냐.
하나의 소설에는 대화, 서술, 묘사가 모두 나타난다. **①**처럼 서술자가 상황을 직접 설명하는 것을 서술이라고 하며, 서술 중에서도 **②**처럼 인물이나 상황을 그림을 그리듯 자세히 설명하는 것을 묘사라고 한다.

❶ 요약적 서술과 사건 진행 속도
사건을 인물의 대화나 묘사를 통해 자세히 제시하는 것에 비해, 요약하여 제시하면 사건의 진행 속도가 빨라짐.

❷ 묘사의 장점과 단점
• 장점: 대상을 구체적이고 생생하게 전달할 수 있음.
• 단점: 지나치게 자세한 묘사는 사건의 진행 속도를 느리게 함.

[01~02] 다음을 읽고 맞으면 ○, 틀리면 ✕에 표시하시오.

> 돌을 집어던지면 깨금알*같이 오도독 깨어질 듯한 맑은 하늘, 물고기 등같이 푸르다. 높게 뜬 조각구름 때가 해변에 뿌려진 조개껍질같이 유난스럽게도 한편에 옹졸봉졸* 몰려들 있다. 높은 산등이라 하늘이 가까우련만 마을에서 볼 때와 일반으로 멀다. (중략) 산에 들어오기를 잘했다고 중실은 생각하였다.
>
> — 이효석, 〈산〉
>
> *깨금알: 깨 씨의 낱알
> *옹졸봉졸: 작고 또렷한 것들이 고르지 않게 많이 벌여 있는 모양

01
윗글에서는 자연 풍경을 자세히 묘사하고 있다. (○ , ✕)

02
윗글에서는 요약적 서술을 통해 중실이가 바라보는 바다의 모습을 구체적으로 드러내고 있다. (○ , ✕)

[03~04] 다음의 빈칸에 들어가기에 알맞은 말을 고르시오.

> "그런데, H 이 자식, 돈 좀 벌었나보더라." / "돈?"
> K의 말인즉슨, H의 출판사에서 낸 책이 요즘 장안의 지가를 올리고 있다*는 거였다. 돈 벌려면 이렇게 살아라, 라던가 이렇게 살면 돈 번다, 라던가 아무튼 그런 책인데, 성공한 자본가들의 체험담을 모아 놓은 책이라고 했다. 그러고 보니 구보씨도 그런 책이 있다는 소릴 들은 것도 같았다.
>
> — 주인석, 〈사잇길로 접어든 역사 – 소설가 구보씨의 하루 2〉
>
> *지가를 올리고 있다: 책이 매우 잘 팔리고 있다

03
윗글에서는 H가 돈을 번 상황을 (묘사 / 요약)하여 제시하고 있다.

04
윗글에서는 H의 출판사에서 낸 책의 (가격 / 내용)을 서술하고 있다.

[05~06] 다음을 읽고 빈칸에 들어가기에 알맞은 말을 고르시오.

> "남매가 아니라 자매를 두었습니다." (중략)
> "어머, 그럼 또 낳으셔야겠네요."
> "아뇨, 둘이면 족합니다. 아이들도 건강하고 우리 능력도 그렇고, 지구 환경한테도 미안하고." (중략)
> 나는 속으로 그럴리가 없어, 저 자식은 시방 능청을 떨고 있는 거야, 라고 은근히 겁을 먹고 있었다. (중략)
> "지금 행복하지 않으시죠? 내 말이 맞죠? 아들이 없다는 건 결혼생활의 행복의 중대한 결격사유*라는 걸 인정하셔야 돼요."
> "왜 그걸 강요하십니까? 본인이 조금도 그렇게 안 느끼는 걸 가지고."
>
> — 박완서, 〈꿈꾸는 인큐베이터〉
>
> *결격사유: 자격을 얻는 데 제한이 되는 까닭

05
윗글은 (인물들의 대화 / 요약적 서술)(으)로 내용을 전개하고 있다.

06
윗글에는 (딸 / 아들)이 있어야 한다는 생각을 강요하는 '나'의 태도가 드러나 있다.

[07~09] 빈칸에 들어가기에 알맞은 단어를 〈보기〉에서 찾아 문맥에 맞게 쓰시오.

> 〈보기〉
> • 엉성하다: 사물의 형태나 내용이 부실하다.
> • 달갑다: 거리낌이나 불만이 없어 마음이 흡족하다.
> • 방치하다: 내버려 두다.

07
어제 산 물건이 (   )하여 환불을 하기로 했다.

08
고장 난 그네를 (   )하지 말아 주세요.

09
오늘따라 동생의 장난이 (   )지 않다.

사랑손님과 어머니 _주요섭

나는 금년 여섯 살 난 처녀 애입니다. 내 이름은 박옥희이구요. 우리 집 식구라구는 세상에서 제일 이쁜 우리 어머니와 단 두 식구뿐이랍니다. 아차 큰일 났군, 외삼춘을 빼놓을 뻔했으니.

지금 중학교에 다니는 외삼춘은 어디를 그렇게 싸돌아다니는지 집에는 끼니때나 외에는 별로 붙어 있지를 않으니까 어떤 때는 한 주일씩 가도 외삼춘 코빼기도 못 보는 때가 많으니까요, 깜빡 잊어버리기도 예사지요, 무얼.

우리 어머니는, 그야말로 세상에서 둘도 없이 곱게 생긴 우리 어머니는, 금년 나이 스물네 살인데 과부랍니다. 과부가 무엇인지 나는 잘 몰라도 하여튼 동리 사람들이 나더러 '과부 딸'이라고들 부르니까 우리 어머니가 과부인 줄을 알지요. 남들은 다 아버지가 있는데 나만은 아버지가 없지요. 아버지가 없다고 아마 '과부 딸'이라나 봐요.

[중략 부분의 줄거리] 어느 날 큰 외삼촌의 소개로 낯선 아저씨가 옥희네 집에서 하숙을 하게 된다.

나는 그 아저씨가 어떠한 사람인지는 몰랐으나 첫날부터 내게는 퍽 고맙게 굴고 나도 그 아저씨가 꼭 마음에 들었어요. 어른들이 저희끼리 말하는 것을 들으니까 그 아저씨는 돌아가신 우리 아버지와 어렸을 적 친구라구요. 어데 먼 데 가서 공부를 하다가 요새 돌아왔는데, 우리 동리 학교 교사로 오게 되었대요. 또, 우리 큰 외삼춘과도 동무인데, 이 동리에는 하숙도 별로 깨끗한 곳이 없고 해서 우리 사랑으로 와 계시게 되었다구요. 또 우리도 그 아저씨한테서 밥값을 받으면 살림에 보탬도 좀 되고 한다구요.

그 아저씨는 그림책들이 얼마든지 있어요. 내가 사랑방으로 나가면 그 아저씨는 나를 무릎에 앉히고 그림책들을 보여 줍니다. 또, 가끔 과자도 주구요.

어느 날은 점심을 먹고 이내 살그머니 사랑에 나가 보니까 아저씨는 그때에야 점심을 잡수셔요. 그래 가만히 앉아서 점심 잡숫는 걸 구경하고 있누라니까, 아저씨가

"옥희는 어떤 반찬을 제일 좋아하누?"
하고 묻겠지요. 그래 삶은 달걀을 좋아한다고 했더니 마침 상에 놓인 삶은 달걀을 한 알 집어 주면서 나더러 먹으라구 합니다. 나는 그 달걀을 벗겨 먹으면서

"아저씨는 무슨 반찬이 제일 맛나우?"
하고 물으니까, 그는 한참이나 빙그레 웃고 있더니,
"나두 삶은 달걀." / 하겠지요. 나는 좋아서 손뼉을 짤깍짤깍 치고

"아, 나와 같네, 그럼. 가서 어머니한테 알려야지."
하면서 일어서니까, 아저씨가 꼭 붙들면서
"그러지 말어." / 그러시지요. 그래두 나는 한번 맘을 먹은 댐엔 꼭 그대루 하구야 마는 성미지요. 그래 안마당으로 뛰쳐 들어가면서,
"엄마, 엄마, 사랑 아저씨두 나처럼 삶은 달걀을 제일 좋아한대." / 하고 소리를 질렀지요.
"떠들지 말어." / 하고 어머니는 눈을 흘기십니다.

그러나 사랑 아저씨가 달걀을 좋아하는 것이 내게는 썩 좋게 되었어요. 그것은 그다음부터는 어머니가 달걀을 많이씩 사게 되었으니까요. 달걀 장수 노친네가 오면 한꺼번에 열 알두 사구 스무 알두 사구 그래선 두고두고 삶아서 아저씨 상에두 놓구 또 으레 나도 한 알씩 주구 그래요. 그뿐만 아니라 아저씨한테 놀러 나가면 가끔 아저씨가 책상 서랍 속에서 달걀을 한두 알 꺼내서 먹으라고 주지요. 그래 그담부터는 나는 아주 실컷 달걀을 많이 먹었어요.

🍓 빈칸을 채우세요.

– 중심인물: – 배경:

– 중심 사건, 갈등:

– 서술상 특징:

- **금년**: 지금 지나가고 있는 이해 = 올해
- **예사**: 보통 있는 일   • **과부**: 남편을 잃고 혼자 사는 여자
- **동리**: 주로 시골에서, 여러 집이 모여 사는 곳 = 마을
- **하숙**: 방세와 식비를 내고 남의 집에 머물면서 먹고 잠.
- **사랑**: 집의 안채와 떨어져 있는, 바깥주인이 거처하며 손님을 접대하는 곳
- **짤깍짤깍**: 작고 단단한 물체가 조금 가볍게 자꾸 맞부딪치는 소리
- **성미**: 성질, 마음씨, 비위, 버릇 따위를 통틀어 이르는 말
- **으레**: 틀림없이 언제나

01 서술상 특징 파악하기

다음 빈칸에 들어가기에 알맞은 답을 〈보기〉에서 찾아 쓰시오.

─────── 〈보기〉 ───────

박옥희   과부   아저씨   외삼촌   학교 교사   삶은 계란   그림책

(1) 윗글은 여섯 살짜리 여자 아이인 (   )의 눈으로 이야기를 전달하고 있다.

(2) '나'는 어머니와 (   )의 말과 행동을 관찰하고 있다.

02 서술상의 특징 파악하기

윗글에 대한 설명으로 가장 알맞은 것은?

① 아저씨의 목소리로 이야기를 전하고 있다.
② 어머니의 목소리로 이야기를 전하고 있다.
③ 박옥희가 자신의 집에서 일어난 일을 말하고 있다.
④ 외삼춘이 옥희네 집에서 일어난 이야기를 들려주고 있다.
⑤ '여섯 살 난 처녀 애'에게 벌어지는 일을 작품 밖 서술자가 이야기하고 있다.

02
윗글이 누구의 시점에서 전개되고 있는지 생각해 보세요.

03 사건과 갈등 파악하기

윗글의 내용으로 가장 알맞지 <u>않은</u> 것은?

① 아저씨는 옥희네 집에 밥값을 내고 있다.
② '나'의 외삼촌은 집에 별로 붙어 있지 않는다.
③ '나'는 마을 사람들에게 과부 딸이라고 불린다.
④ '나'와 아저씨는 반찬으로 삶은 달걀을 좋아한다.
⑤ '나'와 외삼촌은 아저씨네 집에서 하숙을 하고 있다.

03
윗글은 '옥희네 집'에서 살고 있는 사람들에 대한 이야기예요. '옥희네 집'에 누가 살고 있고, 이 사람들은 어떠한 사람들인지 생각해 보세요.

하늘은 맑건만 _현덕

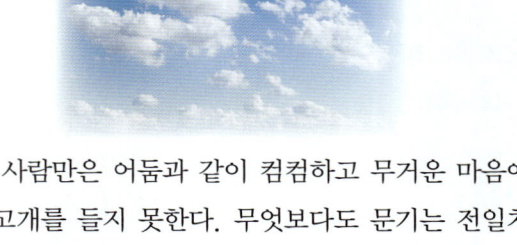

그날 밤이었다. 아랫방 들창 밑에 훌쩍훌쩍 우는 어린아이 울음소리가 났다. 아랫집 심부름하는 아이 점순이 음성이었다. 숙모가 직접 그 집에 가서 무슨 말을 한 것은 아니로되 자연 그 말이 한 입 건너 두 입 건너 그 집에까지 들어갔고, 그리고 그 집 주인 여자는 점순이를 때려 쫓아낸 것이다. 먼저는 동네 아이들이 모여 지껄지껄하더니 차차 하나 가고 둘 가고 훌쩍훌쩍 우는 그 소리만 남는다. 방 안의 문기는 그 밤을 뜬눈으로 새웠다.

이튿날 아침이다. 문기는 밥을 두어 술 뜨다가는 고만둔다. 그 돈을 갚기 위한 그것이 아니다. 도시 입맛이 나지 않았다. 학교엘 갔다. 첫 시간은 수신 시간 그리고 공교로이 제목이 '정직'이다. 선생님은 뒷짐을 지고 교단 위를 왔다 갔다 하며 거짓이라는 것이 얼마나 악한 것이고 정직이 얼마나 귀하고 중한 것인가를 누누이 말씀한다. 그리고 안경 쓴 선생님의 그 눈이 번쩍하고 문기 얼굴에 머물렀다 가고 가고 한다. 그럴 때마다 문기는 가슴이 뜨끔뜨끔해진다. 문기는 자기 한 사람에게만 들리기 위한 정직이요 수신 시간인 듯싶었다. 그만치 선생님은 제 속을 다 들여다보고 하는 말인 듯싶었다.

운동장에서도 문기는 풀이 없다. 사람 없는 교실 뒤 버드나무 옆 그런 데만 찾아다니며 고개를 숙이고 깊은 생각에 잠기거나 팔짱을 찌르고 왔다 갔다 하기도 한다. 그러다 누가 등을 치면 소스라쳐 깜짝깜짝 놀란다.

언제나 다름없이 하늘은 맑고 푸르건만 문기는 어쩐지 그 하늘조차 쳐다보기가 두려워졌다. 자기는 감히 떳떳한 얼굴로 그 하늘을 쳐다볼 만한 사람이 못 된다 싶었다.

언제나 다름없이 여러 아이들은 넓은 운동장에서 마음대로 뛰고 마음대로 지껄이고 마음대로 즐기건만 문기 한 사람만은 어둠과 같이 컴컴하고 무거운 마음에 잠겨 고개를 들지 못한다. 무엇보다도 문기는 전일처럼 맑은 하늘 아래서 아무 거리낌 없이 즐길 수 있는 마음이 갖고 싶다. 떳떳이 하늘을 쳐다볼 수 있는, 떳떳이 남을 대할 수 있는 마음이 갖고 싶었다.

[중략 부분의 줄거리] 문기는 삼거리에서 교통사고를 당해 정신을 잃고 만다.

얼마 동안을 지났는지 모른다. 문기가 어렴풋이 눈을 떴을 때 무섭게 전등불이 밝아 눈이 부시었다. 문기는 다시 눈을 감았다. 두번째 문기는 눈을 뜨자 희미하게 삼촌의 얼굴이 나타나며 그것이 차차 똑똑해지더니 삼촌은 / "너 내가 누군 줄 알겠니?"
하고 웃지도 않고 내려다본다. 문기는 이것도 꿈인가 하고 한번 웃어 주려면서 그대로 맑은 정신이 났다. 문기는 병원 침대 위에 누워 있었다. 어디 아픈 데는 없으면서도 몸을 움직일 수는 없다. 삼촌은 근심스러운 얼굴로 내려다본다.

"작은아버지."
하고 문기는 입을 열었다. 그리고
"저는 마땅히 받아야 할 벌을 받은 거예요."
하고 문기는 눈을 감으며 한마디 한마디 그러나 똑똑하게 처음서부터 끝까지 먼저 고깃간 주인이 일 원을 십 원으로 알고 거슬러 준 것, 그 돈을 써 버린 것, 그리고 또 붙장 안의 돈을 자기가 훔쳐 낸 것, 이렇게 하나하나 숨김없이 자백을 하자 이때까지 겹겹으로 몸을 싸고 있던 허물이 한 꺼풀 한 꺼풀 벗어지면서 따라 마음속의 어둠도 차차 사라지며 맑아지는 것을 문기는 확실히 깨달을 수 있었다. 마음이 맑아지며 따라 몸도 가뜬해진다. 내일도 해는 뜨고 하늘도 맑아지리라. 그리고 문기는 그 하늘을 떳떳이 마음껏 쳐다볼 수 있을 것이다.

🍓 빈칸을 채우세요.

- 중심인물:
- 배경:
- 중심 사건, 갈등:
- 서술상 특징:

- **풀**: 세찬 기세나 활발한 기운
- **소스라치다**: 깜짝 놀라 몸을 갑자기 떠는 듯이 움직이다.
- **전일**: 일정한 날을 기준으로 한 바로 앞 날 = 전날
- **떳떳이**: 굽힐 것이 없이 당당하게

- **근심스럽다**: 보기에 마음이 놓이지 않아 속을 태우는 데가 있다.
- **붙장**: 부엌 벽의 안쪽이나 바깥쪽에 붙여 만든 장
- **허물**: 잘못 저지른 실수
- **가뜬하다**: 다루기에 가볍고 간편하거나 손쉽다.

04 서술상 특징 파악하기

다음 빈칸에 들어가기에 알맞은 말을 〈보기〉에서 찾아 쓰시오.

〈보기〉

1인칭 주인공   전지적 작가   숙모   선생님   점순이   작은아버지

(1) 윗글의 시점은 작품에서 자신을 드러내지 않는 작가가 인물들의 심리를 모두 알고 이야기를 전개하는 (   ) 시점이다.

(2) 문기는 (   )에게 자신이 과거에 저지른 일을 고백하자 마음이 하늘처럼 맑아지는 것을 느끼고 있다.

05 서술상의 특징 파악하기

윗글에 대한 설명으로 가장 알맞은 것은?

① 작품 안의 서술자가 다른 인물을 관찰하고 있다.
② 작품 안의 서술자가 자신이 겪은 일을 이야기하고 있다.
③ 작품 안의 서술자가 다른 사람이 겪은 일을 이야기하고 있다.
④ 작품 밖의 서술자가 주인공의 이야기에 대한 자신의 생각을 드러내고 있다.
⑤ 작품 밖의 서술자가 주인공의 마음까지 모두 알고 주인공의 이야기를 전하고 있다.

06 사건과 갈등 파악하기

윗글의 내용으로 가장 알맞지 **않은** 것은?

① 문기는 수신 시간에 '정직'에 대해 배웠다.
② 문기는 학교에서 사람이 없는 곳을 찾아다녔다.
③ 문기는 점순이가 우는 소리를 듣고 잠을 이루지 못했다.
④ 문기는 삼촌에게 모든 것을 자백한 이후 몸이 가뜬해짐을 느꼈다.
⑤ 문기는 정육점에서 잘못 받은 거스름돈을 썼다는 사실을 점순이에게 알렸다.

07 [단답형] 소재의 의미 파악하기

윗글에서 〈보기〉와 관련이 있는 것을 찾아 2음절로 쓰시오.

〈보기〉

- 돈을 훔친 문기가 바라보기 두려워하는 것
- 모든 사실을 삼촌에게 자백한 문기가 떳떳이 마음껏 쳐다볼 수 있게 된 것

05
윗글은 주인공 문기가 정육점에서 거스름돈을 더 받은 후 숙모의 돈을 훔친 일을 중심으로 내용이 전개되고 있어요. 이를 전달하는 서술자가 누구인지 생각해 보세요.

06
문기가 무엇을 했는지, 그로 인해 어떠한 감정을 느끼고 있는지 떠올려 보세요.
- **수신 시간**: 오늘날의 도덕 시간
- **자백**: 자기가 저지른 죄나 자기의 허물을 남들 앞에서 스스로 고백함. 또는 그 고백

07
문기가 무엇을 보고 '남을 떳떳이 볼 수 있는 마음'을 갖고 싶다고 생각하게 되었는지 찾아보세요.

전개 방식, 풍자와 해학

＊● 전개 방식 이란? 소설에서 이야기를 펼쳐나가는 방식

● **전개 방식에 따른 소설의 구성**

(1) 순행적 구성 : 과거에서 현재, 미래로 시간이 흐르는 순서에 따라 사건이 진행되는 구성

(2) 역순행적 구성 : 시간의 흐름을 따르지 않는 구성

> 오늘도 또 우리 수탉이 막 쪼이었다. (중략) 나흘 전 감자 쪼깐만 하더라도 나는 저에게 조금도 잘못한 것은 없다.
> '오늘' 일어난 일을 이야기하다 '나흘 전'에 있었던 일을 이야기함. — 김유정, 〈동백꽃〉

➡ 윗글에서는 현재의 '나'가 '나흘 전'의 일을 떠올리고 있다. 즉, 현재에서 과거로 시간의 흐름을 거슬러 사건이 진행되고 있으므로, **윗글은 '역순행적 구성'으로** 전개되고 있다.

(3) 환몽 구조 : 이야기가 '현실–꿈–현실'로 전개되는 구조. 주인공이 꿈속에서 새로운 삶을 경험한 뒤에 꿈에서 깨는 과정을 거쳐 깨달음을 얻는❶몽자류 소설에서 주로 나타남.

> 조신은 잠시 잠이 들었다. (중략) 김 씨 낭자와 사십여 년간 같이 살면서 자녀 다섯을
> 현실 → 꿈
> 두었다. (중략) 아내와 잡았던 손을 막 놓고 돌아서서 길을 떠나려 할 때 조신은 꿈에서
> 꿈 → 현실
> 깨었다.
> — 일연, 〈삼국유사 – 조신의 꿈〉

➡ 윗글은 주인공 조신이 꿈에서 김 씨 낭자와 함께 사는 삶을 경험한 뒤에 꿈에서 깨어 현실로 돌아오는 **환몽 구조를** 보이고 있다.

＊● 풍자 : 현실의 부정적인 인물이나 현상을 빗대어 비웃으면서 넌지시 비판하는 것

> 놀부는 부모에게는 불효이고 동기간에 우애가 조금도 없으니, 그 마음 쓰는 것이 괴
> 부자이면서도 욕심 많고 심보가 나쁜 양반 계층을 나타냄.
> 상하였다. / (중략) / 사람 죽은 데서 춤추기, 불난 데 부채질하기, 애기 낳은 데 가서
> 개 잡기, 장에 가면 억지 흥정, 우는 아기 똥 먹이기 (중략) 등이었다.
> 놀부의 우습고 심술 맞은 행동 — 작자 미상, 〈흥부전〉

➡ 놀부의 행동을 우스꽝스럽게 표현함으로써 **욕심 많고 심보가 나쁜 양반들을 풍자**하고 있다.

＊● 해학 : 익살스러운 말이나 행동을 통해 대상에 대한 호감과 연민을 느끼게 하는 것

> "아주머님은 (중략) 수고스럽지만 이쪽 뺨마저 쳐 주십시오. 밥 좀 많이 붙은 주걱으
> 뺨을 맞고도 밥알을 얻는 것에 기뻐하는 흥부의 우스꽝스러운 모습
> 로요. 그 밥 갖다가 아이들 구경이나 시키겠소." — 작자 미상, 〈흥부전〉

➡ **해학을 통해 가난한 흥부의 처지를 우스꽝스럽게 나타내어** 흥부를 불쌍하게 여기게 하고 있다.

---

① 인터폰의 수화기를 들자 경비원의 응답이 들렸다. / (중략) / 잠시 후 인터폰이 울렸다.

② 그래서 오늘 아침까지 꾁 소리 없이 왔다. / (중략) / 이렇게 말하자면 결국 어젯밤 뭉태네 집에 마슬 간 것이 썩 나빴다.

①에서는 '잠시 후'를 통해 시간의 흐름에 따라 사건이 진행되고 있음을 알 수 있고, ②에서는 '오늘 아침'의 상황을 이야기하다가 '어젯밤'의 일을 이야기하는 것을 통해 현재에서 과거로 시간을 거슬러 사건이 진행되고 있음을 알 수 있다.

❶ **몽자류 소설**
몽자류 소설의 주인공은 원래 살고 있던 현실을 잊은 채 꿈속에서 새로운 삶을 살다가, 꿈에서 깨면서 꿈속의 '나'가 현실의 '나'였음을 확인함.

• 연민 : 불쌍하고 가련하게 여김.

★ 정답은 [해설편 표지] 안쪽에 있습니다.

[01~02] 다음을 읽고 맞으면 ○, 틀리면 ×에 표시하시오.

> 바깥도 죽은 듯이 고요하다. (중략) 그의 남편은 그때껏 돌아오지 않았었다.
> 아내가 되고 남편이 된 지는 벌써 오랜 일이다. 어느덧 7, 8년이 지났으리라. 하건만 같이 있어 본 날을 헤아리면 단 일 년이 될락말락 한다. 막 그의 남편이 서울서 중학을 마쳤을 제 그와 결혼하였고, 그러자마자 고만 동경*에 부급한* 까닭이다.　- 현진건, 〈술 권하는 사회〉
> *동경 : 일본 도쿄　　*부급한 : 다른 곳으로 공부하러 간

01
윗글은 남편이 돌아오지 않은 현재 상황에서 아내와 남편이 결혼했을 때의 일에 대해 이야기하고 있다. (○ , ×)

02
윗글은 순행적 구성으로 사건이 전개되고 있다. (○ , ×)

[03~04] 다음을 읽고 빈칸에 들어가기에 가장 알맞은 말을 쓰시오.

> 청허는 어렴풋이 한 꿈을 꾸었다. (중략) 그곳에 수많은 부녀자들이 줄을 지어 앉아 있었다. (중략)
> "임금의 욕되심과 나라를 빼앗길 일이 임박하였지만 충신절사*는 하나도 없었습니다. 다만 부녀자들만의 절개*가 늠름하였으니, 이는 참으로 영광스러운 죽음이옵니다." (중략)
> 이 말이 끝나자마자, 모여 앉은 부녀자들이 일시에 슬피 울었다. (중략) 별안간 놀라 깨어 보니 한바탕의 꿈이었다.　- 작자 미상, 〈강도몽유록〉
> *충신절사 : 충성을 다하는 신하와 절개를 지키는 선비
> *절개 : 뜻을 굽히지 아니하고 굳게 지키는 태도

03
윗글은 현실에서 꿈으로, 꿈에서 현실로 돌아오는 내용으로 구성되어 있는 (　　　) 구조를 띠고 있다.

04
청허는 꿈을 통해 수많은 (　　　)이/가 절개를 지키다가 죽음에 이르렀음을 알게 된다.

[05~06] 다음을 읽고 빈칸에 들어가기에 가장 알맞은 말을 쓰시오.

> "부려만 먹구 왜 성례* 안하지유!"
> 나는 이렇게 호령*했다. (중략) 장인님이 헐떡헐떡 기어서 올라오더니 내 바짓가랭이를 요렇게 노리고서 단박 움켜잡고 매달렸다. 악, 소리를 치고 나는 그만 세상이 다 팽그르 도는 것이,
> "빙장님! 빙장님! 빙장님!"
> "이 자식! 잡아먹어라, 잡아먹어!"
> "아! 아! 할아버지! 살려줍쇼, 할아버지!" / 하고 두 팔을 허둥지둥 내절 적에는 이마에 진땀이 쭉 내솟고 인젠 참으로 죽나 보다 했다.　- 김유정, 〈봄봄〉
> *성례 : 결혼식을 함.　　*호령 : 큰 소리로 꾸짖음.

05
윗글에서는 장인에게 당하는 '나'의 모습을 (진지하게 / 우스꽝스럽게) 묘사하고 있다.

06
윗글에서는 '나'를 둘러싼 사건을 (풍자적 / 해학적)으로 그리고 있다.

[07~08] 빈칸에 들어가기에 알맞은 단어를 〈보기〉에서 찾아 문맥에 맞게 쓰시오.

> ────〈보기〉────
> • 허물 : 잘못 저지른 실수
> • 으레 : 틀림없이 언제나
> • 성미 : 성질, 마음씨, 비위, 버릇 따위를 통틀어 이르는 말

07
동생의 (　　　)을/를 들추어내지 말자.

08
그녀는 한번 시작하면 끝장을 보는 (　　　)을/를 갖고 있다.

DAY
18

III

수필

- 현대 수필
- 고전 수필

오늘 나는 슬퍼하는 친구를 위로 ·····▶ 위로 (중심 대상)

해 주었다. 누군가를 위로한다는 ······▶ 누군가를 위로하면 서로의 마음이 따뜻해진다고 생각함. (글쓴이의 생각, 태도)

것은 서로의 마음이 난로처럼 따

뜻해지는 일이다.

  나도 춥고 힘든 시절에 다른 사 ·····▶ '난로처럼'이라는 비유적 표현을 통해 위로의 가치를 드러내고 있음. (서술상 특징)

람에게 위로를 받아 본 경험이

있다. 그때 ······

'**수필**'이란 글쓴이가 일상생활을 하면서 느낀 것이나 체험한 것을 자유롭게 쓴 글입니다. 수필을 잘 이해하려면

❶ **중심 대상**을 찾고,
❷ **글쓴이의 생각, 태도**를 파악하고,
❸ **서술상 특징**을 파악해야 합니다.

★ 교과서와 시험에 자주 나오는 수필을 '현대 수필'과 '고전 수필'로 구분하여 수록했습니다.

- 현대 수필: 현대에 쓰인 수필로, 우리나라에서는 근대식 문화가 들어오면서부터 지어진 수필을 통틀어 현대 수필이라고 합니다.
- 고전 수필: 예로부터 전하여 내려오는 수필을 말합니다. 우리나라에서는 보통 19세기에 쓰인 수필까지를 고전 수필이라고 합니다.

STEP Ⅰ
중심 대상 찾기

★ 중심 대상이란?
수필에서 글쓴이가 주로 이야기하는 대상입니다.

● 중심 대상을 찾는 이유
중심 대상이 무엇인지 찾으면 글쓴이가 이야기하고자 하는 바를 쉽게 파악할 수 있어요.

● 중심 대상을 찾는 방법
글쓴이가 무엇에 대해 이야기하는지 살펴보기

STEP Ⅱ
글쓴이의 생각, 태도 파악하기

★ 글쓴이의 생각, 태도란?
글쓴이가 중심 대상에 대해 어떻게 생각하고, 중심 대상을 어떻게 대하는지를 말합니다.

● 글쓴이의 생각, 태도를 파악하는 이유
수필에는 중심 대상을 바라보는 글쓴이만의 독특한 관점이나 새로운 생각이 나타나 있는 경우가 많으므로 글쓴이의 생각과 태도를 파악하면 전체적인 내용을 쉽게 이해할 수 있어요.

● 글쓴이의 생각, 태도를 파악하는 방법
❶ 글쓴이가 중심 대상을 보며 어떠한 생각을 하는지 살펴보기
❷ 글쓴이가 좋다고 여기는 것과 싫거나 나쁘다고 여기는 것이 무엇인지 생각해 보기

STEP Ⅲ
서술상 특징 파악하기

★ 서술상 특징이란?
수필에서 글쓴이가 내용을 효과적으로 전달하기 위해 활용하는 다양한 표현 방법을 말합니다.

● 서술상 특징을 파악하는 이유
서술상 특징을 파악하면 수필의 가장 중요한 내용이 무엇인지 이해하는 데 도움이 됩니다.

● 서술상 특징을 파악하는 방법
❶ 글쓴이가 자신의 경험을 통해 느낀 점이나 깨달은 점을 어떻게 제시하고 있는지 확인하기
❷ 비유적 표현, 남의 말이나 글을 끌어다 쓴 표현 등이 있는지 확인하기

따뜻한 조약돌 _이미애

① 6학년 땐가 몹시도 추웠던 겨울이었습니다. 점심시간이면 말없이 사라지는 아이가 있었습니다. 반 친구들로부터 이유 없이 따돌림을 받던 아이는 늘 그렇게 혼자 굶고 혼자 놀았습니다. 그러던 어느 날 그 아이가 다가와 쪽지 하나를 내밀었습니다.

"은하야, 우리 집에 놀러 갈래?"

그 애와 별로 친하지 않았던 나는 좀 얼떨떨했지만 모처럼의 제의를 거절할 수가 없었습니다.

"그래, 수업 끝나고 보자."

② 그날따라 날이 몹시 추웠습니다. 발가락이 탱탱하게 얼어붙고 온몸이 오그라드는 것 같았지만 한참을 가도 그 애는 다 왔다는 말을 하지 않았습니다. 괜히 따라나섰다는 후회가 밀려오고 그냥 집으로 돌아가고 싶은 생각이 치밀기 시작할 때쯤 그 애가 멈춰 섰습니다.

"다 왔어. 저기야, 우리 집."

③ 그 애의 손끝이 가리키는 곳에는 바람을 막기도 어렵고 함박눈의 무게조차 지탱하기 힘들어 보이는 오두막 한 채가 서 있었습니다. 퀴퀴한 방 안엔 아픈 어머니와 어린 동생들이 옹기종기 모여 있었습니다.

"아, 안녕하세요?"

"미안하구나. 내가 몸이 안 좋아 대접도 못 하고……."

④ 내가 마음을 풀고 그 애의 동생들과 놀아 주고 있을 때 품팔이를 다닌다는 그 애 아버지가 돌아오셨습니다.

"어이구, 우리 딸이 친구를 다 데려왔네."

그 애 아버지는 딸의 첫 손님이라며 날 반갑게 대했고, 나는 친구와 즐겁게 놀았습니다.

날이 저물 무렵 그 애 집을 나설 때였습니다.

"애야, 잠깐만 기다려라."

"저……. 이거. 줄 게 이거밖에 없구나."

⑤ 그 애 아버지가 장갑 낀 내 손에 꼭 쥐여 준 것, 그것은 불에 달궈 따뜻해진 조약돌 두 개였습니다. ㉠하

지만 그 조약돌 두 개보다 더 따뜻한 것은 그다음 내 귀에 들린 한마디 말이었습니다.

"집에 가는 동안은 따뜻할 게다. 잘 가거라."

나는 세상 그 무엇보다 따뜻한 돌멩이 난로를 가슴에 품은 채 집으로 돌아왔습니다.

🦋 빈칸을 채우세요.

– 중심 대상:

- **얼떨떨하다:** 뜻밖의 일로 당황하거나 여러 가지 일이 복잡하여 정신을 가다듬지 못하는 데가 있다.
- **모처럼:** 벼르고 별러서 처음으로
- **제의:** 의견을 내놓음. 또는 그 의견
- **오그라들다:** 물체가 안쪽으로 오목하게 휘어져 들어가다.
- **치밀다:** 욕심, 분노, 슬픔, 연기 따위가 세차게 복받쳐 오르다.
- **오두막:** 사람이 겨우 들어가 살 정도로 작게 지은 막. 또는 작고 초라한 집
- **지탱하다:** 오래 버티거나 배겨 내다.
- **퀴퀴하다:** 상하고 찌들어 비위에 거슬릴 정도로 냄새가 구리다.
- **품팔이:** 품삯을 받고 남의 일을 해 주는 일. 또는 그런 사람

STEP Ⅰ 중심 대상 찾기

수필은 글쓴이가 일상생활을 하면서 느낀 것이나 체험한 것을 자유롭게 쓴 글이에요. 글쓴이는 수필을 통해 읽는 사람에게 자신이 경험을 통해 얻은 깨달음이나 생각을 솔직하게 전하지요. 그래서 수필에 등장하는 '나'는 보통 글쓴이를 가리킵니다.

수필을 읽을 때는 가장 먼저 글쓴이가 무엇에 대해 이야기하고 있는지 살펴봐야 해요. 시와 마찬가지로 수필에서 글쓴이가 주로 이야기하는 것을 **중심 대상**이라고 해요. 수필의 중심 대상은 글쓴이가 만난 사람, 가지고 있는 물건, 경험한 일 등 매우 다양합니다.

❀ 〈따뜻한 조약돌〉의 내용을 자세히 살펴봅시다.

글쓴이는 점심시간이면 말없이 사라지고 반 친구들로부터 이유 없이 따돌림을 받던 아이에게 집에 놀러 가자는 쪽지를 받았고, 그 제안을 거절하지 못해요(①).

날씨가 몹시 추워서 그 아이를 따라온 것을 후회하고 집에 돌아가고 싶다는 생각이 들 때쯤 글쓴이는 그 애의 집에 도착합니다(②). 그 애의 집은 튼튼해 보이지 않는 오두막으로, 방 안에는 아픈 어머니와 어린 동생들이 옹기종기 모여 있었어요(③).

친구와 즐거운 시간을 보낸 글쓴이가 친구의 집을 나설 때, 그 애의 아버지가 잠깐 기다리라고 하며 줄 것이 이거밖에 없다고 했어요(④). 그 애의 아버지는 글쓴이에게 불에 달궈 따뜻해진 조약돌 두 개를 쥐여 주며 집에 가는 동안은 따뜻할 것이라고 했어요. 글쓴이는 자신을 진심으로 생각해 주는 친구 아버지의 마음에 감동하여 돌멩이 난로가 세상 그 무엇보다 따뜻하다고 느끼면서 집으로 돌아와요(⑤).

❀ 〈따뜻한 조약돌〉의 **중심 대상**을 찾아볼까요?

글쓴이는 학교에서 굶을 정도로 집안 사정이 좋지 않은 친구의 초대를 받고 그 친구의 집에 가게 됩니다. 품팔이를 하고 돌아온 친구의 아버지는 자신의 딸이 데려온 첫 손님인 글쓴이에게 불에 달군 따뜻한 조약돌 두 개를 건넵니다. 글쓴이는 그 조약돌에 담긴 친구 아버지의 따뜻한 마음을 느끼게 됩니다.

따라서 윗글의 **중심 대상은 '조약돌'**입니다.

01 중심 대상 찾기

다음 빈칸에 들어가기에 알맞은 답을 〈보기〉에서 찾아 쓰시오.

〈보기〉
| 쪽지 | 장갑 | 조약돌 | 난로 | 함박눈 |

(1) 윗글의 글쓴이는 친구가 내민 (   )을/를 받고 친구네 집에 놀러 간 경험에 대해 이야기하고 있다.

(2) 윗글의 글쓴이는 친구네 집에 갔다가 돌아오는 길에 친구 아버지께서 쥐여 준 (   )을/를 받고 마음이 따뜻해짐을 느꼈다.

02 사건과 갈등 파악하기

윗글의 내용으로 가장 알맞지 <u>않은</u> 것은?

① '나'는 추운 날 친구를 따라 친구네 집에 갔다.
② '나'는 친구 아버지로부터 조약돌 2개를 받았다.
③ '나'는 자신의 집에 놀러 가자는 친구의 쪽지를 받았다.
④ '나'는 친구 어머니가 친구 동생과 놀아 주라고 한 말을 들었다.
⑤ '나'는 친구 아버지가 쥐여 준 조약돌을 가슴에 품고 친구네 집을 나왔다.

02
'나'가 친구의 제의를 받고 어떤 생각을 하였는지, 이후 어떠한 행동을 하였는지 생각해 봅시다.

03 글쓴이의 생각과 태도 파악하기

글쓴이가 ㉠과 같이 생각한 이유로 가장 알맞은 것은?

① '나'가 집에 돌아올 때는 날씨가 춥지 않았기 때문이다.
② '나'가 친구 아버지에게서 받은 조약돌이 차가웠기 때문이다.
③ '나'가 조약돌에 담긴 친구 아버지의 마음에 감동했기 때문이다.
④ '나'가 친구 아버지에게 장갑을 선물로 받아서 행복하다고 생각했기 때문이다.
⑤ '나'가 친구네 집에 갈 때보다 자신의 집에 돌아갈 때 날씨가 따뜻하다고 느꼈기 때문이다.

03
친구 아버지에게 따뜻한 조약돌을 받은 '나'의 기분이 어떠했을지 생각해 보세요.

문제 풀이 특강　STEP Ⅰ

01 중심 대상 찾기

(1) '나'는 '은하야, 우리 집에 놀러 갈래?'라는 내용이 적힌 쪽지를 받고 친구의 집에 놀러 가게 되었어요. 따라서 정답은 <u>쪽지</u> 입니다.

(2) '나'가 집에 돌아갈 때 친구의 아버지는 나에게 '불에 달궈 따뜻해진 조약돌 두 개'를 손에 꼭 쥐여 주었어요. 따라서 정답은 <u>조약돌</u> 입니다.

02 사건과 갈등 파악하기

윗글의 내용으로 가장 알맞지 <u>않은</u> 것은?

① '나'는 추운 날 친구를 따라 친구네 집에 갔다. (○)

⭐ 근거: ②-❶, ❷

> 그날따라 날이 몹시 추웠습니다. 발가락이 ~

🍃 '나'는 친구의 초대를 받아 추운 날 친구를 따라 친구네 집에 갔어요.

② '나'는 친구 아버지로부터 조약돌 2개를 받았다. (○)

⭐ 근거: ④-❻, ⑤-❶

> • "저어…… 이거. 줄 게 이거밖에 없구나."
> • 그 애 아버지가 장갑 낀 내 손에 꼭 쥐여 준 것, 그것은 불에 달궈 따뜻해진 조약돌 두 개였습니다.

🍃 친구의 아버지는 집에 돌아가려는 '나'에게 조약돌 두 개를 주었어요.

③ '나'는 자신의 집에 놀러 가자는 친구의 쪽지를 받았다. (○)

⭐ 근거: ①-❹, ❺

> 그러던 어느 날 그 아이가 다가와 쪽지 하나를 내밀었습니다.
> "은하야, 우리 집에 놀러 갈래?"

🍃 '나'는 친구로부터 쪽지를 받았어요.

④ '나'는 친구 어머니가 친구 동생과 놀아 주라고 한 말을 들었다. (✕)

⭐ 근거: ③-❹

> "미안하구나. 내가 몸이 안 좋아 대접도 못하고……."

🍃 친구의 어머니는 '나'에게 대접을 못해서 미안하다고 했을 뿐, 친구 동생과 놀아 주라고 하지 않았어요. 그러므로 정답은 ④!

⑤ '나'는 친구 아버지가 쥐여 준 조약돌을 가슴에 품고 친구네 집을 나왔다. (○)

⭐ 근거: ⑤-❹

> 나는 세상 그 무엇보다 따뜻한 돌멩이 난로를 가슴에 품은 채 집으로 돌아왔습니다.

🍃 '나'는 친구 아버지가 건네 준 조약돌을 가슴에 품은 채 집으로 돌아왔어요.

03 글쓴이의 생각과 태도 파악하기

글쓴이가 ㉠과 같이 생각한 이유로 가장 알맞은 것은?

• ㉠: ㉠은 '하지만 그 조약돌 두 개보다 더 따뜻한 것은 그다음 내 귀에 들린 한마디 말이었습니다.'에요. 이후 친구의 아버지는 '나'에게 조약돌 두 개를 건넨 후 '집에 가는 동안은 따뜻할 게다. 잘 가거라.'라고 했어요.

🟥 즉 '나'가 조약돌 두 개보다 친구 아버지의 말이 더 따뜻하다고 한 이유로 올바른 것을 고르는 문제입니다.

① '나'가 집에 돌아올 때는 날씨가 춥지 않았기 때문이다. (✕)

🍃 윗글에서 '나'가 집에 돌아올 때의 날씨에 대해 이야기한 부분은 찾을 수 없어요.

② '나'가 친구 아버지에게서 받은 조약돌이 차가웠기 때문이다. (✕)

⭐ 근거: ⑤-❶, ❹

🍃 '나'는 친구 아버지가 쥐여 준 불에 달궈 따뜻해진 조약돌을 '무엇보다 따뜻한 돌멩이 난로'라고 느끼고 있어요.

③ '나'가 조약돌에 담긴 친구 아버지의 마음에 감동했기 때문이다. (○)

⭐ 근거: ⑤

> 그 애 아버지가 장갑 낀 내 손에 꼭 쥐여 준 것, 그것은 불에 달궈 따뜻해진 조약돌 두 개였습니다. ~
> "집에 가는 동안은 따뜻할 게다. 잘 가거라."
> 나는 세상 그 무엇보다 따뜻한 돌멩이 난로를 가슴에 품은 채 집으로 돌아왔습니다.

🍃 '나'는 친구 아버지가 하는 말을 듣고, 자신이 집에 돌아가는 동안 춥지 않도록 신경을 써 준 친구 아버지의 마음이 조약돌에 담겨 있음을 깨닫게 돼요. 즉, '나'는 친구 아버지가 조약돌을 '나'에게 준 이유를 깨닫고, 그 따뜻한 마음씨에 감동하여 조약돌 두 개보다 친구 아버지의 말이 더 따뜻하다고 생각하게 된 거예요. 그러므로 정답은 ③!

④ '나'가 친구 아버지에게 장갑을 선물로 받아서 행복하다고 생각했기 때문이다. (✕)

⭐ 근거: ⑤-❶

🍃 '나'는 이미 장갑을 끼고 있었고, 친구 아버지는 '나'에게 조약돌 두 개를 주었을 뿐, 장갑을 선물하지는 않았어요.

⑤ '나'가 친구네 집에 갈 때보다 자신의 집에 돌아갈 때 날씨가 따뜻하다고 느꼈기 때문이다. (✕)

⭐ 근거: ②, ⑤

🍃 윗글에서 '나'는 친구네 집에 갈 때는 날이 몹시 추웠다고 했어요. 그러나 '나'가 집에 돌아올 때의 날씨에 대해 이야기한 부분은 찾을 수 없어요.

꼴찌에게 보내는 갈채 _박완서

[앞부분의 줄거리] 어느 날 '나'는 버스를 타고 집에 돌아가는 길에 마라톤 대회가 진행 중이라는 소식을 접한다. 그 말을 들은 나는 1위 주자를 보며 환호하기 위해 타고 있던 버스에서 내려 마라톤 대회가 진행된다는 삼거리로 달려 간다.

그때 나는 내가 전혀 예기치 않던 방향에서 쏟아지는 환호 소리를 들었다. 그것은 내 뒤쪽 조그만 라디오방 스피커에서 나오는 환호 소리였다.

선두 주자가 드디어 결승점 전방 십 미터, 오 미터, 사 미터, 삼 미터, 골인! 하는 아나운서의 숨 막히는 소리가 들리고 군중의 우레와 같은 환호성이 들렸다.

비로소 1등을 한 마라토너는 이미 이 삼거리를 지난지가 오래라는 걸 알 수 있었다. 이 삼거리에서 골인 지점까지는 몇 킬로미터나 되는지 자세히는 몰라도 상당한 거리다. 그런데도 아직까지 통행이 금지된 걸 보면 후속 주자들이 남은 모양이다. 꼴찌에 가까운 주자들이.

그러자 나는 그만 맥이 빠졌다. 나는 영광의 승리자의 얼굴을 보고 싶었던 것이지 비참한 꼴찌의 얼굴을 보고 싶었던 건 아니었다.

또 차들이 부르릉대며 들먹이기 시작했다. 차들도 기다리기가 지루해서 짜증을 내고 있었다. 다시 날카로운 호루라기 소리가 들리고 저만치서 ㉠푸른 유니폼을 입은 마라토너가 나타났다.

삼거리를 지켜보고 있던 여남은 구경꾼조차 라디오방으로 몰려 우승자의 골인 광경, 세운 기록 등에 귀를 기울이느라 아무도 그에게 관심을 갖지 않았다. 나도 무감동하게 푸른 유니폼이 가까이 오는 것을 바라보면서 저 사람은 몇 등쯤일까, 이십 등? 삼십 등? — 저 사람이 세운 기록도 누가 자세히 기록이나 해 줄까? 대강 이런 생각을 했다. 그리고 그 이십 등, 아니면 삼십 등의 선수가 조금쯤 우습고, 조금쯤 불쌍하다고 생각했다.

푸른 마라토너는 점점 더 나와 가까워졌다. 드디어 나는 그의 표정을 볼 수 있었다.

나는 그런 표정을 생전 처음 보는 것처럼 느꼈다. 여태껏 그렇게 정직하게 고통스러운 얼굴을, 그렇게 정직하게 고독한 얼굴을 본 적이 없다. 가슴이 뭉클하더니 심하게 두근거렸다. 그는 이십 등, 삼십 등을 초월해서 위대해 보였다. 지금 모든 환호와 영광은 우승자에게 있고 그는 환호 없이 달릴 수 있기에 위대해 보였다. (중략)

나는 용감하게 인도에서 차도로 뛰어내리며 그를 향해 열렬한 박수를 보내며 환성을 질렀다. 나는 그가 주저앉는 걸 보면 안 되었다. 나는 그가 주저앉는 걸 봄으로써 내가 주저앉고 말 듯한 어떤 미신적인 연대감마저 느끼며 실로 열렬하고도 우렁찬 환영을 했다.

(중략)

그 전까지만 해도 나는 마라톤이란 매력 없는 우직한 스포츠라고밖에 생각 안 했었다. 그러나 앞으론 그것을 좀 더 좋아하게 될 것 같다. 그것은 조금도 속임수가 용납 안 되는 정직한 운동이기 때문에. 또 끝까지 달려서 골인한 꼴찌 주자도 좋아하게 될 것 같다. 그 무서운 고통과 고독을 이긴 의지력 때문에. (후략)

🫐 **빈칸을 채우세요.**

– 중심 대상:

- **주자**: 경주하는 사람
- **환호하다**: 기뻐서 큰 소리로 부르짖다.
- **군중**: 한곳에 모인 많은 사람
- **우레**: 천둥
- **통행**: 일정한 장소를 지나다님.
- **비참하다**: 더할 수 없이 슬프고 끔찍하다.
- **여남은**: 열이 조금 넘는 수
- **고독하다**: 세상에 홀로 떨어져 있는 듯이 매우 외롭고 쓸쓸하다.
- **뭉클하다**: 슬픔이나 노여움 따위의 감정이 북받치어 가슴이 갑자기 꽉 차는 듯하다.
- **초월하다**: 어떤 한계를 뛰어넘다.
- **열렬하다**: 어떤 것에 대한 애정이나 태도가 매우 세차다.
- **연대감**: 한 덩어리로 서로 연결되어 있음을 느끼는 마음
- **우직하다**: 어리석고 융통성이 없다.

04 중심 대상 찾기

다음 빈칸에 들어가기에 알맞은 답을 〈보기〉에서 찾아 쓰시오.

> ───〈보기〉───
>
> 마라톤   운동   선두 주자   푸른 마라토너

(1) '나'는 얼굴이 정직하게 고통스러운 (   )의 얼굴을 보았다.

(2) '나'는 속임수가 용납되지 않는 (   )을/를 앞으로는 좀 더 좋아하게
될 것 같다고 생각하고 있다.

05 사건과 갈등 파악하기

윗글에 대한 설명으로 가장 알맞지 <u>않은</u> 것은?

① '나'는 삼거리에서 마라토너를 보았다.

② '나'는 1등 주자에게 박수와 환호를 보냈다.

③ '나'가 현재 있는 삼거리에서 골인 지점까지의 거리는 멀다.

④ '나'는 푸른 마라토너와 자신이 점점 가까워지는 것을 느꼈다.

⑤ '나'는 라디오에서 흘러나온 아나운서의 목소리를 통해 선두 주자가 골인했다는 소
식을 들었다.

06 글쓴이의 생각과 태도 파악하기

㉠에 대한 '나'의 생각으로 가장 알맞은 것은?

① ㉠이 영광의 승리자라고 생각했다.

② ㉠이 달리기를 멈추고 주저앉기를 바랐다.

③ ㉠을 보고 환호와 영광이 그에게 있다고 생각했다.

④ ㉠이 계속해서 박수나 환호 없이 홀로 달리기를 바랐다.

⑤ ㉠이 고통과 고독을 이겨 낸 위대한 사람이라고 생각했다.

07 [단답형] 글쓴이의 생각과 태도 파악하기

〈보기〉는 '나'가 마라톤 대회를 보고 느낀 바를 정리한 것이다. 윗글에서 빈칸에 들어가기에
가장 알맞은 말을 찾아 4어절로 쓰시오.

> ───〈보기〉───
>
> '나'는 처음에는 꼴찌에 가까운 (   )이/가 우습고 불쌍하
> 다고 생각했지만, 정직하게 고통스러운 얼굴로 달리는 그의 표정을 보며 고통과 고독
> 을 이겨낸 꼴찌 주자의 의지력에 위대함을 느끼게 되었다.

04
• 용납하다: 말이나 행동이 너그
러운 마음으로 받아들여지다

05
'나'가 어디에서 무엇을 하고 있
는지 살펴봅시다.

DAY
19

06
마라톤 대회를 보며 ㉠에 대한
'나'의 생각이 어떻게 변화했는지
생각해 보세요.

07
마라톤 대회를 보고 있는 '나'의
생각이 어떻게 변했는지 떠올려
보세요.
• 어절: 문장을 구성하고 있는 각
각의 마디. 띄어쓰기의 단위가
된다.

수필의 개념과 특징

● 수필 이란? 글쓴이가 일상생활에서 얻은 생각과 느낌을 자유롭게 쓴 글

● **수필의 특징**

(1) **자유로운 형식:** 수필은 형식에 얽매이지 않고 자유롭게 쓸 수 있다.
(2) **비전문적 문학:** 작가를 직업으로 하는 사람이 아니더라도 누구나 수필을 쓸 수 있다.
(3) **소재의 다양성:** 일상생활에서 겪은 모든 것이 수필의 소재가 될 수 있다.
(4) **1인칭 문학:** 글쓴이가 글 속의 '나'와 일치한다.(작가 = 서술자 = '나')
(5) **자기 고백적 성격:** 글쓴이가 자신의 경험과 생각을 솔직하게 표현한다.
(6) **교훈적:** 수필을 읽는 사람은 글쓴이의 경험과 깨달음을 통해 교훈을 얻을 수 있다.

● **수필의 종류**

	경수필(가벼운 수필)	중수필(무거운 수필)
뜻	일상생활에서 일어나는 일을 소재로 삼아 글쓴이의 경험과 생각을 가볍게 쓴 글	사회 문제와 같은 무거운 내용을 소재로 삼아 글쓴이의 의견❶을 논리적이고 객관적으로 쓴 글
성격	개인적,❷주관적, 고백적, 체험적	사회적, 객관적, 논리적
특징	• 소재와 내용, 이에 대한 글쓴이의 태도가 가벼움. • 글쓴이가 자신의 감정을 자유롭게 표현함. • 대체로 글 속에 '나'(글쓴이)가 드러남.	• 글쓴이가 자신의 주장과 근거를 논리적으로 제시함. • 문장이 무겁고 딱딱함. • 대체로 '나'(글쓴이)가 겉으로 드러나지 않음.
종류	편지, 일기,❸기행문, 수기 등	❹칼럼, 평론 등

● **수필의❺문체**

길이에 따라	만연체	긴 문장을 통해 감정을 자세히 나타내고, 차분하고 설명하는 듯한 느낌을 주는 문체 ㉃ 사랑을 노래하는 청춘의 봄은 화려하고 찬란한 봄이지만, 그것을 바라보고 느끼는 봄은 인생의 끝없는 봄이다. 청춘의 봄과 그것을 바라보는 봄을 긴 문장으로 차분히 설명함.
	간결체	짧은 문장을 통해 선명한 인상을 나타내는 문체 ㉃ 6학년 땐가 몹시도 추웠던 겨울이었습니다.
느낌에 따라	강건체	힘차고 꿋꿋한 느낌을 주는 문체 ㉃ 남모르는 분투와 인내!
	우유체	부드럽고 우아한 느낌을 주는 문체 ㉃ 고요하니 즐거운 이 밤 (중략) 맑고 고운 수선화 한 폭을 들여다봅니다.
꾸미는 정도에 따라	화려체	다양한 표현법을 사용하여 문장을 화려하게 꾸미는 문체 ㉃ 담장 위 장미가 붉은 혀를 깨물고 있다. '붉은'을 통해 장미의 색을 선명하게 드러내고, 장미를 사람처럼 표현함.
	건조체	내용을 정확히 전달하기 위해 비유나 꾸미는 말을 사용하지 않거나 적게 사용한 문체 ㉃ 실수는 삶과 정신의 여백에 해당한다.

> 수필은 글쓴이가 일상생활에서 보고 듣고 느낀 것을 자유롭게 적은 글로, 편지나 일기도 수필에 속한다. 수필을 읽을 때는 글 속에 드러나 있는 글쓴이의 생각·가치관을 파악하며 읽어야 한다.

❶ 논리적, 객관적
• **논리적:** 말이나 글에서 사물의 옳고 그름을 따지거나 판단하는 것이 이치에 맞는 것
• **객관적:** 자기 혼자만의 생각이나 감정에서 벗어나 있는 그대로 사물을 보거나 생각하는 것

❷ 주관적
자기의 생각이나 관점을 바탕으로 하는 것. '객관적'과 반대되는 말

❸ 기행문, 수기
• **기행문:** 여행하면서 보고, 듣고, 느끼고, 겪은 것을 적은 글
• **수기:** 자기의 생활이나 체험을 직접 쓴 기록

❹ 칼럼, 평론
• **칼럼:** 신문, 잡지 등에 시사, 사회에 관한 짧은 평을 남기는 글
• **평론:** 사물의 가치나 선악, 우열 등에 대해 평가하는 글

❺ 문체
문장에 드러나는 작가만의 독특한 어투, 개성 있는 표현. 대표적으로 운율이 느껴지는지에 따라 운문체와 산문체로 구분할 수 있음.
• **운문체:** 문장이나 글의 구성에서 운율이 느껴지는 문체
• **산문체:** 운율에 얽매이지 않고 자유로운 줄글로 기록한 문체

[01~02] 다음 수필을 읽고 빈칸에 들어가기에 알맞은 말을 쓰시오.

> 물은 아름답다. 흐르는 모양, 흐르는 소리도 아름답거니와 생각하면, 이의 맑은 덕, 남의 더러움을 씻어는 줄언정, 남을 더럽힐 줄 모르는 어진 덕이 이에게 있는 것이다. 이를 대할 때 얼마나 마음을 맑힐 수 있고 이를 사귈 때 얼마나 몸을 깨끗이 할 수 있는 것인가!
>
> – 이태준, 〈물〉

01

윗글의 중심 대상은 (   )(이)다.

02

윗글은 일상에서 일어난 일을 소재로 글쓴이의 생각을 가볍게 쓴 (   )(이)다.

[03~04] 다음 수필을 읽고 맞으면 ○, 틀리면 ×에 표시하시오.

> 나는 이제 이 긴긴밤을 당신께 이 노란 슬픔의 이야기나 해서 보내도 좋겠습니다. 남쪽 바닷가 어떤 낡은 항구의 처녀 하나를 나는 좋아했습니다. 머리가 까맣고 눈이 크고 코가 높고 목이 패고 키가 호리낭창* 했습니다. 그가 열 살이 못 되어 젊디젊은 그 아버지는 가슴을 앓아 죽고 그는 아름다운 젊은 홀어머니와 둘이 동지섣달* 에도 눈이 오지 않는 따뜻한 이 낡은 항구의 크나큰 기와집에서 그늘진 풀같이 살아왔습니다.
>
> – 백석, 〈편지〉
>
> * 호리낭창: 몸이나 생김새가 날씬하고 가느다람.
> * 동지섣달: 11월과 12월

03

윗글의 글쓴이는 글 속의 '나'와 다른 사람이다. (○ , ×)

04

윗글에서는 부드럽고 우아한 느낌을 주는 우유체를 사용하고 있다. (○ , ×)

[05~06] 다음 수필을 읽고 빈칸에 들어가기에 알맞은 말을 고르시오.

> 지난 주말에도 나는 산에 다녀왔다. 눈이 내린 날이었다. 불과 일주일 만에 약수터의 참나무는 제 스스로 모든 잎을 떨군 채 찬바람 속에 무연히* 서 있었다. 그리고 침묵의 시간으로 돌아간 듯 더 이상 말이 없었다. (중략)
>
> 그 헐벗은 나무를 보며 나는 생각했다. 그동안 나는 사소한 일에도 얼마나 자주 마음이 흔들렸던가. 또 어쩌다 상처를 받게 되면 얼마나 많은 원망의 시간을 보냈던가.
>
> – 윤대녕, 〈한 그루 나무처럼〉
>
> * 무연히: 아득하게 마음을 쓰는 것이나 생각하는 것이 너그러운 상태로

05

윗글은 글쓴이의 경험과 생각이 솔직하고 (고백적 / 객관적)으로 표현되어 있다.

06

윗글에서는 짧은 문장을 통해 선명한 인상을 나타내는 (간결체 / 만연체)를 사용하고 있다.

[07~08] 빈칸에 들어가기에 알맞은 단어를 〈보기〉에서 찾아 문맥에 맞게 쓰시오.

> ─〈보기〉─
> • 우직하다: 어리석고 고지식하다.
> • 치밀다: 욕심, 분노, 슬픔, 연기 따위가 세차게 복받쳐 오르다.
> • 고독하다: 세상에 홀로 떨어져 있는 듯이 매우 외롭고 쓸쓸하다.

07

민서는 꾀를 부리지 않고 (   )하게 일한다.

08

진수는 그 일을 생각하면 화가 (   )었다.

DAY
19

이옥설 _ 이규보

① 행랑채가 퇴락*하여 지탱할 수 없게끔 된 것이 세 칸이었다. 나는 마지못하여 이를 모두 수리하였다. 그런데 그 두 칸은 앞서 장마에 비가 샌 지가 오래 되었으나, 나는 그것을 알면서도 망설이다가 손을 대지 못했던 것이고, 나머지 한 칸은 비를 한 번 맞고 샜던 것이라 서둘러 기와를 갈았던 것이다. 이번에 수리하려고 본즉 비가 샌 지 오래된 것은 그 서까래, 추녀, 기둥, 들보가 모두 썩어서 못 쓰게 되었던 까닭으로 수리비가 엄청나게 들었고, 한 번밖에 비를 맞지 않았던 한 칸의 재목들은 완전하게 하여 다시 쓸 수 있었던 까닭으로 그 비용이 많지 않았다.

② 나는 이에 느낀 것이 있었다. 사람의 몸에 있어서도 마찬가지라는 사실을. 잘못을 알고서도 바로 고치지 않으면 곧 그 자신이 나쁘게 되는 것이 마치 나무가 썩어서 못 쓰게 되는 것과 같으며, 잘못을 알고 고치기를 꺼리지 않으면 해를 받지 않고 다시 착한 사람이 될 수 있으니, 저 집의 재목처럼 말끔하게 다시 쓸 수 있는 것이다.

③ 뿐만 아니라 나라의 정치도 이와 같다. 백성을 좀먹는 무리들을 내버려 두었다가는 백성들이 도탄*에 빠지고 나라가 위태롭게 된다. 그런 연후에 급히 바로잡으려 하면 이미 썩어 버린 재목처럼 때는 늦은 것이다. 어찌 삼가지 않겠는가.

* 퇴락: 낡아서 무너지고 떨어짐.
* 도탄: 몹시 곤궁하거나 고통스러움을 이르는 말

💗 빈칸을 채우세요.

- 중심 대상:

- 글쓴이의 생각, 태도:

- **행랑채**: 대문간 곁에 있는 집채
- **지탱하다**: 오래 버티거나 배겨 내다.
- **망설이다**: 이리저리 생각만 하고 태도를 결정하지 못하다.
- **서까래**: 지붕의 용마루에서 벽까지 나란히 걸쳐 놓은 재목
- **추녀**: 처마(벽의 바깥쪽으로 내민 지붕의 부분)의 모서리
- **들보**: 칸과 칸 사이의 두 기둥을 건너질러 도리(서까래를 받치기 위하여 기둥 위에 건너지르는 나무)와 'ㄴ' 자 모양, 마룻대와는 십자가 모양을 이루는 나무
- **재목**: 나무로 된 건축물 · 기구 따위를 만드는 데 쓰는 나무
- **해**: 이롭지 아니하게 하거나 손상을 입힘. 또는 그런 것
- **좀**: 빈대좀, 나무좀, 서양좀, 돌벼룩좀 따위를 통틀어 이르는 말. 사물을 눈에 띄지 않게 조금씩 해치는 사람이나 물건을 비유적으로 이르는 말
- **좀먹다**: 어떤 사물에 드러나지 않게 조금씩 조금씩 자꾸 해를 입히다.
- **연후**: 그런 뒤
- **삼가다**: 몸가짐이나 말과 행동을 조심하다.

STEP Ⅱ 글쓴이의 생각, 태도 파악하기

수필은 글쓴이가 자신의 이야기를 쓴 것이므로 수필에는 글쓴이의 성격, 가치관 등이 드러나 있어요. 중심 대상을 바라보는 글쓴이만의 독특한 관점이나 새로운 생각도 나타나지요. 그래서 수필을 '개성의 문학'이라고도 합니다. 따라서 우리가 수필을 읽을 때는 글쓴이가 중심 대상에 대해 어떻게 생각하고, 중심 대상을 어떻게 대하는지 파악하는 것이 중요해요.

먼저, 〈이옥설〉의 중심 대상을 찾아볼게요.

윗글의 제목은 '이옥설(理屋說)'이에요. '이(理)'는 '다스리다'를, '옥(屋)'은 '집'을 의미해요. 따라서 〈이옥설〉이라는 제목을 통해 윗글의 글쓴이는 집을 다스리는, 즉 집을 고치는 것에 대해 이야기하고 있음을 알 수 있어요. 내용을 보더라도 글쓴이가 집을 구성하는 건축물 중 하나인 행랑채를 수리한 경험에 대해 이야기하고 있음을 알 수 있죠?

따라서 윗글의 중심 대상은 '행랑채를 수리한 경험'입니다.

〈이옥설〉의 내용을 자세히 살펴봅시다.

글쓴이는 행랑채 중 세 칸을 모두 수리한 경험을 이야기해요. 두 칸은 장마에 비가 샌 지 오래 되었으나 망설이다 손을 대지 못했고 한 칸은 비를 한 번 맞고 샜던 것이라 서둘러 기와를 갈았대요. 비가 샌 지 오래된 두 칸은 기둥을 비롯한 재목들이 모두 썩은 탓에 다시 쓸 수 없어 수리비가 많이 들었고, 한 번밖에 비를 맞지 않았던 한 칸은 대부분의 재목들을 다시 쓸 수 있어서 비용이 많이 들지 않았다고 했어요(①).

글쓴이는 사람의 몸에 있어서도 마찬가지라면서 잘못을 알고서도 바로 고치지 않으면 나무가 썩어서 못 쓰게 되는 것처럼 사람이 나쁘게 되고, 잘못을 알고 고치기를 꺼리지 않으면 재목을 다시 쓸 수 있는 것처럼 다시 착한 사람이 된다고 했어요(②).

글쓴이는 나라의 정치도 이것과 같다면서 백성들을 좀먹는 무리들을 내버려 두었다가 나라가 위태롭게 된 후에 급히 바로잡으려 하면 이미 썩어 버린 재목처럼 때가 늦은 것이라면서 삼가야 한다고 했어요(③).

〈이옥설〉에 드러나 있는 글쓴이의 생각·태도는 무엇일까요?

글쓴이는 자신이 행랑채를 고치면서 느낀 점을 사람과 나라의 정치에도 적용하고 있어요. 즉 글쓴이는 잘못을 알고 바로 고치는 자세가 중요하며 이것은 집뿐만 아니라 사람, 정치까지 적용된다고 강조하고 있는 것이죠.

윗글에 드러난 글쓴이의 생각과 태도를 정리하면 다음과 같아요.
- 글쓴이의 생각: 잘못을 알고 바로 고치는 자세가 중요함.
- 태도: 교훈적(잘못을 알았으면 바로 고치는 자세가 중요하다는 교훈을 전함.)

01 글쓴이의 생각, 태도 파악하기

다음 빈칸에 들어가기에 알맞은 답을 〈보기〉에서 찾아 쓰시오.

〈보기〉

| 행랑채 | 사람 | 나라 | 정치 | 재목 | 장마 | 잘못 |

(1) 글쓴이는 (　　　　　)을/를 수리한 경험을 통해 얻은 깨달음을 (　　　　　)
의 몸, 나라의 (　　　　　)에 적용하고 있다.
(2) 글쓴이는 (　　　　　)을/를 알았다면 바로 고쳐야 한다고 주장하고 있다.

02 글쓴이의 생각과 태도 파악하기

윗글의 글쓴이에 대한 설명으로 가장 알맞은 것은?

① 앞으로의 다짐을 이야기하고 있다.
② 자신이 살아온 삶을 후회하고 있다.
③ 자신의 경험을 거짓으로 말하고 있다.
④ 아름다운 자연의 모습을 이야기하고 있다.
⑤ 올바른 삶을 살아가는 자세에 대해 말하고 있다.

03 글쓴이의 생각과 태도 파악하기

윗글의 글쓴이가 전하고자 하는 생각으로 가장 알맞은 것은?

① 잘못을 알았으면 빨리 고쳐야 한다.
② 비를 많이 맞은 재목들은 다시 쓸 수 있다.
③ 나라의 정치를 개혁하는 것은 나라를 위태롭게 하는 길이다.
④ 무엇인가를 고치는 것은 몹시 어려운 일이므로 되도록 고치지 말아야 한다.
⑤ 한번 만들어진 집은 수리할 수 없으므로 집을 지을 때부터 튼튼하게 지어야 한다.

01
- **정치**: 나라를 다스리는 일. 국가의 권력을 획득하고 유지하며 행사하는 활동
- **적용하다**: 알맞게 이용하거나 맞추어 쓰다.

02
글쓴이가 어떠한 이야기를 하고 있는지에 대해 생각해 보세요.
- **다짐**: 마음이나 뜻을 굳게 가다듬어 정함.
- **자세**: 사물을 대할 때 가지는 마음가짐

03
글쓴이가 행랑채를 수리한 경험을 통해 어떠한 깨달음을 얻었는지 생각해 보세요.
- **개혁하다**: 제도나 기구 따위를 새롭게 뜯어고치다.
- **위태롭다**: 어떤 상태가 마음을 놓을 수 없을 만큼 위험한 듯하다.

01 글쓴이의 생각, 태도 파악하기

(1) 글쓴이는 퇴락한 행랑채 세 칸 중 제때 수리를 하지 않은 두 칸은 수리비가 많이 들었고, 제때 수리를 했던 행랑채 한 칸은 수리비가 적게 든 경험을 통해 잘못을 알고 바로 고치는 자세가 중요함을 깨닫게 되었어요. 그래서 이 깨달음을 사람의 몸과 나라의 정치에 적용하고 있어요. 따라서 정답은 <u>행랑채</u> , <u>사람</u> , <u>정치</u> 입니다.

(2) 글쓴이는 잘못을 알고서도 바로 고치지 않으면 곧 그 자신이 나쁘게 되는 것이 마치 나무가 썩어서 못쓰게 되는 것과 같다면서 잘못을 알았다면 바로 고쳐야 한다고 주장하고 있어요. 따라서 정답은 <u>잘못</u> 입니다.

02 글쓴이의 생각과 태도 파악하기

윗글의 글쓴이에 대한 설명으로 가장 알맞은 것은?

① 앞으로의 다짐을 이야기하고 있다. (×)
　🌱 글쓴이는 잘못을 알고 바로 고쳐나가는 자세의 중요성을 강조하고 있을 뿐, 앞으로 어떻게 살아야겠다고 다짐하고 있지는 않아요.

② 자신이 살아온 삶을 후회하고 있다. (×)
　🌱 ①에서 행랑채 세 칸을 수리한 글쓴이의 경험이 드러나 있으나 이것은 글쓴이가 잘못을 알고 바로 고쳐 나가는 자세의 중요성을 깨닫게 된 계기일 뿐이에요. 윗글에서 글쓴이는 자신이 살아온 삶에 대해 후회를 하고 있는지에 대해서는 이야기하지 않았어요.

③ 자신의 경험을 거짓으로 말하고 있다. (×)
　🌱 ①에서 글쓴이가 행랑채를 수리했던 경험을 이야기하고 있으나, 이것이 거짓인지는 알 수 없어요.

④ 아름다운 자연의 모습을 이야기하고 있다. (×)
　🌱 ①에서 글쓴이는 행랑채를 수리했던 자신의 경험을 이야기하고, ②와 ③에서는 행랑채를 수리하면서 얻은 깨달음을 '사람의 몸'과 '나라의 정치'에 적용하고 있어요. 그러나 이 과정에서 아름다운 자연에 대해서는 이야기하지 않았어요.

⑤ 올바른 삶을 살아가는 자세에 대해 말하고 있다. (○)
　★ 근거: ①~③
　🌱 글쓴이는 ①에서 행랑채를 수리할 때 제때 수리를 한 행랑채 한 칸의 재목은 다시 쓸 수 있었지만, 제때 수리하지 못한 행랑채 두 칸의 재목은 모두 쓰지 못하게 되었다는 경험을 이야기하고 있어요. 글쓴이는 이 경험에서 얻은 깨달음을 ②에서는 사람의 몸에, ③에서는 나라의 정치에 적용하여 잘못을 알고 바로 고쳐 나가는 자세의 중요성을 강조하고 있어요. **그러므로 정답은 ⑤!**

03 글쓴이의 생각과 태도 파악하기

윗글의 글쓴이가 전하고자 하는 생각으로 가장 알맞은 것은?

① 잘못을 알았으면 빨리 고쳐야 한다. (○)
　★ 근거: ②
> ~ 잘못을 알고서도 바로 고치지 않으면 곧 그 자신이 나쁘게 되는 것이 마치 나무가 썩어서 못 쓰게 되는 것과 같으며, 잘못을 알고 고치기를 꺼리지 않으면 해를 받지 않고 다시 착한 사람이 될 수 있으니 ~

　🌱 글쓴이는 행랑채를 수리한 경험을 통해 잘못을 알고 바로 고치는 자세가 중요함을 깨닫고, 이 깨달음을 사람의 몸과 나라의 정치에 적용하여 잘못을 알았으면 빨리 고쳐야 한다고 이야기하고 있어요. **그러므로 정답은 ①!**

② 비를 많이 맞은 재목들은 다시 쓸 수 있다. (×)
　★ 근거: ①-❸
> 이번에 수리하려고 본즉 비가 샌 지 오래된 것은 그 서까래, 추녀, 기둥, 들보가 모두 썩어서 못 쓰게 되었던 까닭~

　🌱 비를 많이 맞은 재목들은 모두 썩어서 다시 쓰기 어려워요.

③ 나라의 정치를 개혁하는 것은 나라를 위태롭게 하는 길이다. (×)
　★ 근거: ③-❷
> 백성을 좀먹는 무리들을 내버려 두었다가는 백성들이 도탄에 빠지고 나라가 위태롭게 된다.

　🌱 백성을 좀먹는 무리들을 내버려 두지 않아야, 즉 나라의 정치를 개혁해야 나라가 위태로워지지 않아요.

④ 무엇인가를 고치는 것은 몹시 어려운 일이므로 되도록 고치지 말아야 한다. (×)
　🌱 글쓴이는 잘못을 알았을 때 제때 고치는 것이 중요하다고 주장하고 있어요.

⑤ 한번 만들어진 집은 수리할 수 없으므로 집을 지을 때부터 튼튼하게 지어야 한다. (×)
　★ 근거: ①
　🌱 글쓴이는 ①에서 행랑채를 수리한 경험을 이야기하고 있어요. 따라서 한번 만들어진 집도 수리할 수 있어요. 또 윗글에서 글쓴이가 집을 지을 때부터 튼튼하게 지어야 한다고 이야기한 부분은 찾을 수 없어요.

DAY
20

괜찮아 _장영희

그 골목길에서의 일이다. 초등학교 1학년 때였던 것 같다. 하루는 우리 반이 좀 일찍 끝나서 나는 혼자 집 앞에 앉아 있었다. 그런데 그때 마침 깨엿 장수가 골목길을 지나고 있었다. 그 아저씨는 가위만 쩔렁이며 내 앞을 지나더니 다시 돌아와 내게 깨엿 두 개를 내밀었다. 순간 그 아저씨와 내 눈이 마주쳤다. 아저씨는 아무 말도 하지 않고 아주 잠깐 미소를 지어 보이며 말했다.

㉠ "괜찮아."

무엇이 괜찮다는 것인지는 몰랐다. 돈 없이 깨엿을 공짜로 받아도 괜찮다는 것인지, 아니면 목발을 짚고 살아도 괜찮다는 것인지……. 하지만 그건 중요하지 않다. 중요한 건 내가 그날 마음을 정했다는 것이다. 이 세상이 그런대로 살 만한 곳이라고, 좋은 친구들이 있고, 선의와 사랑이 있고, '괜찮아'라는 말처럼 용서와 너그러움이 있는 것이라고 믿기 시작했다는 것이다.

어느 방송 채널에 오래전의 학교 친구를 찾는 프로그램이 있다. 한번은 어느 가수가 나와서 초등학교 때 친구들을 찾았는데, 함께 축구 시합을 하던 이야기가 나왔다. 당시 허리가 36인치일 정도로 뚱뚱한 친구가 있었는데, 뚱뚱해서 잘 뛰지 못한다고 다른 친구들이 축구팀에 끼워 주려 하지 않았다. 그때 그 가수가 나서서 말했다.

"그럼 얜 골키퍼를 하면 함께 놀 수 있잖아!"

그래서 그 친구는 골키퍼로 친구들과 함께 축구를 했고, 몇십 년이 지난 후에도 그 따뜻한 말과 마음을 그대로 기억하고 있었다.

'괜찮아.' 난 지금도 이 말을 들으면 괜히 가슴이 찡해진다.

지난 2002년 월드컵 4강에서 독일에 졌을 때 관중들은 선수들을 향해 외쳤다.

"괜찮아! 괜찮아!"

혼자 남아 문제를 풀다가 결국 골든벨을 울리지 못하면 친구들이 얼싸안고 말해 준다.

"괜찮아! 괜찮아!"

'그만하면 참 잘했다'고 용기를 북돋워 주는 말, '너라면 뭐든지 다 눈감아 주겠다.'는 용서의 말, '무슨 일이 있어도 나는 네 편이니 넌 절대 외롭지 않다.'는 격려의 말, '지금은 아파도 슬퍼하지 말라.'는 나눔의 말, 그리고 마음으로 일으켜 주는 부축의 말, 괜찮아.

참으로 신기하게도 힘들어서 주저앉고 싶을 때마다 난 내 마음속에서 작은 속삭임을 듣는다. 오래전 따뜻한 추억 속 골목길에서 듣는 말,

"괜찮아! 조금만 참아. 이제 다 괜찮아질 거야."

아, 그래서 '괜찮아.'는 이제 다시 시작할 수 있다는 희망의 말이다.

🌺 빈칸을 채우세요.

– 중심 대상:

– 글쓴이의 생각, 태도:

- **깨엿**: 볶은 깨를 겉에 묻힌 엿
- **쩔렁이다**: 큰 방울이나 얇은 쇠붙이 따위가 흔들리거나 부딪쳐 울리는 소리가 나다. 또는 그런 소리를 내다.
- **선의**: 착한 마음
- **찡하다**: 감동을 받아 가슴 따위가 뻐근해지는 느낌이 들다.
- **얼싸안다**: 두 팔을 벌리어 껴안다.
- **북돋다**: '북돋우다(기운이나 정신 따위를 더욱 높여 주다.)'의 준말
- **격려**: 용기나 의욕이 솟아나도록 북돋워 줌.

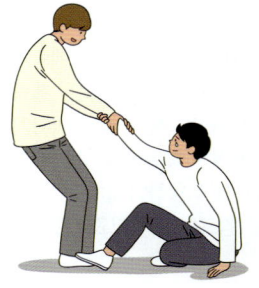

04 글쓴이의 생각, 태도 파악하기

다음 빈칸에 들어가기에 알맞은 답을 〈보기〉에서 찾아 쓰시오.

〈보기〉
깨엿 장수 아저씨   골키퍼   그만하면 참 잘했다   괜찮아

(1) 글쓴이는 (   )이/가 '괜찮아.'라고 한 말을 듣고 이 세상이 그런대로 살 만한 곳이라고 생각했다.
(2) 글쓴이에게 '(   )'라는 말은 희망의 말이다.

05 글쓴이의 생각과 태도 파악하기

글쓴이에 대한 설명으로 가장 알맞은 것은?

① 축구 시합을 하는 유명한 가수의 친구를 응원했다.
② 2002년 월드컵에 참여한 선수들에게 고생했다고 말했다.
③ 자신에게 깨엿 두 개를 내민 깨엿 장수 아저씨를 용서했다.
④ 오래전의 학교 친구에게 깨엿을 나누어 주겠다고 다짐했다.
⑤ 깨엿 장수 아저씨에게 '괜찮아.'라는 말을 듣고 이 세상이 용서와 너그러움이 있는 곳이라고 생각했다.

05
글쓴이가 무엇을 하고 있는지, 무슨 생각을 하고 있는지 생각해 보세요.

06 글쓴이의 생각과 태도 파악하기

글쓴이가 ㉠에 대해 생각한 것으로 가장 알맞지 않은 것은?

① 옛날 친구를 찾을 때 하는 말이다.
② 다른 사람의 잘못을 너그럽게 덮어 주는 말이다.
③ 이 세상에 선의가 있다는 것을 느끼게 해 주는 말이다.
④ 이 세상에 사랑이 있다는 것을 느끼게 해 주는 말이다.
⑤ 힘들어서 주저앉고 싶을 때 다시 시작할 수 있다는 것을 느끼게 해 주는 말이다.

06
글쓴이가 '괜찮아.'라는 말에 대해 어떠한 생각을 갖고 있는지 살펴보세요.
• **덮다**: 어떤 사실이나 내용 따위를 따져 드러내지 않고 그대로 두거나 숨기다.

07 [단답형] 소재의 의미 파악하기

윗글을 읽고 〈보기〉와 관련이 있는 말을 찾아 3글자로 쓰시오.

〈보기〉
• 글쓴이가 이 세상이 그런대로 살 만한 곳이라고 믿게 해 준 말
• 지금도 글쓴이가 들으면 괜히 가슴이 찡해진다고 생각하는 말

07
글쓴이가 세상을 살만한 곳이라고 생각하게 된 계기가 무엇인지 떠올려 보세요.

DAY
20

설(說)과 유추

> 설에서 글쓴이가 경험을 통해 깨달음을 얻는 과정은 주로 유추의 방식을 통해 이루어진다.

＊ 설(說) 이란?

한문으로 쓰인 고전 수필의 한 종류로, 글쓴이가 자신이 깨달은 사물의 이치나 세상의 도리에 관해 적은 글

● 설의 특징

– 글쓴이가 일상적 체험을 통해 얻은 깨달음을 밝힌다.
– ❶우의적 표현을 통해 글쓴이가 자신의 생각을 다른 사물에 빗대어 간접적으로 드러내는 경우가 많다.
– 읽는 사람에게 교훈을 주려는 의도가 담겨 있다.

● 설의 구성 방식: 2단 구성

대부분의 설은 두 부분으로 나눌 수 있다. 글의 앞부분에서는 글쓴이의 경험이나 어떠한 사실을 전달하고, 뒷부분에서는 앞부분에 제시한 내용을 통해 글쓴이가 깨달은 바를 전달한다.

> <u>야윈 말을 빌렸을 경우에는</u> (중략) 금방이라도 쓰러지고 넘어질 것처럼 (경험 제시)
> 말을 빌려 탄 경험
> 전전긍긍하기 일쑤요, (중략) 잘 달리는 말을 빌렸을 경우에는 의기양양하여 채찍을 갈기기도 하고 (중략)
>
> 아, 사람의 감정이라는 것이 어쩌면 이렇게까지 달라지고 뒤바뀔 수가 (깨달음 제시)
> 있단 말인가. 남의 물건을 빌려서 잠깐 동안 쓸 때에도 오히려 이와 같은데, 하물며 <u>진짜로 자기가 가지고 있는 경우야 더 말해 무엇 하겠는가.</u>
> 경험을 통해 얻은 깨달음을 제시함.
>
> – 이곡, 〈차마설〉

➡ 글쓴이는 말에 따라 대하는 태도가 달라졌던 경험을 통해 가지고 있는 것에 따라 마음가짐이 달라진다는 것을 깨닫고 있다.

＊ ❷ 유추 란?

성질이 비슷한 것을 통해 어떤 대상을 미루어 추측하는 방법
＊ 이곡, 〈차마설〉

경험		깨달음
야윈 말을 빌렸을 때는 조심하고, 잘 달리는 말을 빌렸을 때는 조심하지 않았다.	유추 (빌렸을 때와 소유했을 때가 비슷할 것이라고 여김.) ⟶	빌렸을 때보다 가진 것을 대할 때 감정은 더 심하게 달라질 것이다. → 가진 것에 따라 달라지는 마음가짐을 경계해야 한다.

❶ 우의적 표현

다른 사물에 빗대어 비유적인 뜻을 나타내거나 풍자하는 것. 빗댄다는 점에서 비유와 비슷하지만 우의적 표현에는 풍자, 즉 무엇인가를 비판하는 의도가 담겨 있는 경우가 많음.

❷ 유추

유추는 두 가지 대상이 갖는 공통점을 바탕으로, 한쪽의 대상이 어떤 특징을 가지면 다른 한쪽도 그와 같은 특징을 가질 것이라고 짐작하는 것임.

• 나와 친구는 취향이 비슷하다.
• 나는 노란색을 좋아한다.
→ 친구도 노란색을 좋아할 것이다.

• A와 B는 비슷하다.
• A는 C이다.
→ B도 C일 것이다.

★ 정답은 [해설편 표지] 안쪽에 있습니다.

[01~02] 다음 수필을 읽고 맞으면 ○, 틀리면 ✕에 표시하시오.

> 어떤 손님이 묻기를, (중략) / "지금 그대의 거울은 마치 안개 낀 것처럼 희미하니, 이미 얼굴을 비칠 수가 없네. 그런데 그대는 오히려 얼굴을 비추어 보고 있으니, 그것은 무슨 까닭인가?"
>
> 거사가 답하기를, / "거울이 맑으면 잘생긴 사람은 기뻐하지만 못생긴 사람은 꺼려하네. (중략) 만일 못생긴 사람이 한번 들여다보게 된다면 반드시 깨뜨리고야 말 것이네. 그러니 먼지가 끼어서 희미한 것만 못하네."
>
> — 이규보, 〈경설〉

01

글쓴이는 '거사'의 말을 통해 자신이 생각하는 사물의 이치를 전달하고 있다. (○ , ✕)

02

윗글의 '손님'은 외모의 중요성을 깨닫고 있다. (○ , ✕)

[03~04] 다음 수필을 읽고 빈칸에 들어가기에 가장 알맞은 말을 고르시오.

> 아들과 함께 도둑질을 하러 간 아버지는 아들이 들어간 창고의 문을 잠그고 도망쳤다. (중략) 사람들이 몰려 나와서 아들의 뒤를 바싹 따라왔다. 그는 연못에 큰 돌을 집어 던지고는 둑 밑으로 숨었다. 사람들은 도둑이 물속으로 몸을 던진 줄 알고 연못만 들여다보았고, 그는 그 자리를 빠져나올 수 있었다.
>
> 그는 집으로 돌아오자, / "아버지는 어찌하여 자식이 붙잡히도록 일부러 자물쇠를 잠갔습니까?"
>
> 아버지는 그를 보며, / "너는 도둑으로 독보적인 존재가 되었다. 남에게 배운 것은 제한이 있지만 스스로 터득한 것은 끝없이 응용할 수 있기 때문이다."
>
> — 강희맹, 〈도자설〉

03

글쓴이는 도둑의 이야기를 통해 자신의 생각을 (우의적 / 직접적)으로 드러내고 있다.

04

윗글에서는 스스로 깨닫는 것이 중요하다는 (교훈 / 경험)을 전하고 있다.

[05~06] 다음 수필을 읽고 빈칸에 들어가기에 가장 알맞은 말을 고르시오.

> 손님이 주옹에게 묻기를,
> "그대는 물 가운데만 있구려. (중략) 오래오래 물에 떠가기만 하니 무슨 재미인가?"
>
> 주옹이 말하기를, (중략) / "무게가 한쪽으로 치우치면 그 모습이 반드시 기울어지게 된다. (중략) 배에서 사는 것으로 사람 한 세상 사는 것을 보건대, 안전할 때는 욕심을 부리느라 나중을 돌보지 못하다가 마침내는 빠지고 뒤집혀 죽는 자가 많다. 당신은 어찌 이를 두려워하지 않고 도리어 나를 위태하다 하는가?"
>
> — 권근, 〈주옹설〉

05

글쓴이는 삶이 (물 / 배)와/과 비슷하다고 여긴다.

06

윗글에서는 무게가 치우치면 배가 기우는 것을 통해 욕심을 부리면 위험에 빠지게 됨을 (비교 / 유추)하고 있다.

[07~08] 빈칸에 들어가기에 알맞은 단어를 〈보기〉에서 찾아 문맥에 맞게 쓰시오.

> ─〈보기〉─
> • 얼싸안다: 두 팔을 벌리어 껴안다.
> • 지탱하다: 오래 버티거나 배겨 내다.
> • 찡하다: 감동을 받아 가슴 따위가 뻐근해지는 느낌이 들다.

07

네 개의 기둥이 건물의 무게를 (   )하고 있다.

08

건후는 연극을 보고 가슴 (   )한 감동을 느꼈다.

고래들의 따뜻한 동료애 _최재천

① 몇 년 전 일이다. 어디론가 가기 위해 바삐 걷던 중 저만치 앞에서 휠체어를 탄 한 장애인이 차도로 내려서는 걸 보았다. 위험할 터인데 왜 저러나 싶어 살펴보니 그의 앞에 큼직한 자동차가 인도를 꽉 메운 채 버티고 있는 게 아닌가. 어쩔 수 없는 상황에서 차도로라도 돌아가려는 그에게 차들은 한 치의 양보도 하지 않았고 심지어는 요란하게 경적을 울리는 이들도 있었다.

② 나는 황급히 그에게 다가가 그의 휠체어 손잡이를 잡으며 도와 드리겠다고 했다. 그러나 나의 도움은 아무런 효과가 없었다. 차들은 여전히 매정하게 우리 앞을 가로지르고 있었고 세워 달라고 내가 손을 흔들 때면 더 빠른 속도로 달려오곤 했다. 그러자 그는 나에게 휠체어는 혼자서도 운전할 수 있으니 미안하지만 차도로 내려가 오는 차들을 잠시 멈춰 줄 수 있겠느냐고 부탁했다. 그러면서 자기처럼 장애인은 되지 않도록 조심하라는 당부를 잊지 않았다. 나는 곧바로 차도에 뛰어들어 달려오는 차들을 막아 세웠고, 그는 차도로 우회한 후 다시 인도로 올라가던 길을 계속 갈 수 있었다. (중략)

③ 자연계는 언뜻 보면 늙고 병약한 개체들은 어쩔 수 없이 늘 포식자의 밥이 되고 마는 비정한 세계처럼만 보인다. 하지만 인간에 버금가는 지능을 지닌 ㉠ 고래들의 사회는 다르다. 거동이 불편한 동료를 결코 나 몰라라 하지 않는다. 다친 동료를 여러 고래들이 둘러

싸고 거의 들어 나르듯 하는 모습이 고래학자들의 눈에 여러 번 관찰되었다. 그물에 걸린 동료를 구출하기 위해 그물을 물어뜯는가 하면 다친 동료와 고래잡이배 사이에 과감히 뛰어들어 사냥을 방해하기도 한다.

④ 고래는 비록 물속에 살지만 엄연히 허파로 숨을 쉬는 젖먹이 동물이다. 그래서 부상을 당해 움직일 수 없게 되면 무엇보다도 물 위로 올라와 숨을 쉴 수 없게 되므로 쉽사리 목숨을 잃는다. 그런 친구를 혼자 등에 업고 그가 충분히 기력을 되찾을 때까지 떠받치고 있는 고래의 모습을 보면 저절로 머리가 숙여진다. 고래들은 또 많은 경우 직접적으로 육체적인 도움을 주지 않더라도 무언가로 괴로워하는 친구 곁에 그냥 오랫동안 있어 주기도 한다.

⑤ 우리 사회의 장애인들에게도 휠체어를 직접 밀어 줄 사람들보다 그들이 스스로 밀고 갈 수 있도록 길을 비켜 주고 따뜻하게 함께 있어 줄 사람이 필요한 것인지도 모른다. 그들이 당당하게 삶을 꾸릴 수 있도록 여건을 마련해 준 후 그저 다른 이들을 대하듯 똑같이만 대해 주면 될 것이다.

🦋 빈칸을 채우세요.

– 중심 대상:

– 글쓴이의 생각, 태도:

– 서술상의 특징:

• 요란하다: 시끄럽고 떠들썩하다.
• 경적: 주의나 경계를 하도록 소리를 울리는 장치. 또는 그 소리
• 매정하다: 얄미울 정도로 쌀쌀맞고 인정이 없다.
• 우회하다: 곧바로 가지 않고 멀리 돌아서 가다.
• 버금가다: 으뜸의 바로 아래가 되다.≒다음가다.
• 거동: 몸을 움직임. 또는 그런 짓이나 태도
• 구출하다: 위험한 상태에서 구하여 내다.
• 과감히: 일을 딱 잘라서 하는 성질이 있고 용감하게
• 엄연히: 어떠한 사실이나 현상을 인정하지 않을 수 없을 만큼 뚜렷하게
• 기력: 사람의 몸으로 활동할 수 있는 정신과 육체의 힘
• 여건: 주어진 조건   • 마련하다: 헤아려서 갖추다.

STEP Ⅲ 서술상 특징 파악하기

수필을 쓸 때 글쓴이는 자신이 전하고자 하는 바, 즉 주제를 전달하기 위해 다양한 방법을 사용해요. 읽는 사람에게 자신의 생각을 효과적으로 전달하기 위해 무언가를 다른 사물에 빗대기도 하고, 자신의 의견을 뒷받침하기 위해 구체적인 예를 들거나 다른 사람의 말을 끌어 쓰기도 하죠. 따라서 우리가 수필을 읽으면서 주제를 파악하려면 글쓴이가 어떠한 방법을 사용했는지, 즉 서술상의 특징을 파악하며 읽어야 해요.

❀ **먼저, 〈고래들의 따뜻한 동료애〉의 중심 대상을 찾아볼 게요.**

글쓴이는 몇 년 전 길을 가다 휠체어를 탄 장애인이 차도로 돌아가는 것을 도왔던 경험과 거동이 불편한 동료를 돕는 고래 사회의 동료애에 대해 이야기하고 있어요. 글쓴이는 장애인을 도운 경험과 고래 사회에 대해 이야기함으로써 고래 사회의 동료애가 우리 사회에서도 적용되기를 바란다는 자신의 생각을 전하고 있어요.

따라서 윗글의 중심 대상은 '장애인, 고래'입니다.

❀ **〈고래들의 따뜻한 동료애〉에 드러난 글쓴이의 생각, 태도는 무엇일까요?**

글쓴이는 휠체어를 탄 장애인이 인도를 메운 자동차를 피해 차도로 돌아가려고 할 때 다른 차들이 양보를 해 주기는커녕 경적을 울리고, 오히려 더 빠른 속도로 달려온 것을 본 경험을 이야기했어요(①, ②).

이와 달리 고래들의 사회에서는 다친 고래가 있으면 여러 고래들이 다친 고래를 둘러싸고 거의 들어 나르며, 그물에 걸린 동료를 위해 그물을 물어뜯기도 하고, 다친 동료와 고래잡이배 사이에 뛰어들어 사람들이 고래를 사냥하는 것을 방해하기도 한대요(③). 또 고래들은 부상을 당해 물 위로 올라와 숨을 쉬지 못하는 고래를 등에 업고 떠받치고 있기도 하고, 무언가로 괴로워하는 친구 곁에 그냥 오랫동안 있어주기도 한대요(④).

글쓴이는 우리 사회의 장애인들에게도 길을 비켜주고 따뜻하게 함께 있어줄 사람이 필요하다면서 장애인들이 살아갈 여건을 마련해 주고 다른 사람들과 똑같이 대하면 된다고 했어요(⑤).

즉, 글쓴이는 장애인을 배려하지 않는 우리 사회와 다친 동료를 배려하는 고래 사회를 비교하면서 우리 사회도 고래 사회처럼 서로를 배려하는 동료애를 가져야 한다고 이야기하고 있는 것이죠.

윗글에 드러난 글쓴이의 생각과 태도를 정리하면 다음과 같아요.

- **글쓴이의 생각:** 고래 사회의 동료애가 우리 사회에 적용되기를 바람.
- **태도:** 비판적(우리 사회를 비판하고 고래 사회를 높게 평가함.)

❀ **〈고래들의 따뜻한 동료애〉의 서술상 특징을 파악해 볼까요?**

글쓴이는 자신의 경험을 이야기하면서 장애인을 배려하지 않는 우리 사회와 다친 동료들을 나몰라라 하지 않는 고래들의 사회를 비교하고 있어요.

정리하면, 윗글의 서술상 특징은 글쓴이의 경험을 바탕으로 장애인을 배려하지 않는 우리 사회와 고래 사회를 비교하여 바람직한 우리 사회의 모습에 대한 글쓴이의 생각을 밝히고 있다는 것입니다.

DAY 21

01 서술상 특징 파악하기

다음 빈칸에 들어가기에 알맞은 답을 〈보기〉에서 찾아 쓰시오.

〈보기〉

자동차   장애인   고래   고래학자   친구

(1) 글쓴이는 몇 년 전 도로에서 휠체어를 탄 (   )을/를 만난 자신의 경험을 이야기하고 있다.

(2) 글쓴이는 우리 사회의 사람들과 (   )들의 사회를 비교하고 있다.

02 서술상의 특징 파악하기

윗글에 대한 설명으로 가장 알맞은 것은?

① 편지 형식으로 교훈을 전하고 있다.
② 자신이 겪었던 경험을 이야기하고 있다.
③ 대화를 통해 인물 간의 갈등을 드러내고 있다.
④ 지시문을 사용하여 인물의 행동을 지시하고 있다.
⑤ 특별한 용어를 사용하여 카메라의 움직임을 안내하고 있다.

03 소재의 의미 파악하기

㉠에 대한 설명으로 알맞지 <u>않은</u> 것은?

① 다친 동료를 도우려고 한다.
② 거동이 불편한 동료를 나몰라라 한다.
③ 괴로워하는 친구 곁에서 오랫동안 머물기도 한다.
④ 위험에 처한 동료를 위해 용기 있게 행동하기도 한다.
⑤ 허파로 숨을 쉬기 때문에 숨을 쉬기 위해 물 위로 올라오기도 한다.

02
윗글의 글쓴이가 어떤 방법으로 자신이 하고자 하는 말을 전달하고 있는지 생각해 보세요.
• **형식**: 사물이 외부로 나타나 보이는 모양
• **교훈**: 앞으로의 행동이나 생활에 지침이 될 만한 것을 가르침. 또는 그런 가르침
• **용어**: 일정한 분야에서 주로 사용하는 말

03
고래들의 사회에서 고래들이 어떻게 행동하는지 떠올려 보세요.

01 서술상 특징 파악하기

(1) 글쓴이는 몇 년 전 휠체어를 탄 장애인을 도로에서 도왔던 일에 대해 이야기하고 있어요. 따라서 정답은 <u>장애인</u> 입니다.

(2) 글쓴이는 차도로 우회하려는 휠체어를 탄 장애인에게 조금도 양보하지 않고 경적을 울려대던 우리 사회의 사람들과 다친 동료를 외면하지 않고 도와주는 고래들을 비교하고 있어요. 따라서 정답은 <u>고래</u> 입니다.

02 서술상 특징 파악하기

윗글에 대한 설명으로 가장 알맞은 것은?

① ~~편지~~ 형식으로 교훈을 전하고 있다. (✕)

🌱 윗글은 편지가 아니에요.

② 자신이 겪었던 경험을 이야기하고 있다. (○)

★ 근거: ①, ②

> 몇 년 전 일이다. ~ 갈 수 있었다.

🌱 글쓴이는 휠체어를 탄 장애인이 인도를 메운 자동차를 피해 차도를 우회하는 것을 도왔던 일에 대해 이야기하고 있어요. **그러므로 정답은 ②!**

③ 대화를 통해 인물 간의 ~~갈등~~을 드러내고 있다. (✕)

🌱 윗글의 ①, ②에서는 글쓴이가 휠체어를 탄 장애인을 도왔던 일에 대해 이야기하고 있으며, ③, ④에서는 다쳤거나 위험에 빠진 동료들을 외면하지 않는 고래 사회의 모습에 대해 이야기하고 있어요. 또 ⑤에서는 글쓴이가 바라는 우리 사회의 모습에 대해 이야기하고 있어요. 그러나 이 과정에서 대화의 형식으로 인물 간의 갈등을 드러낸 부분은 찾을 수 없어요.

④ ~~지시문을 사용하여~~ 인물의 행동을 지시하고 있다. (✕)

🌱 윗글에서 지시문을 사용하여 인물의 행동을 지시하는 부분은 찾을 수 없어요. 보통 지시문은 희곡이나 시나리오 등에서 등장인물의 행동 등을 지시할 때 사용해요.

⑤ ~~특별한 용어를 사용하여 카메라의 움직임을 안내하고 있다.~~ (✕)

🌱 윗글에서 특별한 용어를 사용하여 카메라의 움직임을 안내하는 부분은 찾을 수 없어요. 보통 시나리오나 드라마 대본에서 특별한 용어를 사용하여 카메라의 움직임을 안내해요.

03 소재의 의미 파악하기

㉠에 대한 설명으로 가장 알맞지 않은 것은?

• ㉠: ㉠은 '고래'입니다. 고래들은 거동이 불편한 동료를 돕고, 그물에 걸린 동료를 구출하기 위해 그물을 물어뜯으며, 고래잡이배의 고래사냥을 방해하기도 하며, 부상을 당한 동료를 등에 업어 떠받치고, 무엇인가로 괴로워하는 친구 곁에 그대로 머물기도 합니다.

📕 '고래'에 대한 설명으로 틀린 것을 고르는 문제입니다.

① 다친 동료를 도우려고 한다. (○)

★ 근거: ③-❹, ④-❷, ❸

> • 다친 동료를 여러 고래들이 둘러싸고 거의 들어 나르듯 하는 모습이 고래학자들의 ~
> • ~ 부상을 당해 움직일 수 없게 ~ 친구를 혼자 등에 업고 그가 충분히 기력을 되찾을 때까지 떠받치고 ~

🌱 고래 사회에서는 다친 동료들을 서로 돕는 모습이 관찰돼요.

② 거동이 불편한 동료를 ~~나몰라라 한다.~~ (✕)

★ 근거: ③-❸

> 거동이 불편한 동료를 결코 나몰라라 하지 않는다.

🌱 고래들은 거동이 불편한 동료를 나몰라라 하는 것이 아니라, 도와요. **그러므로 정답은 ②!**

③ 괴로워하는 친구 곁에서 오랫동안 머물기도 한다. (○)

★ 근거: ④-❹

> 고래들은 ~ 무언가로 괴로워하는 친구 곁에 그냥 오랫동안 있어 주기도 한다.

🌱 고래들은 친구 고래 곁에서 그냥 있어주기도 해요.

④ 위험에 처한 동료를 위해 용기 있게 행동하기도 한다. (○)

★ 근거: ③-❺

> 그물에 걸린 동료를 구출하기 위해 그물을 물어뜯는가 하면 다친 동료와 고래잡이배 사이에 과감히 뛰어들어 사냥을 방해하기도 한다.

🌱 고래들은 그물에 걸린 동료를 구하려고 해요.

⑤ 허파로 숨을 쉬기 때문에 숨을 쉬기 위해 물 위로 올라오기도 한다. (○) ★ 근거: ④-❶, ❷

> 고래는 ~ 허파로 숨을 쉬는 젖먹이 동물이다. 그래서 부상을 당해 움직일 수 없게 되면 무엇보다도 물 위로 올라와 숨을 쉴 수 없게 되므로 쉽사리 목숨을 잃는다.

🌱 고래들은 숨을 쉬기 위해서는 물 위로 올라와야 해요.

남의 도움만을 기대하지 말라 _정약용

너희들은 편지에서 항상 버릇처럼 말하기를 일가친척 중에 한 사람도 불쌍히 여겨 돌보아 주는 사람이 없다고 탄식하더구나. 더러는 삶이 험난한 물길 같다느니, 꼬불꼬불한 길고 긴 험악한 길을 살아간다고 한탄하는데, 이는 모두 하늘을 원망하고 사람을 미워하는 말투니 큰 잘못이다. 전에 내가 벼슬하고 있을 때에는 근심할 일이나 질병의 고통이 있으면, 다른 사람들이 돌봐 주게 마련이어서, 날마다 어떠시냐는 안부를 전해 오고, 약도 주고 양식까지 보내 주는 사람도 있어서 너희들은 이런 일에 익숙해져 있었을 것이다. 그래서 지금도 항상 은혜를 베풀어 줄 사람을 바라고 있으니, 가난하고 힘든 현실을 망각하고 있는 것이다. 예나 지금이나 남의 도움만을 바라면서 사는 법은 없다. 오늘날 이처럼 집안이 망하긴 했으나 아직도 다른 일가들에 비하면 오히려 나은 형편이다. 다만 우리보다 못한 사람을 도와줄 여유가 없을 뿐이다. 남을 돌볼 만한 여유는 없지만 그렇다고 극심하게 가난하지도 않으니, 굳이 남의 도움을 바랄 필요는 없지 않겠느냐? 마음속으로 남의 은혜를 바라는 생각을 버린다면 저절로 마음이 평안하고 기분이 화평스러워져 하늘을 원망하거나 사람을 미워하는 잘못은 없어질 것이다.

여러 날 밥을 해 먹지 못하는 집도 있는데, 너희는 그런 집에 ⓐ 쌀되라도 퍼다가 굶주림을 면하게 해 주고 있는지 모르겠구나. 눈이 쌓여 쓰러져 있는 집에는 ⓑ 장작개비라도 나누어 주어 따뜻하게 해 주고, 병들어 약을 먹어야 할 사람들에게는 한 푼의 돈이라도 쪼개어 ⓒ 약을 지어 일어날 수 있게 도와주고, 가난하고 외로운 노인이 있는 집에는 때때로 찾아가 따뜻하고 ⓓ 공손한 마음으로 공경하여야 하고, 근심 걱정이 쌓인 집에 가서는 그 고통을 함께 나누고 잘 처리할 방법을 함께 고민해야 할 것이다. 그런데 너희들은 그것을

잘하고 있는지 궁금하구나. ㉠ 이런 일도 하지 못하는데 어떻게 너희들이 위급할 때 다른 집에서 허겁지겁 달려와 도와줄 것을 바라겠느냐?

남이 어려울 때 자기는 은혜를 베풀지 않으면서 남이 먼저 ⓔ 은혜를 베풀어 주기만 바라는 것은 잘못이다. 이후로는 항상 공손하게 마음을 다하여 다른 일가들의 마음을 얻는 일에 힘쓰고 보답을 바라는 생각을 갖지 않도록 하여라. 훗날 너희들에게 걱정거리가 생겼을 때 다른 사람들이 보답해 주지 않더라도, 이해하고 용서하는 마음으로 '그분들이 마침 도와줄 수 없는 사정이 있거나 여유가 없는 모양이구나.'라고 생각하여라. "나는 지난번에 이리저리 해 주었는데 저들은 이렇다니!" 하는 소리는 농담으로라도 하지 말아야 한다. 만약 이런 말이 한 번이라도 입 밖에 나오게 된다면 지난날 쌓은 공덕이 하루아침에 사라져 버릴 것이다.

🦋 빈칸을 채우세요.

– 중심 대상:

– 글쓴이의 생각, 태도:

– 서술상의 특징:

- **일가**: 한집에서 사는 가족 = 한집안
- **탄식하다**: 한탄하여 한숨을 쉬다.
- **험난하다**: 지세가 다니기에 위험하고 어렵다.
- **험악하다**: 지세, 기후, 도로 따위가 험하고 나쁘다.
- **한탄하다**: 원통하거나 뉘우치는 일이 있을 때 한숨을 쉬며 탄식하다.
- **근심하다**: 해결되지 않은 일 때문에 속을 태우거나 우울해하다.
- **망각하다**: 어떤 사실을 잊어버리다. • **극심하다**: 매우 심하다.
- **평안하다**: 걱정이나 탈이 없다. 또는 무사히 잘 있다.
- **화평스럽다**: 화목하고 평온하다. • **쌀되**: 얼마 안 되는 쌀
- **면하다**: 어떤 상태나 처지에서 벗어나다.
- **장작개비**: 쪼갠 장작의 낱개
- **공경하다**: 공손히 받들어 모시다.
- **위급하다**: 몹시 위태롭고 급하다.
- **공덕**: 착한 일을 하여 쌓은 업적과 어진 덕 ≒ 덕

• 베풀다: 일을 차리어 벌이다.
• 강조하다: 어떤 부분을 특별히 강하게 주장하거나 두드러지게 하다.

04 서술상 특징 파악하기

다음 빈칸에 들어가기에 알맞은 말을 〈보기〉에서 찾아 쓰시오.

─〈보기〉─

편지 안부 농담 공덕 버릇 은혜 보답

(1) 글쓴이는 자식들이 보낸 (   )을/를 보고 그 내용에 대해 이야기하고 있다.

(2) 글쓴이는 자식들에게 이웃에게 먼저 (   )을/를 베풀고 (   ) 을/를 바라지 말라고 강조하고 있다.

05 글쓴이의 생각과 태도 파악하기

윗글에 나타난 글쓴이의 생각으로 알맞지 <u>않은</u> 것은?

① 남의 도움을 바라기만 하면 안 된다.
② 때때로 노인들을 찾아가 공경해야 한다.
③ 자신보다 아프고 가난한 이들을 도와야 한다.
④ 나중에 남들의 도움을 받으려면 미리 남을 도와야 한다.
⑤ 자신을 도와주지 않는다고 다른 사람을 원망하지 말아야 한다.

05
글쓴이가 읽는 사람에게 무엇을 하고 무엇을 하지 말라고 했는지 떠올려 보세요.
• 원망하다: 못마땅하게 여기어 탓하거나 불평을 품고 미워하다.

06 서술상의 특징 파악하기

글쓴이가 ㉠과 같이 말한 이유로 가장 알맞은 것은?

① 다른 사람들의 행동을 해학적으로 묘사하기 위해
② 자신의 경험을 통해 읽는 이에게 교훈을 전하기 위해
③ 다른 사람의 말을 빌려 자신의 주장을 뒷받침하기 위해
④ 질문에 대해 생각해 봄으로써 읽는 이가 스스로 깨닫게 하기 위해
⑤ 읽는 이의 답을 듣고 자신의 생각이 잘못되었는지를 확인하기 위해

06
㉠에 대한 대답을 생각해 보고, 글쓴이가 이러한 질문을 한 이유가 무엇인지 생각해 보세요.
• 해학적: 익살스러운 말이나 행동을 통해 대상에 대한 호감을 불러일으키며 웃음을 유발하는 것

07 [단답형] 소재의 의미 파악하기

윗글의 ⓐ~ⓔ 가운데 〈보기〉와 관련이 <u>없는</u> 것을 골라 기호를 쓰시오.

─〈보기〉─

자신보다 힘든 이웃을 돌보는 자세

07
글쓴이가 힘든 상황에 처한 이웃을 돕는 방안으로 이야기한 것이 아닌 것을 골라 보세요.

여러 가지 수필 – 편지, 기행문, 일기

*● 편지 **란?** 정해진 사람에게 안부, 소식 등의 할 말을 적어 보내는 글

> 한라산 이마는 아름풋한 자줏빛이며 엷은 보랏빛으로 물들은 것이 더욱 거룩해 보이지 않습니까.
>
> 윗글은 글쓴이가 제주도를 여행하고 쓴 기행문으로, 한라산을 보고 느낀 감상을 전하고 있다. 이처럼 글쓴이가 여행하며 직접 경험하고 느낀 것을 쓴 기행문도 수필에 해당한다.

● **편지의 특징**

– 읽는 사람이 정해져 있으며 목적이 분명한 **①**실용적인 글이다.
– **②**일정한 형식(첫머리 – 사연 – 끝맺음)을 따른다.
– 읽는 사람과 상황에 맞는 예절을 갖추어 써야 한다.
– 기술의 발달로 우편뿐만 아니라 인터넷 전자 메일, 휴대 전화의 문자 메시지 등이 편지의 역할을 하기도 한다.

❶ 실용적
실제로 쓰기에 알맞은 것. 쓸모가 있는 것

> 어머님! 오늘 아침에 고의적삼 차입해 주신 것을 받고서야 제가 이곳에 와 있는 것을 집에서도 아신 줄 알았습니다. (중략) 첫머리
> 감옥에서 어머니께 편지를 보냄.
>
> 어머님! 어머님께서는 조금도 저를 위하여 근심하지 마십시오. (중략) 사연
> 어머니께 자신을 걱정하지 말라고 함.(편지를 쓴 목적)
>
> 구름 걷힌 하늘을 우러러 어머님의 건강을 비올 때 비 뒤의 신록은 담 밖에 끝맺음
> 어머니가 건강하기를 바라며 편지를 끝맺음.
> 더욱 아름다운 듯 먼촌의 개구리 소리만 철창에 들리나이다.
> ▶ 글쓴이가 감옥에서 어머니께 보낸 편지임.
> – 심훈, 〈옥중에서 어머니께 올리는 글월〉

❷ 편지의 형식
• **첫머리**: 받는 사람을 밝히고, 첫인사(계절 인사, 안부 인사 등)와 글쓴이의 안부를 적음.
• **사연**: 편지를 쓰는 목적과 구체적인 내용을 적음.
• **끝맺음**: 끝인사를 하고, 편지를 쓴 날짜와 보내는 사람을 밝힘.

*● 기행문 **이란?** 여행하는 동안에 보고, 듣고, 느끼고, 겪은 것을 적은 글

● **기행문의 특징**

– 시간의 흐름이나 공간의 이동에 따라 적는 경우가 많다.
– 주로 **③**현재형 문장을 사용하여 실제 여행지에 온 것 같은 느낌을 준다.
– 여행한 곳의 문화, 풍습, 사투리 등 지방의 특성이 드러난다.

❸ 현재형 문장
'–ㄴ다/–는다' 등의 현재를 나타내는 어미를 사용한 문장
㉠ 나는 밥을 먹는다.
    그가 나를 본다.

● **기행문의 3요소**

(1) **여정**: 언제, 어디서, 어디를 거쳐 여행했는지 등의 여행 과정
(2) **견문**: 여행하면서 보고, 듣고, 경험한 내용
(3) **감상**: 견문에 대한 글쓴이의 생각과 느낌

> 「 」: 여정, 견문
> 「마음을 굳게 먹고 곧장 수백 보를 전진해 북쪽 가의 오목한 곳에 도착하여 굽어보니, 봉우리가 여기에 이르러 갑자기 가운데가 터져 구덩이를 이루었는데 이것이 바로 백록담이었다.」(중략) 조금의 먼지 기운도 없으니 은연히 신선이 사는 듯하였다.
> 글쓴이가 도착한 곳   감상: 글쓴이가 백록담을 보고 느낀 점
> – 최익현, 〈유한라산기〉

*● 일기 **란?** 날마다 겪은 일이나 생각, 느낌 등을 적은 개인의 기록

● **일기의 특징**

– 독자를 위해 쓰는 글이 아닌 자신을 위해 쓰는 비공개적인 글이다.
– 자신의 하루를 돌아보고 반성하는 글이다.

[01~02] 다음 수필을 읽고 빈칸에 들어가기에 알맞은 말을 고르시오.

> 집 안에 값나가는 물건이라곤 겨우 《맹자》 일곱 권뿐인데 오랜 굶주림을 견디다 못해 얼마에 팔아 그 돈으로 밥을 지어 실컷 먹었소. (중략) 이제야 알았소, 독서를 해서 부귀*를 구한다는 말이 말짱 요행수*나 바라는 짓임을. 차라리 책을 팔아서 술에 취하고 밥을 배불리 먹는 것이 소박하고 꾸밈이 없는 마음 아니겠소? 그대는 어찌 생각하오?
>
> – 이덕무, 〈이서구에게 보내는 편지〉
>
> *부귀: 재산이 많고 지위가 높음. *요행수: 뜻밖에 얻는 좋은 운

01
윗글은 글쓴이가 벗에게 자신의 소식을 전하는 (기행문 / 편지)이다.

02
윗글의 '그대'는 윗글을 (쓴 / 읽는) 사람이다.

[03~04] 다음 수필을 읽고 빈칸에 들어가기에 알맞은 말을 고르시오.

> 9월 21일 아침
>
> 손자를 안아 무릎 위에 앉혔다. 방긋방긋 웃으며 아장아장 걷던 아이가 한 방울 누런 설사를 한다. 어쩌다 일어난 일이라 여겼는데 이것이 설사병으로 번졌다. (중략) 살은 빠지고 얼굴빛은 창백해져 바라보는 마음 절로 슬퍼진다. 다른 아이들이라고 어찌 병을 앓지 않겠는가마는 우리 집안이 복이 없기 때문인가 두렵다.
>
> – 이문건, 〈양아록〉

03
윗글은 하루 동안에 겪은 일과 느낌을 적은 (일기 / 편지)이다.

04
글쓴이는 아픈 손자를 (걱정 / 위로)하고 있다.

[05~06] 다음 수필을 읽고 맞으면 ○, 틀리면 ✕에 표시하시오.

> 장난감 기차는 반 시간이 못 되어 불국사역까지 실어다 주고, 역에서 등대했던* 자동차는 십릿길을 단숨에 껑청껑청 뛰어서 불국사에 대었다. (중략)
>
> 이 돌 층층대*를 거치어 문루*를 지나 서니, 유명한 다보탑과 석가탑이 눈앞에 나타난다. 이 두 탑은 물론 돌로 된 것이다. (중략) 연한 나무가 아니요, 물씬물씬한 밀가루 반죽이 아니고, ㉠육중하고 단단한 돌을 가지고 저다지도 곱고 어여쁘고 의젓하고 아름답고 빼어나고 공교롭게 잔손질*을 할 수 있으랴.
>
> – 현진건, 〈불국사 기행〉
>
> *등대했던: 미리 준비하고 기다리던
> *층층대: 돌로 여러 층이 지게 만들어서 높은 곳에 오르내릴 수 있게 만든 것   *문루: 성의 바깥문 위에 지은 다락집
> *잔손질: 자질구레하게 여러 번 손질함.

05
윗글은 글쓴이가 불국사를 여행하며 느낀 점을 적은 기행문이다. (○ , ✕)

06
㉠은 기행문의 3요소 중 여정에 해당한다. (○ , ✕)

[07~08] 빈칸에 들어가기에 알맞은 단어를 〈보기〉에서 찾아 문맥에 맞게 쓰시오.

> ─────〈보기〉─────
> • 요란하다: 시끄럽고 떠들썩하다.
> • 면하다: 어떤 상태나 처지에서 벗어나다.
> • 엄연히: 어떠한 사실이나 현상을 인정하지 않을 수 없을 만큼 뚜렷하게

07
너와 나는 (   ) 다른 사람이다.

08
나는 이제야 겨우 셋방살이 신세를 (   )했다.

 MEMO

 MEMO

MEMO

My Best friend
수경출판사 · 자이스토리

나만의 학습 계획표를 올려 주세요.

나만의 학습 계획표를 작성하고, 사진을 찍어
인스타그램 또는 블로그에 올려 주세요.
★ **필수 해시태그** - #수경출판사 #자이스토리 #수능기출문제집
　　　　　　　　#학습 계획표
★ **참여해 주신 분께:** 바나나우유 기프티콘 증정

 QR코드를 스캔하여 개인 정보 및 작성한 게시물의 URL을 입력합니다.

수경 Mania가 되어 주세요.

인스타그램, 카페, 블로그 등에 수경출판사 교재로
공부하는 모습, 학습 후기, 교재 사진을 올려 주세요.
★ **참여해 주신 분께:** 3,000원 편의점 기프티콘 증정
★ **우수 후기 작성자:** 강남인강 1년 수강권 증정

 QR코드를 스캔하여 개인 정보 및 작성한 게시물의 URL을 입력합니다.

교재 평가 설문지를 작성해 주세요.

수경출판사 교재 학습 후기, 교재 평가 설문지를 작성해 주세요.
[학생, 선생님 모두 가능]
★ **참여해 주신 분께:** 2,000원 편의점 기프티콘 증정
★ **우수 후기 작성자:** 강남인강 1년 수강권 증정

 QR코드를 스캔하여 해당 링크에 들어가서 설문 조사를 진행합니다.
선생님 전용　　　　　　　　　　　　　　　　　　　　　　　　　　학생 전용
설문 조사　　　　　　　　　　　　　　　　　　　　　　　　　　　설문 조사

＊ 자세한 사항은 해당 QR코드를 스캔하거나, 홈페이지 이벤트 공지글을 참고해 주세요.
＊ 이벤트의 내용이나 상품이 변경될 수 있으며, 변경시 홈페이지에 공지됩니다.

Xi STORY 자이스토리

포인트 리딩

구문 중심 독해 / 수능 유형 독해
[Level ❶, Level ❷, Level ❸, Level ❹]

"중학교 영어 독해는 포인트 리딩으로 완성한다!"

[Level ❶, Level ❷]

- 32개 중등 필수 구문으로 중등 독해 기초 19일 완성!
- 구문과 독해 풀이 비법을 알려주는 나만의 과외 선생님 - Follow Me!
- 내신 대비 실력 향상 TEST + 구문, 어휘 Review
- DAY별로 3지문씩 공부하는 구문 중심 ACTUAL READING!

[Level ❸, Level ❹]

- 17개 수능 독해 유형 문제로 예비 고등 영어 독해 20일 완성
- 독해 문제의 풀이 비법을 알려주는 과외 선생님 - Follow Me!
- 내신대비 실력 향상 TEST + 어휘 Review
- 고1 학력평가 기출 지문으로 독해 유형을 익히고 DAY별로 4지문씩 공부하기!

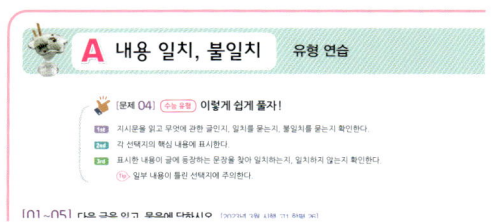

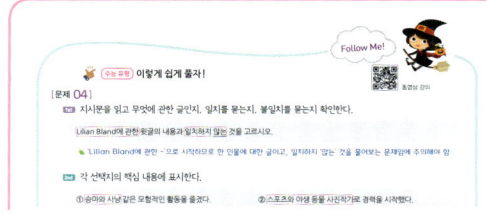

자이스토리

중학 국어 문학 독해 + 문학 용어 ①

[시, 소설·극 문학, 수필]

[해 설 편]

수경출판사

문학 용어 + 어휘 테스트 정답

I 시

STEP I

DAY 01
01 X 02 ○ 03 드러나 있다 04 순이 05 고향 06   시시 07 지루 08 지천
09 고단

DAY 02
01 ○ 02 ○ 03 X 04 종장 05 사설시조 06 단시조 07 평시조 08 뭣버들
09 베풀 10 은덕 11 증표

DAY 03
01 운율 02 함축성 03 ○ 04 X 05 내재율 06 문장 07 부산 08 아슴프레
09 뒤척

STEP II

DAY 04
01 옛날 02 그리움 03 ○ 04 X 05 큰 배 06 긍정적 07 억세 08 재깔거리
09 까마득히 10 티끌

DAY 05
01 대상에 대한 그리움 02 임 03 X 04 ○ 05 자연에서의 삶 06 가까이
07 동산 08 만족감 09 주야 10 변덕스럽

DAY 06
01 의지적 02 독백적 03 자연 친화적 04 부정적 05 X 06 ○ 07 행인
08 무심 09 담장

STEP III

DAY 07
01 X 02 ○ 03 설의법 04 도치법 05 수미상관 06 역설법 07 문대 08 털털
거리 09 꼴

DAY 08
01 ○ 02 X 03 대나무 04 눈 05 밤 06 새 07 머나먼 08 형성 09 대비
10 시샘

DAY 09
01 시각적 02 상승 03 X 04 ○ 05 촉각적 06 공감각적 07 간간 08 몸짓
09 보얄

II 소설·극 문학

STEP I

DAY 10
01 X 02 X 03 반동 04 연못 05 ○ 06 ○ 07 움키 08 요항 09 거추장
스럽다

DAY 11
01 가정 02 애정 03 옥반지 04 ○ 05 그득 06 염치 07 애걸 08 천군만마

DAY 12
01 ○ 02 X 03 사건 04 결말 05 위기 06 부르짖 07 한사코 08 뾰로통

STEP II

DAY 13
01 소리 02 인물 03 ○ 04 X 05 외적 06 자연 07 앙다물 08 하릴없이
09 순종

DAY 14
01 ○ 02 ○ 03 시나리오 04 덜 05 지시문 06 효과음 07 약효 08 여린
09 기력

DAY 15
01 씨름 대회 02 석환 03 X 04 ○ 05 X 06 ○ 07 허물어 08 어지간한

STEP III

DAY 16
01 ○ 02 3인칭 03 전지적 작가 04 전설 05 나, 1인칭 관찰자 06 사면 07 분간

DAY 17
01 ○ 02 X 03 요약 04 내용 05 인물들의 대화 06 아들 07 엉성 08 방치
09 달갑

DAY 18
01 ○ 02 X 03 환몽 04 부녀들 05 우스꽝스럽게 06 해학적 07 허물
08 성미

III 수필

STEP I

DAY 19
01 물 02 경수필 03 X 04 ○ 05 고백적 06 간결체 07 우직 08 치밀

STEP II

DAY 20
01 ○ 02 X 03 우의적 04 교훈 05 배 06 유추 07 지탱 08 찡

STEP III

DAY 21
01 편지 02 읽는 03 일기 04 걱정 05 ○ 06 X 07 엄연히 08 면

이 책의 차례

★ 다시는 틀리지 않게 완벽히 이해시키는 입체 첨삭 해설

❷ 상황, 정서, 태도
화자가 처해 있는 상황과 그 상황에서 화자가 느끼는 정서를 비롯해 화자의 태도를 알 수 있는 부분에 표시했습니다.

❸ 표현상 특징
주제를 효과적으로 전달하기 위해 사용된 표현상 특징이 드러난 부분에 표시했습니다.

시 이해
시의 내용을 정확하게 파악할 수 있도록 구체적인 해설을 제시하였습니다.

❶ 화자, 중심 대상
시의 화자, 중심 대상에 표시했습니다.

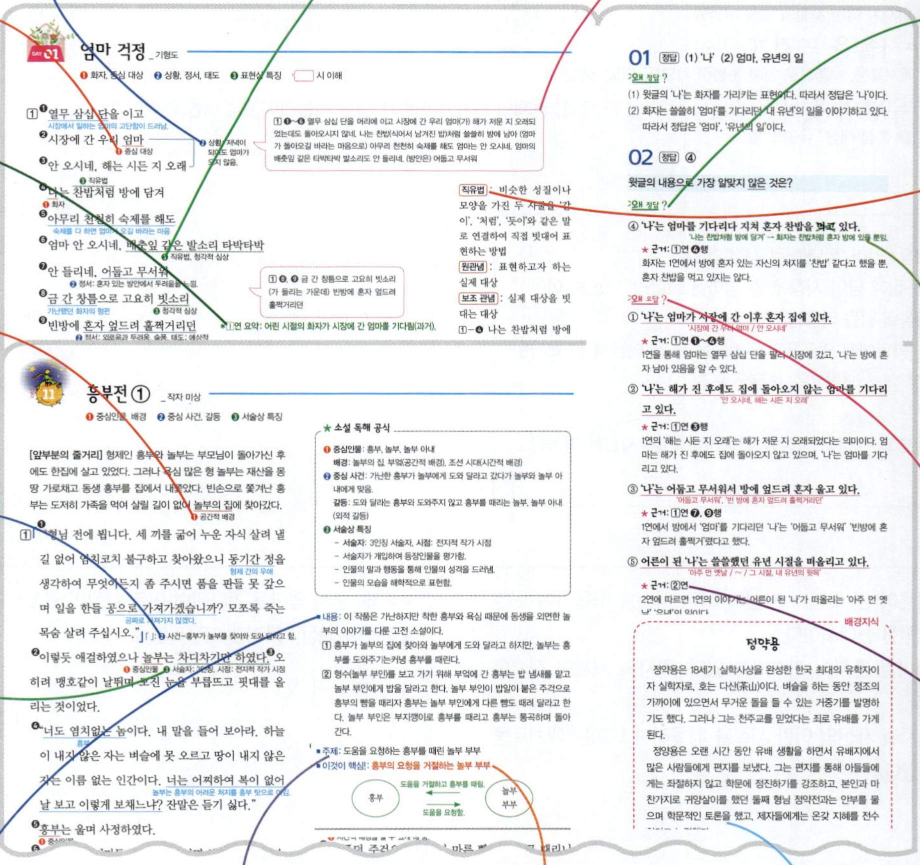

왜 정답?
정답이 되는 핵심 이유와 문제 풀이를 알기 쉽고 자세히 설명했습니다.

요약
각 연이나 장면의 내용을 요약해 전체적인 내용을 파악할 수 있게 했습니다.

표현 방법
시에 사용된 표현 방법을 상세히 안내했습니다.

❶ 중심인물, 배경
소설의 중심인물과 사건이 펼쳐지는 배경을 알 수 있는 부분에 표시했습니다.

첨삭 해설
작품과 문제를 깊이 있게 이해할 수 있도록 해설을 자세히 수록했습니다.

❷ 중심 사건, 갈등
소설의 핵심을 이루는 사건과 갈등이 드러난 부분에 표시했습니다.

왜 오답?
틀린 문제에 대한 이해뿐만 아니라 선택지 출제 원리까지 터득할 수 있습니다.

❸ 서술상 특징
이야기를 효과적으로 전달하기 위해 사용된 서술상의 특징이 드러난 부분에 표시했습니다.

근거
문제 풀이의 근거가 되는 부분을 구체적으로 제시했습니다.

내용
해당 작품이 어떠한 내용이고, 무슨 갈래에 해당하는지를 한 문장으로 요약했습니다.

주제
작품의 주제를 정리했습니다.

이것이 핵심!
작품에서 가장 핵심이 되는 내용을 한눈에 볼 수 있게 제시했습니다.

배경지식
작품과 관련 있는 다양한 자료를 수록하여 학습과 생각의 깊이를 더할 수 있도록 하였습니다.

❶ 화자, 중심 대상 ❷ 상황, 정서, 태도 ❸ 표현상 특징 [　] 시 이해

1 ❶**열무 삼십 단을 이고**
　시장에서 일하는 엄마의 고단함이 드러남.
❷**시장에 간 우리 엄마**
　　❶ 중심 대상
❸**안 오시네, 해는 시든 지 오래**

❷ 상황: 저녁이 되어도 엄마가 오지 않음.

1 ❶~❻ 열무 삼십 단을 머리에 이고 시장에 간 우리 엄마(가) 해가 저문 지 오래되었는데도 돌아오시지 않네. 나는 찬밥(식어서 남겨진 밥)처럼 쓸쓸히 방에 남아 (엄마가 돌아오길 바라는 마음으로) 아무리 천천히 숙제를 해도 엄마는 안 오시네. 엄마의 배춧잎 같은 타박타박 발소리도 안 들리네. (방안은) 어둡고 무서워

❹ ❸ 직유법
나는 찬밥처럼 방에 담겨
　　❶ 화자
❺**아무리 천천히 숙제를 해도**
　숙제를 다 하면 엄마가 오길 바라는 마음
❻**엄마 안 오시네, 배춧잎 같은 발소리 타박타박**
　　　　　　　　❸ 직유법, 청각적 심상
❼**안 들리네, 어둡고 무서워**
　　❷ 정서: 혼자 있는 방안에서 두려움을 느낌.
❽**금 간 창틈으로 고요히 빗소리**
　가난했던 화자의 형편　❸ 청각적 심상
❾**빈방에 혼자 엎드려 훌쩍거리던**
　　❷ 정서: 외로움과 두려움, 슬픔, 태도: 애상적

1 ❽, ❾ 금 간 창틈으로 고요히 빗소리(가 들리는 가운데) 빈방에 혼자 엎드려 훌쩍거리던

＊1연 요약: 어린 시절의 화자가 시장에 간 엄마를 기다림(과거).

2 ❶**아주 먼 옛날**
　❷ 상황: 어른이 된 화자가 어린 시절의 일을 떠올림.
❷**지금도 내 눈시울을 뜨겁게 하는**
❷ 정서: 어린 시절에 대한 애처로움, 슬픔으로 인해 눈물이 차오름, 태도: 애상적
❸**그 시절, 내 유년의 윗목**
　❶ 어른이 된 화자　❶ 중심 대상: 유년의 일

2 아주 먼 옛날(이지만) 지금도 내 눈시울을 뜨겁게 하는 그 시절, 내 유년(어린 시절)의 윗목

＊2연 요약: 현재의 화자가 어린 시절을 떠올리며 쓸쓸해함(현재).

★ **시 독해 공식**
❶ 화자: '나', 중심 대상: 엄마, 유년(어린 시절)의 일
❷ 상황: 화자는 혼자 집에 남아 시장에 간 엄마를 기다리고 있음. 어른이 된 화자가 어린 시절의 일을 떠올림.
　정서: 엄마가 없는 방안에서 외로움과 두려움을 느낌. 어른이 된 화자는 자신의 어린 시절에 대해 애처로움, 슬픔을 느낌.
　태도: 애상적
❸ 표현상 특징: 직유법과 청각적 심상을 활용하여 어린 시절을 떠올리고 있음.

直유법: 비슷한 성질이나 모양을 가진 두 사물을 '같이', '처럼', '듯이'와 같은 말로 연결하여 직접 빗대어 표현하는 방법
원관념: 표현하고자 하는 실제 대상
보조 관념: 실제 대상을 빗대는 대상
1-❹ 나는 찬밥처럼 방에 담겨
원관념: '나'
보조 관념: 찬밥
1-❻ 배춧잎 같은 발소리
원관념: 발소리
보조 관념: 배춧잎

심상: 사물이나 사건을 통해 느껴지는 마음속의 그림
청각적 심상: 귀로 듣는 듯한 느낌을 줌.
1-❻ 발소리 타박타박
1-❽ 빗소리
애상적: 슬퍼하거나 가슴 아파하는 것

■ **내용**: 이 작품은 어른이 된 화자가 자신의 어린 시절을 떠올리며 느낀 외로움과 슬픔을 표현한 현대시이다.
　1연: 시장에 간 엄마를 혼자서 기다리고 있다. 화자의 처지와 정서를 드러내고 있다.
　2연: 어른이 된 화자가 자신의 어린 시절을 떠올리며 느끼는 애처로움을 표현하고 있다.

■ **주제**: 혼자 엄마를 기다리던 어린 시절의 외로움과 슬픔
■ **이것이 핵심!**: 과거를 떠올리는 화자

어른이 된 화자 →(어린 시절을 떠올림.)→ 혼자 엄마를 기다리던 어린 시절의 화자

01 정답 (1) '나' (2) 엄마, 유년의 일

>왜 정답 ?

(1) 윗글의 '나'는 화자를 가리키는 표현이다. 따라서 정답은 '나'이다.

(2) 화자는 쓸쓸히 '엄마'를 기다리던 '내 유년'의 일을 이야기하고 있다. 따라서 정답은 '엄마', '유년의 일'이다.

02 정답 ④

윗글의 내용으로 가장 알맞지 <u>않은</u> 것은?

>왜 정답 ?

④ '나'는 엄마를 기다리다 지쳐 혼자 찬밥을 <del>먹고</del> 있다.
    <u>'나는 찬밥처럼 방에 담겨' → 화자는 찬밥처럼 혼자 방에 있을 뿐임.</u>

★ 근거: 1연 ④행

화자는 1연에서 방에 혼자 있는 자신의 처지를 '찬밥' 같다고 했을 뿐, 혼자 찬밥을 먹고 있지는 않다.

>왜 오답 ?

① '나'는 엄마가 시장에 간 이후 혼자 집에 있다.
    <u>'시장에 간 우리 엄마 / 안 오시네'</u>

★ 근거: 1연 ①~④행

1연을 통해 엄마는 열무 삼십 단을 팔러 시장에 갔고, '나'는 방에 혼자 남아 있음을 알 수 있다.

② '나'는 해가 진 후에도 집에 돌아오지 않는 엄마를 기다리고 있다.
    <u>'안 오시네, 해는 시든 지 오래'</u>

★ 근거: 1연 ③행

1연의 '해는 시든 지 오래'는 해가 저문 지 오래되었다는 의미이다. 엄마는 해가 진 후에도 집에 돌아오지 않고 있으며, '나'는 엄마를 기다리고 있다.

③ '나'는 어둡고 무서워서 방에 엎드려 혼자 울고 있다.
    <u>'어둡고 무서워', '빈 방에 혼자 엎드려 훌쩍거리던'</u>

★ 근거: 1연 ⑦, ⑨행

1연에서 방에서 '엄마'를 기다리던 '나'는 '어둡고 무서워' '빈방에 혼자 엎드려 훌쩍'거렸다고 했다.

⑤ 어른이 된 '나'는 쓸쓸했던 유년 시절을 떠올리고 있다.
    <u>'아주 먼 옛날 / ~ / 그 시절, 내 유년의 윗목'</u>

★ 근거: 2연

2연에 따르면 1연의 이야기는 어른이 된 '나'가 떠올리는 '아주 먼 옛날' '유년'의 일이다.

03 정답 ④

윗글에 대한 설명으로 가장 알맞지 <u>않은</u> 것은?

>왜 정답 ?

④ '빗소리'를 통해 <u>엄마가 반드시 돌아올 것이라는 화자의 믿음</u>을 드러내고 있다.
    알 수 없음.

★ 근거: 1연 ③행

해가 져도 엄마가 돌아오지 않아 화자는 무서워하고 있는데, 1연의 '빗소리'는 이러한 화자의 두려움을 더하고 있다. 윗글을 통해 화자가 엄마가 반드시 돌아올 것이라고 믿고 있는지는 알 수 없다.

>왜 오답 ?

① '열무 삼십 단'을 통해 엄마의 고단함을 표현하고 있다.
    <u>시장에서 열무를 파는 엄마의 고된 삶</u>

★ 근거: 1연 ❶, ❷행

열무 삼십 단은 화자의 엄마가 팔아야 하는 열무의 양이다. 시장에서 장사를 하는 엄마의 고단함을 '열무 삼십 단'이라고 표현했다.

② 혼자 남겨진 화자의 처지를 '찬밥'이라고 표현하고 있다.
    <u>혼자서 엄마를 기다리는 화자의 처지를 식은 밥에 빗대어 표현함.</u>

★ 근거: 1연 ④행

1연에서 화자는 방에 혼자 남겨져 쓸쓸히 엄마를 기다리는 자신의 처지를 '찬밥' 같다고 표현했다.

③ 가난했던 화자의 어린 시절을 '금 간 창틈'으로 표현하고 있다.
    <u>금 간 창틈을 고치기 어려울 정도로 가난한 형편임.</u>

★ 근거: 1연 ❽행

1연에서 어린 시절 화자의 가난한 형편을 고치지 못하고 방치된 '금 간 창틈'으로 표현했다.

⑤ 어린 시절에 대한 차갑고 쓸쓸한 느낌을 '윗목'에 빗대고 있다.
    <u>외롭고 쓸쓸했던 경험을 차가운 방바닥인 윗목으로 표현함.</u>

★ 근거: 2연 ❸행

'윗목'은 온돌방에서 차가운 쪽의 방바닥을 의미한다. 2연에서 화자는 혼자서 엄마를 기다리던 어린 시절의 차갑고 쓸쓸한 느낌을 '윗목'에 빗대어 표현하고 있다.

❶ 화자, 중심 대상 ❷ 상황, 정서, 태도 ❸ 표현상 특징 ☐ 시 이해

① ❶말은
   ❶ 중심 대상
   ❷힘이 세지,
   ❸정말 힘이 세지.
      ❸ 반복법: 말이 힘이 셈을 강조함.

☐ 말은 힘이 세지, 정말 힘이 세지.

＊①연 요약: 말은 힘이 셈.

② ❶짐수레를 끌고
   ❷따각따각 달리는 말보다 ☐: ❸ 동음이의어
      ❸ 음성 상징어
   ❸말은 / ❹힘이 더 세지.
      ☐: ❸ 동음이의어

② 짐수레를 끌고 따각따각 달리는 말보다 (우리가 하는) 말은 힘이 더 세지.

＊②연 요약: 달리는 말보다 말이 힘이 셈.

③ ❶"미안해." 한마디면
   ❷서운했던 생각이 멀어지고
   ❸화난 마음 살살 녹지.
   「 」: ❷ 정서 – 미안하다는 말을 들으면 서운했던 생각과 화난 마음이 사라짐.

③ '미안해'(라는) 한 마디면 서운했던 생각이 멀어지고 화난 마음(도) 살살 녹지.

❸ 대구법

＊③연 요약: '미안해'라는 말의 힘

④ ❶"잘 할 수 있어." 한마디에
   ❷가슴이 따뜻해지고
   ❸없던 힘도 불끈 솟지.
   「 」: ❷ 정서 – 잘 할 수 있다는 말을 들으면 가슴이 따뜻해지고 힘이 솟음.

④ '잘 할 수 있어.'(라는) 한 마디에 가슴이 따뜻해지고 없던 힘도 불끈 솟지

＊④연 요약: '잘 할 수 있어.'라는 말의 힘

반복법: 유사한 시어나 시구, 문장 구조를 반복하여 의미를 강조하는 표현 방법
① 힘이 세지

동음이의어: 소리는 같으나 뜻이 다른 단어
②-❷ 따각따각 달리는 말
   ❸ 말

음성 상징어: 의성어와 의태어를 나타내는 말
의성어: 사람이나 사물의 소리를 흉내 낸 말
②-❷ 따각따각

대구법: 형식이나 내용이 비슷한 문장을 나란히 짝을 맞추어 배치하는 방법
③연, ④연
→ 말이 힘이 세다는 것을 강조함.

★ **시 독해 공식**

❶ **화자**: 드러나지 않음. **중심 대상**: 말
❷ **상황**: 말의 힘이 세다고 말하고 있음.
   정서: 말의 힘이 세다고 생각함.
❸ **표현상 특징**
   – 비슷한 말을 반복하고 대구법을 활용하여 주제를 강조함.
   – 동음이의어를 활용하여 내용에 재미를 줌.

■ **내용**: 이 작품은 말이 힘이 세다는 것을 강조하고 있는 현대시이다.
① 연: 말은 힘이 세다.
② 연: 말은 달리는 말보다 힘이 세다.
③ 연: '미안해.'라는 말은 서운했던 생각이 멀어지고 화난 마음을 살살 녹게 한다.
④ 연: '잘 할 수 있어.'라는 말은 가슴이 따뜻해지고 없던 힘도 불끈 솟게 한다.

■ **주제**: 말의 힘
■ **이것이 핵심!**: 말의 강함.

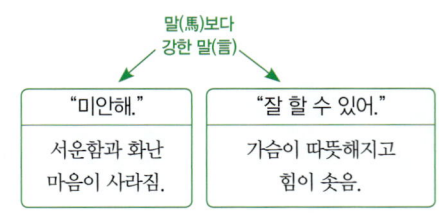

말(馬)보다 강한 말(言)

"미안해."	"잘 할 수 있어."
서운함과 화난 마음이 사라짐.	가슴이 따뜻해지고 힘이 솟음.

04 정답 (1) 말 (2) 잘 할 수 있어.

>왜 정답?

(1) 윗글의 화자는 말이 힘이 세다고 이야기하고 있다.

(2) 화자는 4연에서 '잘 할 수 있어.' 한마디에 '가슴이 따뜻해지고 / 없던 힘도 불끈 솟지.'라고 했다.

05 정답 ③

윗글의 화자에 대한 설명으로 가장 알맞지 <u>않은</u> 것은?

>왜 정답?

③ 화자는 "미안해."라는 말보다 "잘 할 수 있어."라는 말을 ~~더 좋아한다.~~
화자가 어떠한 말을 더 좋아하는지는 알 수 없음.

★ 근거: ③, ④연

화자는 3연에서 "미안해."라는 말을 들으면 '서운했던 생각이 멀어지고 / 화난 마음 살살 녹지.'라고 하였고 4연에서 "잘 할 수 있어."라는 말을 들으면 '가슴이 따뜻해지고 / 없던 힘도 불끈 솟지.'라고 했다. 그러나 화자는 "미안해."라는 말과 "잘 할 수 있어."라는 말 중 어떤 것이 더 좋다고 하지는 않았다.

>왜 오답?

① 화자는 말이 힘이 세다고 말하고 있다.
'말은/힘이 세지' 등
★ 근거: ①연, ②연 ❸, ❹행
화자는 1연과 2연에서 말이 힘이 세다고 하였다.

② 화자는 짐수레를 끌고 달리는 말과 사람의 말을 비교하고
'짐수레를 끌고 따각따각 달리는 말보다 / 말은 / 힘이 더 세지.'
있다.
★ 근거: ②연
화자는 2연 '짐수레를 끌고 / 따각따각 달리는 말보다 / 말은 / 힘이 더 세지.'에서 달리는 말과 사람이 하는 말을 비교하고 있다.

④ 화자는 "미안해."라는 말을 들으면 서운함이 사라진다고
'서운했던 생각이 멀어지고'
생각하고 있다.
★ 근거: ③연 ❶, ❷행
화자는 3연에서 "미안해." 한마디면 서운했던 생각이 멀어진다고 했다.

⑤ 화자는 "잘 할 수 있어."라는 말을 들으면 힘이 솟는다고
'없던 힘도 불끈 솟지.'
생각하고 있다.
★ 근거: ④연 ❶, ❸행
화자는 4연에서 "잘 할 수 있어."라는 말을 들으면 없던 힘도 불끈 솟는다고 했다.

06 정답 ⑤

'말'에 대한 설명으로 가장 알맞은 것은?

>왜 정답?

⑤ <u>말은 서운했던 생각을 멀어지게 할 수 있다.</u>
'"미안해." 한 마디면 / 서운했던 생각이 멀어지고'
★ 근거: ③연 ❶, ❷행
화자는 3연에서 '"미안해." 한마디면 / 서운했던 생각이 멀어지고'라고 했다. 따라서 말은 서운했던 생각을 멀어지게 할 수 있다는 설명은 알맞다.

>왜 오답?

① 말은 ~~많이 하지 않는 것이 좋다.~~
알 수 없음.
윗글의 화자는 말의 힘이 강하다고만 하였을 뿐, 말이 많거나 적은 것에 대해서는 이야기하지 않았다.

② 말은 ~~다른 사람을 다치게 할 수 있다.~~
알 수 없음.
윗글의 화자는 말의 힘이 강하다고만 하였을 뿐, 말이 사람을 다치게 하는지에 대해서는 이야기하지 않았다.

③ 말은 짐수레를 끄는 말보다 힘이 ~~약하다.~~
세다.
★ 근거: ②연
화자는 2연에서 짐수레를 끄는 말보다 사람이 하는 말이 힘이 더 세다고 했다.

④ 말은 삶에 지친 사람들을 위로할 수 ~~없다.~~
위로할 수 있음.
★ 근거: ④연
화자는 4연에서 "잘 할 수 있어."라는 말을 들으면 '없던 힘도 불끈 솟지.'라고 하였다. 따라서 "잘 할 수 있어."라는 말은 삶에 지친 사람들에게 위로가 될 수 있을 것이다.

07 정답 말

윗글에서 〈보기〉의 빈칸에 들어가기에 알맞은 말을 찾아 1글자로 쓰시오.

〈보기〉
〈참 힘센 말〉의 화자는 (말)이/가 화난 사람의 마음을
3연에 근거
풀어 주고 힘든 사람에게 힘을 줄 수 있다고 생각한다.
4연에 근거

>왜 정답?

★ 근거: ③, ④연
화자는 3연에서 "미안해."라는 말이 화난 사람의 마음을 살살 녹게 할 수 있다고 했고, 4연에서 "잘 할 수 있어."라는 말이 듣는 사람의 가슴을 따뜻하게 하고 듣는 사람에게 힘을 줄 수 있다고 했다. 따라서 빈칸에 들어가기에 알맞은 말은 '말'이다.

묏버들 가려 꺾어 _홍랑

❶ 화자, 중심 대상   ❷ 상황, 정서, 태도   ❸ 표현상 특징   [　　] 시 이해

[초장] ❶ 중심 대상: 화자의 분신, 임에 대한 화자의 사랑
❶**묏버들 가려 꺾어 보내노라 임에게**
❷ 상황: 임에게 정성스레 고른 묏버들을 꺾어 보냄.   ❸ 도치법

> [초장] ❶ (제가) 산의 버드나무를 가려 꺾어서 임에게 보냅니다.

＊초장(❶) 요약: 임에게 묏버들을 가려 꺾어 보냄.

[중장] ❷**자시는 창밖에 심어 두고 보소서**
❷ 정서: 임의 곁에 머물기를 바람.

> [중장] ❷ (임이시여), 주무시는 창밖에 (묏버들을) 심어 두고 보세요.

＊중장(❷) 요약: 임이 묏버들을 창밖에 심고 봐 주기를 바람.

> [종장] ❸ 밤(에 내리는) 비를 맞아 (묏버들에) 새잎이 나면 나(화자)라고 여겨 주세요.

[종장] ❸**밤비에 새잎이 나거든 나인가도 여기소서**
❷ 정서: 임이 자신을 생각해 주기를 바람.

＊종장(❸) 요약: 묏버들을 보며 임이 자신을 떠올려 주기를 바람.

도치법: 말의 차례를 바꾸어 쓰는 문장 표현법
❶ 묏버들 가려 꺾어 보내노라 임의 손에

화자의 분신: 시에서 화자는 자신이 처해 있는 상황이나 자신의 마음을 표현하기 위해 사물 등을 통해 이를 드러내기도 함.
❶ 묏버들

★ 시 독해 공식

❶ **화자**: '나', **중심 대상**: 묏버들
❷ **상황**: 묏버들을 골라 꺾어 임에게 보냄.
　 정서: 임이 자신이 보낸 묏버들을 창밖에 심고 새잎이 나면 자신을 생각해 주기를 바람.
❸ **표현상 특징**
　 – 자연물인 '묏버들'을 통해 임에 대한 화자의 사랑을 표현함.
　 – 도치법을 사용하여 임에 대한 화자의 사랑을 강조함.

■ **내용**: 이 작품은 화자가 임에게 묏버들을 보내면서 임도 자신을 생각하기를 바라는 마음을 담은 시조이다.
　 초장(❶): 임에게 묏버들을 꺾어 보내고 있다.
　 중장(❷): 임이 창밖에 묏버들을 심어 두고 보기를 바라고 있다.
　 종장(❸): 임이 묏버들에 난 새잎을 보며 자신을 생각해 주기를 바라고 있다.

■ **주제**: 임에 대한 그리움과 사랑
■ **이것이 핵심!**: **묏버들의 의미**

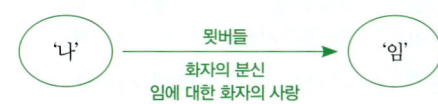

01 [정답] (1) 묏버들 (2) 임

>왜 정답?

(1) 화자는 '묏버들 가려 꺾어 보내노라 임에게'라고 했다. 따라서 화자는 임에게 '묏버들'을 보냈음을 알 수 있다.

(2) 화자는 임에게 자신이 보낸 묏버들을 창밖에 심고 '밤비에 새잎이 나거든 나인가도 여기소서'라고 했다. 따라서 화자가 묏버들에 새잎이 나면 자신이라고 여겨 달라고 부탁한 사람은 '임'이다.

02 [정답] ①

윗글의 내용으로 가장 알맞지 않은 것은?

>왜 정답?

① '나'는 ~~임이 싫어져~~ 임에게 묏버들을 보냈다.
　　　　화자는 임을 사랑함.

★ 근거: 초장(❶)

화자는 초장에서 '묏버들 가려 꺾어 보내노라'라고 했다. 가려서 꺾는다는 것은 정성을 들여서 골라서 꺾는다는 의미로, 임에게 좋은 것을 보내고 싶은 화자의 마음을 표현한 것이다. 따라서 화자가 임을 싫어해서 임에게 묏버들을 보냈다고는 볼 수 없다.

>왜 오답?

② '나'는 임에게 보낼 묏버들을 정성 들여 꺾었다.
　　　　　　　　'가려 꺾어 보내노라'

★ 근거: 초장(❶)

화자는 초장에서 '묏버들 가려 꺾어 보내노라'라고 했다.

③ '나'는 임을 향한 자신의 마음을 묏버들에 담고 있다.
　　　　　'묏버들 가려 꺾어 보내노라 임에게'

★ 근거: 초장(❶)~종장(❸)

화자는 초장에서 묏버들을 정성스럽게 골라 꺾어 임에게 보낸다고 했고, 중장에서는 임에게 자신이 보낸 묏버들을 창밖에 심어 두고 보라고 했다. 또 종장에서는 화자가 보낸 묏버들에 새잎이 나면 자신이라고 여겨 달라고 했다. 화자는 임을 향한 자신의 사랑을 묏버들에 담아 보냈기 때문에 임에게 묏버들을 자기로 여겨 달라고 부탁한 것이다.

④ '나'는 임에게 잠을 자는 곳의 창밖에 묏버들을 심어 달라고
　　　　　　　　　'자시는 창밖에 심어 두고 보소서'
부탁했다.

★ 근거: 중장(❷)

화자는 중장에서 임에게 자신이 보낸 묏버들을 '자시는 창밖에 심어 두고 보소서'라고 했다. 여기에서 '자시는 창밖'은 임이 자는 방의 창밖을 뜻한다.

⑤ '나'는 묏버들에 새잎이 나면 임이 자신을 생각해 주기를
　　　　　　　　　'밤비에 새잎이 나거든 나인가도 여기소서'
바라고 있다.

★ 근거: 종장(❸)

화자는 종장에서 '밤비에 새잎이 나거든 나인가도 여기소서'라고 했다. 이는 밤에 비를 맞은 묏버들에 새잎이 나면 화자를 생각해 달라는 의미이다.

03 [정답] ④

'묏버들'에 대한 설명으로 가장 알맞은 것은?

• 묏버들: 묏버들은 화자가 임에 대한 그리움과 사랑을 담아 임에게 보내는 것으로, 화자 자신의 분신이기도 합니다.

[즘] 묏버들에 대한 설명으로 올바른 것을 고르는 문제입니다.

>왜 정답?

④ 화자가 임에게 보내기 위해 골라서 꺾은 것이다.
　　　　　　　　　　　'묏버들 가려 꺾어'

★ 근거: 초장(❶)

화자는 초장에서 '묏버들 가려 꺾어 보내노라 임에게'라고 했다. 즉 화자는 임에게 보내기 위해 묏버들을 골라서 꺾었다.

>왜 오답?

① 화자에 대한 임의 사랑을 담은 것이다.
　　　　임에 대한 화자의 사랑

★ 근거: 초장(❶)~종장(❸)

화자는 임에게 묏버들을 보내면서 임이 묏버들을 곁에 두고 자신을 생각해 주기를 바라고 있다. 따라서 묏버들은 임에 대한 화자의 사랑을 담은 것이지, 화자에 대한 임의 사랑을 담은 것이 아니다.

② 화자가 창밖에 심어 두고 싶어하는 것이다.
　화자가 임이 창밖에 심어 두고 보기를 바람.

★ 근거: 중장(❷)

중장에서 화자는 자신이 보낸 묏버들을 임이 '자시는 창밖에 심어 두고 보소서'라고 했다. 이는 화자가 임에게 묏버들을 심고 보라고 부탁하는 것이지, 화자가 묏버들을 창밖에 심어 두고 싶어한다는 것이 아니다.

③ 화자에게 임이 ~~사랑의 증표로 남기고 간 것이다.~~
　　　　　　　　알 수 없음.

묏버들은 화자가 임에게 보낸 것이다. 윗글을 통해 임이 화자에게 무엇을 남기고 갔는지는 알 수 없다.

⑤ 화자가 ~~자신을 잊어 달라고 부탁하기 위해~~ 임에게 보낸 것
　　　　　화자는 자신을 기억해 주기를 바라고 있음.
이다.

★ 근거: 종장(❸)

종장에서 화자는 '밤비에 새잎이 나거든 나인가도 여기소서'라고 했다. 화자는 임에게 자신을 잊어 달라고 부탁하고 있는 것이 아니라, 오히려 임이 묏버들에 난 새잎을 보고 자신을 떠올려 주기를 부탁하고 있다.

훈민가 _정철

❶ 화자, 중심 대상　❷ 상황, 정서, 태도　❸ 표현상 특징　☐ 시 이해

[초장] ❶아버님 날 낳으시고 어머님 날 기르시니
　　　　❶ 화자

💬 [초장] ❶ 아버님이 날 낳으시고 어머님이 날 길러 주셨으니

＊초장(❶) 요약: 부모님이 '나'를 낳고 길러 주심.

부모님
　　　　　　　　　　　　　　　❸ 설의법
[중장] ❷㉠ 두 분 곳 아니시면 이 몸이 살아시랴*
　　　　❷ 정서: 부모님의 보살핌을 통해 자신이 지금까지 살아 있었다고 생각함.

💬 [중장] ❷ 두 분이 아니었으면 이 몸(나)이 살 수 있었을까?

＊중장(❷) 요약: 부모님이 아니면 '나'는 살아 있을 수 없었음.

　　　　　　　❶ 중심 대상　　　　　❸ 설의법
[종장] ❸하늘 같은 끝없는 은덕을 어디다혀* 갚사오리
　　　　❷ 정서: 부모님의 은혜에 감사함, 태도: 예찬적

💬 [종장] ❸ (날 키워 준 부모님의) 하늘 같은 끝없는 은덕을 (내가) 어떻게 다 갚을 수 있을까?

＊종장(❸) 요약: 부모님의 은덕이 하늘 같음.

＊ 살아시랴: 살 수 있었을까?
＊ 어디다혀: 어떻게 다

설의법: 쉽게 알 수 있는 사실을 의문의 형식으로 표현하여 상대편이 스스로 생각하게 하는 표현법
❷ 두 분 곳 아니시면 이 몸이 살아시랴
❸ 하늘 같은 끝없는 은덕을 어디다혀 갚사오리

직유법: 비슷한 성질이나 모양을 가진 두 사물을 '같이', '처럼', '듯이'와 같은 연결어로 결합하여 직접 빗대는 표현법
❸ 하늘 같은 은덕

예찬적: 무엇이 훌륭하거나 좋거나 아름답다고 찬양함.

★ 시 독해 공식

❶ 화자: '날(나)', '이 몸', 중심 대상: (부모님의) 은덕
❷ 정서: 부모님이 아니었다면 지금까지 살 수 없었을 것이라고 생각함.
　태도: 예찬적(부모님의 큰 은혜를 예찬함.)
❸ 표현상 특징
　– 설의법을 통해 부모님의 은혜가 갚을 수 없을 정도로 크다는 것을 강조함.
　– 직유법을 통해 부모님의 은덕이 높음을 드러냄.

■ 내용: 이 작품은 자신을 낳고 키워 주신 부모님의 은혜가 매우 큼을 표현한 시조이다.
　초장(❶): 부모님이 '나'를 낳고 길러 주셨다.
　중장(❷): 부모님이 아니었다면 '나'는 살아 있을 수 없었을 것이다.
　종장(❸): 부모님의 은덕은 하늘과 같아서 다 갚을 수 없다.

■ 주제: 부모님의 은덕
■ 이것이 핵심!: 부모님의 은덕에 대한 화자의 태도

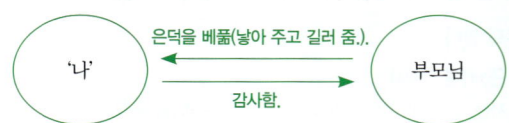

04 [정답] (1) 날(나), 이 몸 (2) 은덕

> **왜** 정답?

(1) 윗글에서 화자는 아버님이 자신을 낳고 어머님이 자신을 길렀다면서 두 분이 아니면 자신은 살 수 없었을 것이라고 했다. 따라서 윗글의 화자를 가리키는 표현은 '날(나)'과 '이 몸'이다.

(2) 화자는 부모님이 자신을 낳고 길러주신 은덕이 하늘과 같이 끝이 없다고 말하고 있다. 따라서 윗글의 화자가 말하고 있는 중심 대상은 부모님의 은덕이다.

05 [정답] ②

윗글의 화자에 대한 설명으로 가장 알맞지 <u>않은</u> 것은?

> **왜** 정답?

② 부모님이 ~~고향에만 계신 것을 안타깝게 여기고 있다.~~
   화자는 부모님의 은덕에 감사해하고 있음.

★ **근거**: 초장(❶)~종장(❸)
   윗글의 화자는 자신을 부모님이 낳아 주시고 길러 주신 은덕에 대해 감사하고 있다. 윗글을 통해 화자의 부모님이 고향에만 계신지는 알 수 없다.

> **왜** 오답?

① 부모님의 은덕이 하늘과 같다고 생각하고 있다.
   '하늘 같은 끝없는 은덕'

★ **근거**: 종장(❸)
   종장에서 화자는 '하늘 같은 끝없는 은덕을 어디다혀 갚사오리'라면서 부모님의 은덕이 하늘 같이 끝이 없어 갚을 수 없다고 했다.

③ 부모님이 자신에게 베푼 행동에 대해 이야기하고 있다.
   '아버님 날 낳으시고 어머님 날 기르시니'

★ **근거**: 초장(❶)
   초장에서 화자는 '아버님 날 낳으시고 어머님 날 기르시니'라면서 부모님이 자신에게 베푼 것에 대해 이야기하고 있다.

④ 부모님이 아니었다면 살 수 없었을 것이라고 말하고 있다.
   '두 분 곳 아니시면 이 몸이 살아시랴'

★ **근거**: 중장(❷)
   중장에서 화자는 '두 분 곳 아니시면 이 몸이 살아시랴'라고 했다. 이것은 부모님이 아니었다면 이 몸, 즉 화자가 살아 있을 수 없다는 의미이다.

⑤ 부모님의 은혜를 다 갚을 수 없을 것이라고 생각하고 있다.
   '하늘 같은 끝없는 은덕을 어디다혀 갚사오리'

★ **근거**: 종장(❸)
   종장에서 화자는 '하늘 같은 끝없는 은덕을 어디다혀 갚사오리'라고 했다. 이것은 부모님의 은덕이 하늘처럼 끝이 없어서 갚을 수 없을 정도라는 의미이다.

06 [정답] ④, ⑤

㉠이 의미하는 바로 가장 올바른 것은?(정답 2개)

• ㉠: ㉠은 '두 분'입니다. 화자는 두 분이 아니었다면 자신이 살 수 있었을까라고 질문하고 있습니다.

[즘] '두 분'이 가리키는 시어로 올바른 것을 고르는 문제입니다.

> **왜** 정답?

④ 아버님 ⑤ 어머님

★ **근거**: 초장(❶), 중장(❷)
   초장에서 화자는 '아버님 날 낳으시고 어머님 날 기르시니'라고 했고, 중장에서 '두 분 곳 아니시면 이 몸이 살아시랴'라고 했다. 화자를 낳고 길러 살아 있게 해 준 '두 분'은 '아버님'과 '어머님'이다.

> **왜** 오답?

① 하늘
   부모님의 은덕이 높고 큼을 빗대어 표현함.

★ **근거**: 종장(❸)
   종장의 '하늘'은 화자가 부모님의 은덕이 그만큼 높다는 것을 빗대어 표현한 것이다.

② 은덕
   부모님의 은혜

★ **근거**: 종장(❸)
   화자는 종장에서 부모님의 은덕이 크다고 하였다. 화자를 낳고 길러 살게 해 준 '두 분'인 부모님이 화자에게 베푼 것이 '은덕'일 뿐이다.

③ 이 몸
   화자 자신을 가리킴.

★ **근거**: 중장(❷)
   '이 몸'은 화자 자신을 의미한다.

07 [정답] 하늘

윗글에서 〈보기〉의 빈칸에 들어가기에 알맞은 말을 찾아 2글자로 쓰시오.

───〈보기〉───

〈훈민가〉의 화자는 부모님의 은혜가 (하늘)와/과 같아 갚기 어렵다고 하였다.
'하늘 같은 끝없는 은덕'

> **왜** 정답?

★ **근거**: 종장(❸)
   화자는 종장(❸)에서 '하늘 같은 끝없는 은덕'이라면서 부모님의 은덕이 하늘과 같이 끝이 없다고 했다.

귀뚜라미 _ 나희덕

❶ 화자, 중심 대상   ❷ 상황, 정서, 태도   ❸ 표현상 특징   〔 〕 시 이해   ❸ □ ↔ △ : 매미의 공간과 화자의 공간 대조

1 ❶ <u>높은 가지</u>를 흔드는 <u>매미 소리</u>에 묻혀
　　　　　　❸ 청각적 심상
　　　❷ 상황: 매미가 우는 소리에 귀뚜라미의 울음소리가 묻힘.
❷ 내 울음 아직은 노래 아니다.
　❸ 청각적 심상
　❶ 화자: 귀뚜라미　❸ 의인법

〔1〕 높은 가지를 흔드는 매미가 (우는) 소리에 묻혀 내(귀뚜라미의) 울음은 아직은 노래가 아니다.

* 1 연 요약: '나'의 울음이 아직 노래가 아니라고 생각함.

2 ❶ <u>차가운 바닥</u> 위에 토하는 울음,
　❸ 촉각적 심상　　　❸ 청각적 심상
❷ 풀잎 없고 이슬 한 방울 내리지 않는
　　　　　　　　　　　　　　　　　　　❷ 상황: 화자가
❸ <u>지하도 콘크리트 벽 좁은 틈</u>에서　　처한 부정적 현실
❹ 숨 막힐 듯, 그러나 나 여기 살아 있다.
　　　　　　　　　　❷ 태도: 의지적
❺ <u>귀뚜르르 뚜르르</u> 보내는 타전 소리가
　❸ 의성어　　　❸ 청각적 심상: 귀뚜라미 울음소리를 타전 소리에 빗댐.
❻ <u>누구의 마음 하나 울릴 수 있을까</u>. – ❸ 설의법
　❷ 정서: 자신의 울음소리가 누군가의 마음을 울릴 수 있을지 생각함.

〔2〕 ❶~❹ 차가운 바닥 위에 (내가) 토하는 울음, (내가 사는) 풀잎도 없고 이슬 한 방울 내리지 않는 지하도 콘크리트 벽의 좁은 틈에서 숨 막힐 듯. 그러나 나 여기 살아 있다.

〔2〕 ❺~❻ 귀뚜르르 뚜르르 보내는 타전 소리(같은 내 울음이) 누구의 마음 하나 울릴 수 있을까?

* 2 연 요약: '나'의 울음이 누군가의 마음을 울릴 수 있을지 생각함.

3 ❶ 지금은 매미 떼가 하늘을 찌르는 시절
　❷ 상황: 여름
❷ 그 소리 걷히고 맑은 가을이
　매미 소리　　　여름과 대비를 이루는 계절
❸ 어린 풀숲 위에 내려와 뒤척이기도 하고
❹ 계단을 타고 이 땅밑까지 내려오는 날
　가을이 땅에 내려오는 통로
❺ 발길에 눌려 우는 내 울음도
　❷ 상황: 억눌려 지내는 현실
❻ 누군가의 가슴에 실려 가는 노래일 수 있을까.
　❷ 정서: 자신의 울음이 다른 사람에게 전달되어 공감을 얻기를 바람.

❸ 활유법: 가을을 생물처럼 표현하여 가을이 오기를 기다리는 화자의 기대감을 드러냄.

〔3〕 지금은 매미 떼(의 울음소리)가 하늘을 찌르는 시절 그 소리 걷히고 맑은 가을이 어린 풀숲 위에 내려와 뒤척이기도 하고 계단을 타고 이 땅밑(화자가 있는 곳)까지 내려오는 날 (다른 사람들의) 발길에 눌려 우는 내 울음도 누군가의 가슴에 실려 가는 노래일 수 있을까?

* 3 연 요약: '나'의 울음이 누군가의 가슴에 실려 가는 노래가 되기를 바람.

★ 시 독해 공식

❶ 화자: '나(귀뚜라미)', 중심 대상: 울음소리
❷ 상황: 매미 소리에 귀뚜라미의 울음소리가 묻힘.
　정서: 자신의 울음소리가 다른 사람의 마음을 울릴 수 있을지 생각하며 다른 사람의 가슴에 실려가는 노래가 되기를 바람. 태도: 의지적
❸ 표현상 특징
　– 귀뚜라미를 의인화하여 시상을 전개함.
　– 청각적 심상과 의성어를 사용하고, 소재와 계절을 대조하여 주제를 강조함.

의인법: 사람이 아닌 것을 사람처럼 표현하는 방법

심상: 시어에 의해 마음속에 떠오르는 구체적이고 선명한 영상이나 감각적인 인상, 이미지

청각적 심상: 구체적인 소리를 표현한 의성어와 같이 귀로 듣는 듯한 느낌을 줌.
1 - ❶ 매미 소리
2 - ❺ 귀뚜르르 뚜르르

대조법: 주제를 강조하거나 이미지를 선명하게 드러내기 위해 서로 반대되거나 눈에 띄게 다른 낱말이나 어구를 맞세워 놓는 방법
1 - ❶ 높은 가지
　　　↕
2 - ❷, ❸ 차가운 바닥, 지하도 콘크리트 벽 좁은 틈
3 - ❶ 지금 ↔ ❷ 맑은 가을

설의법: 쉽게 판단할 수 있는 사실을 의미를 강조하기 위해 의문의 형식으로 표현하는 방법
2 - ❻, 3 - ❻

활유법: 무생물을 생물인 것처럼, 감정이 없는 것을 감정이 있는 것처럼 표현하는 방법
3 - ❷~❹

■ **내용**: 이 작품은 화자를 귀뚜라미로 설정하여 힘든 상황 속에서도 화자의 울음이 다른 사람에게 전달되어 감동을 일으키는 '노래'가 될 수 있는지에 대한 희망을 드러낸 현대시이다.
1 연: 매미 소리에 화자의 울음소리가 묻히고 있다.
2 연: 화자는 어렵고 부정적인 현실에 처해 있지만 자신의 울음소리가 다른 사람의 마음을 울릴 수 있을 것인지 궁금해하고 있다.

3 연: 가을이 오면 자신의 울음소리도 노래가 되기를 바라고 있다.

■ **주제**: 감동을 주는 노래를 부르고 싶은 소망
■ **이것이 핵심!**: 대조적인 의미의 시어

　여름　　←→　　가을
　매미 소리　　　내(귀뚜라미의) 울음 소리

01 [정답] (1) 귀뚜라미 (2) 울음

>왜 정답?

(1) 화자는 1연에서 매미 소리에 묻힌 자신의 울음은 노래가 아니라고 하였고, 2연에서 '나 여기 살아 있다 / 귀뚜르르 뚜르르'라고 했다. 따라서 이 시의 화자인 '나'는 귀뚜라미이다.

(2) 3연에서 화자는 가을이 내려오는 날에 '내 울음도 / 누군가의 가슴에 실려 가는 노래일 수 있을까.'라면서 자신의 울음이 노래가 될 수 있을지에 대해 생각하고 있다.

02 [정답] ⑤

윗글의 내용으로 가장 알맞지 않은 것은?

>왜 정답?

⑤ '매미 떼가 하늘을 찌르는 시절'은 '나'가 울음소리를 내는 시간이다.
    맑은 가을

★ 근거: ③연 ❶, ❷, ❺, ❻행

3연에서 화자는 지금은 '매미 떼가 하늘을 찌르는 시절 / 그 소리 걷히고 맑은 가을'이 되면 자신의 울음이 노래일 수 있을 것인지에 대해 생각하고 있다. 따라서 '나'가 울음소리를 내는 시간은 매미 떼가 하늘을 찌르는 시절이 아니라 맑은 가을이다.

>왜 오답?

① '높은 가지를 흔드는' 소리는 '나'가 내는 소리가 아니다.
    높은 가지를 흔드는 매미 소리

★ 근거: ①연 ❶행

1연에서 '높은 가지를 흔드는 매미 소리에 묻혀 / 내 울음'이라고 했다. 현재 화자의 울음소리는 매미 소리에 묻히고 있으며 높은 가지를 흔드는 소리는 '나'가 아니라 '매미'가 내는 소리이다.

② '차가운 바닥 위'는 '나'가 울고 있는 곳이다.
    차가운 바닥 위에 토하는 울음

★ 근거: ②연 ❶, ❹행

2연에서 '차가운 바닥 위에 토하는 울음'이라고 한 후, '나 여기 살아 있다.'라고 했다. 이는 화자가 차가운 바닥 위에서 살아가면서 울음을 토하고 있다는 의미이다.

③ '풀잎 없고 이슬 한 방울 내리지 않는' 곳은 '나'가 살아 있는 곳이다.
    풀잎 없고 이슬 한 방울 내리지 않는

★ 근거: ②연 ❷, ❹행

2연에서 화자는 '풀잎 없고 이슬 한 방울 내리지 않는' 곳에서 '나 여기 살아 있다'라고 했다. 이는 화자가 풀잎도 없고 이슬 한 방울 내리지 않는 부정적인 현실에서 살아가고 있다는 의미이다.

④ '지하도 콘크리트 벽 좁은 틈'은 '나'가 살아 있는 곳이다.
    지하도 콘크리트 벽 좁은 틈에서

★ 근거: ②연 ❸, ❹행

2연에서 화자는 '지하도 콘크리트 벽 좁은 틈에서 / 숨 막힐 듯, 그러나 나 여기 살아 있다.'라고 했다. 이는 화자가 숨이 막힐 듯이 좁은 지하도 콘크리트 벽 틈에서 살아가고 있다는 의미이다.

03 [정답] ②

윗글의 화자에 대한 설명으로 가장 알맞은 것은?

>왜 정답?

② 자신의 울음이 노래가 될 수 있기를 바라고 있다.
    '누군가의 가슴에 실려 가는 노래일 수 있을까.'

★ 근거: ③연 ❺~❻행

3연에서 화자는 '내 울음도 / 누군가의 가슴에 실려 가는 노래일 수 있을까.'라면서 자신의 울음소리가 노래가 되어 누군가의 마음에 닿을 수 있을지에 대해 생각하고 있다. 이는 자신의 울음소리가 누군가의 마음을 울리는 노래가 되기를 바라는 화자의 마음을 보여 준다.

>왜 오답?

① 자신의 울음이 뛰어난 노래라고 생각하고 있다.
    '내 울음 아직은 노래 아니다.'

★ 근거: ①연 ❷행, ③연 ❺, ❻행

1연에서 화자는 자신의 울음이 '아직은 노래 아니다.'라고 생각하며, 3연에서 자신의 울음이 누군가의 가슴에 실려 가는 노래가 되기를 바라고 있을 뿐이다.

③ 자신의 울음이 높은 가지를 흔든다고 생각하고 있다.
    높은 가지를 흔드는 매미 소리에 묻혀

★ 근거: ①연 ❶행

1연에서 화자는 '높은 가지를 흔드는 매미 소리에 묻혀' 자신의 울음은 아직은 노래가 아니라고 했다. 즉 높은 가지를 흔드는 것은 매미의 울음소리이지 화자의 울음이 아니다.

④ 매미 떼 소리가 걷히는 가을이 오지 않기를 바라고 있다.
    가을이 오기를 기다리고 있음.

★ 근거: ③연

3연에서 화자는 '지금은 매미 떼가 하늘을 찌르는 시절 / 그 소리 걷히고 맑은 가을이' 내려오는 날 자신의 울음이 노래일 수 있을지에 대해 생각하고 있다. 화자는 가을이 되어야 자신의 울음이 노래가 될 수 있을지도 모른다고 생각하고 있으므로 가을이 오지 않기를 바라는 것이 아니라, 가을이 오기를 바라고 있다고 할 수 있다.

⑤ 맑은 가을이 와도 자신의 울음이 누군가의 가슴에 실려 갈 수 없을 것이라고 믿고 있다.
    누군가의 가슴에 실려 가는 노래가 되기를 바람.

★ 근거: ③연

3연에서 화자는 '지금은 매미 떼가 하늘을 찌르는 시절 / 그 소리 걷히고 맑은 가을이' 내려오는 날 자신의 울음이 노래일 수 있을지에 대해 생각하고 있다. 이는 화자가 가을이 되면 자신의 울음이 노래가 되어 다른 사람의 가슴에 실려 갈 수 있을 것이라는 희망을 가지고 있기 때문에 한 생각이다.

유성 _오세영

❶ 화자, 중심 대상 ❷ 상황, 정서, 태도 ❸ 표현상 특징 [ ] 시 이해

❶밤하늘은

❷별들의 운동장
　❸ 은유법: 밤하늘을 별들의 운동장이라고 표현함.

❸오늘따라 ㉠별들 부산하게 바자닌다.*
　　　❸ 의인법: 별들이 부산하게 돌아다니며 운동회를 벌인다고 함.

❹운동회를 벌였나 ─

❺아득히 들리는 함성,　　　*❶~❺ 요약: 밤하늘의 별들이 운동회를 벌인 것처럼 부산하게 돌아다님.
　　　❸ 청각적 심상

❻먼 곳에서 아슴푸레 빈 우렛소리 들리더니
　　　❸ 청각적 심상
　　❶ 중심 대상
❼빗나간 야구공 하나
　　❸ 은유법: 유성을 '빗나간 야구공'에 빗댐.

❽쨍그랑
　　❸ 의성어, 청각적 심상

❾유리창을 깨고
　지구의 하늘　　유성이 떨어지는 모습
❿또르르 지구로 떨어져 구른다.
　　❸ 의성어　❷ 상황: 유성이 지구로 떨어지는 것을 관찰하고 있음.

　　　　　　*❻~❿ 요약: 밤하늘에서 유성이 야구공처럼 떨어짐.

* 바자니다 : '바장이다(부질없이 짧은 거리를 오락 가락 거닐다.)'의 옛말

❶~❺ 밤하늘은 별들의 운동장 오늘따라 별들이 부산하게 오락가락 거닌다. 운동회를 벌였나? 아득히 들리는 (별들의) 함성

❻~❿ 먼 곳에서 아슴푸레 빈 우렛소리 들리더니 빗나간 야구공 (같은 유성) 하나 쨍그랑 유리창 (같은 하늘)을 깨고 또르르 지구로 떨어져 구른다.

★ 시 독해 공식

❶ 화자 : 드러나지 않음(밤하늘의 유성을 관찰하는 사람), 중심 대상 : 별
❷ 상황 : 밤하늘에 유성 하나가 떨어지는 것을 보며 별들이 운동회를 열었
　　다고 상상하고 있음.
　　정서 : 별과 유성이 생동감 있게 움직인다고 생각함.
❸ 표현상 특징
　– 은유법과 의인법을 통해 별이 뜬 밤하늘과 유성의 모습을 표현함.
　– 청각적 심상을 통해 밤하늘의 모습을 표현함.
　– 의성어를 사용함.

은유법 : 원관념과 보조 관념을 연결어로 직접 연결하지 않고, '원관념(A)은 보조 관념(B)이다'의 형식으로 마치 두 대상이 동일한 것처럼 나타내는 방법
원관념 : 표현하고자 하는 실제 대상
보조 관념 : 실제 대상을 빗대는 대상
❶ 밤하늘은(A)
❷ 별들의 운동장(B)
❼ 빗나간 야구공 하나(B)
→ 유성(A)을 빗나간 야구공(B)에 빗대어 표현함.

의인법 : 사람이 아닌 것을 사람처럼 표현하는 방법
❸ 오늘따라 별들 부산하게 바자닌다.
❹ 운동회를 벌였나　❺ 함성

심상 : 사물이나 사건을 통해 느껴지는 마음속의 그림
청각적 심상 : 귀로 듣는 듯한 느낌을 줌.
❺ 함성 ❻ 빈 우렛소리
❽ 쨍그랑

의성어 : 사람이나 사물의 소리를 흉내 낸 말
❽ 쨍그랑 ❿ 또르르

■ 내용: 이 작품은 밤하늘을 관찰하던 유성을 보고 유성을 빗나간 야구공에 빗대어 표현한 현대시이다.
❶~❺행: 밤하늘에 반짝이는 별들의 모습을 별들이 운동회를 벌이고 있다고 표현하고 있다.
❻~❿행: 지구로 떨어지는 유성의 모습을 빗나간 야구공이 유리창을 깨고 떨어지는 모습에 빗대어 표현하고 있다.

■ 주제: 밤하늘에 반짝이는 별들과 유성
■ 이것이 핵심!: 유성

유성　:＝　빗나간 야구공
　　빗대어
　　표현함.

04 정답 (1) 없다 (2) 야구공

> 왜 정답 ?

(1) 윗글에서 화자는 구체적으로 드러나 있지 않다. 하지만 시의 전체적인 내용을 보았을 때 밤하늘을 관찰하고 있는 사람이라고 볼 수 있다.

(2) 화자는 밤하늘을 보고 있으며, 유성을 밤하늘이라는 유리창을 깨고 지구로 떨어져 구르는 야구공에 빗대어 표현하고 있다.

05 정답 ②

윗글의 화자에 대한 설명으로 가장 알맞은 것은?

> 왜 정답 ?

② 별이 뜬 밤하늘의 모습을 관찰하고 있다.
'오늘따라 별들 부산하게 바자닌다.'
★ 근거: ❶~❸행

화자는 밤하늘을 별들의 운동장이라고 하면서 '오늘따라 별들 부산하게 바자닌다.'라고 했다. 이를 통해 화자가 밤하늘의 별이 움직이는 모습을 보고 있음을 알 수 있다.

> 왜 오답 ?

① 운동회에 참여하여 함성을 지르고 있다.
화자가 운동회를 벌였다고 느끼는 것은 별임.
★ 근거: ❹행

4행에서 화자는 밤하늘에 떠 있는 별들이 움직이는 모습을 별들이 운동회를 벌였다고 표현하고 있다. 즉 화자는 별들이 운동회를 벌였다고 생각하고 있을 뿐, 화자가 운동회에 참여한 것이 아니다.

③ 별이 떨어지는 것을 보고 슬퍼하고 있다.
슬퍼하지 않음.
★ 근거: ❼~❿행

화자는 유성이 떨어지는 모습을 보고 유리창을 깨고 야구공이 떨어지는 것 같다고 표현하고 있을 뿐, 별이 떨어지는 것이 슬프다고 하지는 않았다.

④ 야구공이 빗나간 것을 보고 안타까움을 느끼고 있다.
유성   안타까움을 느끼지 않음.
★ 근거: ❼~❿행

빗나간 야구공은 지구로 떨어지는 유성을 의미한다. 화자는 유성이 떨어지는 모습을 빗나간 야구공이 유리창을 깨고 떨어지는 것에 빗대어 표현하고 있을 뿐, 야구공이 빗나간 것을 보고 안타깝다고 하지는 않았다.

⑤ 야구공이 유리창을 깨고 떨어진 것에 불만을 드러내고 있다.
유성이 밤하늘에 떨어지고 있는 모습임.   불만을 드러내지 않음.
★ 근거: ❼~❿행

빗나간 야구공은 지구로 떨어지는 유성을 의미하고, 유리창은 하늘을 의미한다. 화자는 밤하늘의 유성이 떨어지는 모습을 보고 있을 뿐, 유성이 하늘로 떨어지는 것에 대해 불만을 드러내지는 않는다.

06 정답 ④

㉠에 대한 설명으로 가장 알맞은 것은?

• ㉠: ㉠은 '별'로, 화자가 보고 있는 것입니다.

쪽 '별'에 대한 설명으로 알맞은 것을 고르는 문제입니다.

> 왜 정답 ?

④ ㉠ 중 하나는 지구로 떨어지고 있다.
'빗나간 야구공 하나/~/지구로 떨어져 구른다.'
★ 근거: ❼~❿행

밤하늘의 별을 보고 있던 화자는 빗나간 야구공 하나가 지구로 떨어져 구른다고 했다. 빗나간 야구공은 화자가 관찰하던 '별'을 가리키므로, 별 중 하나는 지구로 떨어지고 있다고 할 수 있다.

> 왜 오답 ?

① ㉠은 교실 유리창을 깨트리고 있다.
별은 지구 하늘을 뚫고 옴.
★ 근거: ❾, ❿행

9행과 10행에서 '유리창을 깨고 / 또르르 지구로 떨어져 구른다.'라고 했다. 여기에서 유리창은 밤하늘이고, 지구로 떨어져 구르는 것은 별이다. 따라서 별이 교실 유리창을 깨트린 것이 아니라, 지구로 떨어지고 있을 뿐이다.

② ㉠은 사람들의 소원을 들어주고 있다.
소원을 들어주지 않음.

화자가 관찰하고 있는 별들은 운동회를 벌이는 것처럼 부산하게 움직이고 있을 뿐, 누군가의 소원을 들어주고 있지는 않다.

③ ㉠은 운동장에 모여서 부산을 떨고 있다.
운동장은 밤하늘을 빗댄 표현임.
★ 근거: ❶~❹행

1행과 2행에서 화자는 '밤하늘은 / 별들의 운동장'이라고 했고 4행에서 별들이 움직이는 모습을 보고 별들이 '운동회를 벌였'다고 상상하고 있다. 따라서 실제로 별들이 운동장에 모여서 부산을 떨고 있는 것이 아니다.

⑤ ㉠ 중 하나는 멀리서 우레와 같은 함성 소리를 듣고 있다.
함성 소리를 들은 사람은 화자임.
★ 근거: ❸~❺행

윗글의 화자는 밤하늘의 별들이 반짝이는 모습을 보고 운동회를 벌였고, 별들의 함성이 아득히 들리는 것 같다고 상상하고 있다. 5행의 '아득히 들리는 함성'은 화자가 별들이 운동회를 벌였다고 하면서 함께 상상한 소리일 뿐, 별이 함성 소리를 듣고 있는 것이 아니다.

07 정답 쨍그랑

윗글에서 <보기>의 설명에 해당하는 시어를 찾아 3글자로 쓰시오.

<보기>
• 소리를 흉내 내는 말
  의성어
• 유리창이 깨질 때의 소리를 나타낸 말

> 왜 정답 ?

윗글에서는 유성이 밤하늘에서 떨어지는 것을 빗나간 야구공 하나가 쨍그랑 소리를 내며 유리창을 깨고 지구로 떨어져 구른다고 표현하였다. 따라서 유리창이 깨지는 소리를 흉내 낸 말은 '쨍그랑'이다.

DAY 04 동해바다 – 후포*에서 _신경림

❶ 화자, 중심 대상 ❷ 상황, 정서, 태도 ❸ 표현상 특징 ⬜ 시 이해 ❸ ⬜ : 대구법, '~처럼 ~수는 없을까', '~면서'를 반복하여 운율을 형성함.

1 ❶친구가 원수보다 더 미워지는 날이 많다.
　　❷ 상황: 자신의 삶을 돌아보고 있음.

> 1 ❶~❸ (나는) 친구가 원수보다 더 미워지는 날이 많다. (친구의) 티끌만 한 잘못이 맷방석만 하게, 동산만 하게 커 보이는 때가 많다.

❷티끌만 한 잘못이 맷방석만 하게
❸동산만 하게 커 보이는 때가 많다.
　　❸ 점층법: 티끌 → 맷방석 → 동산

❹그래서 세상이 어지러울수록
　　살기 힘들어질수록
「❺남에게는 엄격해지고 내게는 너그러워지나 보다.」
　　❶ 화자　　「 」: ❷ 생각-자신의 삶을 반성함.
❻돌처럼 잘아지고 굳어지나 보다.
　　❸ 직유법: 남에게 엄격한 자신의 모습을 '돌'에 빗대어 표현함.

> 1 ❹~❻ 그래서 세상이 어지러울수록 남에게는 엄격해지고 내게는 너그러워지나 보다. (내 마음이) 돌처럼 잘아지고 굳어지나 보다.

*1연 요약: '나'는 남에게는 엄격하고 자신에게는 너그러웠음.

① 포용, 너그러움의 상징 ② 깨달음을 주는 공간: 자아 성찰의 매개체

2 ❶멀리 ㉠동해바다를 내려다보며 생각한다.
　　❶ 중심 대상　　❷ 상황: 동해 바다를 내려다보고 있음.
❷널따란 바다처럼 너그러워질 수는 없을까,
　　❸ 직유법
❸깊고 짙푸른 바다처럼.
　　❸ 직유법
❹감싸고 끌어안고 받아들일 수는 없을까,
　　❷ 정서: 남에게 너그러운 바다를 본받고 싶음. 태도: 의지적
　　　　　　❸ 설의법
❺스스로는 억센 파도로 다스리면서,
　　▨ : 자기 스스로를 반성하는 도구
❻제 몸은 맵고 모진 매로 채찍질하면서.
　　❷ 정서: 자신에게 엄격한 삶을 살겠다고 다짐함.

> 2 (나는) 멀리 동해바다를 내려다보며 생각한다. 넓은 바다처럼 너그러워질 수는 없을까? 깊고 짙푸른 바다처럼 (남의 잘못을) 감싸고 끌어안고 받아들일 수는 없을까? (동해바다처럼) 스스로는 억센 파도로 다스리면서, 자신의 몸은 맵고 모진 매로 채찍질하면서 (살 수는 없을까?)

* 후포: 경상북도 울진군의 한 지역　　*2연 요약: 남에게는 너그럽고 스스로에게는 엄격하기를 바람.

★ 시 독해 공식

❶ 화자: '나(내)', 중심 대상: 동해바다
❷ 상황: 동해바다를 내려다보고 있음.
　정서: 자신의 삶을 반성하고 동해바다처럼 남에게는 너그럽고 스스로에게는 엄격한 삶을 살기로 다짐함.
　태도: 의지적
❸ 표현상 특징
　– 내용상 1연과 2연이 대조를 이룸.
　– 점층법을 사용하여 화자의 잘못된 모습을 강조함.
　– 대구법을 활용하여 운율을 형성함.

점층법: 문장의 뜻을 점점 강하게 하거나, 크게 하거나, 높게 하는 표현법
1-❷ 티끌, 맷방석, ❸ 동산

직유법: 비슷한 성질이나 모양을 가진 두 사물을 '같이', '처럼', '듯이'와 같은 말로 연결하여 직접 빗대어 표현하는 방법
1-❻ 돌처럼
2-❷, ❸ 바다처럼

대구법: 형식이나 내용이 비슷한 문장을 나란히 짝을 맞추어 배치하는 방법
2-'~처럼 ~수는 없을까', '~ 면서'

설의법: 쉽게 판단할 수 있는 사실을 의문의 형식으로 표현하여 의미를 강조하는 방법
2-❷, ❹ 없을까

의지적: 어떤 일을 이루고자 하는 마음이 있는 것

■ 내용: 이 작품은 화자가 동해바다를 내려다보면서 자신의 지난 삶을 반성하고 앞으로의 삶의 방향에 대한 다짐을 담은 현대시이다.
1연: 남의 잘못을 크게 보고 자신에게는 너그러운 화자의 모습을 점층법을 활용하여 표현하고 있다.
2연: 직유법, 대구법, 설의법을 통해 동해 바다처럼 너그럽게 살겠다는 화자의 다짐을 드러내고 있다.

■ 주제: 자신의 삶에 대한 반성과 바람직한 삶에 대한 소망
■ 이것이 핵심!: '나'와 동해바다

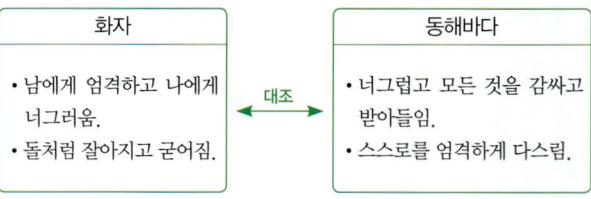

화자		동해바다
• 남에게 엄격하고 나에게 너그러움.	←대조→	• 너그럽고 모든 것을 감싸고 받아들임.
• 돌처럼 잘아지고 굳어짐.		• 스스로를 엄격하게 다스림.

01 [정답] (1) 남 (2) 바다

>왜 정답?

(1) 화자는 1연에서 '세상이 어지러울수록 / 남에게는 엄격해지고 내게는 너그러워지나 보다.'라고 했다.

(2) 화자는 2연에서 동해바다를 내려다보며 바다처럼 너그러워질 수 없는지에 대해 생각하고 있다.

02 [정답] ②

윗글의 화자에 대한 설명으로 가장 알맞은 것은?

>왜 정답?

② <u>남에게는 엄격하고 자신에게는 너그러운 태도를 반성하고</u> 있다.
'남에게는 엄격해지고 내게는 너그러워지나 보다.'

★ 근거: 1연 **⑤**행

1연에서 화자는 자신의 삶을 돌아보며 남에게는 엄격해지고 자신에게는 너그러운 자신의 삶의 태도를 반성하고 있다.

>왜 오답?

① <u>친구와 원수의 잘못이 크다고 생각하고 있다.</u>
'친구가 원수보다 더 미워지는 날'

★ 근거: 1연 **①**행

1연에서 화자는 '친구가 원수보다 더 미워지는 날이 많다.'라고 했을 뿐, 친구와 원수의 잘못이 크다고 말하지는 않았다.

③ 동해바다처럼 <u>자신에게 너그러운 삶을 살겠다고 다짐하고</u> 있다.
억센 파도로 다스리고, 맵고 모진 매로 채찍질하는 삶

★ 근거: 2연 **⑤**, **⑥**행

2연에서 화자는 동해바다를 내려다보며 '스스로는 억센 파도로 다스리면서, / 제 몸은 맵고 모진 매로 채찍질하면서' 살 수는 없는지에 대해 생각하고 있다. 이것은 화자가 동해바다처럼 자신에게 엄격한 삶을 살겠다고 다짐하는 것이지 자신에게 너그러운 삶을 살겠다고 다짐하는 것이 아니다.

④ 자신에게 엄격해지는 것은 <u>스스로에게 도움이 되지 않는다</u>고 여기고 있다.
자신에게 엄격해지는 삶을 살겠다고 다짐하고 있음.

★ 근거: 2연 **⑤**, **⑥**행

2연에서 화자는 동해바다를 보며 남에게는 너그럽고 나에게는 엄격한 삶을 살겠다고 다짐하고 있다. 화자가 스스로에게 엄격해지겠다고 다짐하는 이유는 그것이 더욱 바람직한 삶의 자세라고 생각했기 때문이다. 그러므로 화자는 자신에게 엄격해지는 것은 스스로에게 도움이 되지 않는다고 여기지 않는다.

⑤ 세상이 어지러운 것과 자기 자신을 대하는 태도는 <u>상관이 없다고 생각하고 있다.</u>
자신에게 엄격해지기를 원하고 있음.

★ 근거: 1연 **④**, **⑤**행

1연에서 화자는 '세상이 어지러울수록 / 남에게는 엄격해지고 내게는 너그러워지나 보다.'라고 했다. 화자는 세상이 어지러운 것과 자신을 대하는 태도가 상관이 있다고 생각했기 때문에 이렇게 표현한 것이다.

03 [정답] ①

㉠에 대한 설명으로 가장 알맞지 않은 것은?

• ㉠: ㉠은 '동해바다'입니다. 화자는 동해바다를 내려다보며 바다처럼 살 수는 없는지에 대해 생각하고 있습니다.

[즉] 동해바다에 대한 설명으로 틀린 것을 고르는 문제입니다.

>왜 정답?

① <u>돌처럼 잘아지고 굳어진다.</u>
화자가 반성하고 있는 자신의 모습임.

★ 근거: 1연 **④**, **⑥**행

1연에서 화자는 지금까지의 자신의 삶에 대해 반성하면서 세상이 어지러울수록 자신이 '돌처럼 잘아지고 굳어지나 보다.'라고 했다. 돌처럼 잘아지고 굳어지는 것은 화자가 생각하는 자신의 모습이지, 동해바다의 모습이 아니다.

>왜 오답?

② 자신을 엄격하게 다스린다.
억센 파도로 다스리고 맵고 모진 매로 스스로를 채찍질함.

★ 근거: 2연 **⑤**, **⑥**행

2연에서 화자는 동해바다를 내려다보면서 '스스로를 억센 파도로 다스리면서,' '제 몸은 맵고 모진 매로 채찍질하면서' 동해바다처럼 살 수는 없는지에 대해 생각하고 있다.

③ 너그러운 마음을 갖고 있다.
'널따란 바다처럼 너그러워질 수는 없을까,'

★ 근거: 2연 **②**행

2연에서 화자는 '널따란 바다처럼 너그러워질 수는 없을까,'라고 하면서 동해바다가 너그러운 마음을 갖고 있다고 생각하고 있다.

④ 다른 것을 감싸고 끌어안는다.
'감싸고 끌어안고 받아들일 수는 없을까,'

★ 근거: 2연 **④**행

2연에서 화자는 널따란 동해바다처럼 자신도 너그러워지기를 바라며 동해바다처럼 '감싸고 끌어안고 받아들일 수는 없을까,'라고 했다.

⑤ 다른 것을 이해하고 받아들인다.
'감싸고 끌어안고 받아들일 수는 없을까,'

★ 근거: 2연 **④**행

2연에서 화자는 동해바다처럼 '감싸고 끌어안고 받아들일 수는 없을까,'라고 생각하고 있다. 이는 화자가 동해바다가 다른 것들을 이해하고 받아들인다고 생각했기 때문이다.

소녀들 _양정자

❶ 화자, 중심 대상 ❷ 상황, 정서, 태도 ❸ 표현상 특징 [ ] 시 이해

❶ <u>철쭉, 산당화, 매화, 모란, 라일락, 다투어 피어나고 있는</u>
    ❸ 열거법

❷ <u>향그런 5월 학교 꽃밭 앞에서</u>
    ❸ 후각적 심상

❸ <u>한 떼의 소녀들이 재깔거리며</u>
    ❶ 중심 대상

❹ <u>사진을 찍고 있네</u>
  ❷ 상황: 5월에 꽃밭 앞에서 사진 찍는 소녀들을 보고 있음.

❺ 피어나는 꽃보다 훨씬 더 눈부신 ──────

❻ 자기들이 꽃인 줄도 까마득히 모르는 채 ─
    소녀들

> ❶~❹ 철쭉, 산당화, 매화, 모란, 라일락,(이) 다투어 피어나고 있는 향기로운 5월 학교 꽃밭 앞에서 한 떼의 소녀들이 재깔거리며 사진을 찍고 있네.

*❶~❹요약: 꽃밭 앞에서 사진을 찍고 있는 소녀들

❷ 정서: 소녀들의 모습이 눈부시다고 생각함. 태도: 예찬적

> ❺~❻ (그 소녀들은) 피어나는 꽃보다 훨씬 더 눈부신 자기들이 꽃인 줄도 까마득히 모르는 채 (사진을 찍고 있다).

*❺~❻요약: 꽃보다 눈부신 소녀들

[열거법]: 비슷한 특징을 가진 시구나 상황을 연달아 늘어놓아 시적 상황을 강조하는 방법
❶ 철쭉, 산당화, 매화, 모란, 라일락

[심상]: 사물이나 사건을 통해 느껴지는 마음속의 그림
[후각적 심상]: 코로 냄새를 맡는 듯한 느낌을 줌.
❷ 향그런

[예찬적]: 무엇이 훌륭하거나 좋거나 아름답다고 찬양함.

★ 시 독해 공식

❶ 화자: 직접 드러나지 않음(소녀들을 보고 있는 사람). 중심 대상: 소녀들
❷ 상황: 5월에 꽃밭 앞에서 사진 찍는 소녀들을 보고 있음.
   정서: 애정이 담긴 시선으로 소녀들을 바라보며 소녀들의 모습이 눈부시다고 생각함.
   태도: 예찬적
❸ 표현상 특징
   – 열거법을 통해 봄에 피는 꽃을 하나씩 늘어놓음.
   – 후각적 심상을 통해 5월의 꽃밭을 표현함.

■ 내용: 이 작품은 5월 학교 꽃밭 앞에서 사진을 찍는 소녀들에 대한 화자의 애정을 담은 현대시이다.
❶~❹행: 화자는 한 떼의 소녀들이 5월 학교 꽃밭 앞에서 사진을 찍고 있는 것을 바라보고 있다.
❺~❻행: 화자는 피어나는 꽃보다 소녀들이 더 눈부시다고 생각한다.

■ 주제: 소녀들에 대한 애정
■ 이것이 핵심!: 소녀들을 바라보는 화자의 마음

화자 ──→ 소녀들
꽃보다 더 눈부시다고 생각함.

04 [정답] (1) 소녀들 (2) 꽃

>왜 정답?

(1) 윗글의 화자는 5월에 학교 꽃밭 앞에서 사진을 찍고 있는 소녀들을 바라보고 있다.

(2) 화자는 '피어나는 꽃보다 훨씬 더 눈부신 / 자기들이 꽃인 줄도 까마득히 모르는 채'라고 했다. 이것은 화자의 눈에는 소녀들이 피어나는 꽃보다 더 눈부시다는 의미이다.

05 [정답] ③

윗글에 대한 설명으로 가장 알맞지 않은 것은?

>왜 정답?

③ 소녀들은 ~~본인들이 꽃이라고 생각한다.~~
   '자기들이 꽃인 줄도 까마득히 모르는 채'

★ 근거: ❻행

화자는 6행에서 '자기들이 꽃인 줄도 까마득히 모르는 채' 소녀들이 사진을 찍고 있다고 했다.

>왜 오답?

① 5월의 학교 꽃밭은 향기롭다.
   '향그런 5월 학교 꽃밭 앞에서'

★ 근거: ❷행

2행에서 '향그런 5월 학교 꽃밭'이라고 했다.

② 5월에는 철쭉, 산당화 등이 피어난다.
   '철쭉, 산당화, 매화, 모란, 라일락, 다투어 피어나고'

★ 근거: ❶, ❷행

'철쭉, 산당화, 매화, 모란, 라일락, 다투어 피어나고 있는 / 향그런 5월 학교 꽃밭'이라고 했다.

④ 소녀들은 피어나는 꽃보다 훨씬 더 눈부시다.
   '피어나는 꽃보다 훨씬 더 눈부신'

★ 근거: ❺행

화자는 사진을 찍고 있는 소녀들이 '피어나는 꽃보다 훨씬 더 눈부신' 존재라고 표현했다.

⑤ 학교의 꽃밭 앞에서 소녀들이 사진을 찍고 있다.
   '한 떼의 소녀들이 재깔거리며/사진을 찍고 있네'

★ 근거: ❷~❹행

'향그런 5월 학교 꽃밭 앞에서 / 한 떼의 소녀들이 재깔거리며 / 사진을 찍고 있네'라고 했다.

06 [정답] ②

윗글의 화자에 대한 설명으로 가장 알맞은 것은?

>왜 정답?

② 소녀들을 애정을 가지고 바라보고 있다.
   '피어나는 꽃보다 훨씬 더 눈부신'

★ 근거: ❺, ❻행

화자는 웃고 떠들며 사진을 찍고 있는 소녀들을 '피어나는 꽃보다 훨씬 더 눈부신' 존재라고 표현하고 있다. 화자는 이러한 표현을 통해 소녀들에 대한 애정을 드러내고 있다.

>왜 오답?

① 재깔거리는 소녀들을 ~~다무라고 있다.~~
   나무라지 않음.

★ 근거: ❸, ❹행

화자는 재깔거리며 사진을 찍고 있는 소녀들이 꽃보다 눈부시다고 말하고 있을 뿐, 소녀들을 나무라지는 않았다.

③ 5월에 피는 꽃들을 ~~소녀들이라고 표현하고 있다.~~
   표현하지 않음.

★ 근거: ❶행

화자는 학교 꽃밭에 꽃들이 많이 피어 있음을 표현하기 위해 1행에서 5월에 피는 꽃들을 늘어놓고 있을 뿐, 그 꽃들이 소녀들이라고 하지는 않았다.

④ 소녀들보다 피어나는 꽃이 ~~더 소중하다고 생각한다.~~
   더 소중하다고 생각하지 않음.

★ 근거: ❺, ❻행

화자는 소녀들이 피어나는 꽃보다 훨씬 더 눈부시다면서 소녀들을 향한 애정을 드러내고 있을 뿐, 피어나는 꽃이 더 소중하다고 말하지는 않았다.

⑤ 소녀들이 자신이 아는 사실을 까마득히 모르고 있음을 ~~비웃고 있다.~~
   비웃고 있지 않음.

★ 근거: ❺, ❻행

화자는 소녀들이 꽃보다 눈부시다고 하고 있을 뿐, 소녀들이 그 사실을 모른다고 비웃고 있지는 않다. 화자는 오히려 소녀들을 애정이 담긴 시선으로 바라보고 있다.

07 [정답] 소녀들

윗글에서 〈보기〉의 빈칸에 들어가기에 적절한 말을 찾아 3글자로 쓰시오.

• 〈보기〉: 화자는 학교 꽃밭에서 재깔거리는 소녀들이 피어나는 꽃보다 눈부시다고 생각하고 있습니다.

[즉] 화자가 꽃보다 더 눈부시다고 생각한 대상을 찾아 쓰는 문제입니다.

> ────〈 보기 〉────
>
> 〈소녀들〉의 화자는 학교 꽃밭 앞에서 재깔거리며 사진을 찍고 있는 소녀들을 바라보며 피어나는 꽃보다 (소녀들)이/가 훨씬 더 눈부시다고 생각하고 있다.
> '피어나는 꽃보다 훨씬 더 눈부신/자기들'

화자는 꽃밭 앞에서 사진을 찍고 있는 소녀들을 바라보며 '피어나는 꽃보다 훨씬 더 눈부신 / 자기들이 꽃인 줄도 까마득히 모르는 채'라고 했다. 즉 화자가 피어나는 꽃보다 훨씬 더 눈부시다고 생각하는 존재는 5월 학교 꽃밭 앞에서 사진을 찍고 있는 '소녀들'이다.

산은 옛 산이로되 _황진이

❶ 화자, 중심 대상   ❷ 상황, 정서, 태도   ❸ 표현상 특징   [　] 시 이해

[초장] ❸ ◯ ↔ △ : 대조법 – 산과 물의 반대되는 성질을 드러냄.
❶ 산은 옛 산이로되 물은 옛 물이 아니로다.
변하지 않음.　　변함.
❶ 중심 대상

[초장] ❶ 산은 옛 산이로되 물은 옛 물이 아니구나.

＊초장(❶) 요약: 산은 그대로인데 물은 변하였음을 드러냄.

[중장] ❷ 주야에 흐르니 옛 물이 있을쏘냐
옛 물이 존재하지 않는 이유　　❸ 설의법

[중장] ❷ (물이) 밤낮으로 흐르니 (옛날 그 자리에 있는) 옛 물이 있겠는가?

＊중장(❷) 요약: 물이 변한 까닭을 드러냄.

[종장] ❸ 시조의 특성: 종장의 첫 음보를 3음절로 맞춤.
❸ 인걸(人傑)＊도 물과 같아서 가고 아니 오노매라.
❶ 중심 대상　　　　　　❷ 정서: 물과 사람이 같다고 생각함.
① 언젠가는 죽는 인간 ② 임　　① 인생무상
　　　　　　　　　　② 가서 오지 않는 임에 대한 그리움

[종장] ❸ 사람도 물과 같아서 가고 아니 오는구나.

＊ 인걸(人傑): 특히 뛰어난 재주가 있는 사람

＊종장(❸) 요약: 인걸도 변하는 물과 같음을 드러냄.

★ 시 독해 공식

❶ 화자: 드러나지 않음. **중심 대상**: 인걸(사람)
❷ 상황: 산과 물을 바라보고 있음.
　정서: 흐르는 물을 보고 인걸이 가고 나면 오지 않음을 생각함.
　태도: 관조적(산과 물을 관찰하고 이를 사람에게 비추어 봄.)
❸ 표현상 특징
　– 자연물을 대조하여 주제를 강조함.
　– 인간을 자연물에 빗대어 표현함으로써 주제를 드러냄.

대조법: 주제를 강조하거나 이미지를 선명하게 드러내기 위해 서로 반대되거나 눈에 띄게 다른 낱말이나 어구를 맞세워 놓는 방법
❶ 산, 물

설의법: 쉽게 알 수 있는 사실을 의문의 형식으로 표현하여 상대편이 스스로 생각하게 하는 표현법
❷ 옛 물이 있을쏘냐

시조의 특성: 시조는 대부분 종장의 첫 음보를 3음절(글자)로 유지한다.
❸ 인걸도

관조적: 고요한 마음으로 사물이나 현상을 관찰하거나 비추어 보는 것

■ **내용**: 이 작품은 산과 물을 바라보던 화자가 사람도 물처럼 가고 나면 오지 않음을 말하고 있는 시조이다.
　초장(❶): 변하지 않는 산과 달리 물은 옛날 그 자리에 있던 물이 아님을 말하고 있다.
　중장(❷): 물은 밤낮으로 흐르기 때문에 옛날의 그 물이 있을 수 없음을 말하고 있다.
　종장(❸): 인걸도 물과 같아서 가고 난 후에는 다시 오지 않음을 말하고 있다.

■ **주제**: 임에 대한 그리움과 인생무상
■ **이것이 핵심!**: 산과 물, 인걸의 관계

산 (변하지 않음.) ←대조→ 물, 인걸 (변함.)

01 [정답] (1) 산, 물 (2) 인걸

(1) 화자는 초장 '산은 옛 산이로되 물은 옛 물이 아니로다.'에서 산과 물의 다른 점을 이야기하고, 종장에서 인걸과 물의 같은 점에 대해 이야기하고 있다.

(2) 화자는 종장에서 '인걸도 물과 같아서 가고 아니 오노매라.'라고 했다. 이는 인걸이 물처럼 한번 가면 돌아오지 않는다는 의미이다.

02 [정답] ④

윗글의 화자에 대한 설명으로 가장 알맞지 <u>않은</u> 것은?

④ '인걸'이 가서 돌아오지 않아 ~~기뻐하고 있다~~.
　　　　　　　　　　　　　　　 기뻐하지 않음.

★ 근거: 종장(❸)

화자는 흐르는 물을 보며 '인걸도 물과 같아서 가고 아니 오노매라.'라고 했다. 이는 사람이 물처럼 가서 돌아오지 않는다는 것으로, 화자는 인걸이 돌아 오지 않아서 기뻐하고 있지는 않다.

① '산'과 '물'을 비교하고 있다.
　'산은 옛 산이로되, 물은 옛 물이 아니로다.'

★ 근거: 초장(❶)

화자는 초장에서 '산은 옛 산이로되, 물은 옛 물이 아니로다.'라면서 산과 물을 비교하고 있다.

② '물'이 변덕스럽다고 생각하고 있다.
　'물은 옛 물이 아니로다.'

★ 근거: 초장(❶)

화자는 초장에서 '산은 옛 산이로되, 물은 옛 물이 아니로다.'라면서 변하지 않는 산과 다르게 물은 변한다고 이야기하고 있다.

③ '물'과 '인걸'이 같은 면이 있다고 생각하고 있다.
　'인걸도 물과 같아서~'

★ 근거: 종장(❸)

화자는 종장에서 '인걸도 물과 같아서 가고 아니 오노매라.'라면서 물과 인걸이 한번 가고 나면 돌아오지 않는 것이 같다고 생각하고 있다.

⑤ '산'과 '물'이 반대의 성격을 가졌다고 말하고 있다.
　'산은 옛 산이로되, 물은 옛 물이 아니로다.'

★ 근거: 초장(❶)

초장에서 화자는 '산은 옛 산이로되, 물은 옛 물이 아니로다.'라면서 현재의 산은 옛날과 같은데 현재의 물은 옛날과 다르다고 하였다. 이는 변하지 않는 산의 모습과 변하는 물의 성격을 대조하고 있는 것이다.

03 [정답] ⑤

윗글에 대한 설명으로 가장 알맞은 것은?

⑤ '물'이 '옛 물'이 아닌 이유는 밤낮으로 흐르기 때문이다.
　'주야로 흐르니 옛 물이 있을쏘냐.'

★ 근거: 중장(❷)

화자는 중장에서 '주야로 흐르니 옛 물이 있을쏘냐.'라고 했다. 이는 현재의 물이 옛 물이 아닌 이유가 밤낮으로 흐르기 때문이라는 의미이다.

① '산'은 ~~변하는~~ 존재이다.
　　　　 변하지 않는 존재임.

★ 근거: 초장(❶)

화자는 초장에서 '산은 옛 산이로되'라면서 현재의 산과 옛날의 산이 같다고 이야기하고 있다.

② '물'은 ~~변하지 않는~~ 존재이다.
　　　　 변하는 존재임.

★ 근거: 초장(❶), 중장(❷)

화자는 초장에서 '물은 옛 물이 아니로다.'라고 했고 중장에서 '주야로 흐르'는 것을 그 이유로 들었다. 즉 물은 밤낮으로 흐르기 때문에 항상 변하는 존재이다.

③ '인걸'은 ~~변하지 않는~~ 존재이다.
　　　　　 변하는 존재임.

★ 근거: 종장(❸)

화자는 종장에서 '인걸도 물과 같아서 가고 아니 오노매라.'라고 했다. 물이 밤낮으로 흐르며 변하는 존재이므로 인걸 역시 변하는 존재이다.

④ '인걸'은 갔다가 ~~다시 오는~~ 존재이다.
　　　　　　　　 갔다가 다시 오지 않는 존재임.

★ 근거: 종장(❸)

화자는 종장에서 '인걸도 물과 같아서 가고 아니 오노매라.'라고 했다. 따라서 물처럼 인걸 역시 갔다가 돌아오지 않는 존재이다.

❶ 화자, 중심 대상 ❷ 상황, 정서, 태도 ❸ 표현상 특징 [ ] 시 이해

[초장] ❶내 ㉠벗이 몇이나 하니 ❸의인법 수석(水石)*과 송죽(松竹)*이라.
  ❶ 화자   ❶ [ ]: 중심 대상 – 화자의 벗

「」: ❷ 상황-다섯 자연물을 벗으로 둠.

[중장] ❷동산에 달 오르니 긔 더욱 반갑구나.」
      ❷ 정서: 달을 반가워함.

[종장] ❸두어라 이 다섯밖에 또 더하여 무엇하리. ❸설의법
  ❸ 시조의 특성: 종장의   ❷ 정서: 다섯 벗에 대한 만족감
     첫 음보를 3음절로 맞춤.   태도: 자연 친화적, 안분지족

  * 수석(水石): 물과 돌   〈제 1 수〉
  * 송죽(松竹): 소나무와 대나무

[초장] ❶ 내 친구가 몇인가 (생각)하니 물, 돌과 소나무, 대나무이구나.

＊초장(❶) 요약: 벗(물, 돌, 소나무, 대나무)을 소개함.

[중장] ❷ 동산에 (벗으로 삼은) 달이 뜨니 그것이 더욱 반갑구나!

＊중장(❷) 요약: 달을 반가워함.

[종장] ❸ (친구를 더 하지 말고) 두어라. 이 다섯 (친구)밖에 또 (친구를) 더하여 무엇하겠는가?

＊종장(❸) 요약: 다섯 벗에 대한 만족감을 드러냄.

★ 시 독해 공식

❶ 화자: '나(내)', 중심 대상: 수석, 송죽, 달
❷ 상황: 다섯 자연물을 벗으로 둠.
  정서: 다섯 자연물을 벗으로 둔 것에 만족하고 있음.
  태도: 자연 친화적(자연을 벗으로 여김.), 안분지족(자연 외에 다른 것을 바라지 않음.)
❸ 표현상 특징
  – 다섯 가지 자연물을 의인화하여 자연 친화적 태도를 드러내고 있음.
  – 설의법을 통해 자연에 대한 만족감을 드러내고 있음.

의인법: 사람이 아닌 것을 사람처럼 표현하는 방법
❶ 벗

자연 친화적 태도: 자연을 좋아하고 가까이 하는 태도
❷ 동산에 달 오르니 긔 더욱 반갑구나

시조의 특성: 시조는 대부분 종장의 첫 음보를 3음절(글자)로 유지한다.
❸ 두어라

설의법: 쉽게 알 수 있는 사실을 의문의 형식으로 표현하여 상대편이 스스로 생각하게 하는 표현법
❸ 또 더하여 무엇하리

안분지족: 편안한 마음으로 제 분수를 지키며 만족할 줄을 앎.

■ 내용: 이 작품은 다섯 가지 자연물을 의인화하여 벗이라고 표현하면서 자연에 대한 만족감을 드러낸 시조이다.
  초장(❶): 물과 돌, 소나무와 대나무를 화자의 벗이라고 소개하고 있다.
  중장(❷): 벗인 달이 떠서 반가워하는 화자의 마음을 드러내고 있다.
  종장(❸): 질문의 형식으로 다섯 벗 외에 더 필요하지 않다고 함으로써 자연 속 삶에 대한 화자의 만족감을 드러내고 있다.

■ 주제: 자연 속 삶에 대한 만족감
■ 이것이 핵심!: 자연을 대하는 화자의 태도

화자 — 벗으로 여김. → 물, 돌, 대나무, 소나무, 달

04 [정답] (1) 수석, 송죽 (2) 달

왜 정답?

(1) 화자는 초장에서 '내 벗이 몇이나 하니 수석과 송죽이라.'라고 했다. 이는 화자의 벗이 물, 돌, 소나무, 대나무라는 의미이다.

(2) 화자는 중장에서 '동산에 달 오르니 긔 더욱 반갑구나.'라면서 동산에 떠오른 달을 반가워하고 있다.

05 [정답] ③

윗글의 화자에 대한 설명으로 가장 알맞지 <u>않은</u> 것은?

왜 정답?

③ 화자는 ~~슬픈 마음~~으로 벗의 수를 세어 보고 있다.
  화자는 다섯 벗에 만족하고 있음.

★ **근거: 종장❸**

화자는 종장에서 '이 다섯밖에 또 더하여 무엇하리.'라면서 자신의 벗으로 다섯 자연물이면 충분하다는 만족감을 드러내고 있다. 따라서 화자는 슬픈 마음으로 친구의 수를 세어 본 것이 아니다.

왜 오답?

① 화자는 자연물을 친구로 여기고 있다.
  '내 벗이 몇이나 하니 수석과 송죽이라.'

★ **근거: 초장❶**

화자는 초장에서 자신의 벗으로 '수석'과 '송죽'을 소개하고 있다.

② 화자는 떠오른 달을 반가워하고 있다.
  '더욱 반갑구나.'

★ **근거: 중장❷**

화자는 중장에서 '동산에 달 오르니 긔 더욱 반갑구나.'라고 하면서 동산에 떠오른 달을 반가워하고 있다.

④ 화자는 자신의 친구가 다섯으로 충분하다고 생각하고 있다.
  '또 더하여 무엇하리.'

★ **근거: 종장❸**

화자는 종장에서 '두어라 이 다섯밖에 또 더하여 무엇하리.'라면서 자신의 친구로 다섯 자연물이면 충분하다고 이야기하고 있다.

⑤ 화자는 자신의 친구들이 수석, 송죽, 달인 것에 만족하고 있다.
  '이 다섯밖에 또 더하여 무엇하리.'

화자는 초장과 중장에서 자신의 다섯 친구로 자연물인 수석, 송죽, 달을 소개하고 종장에서 그 다섯 자연물이면 충분하다는 생각을 드러내고 있다.

06 [정답] ②

윗글의 ㉠에 대한 설명으로 가장 알맞은 것은?

• ㉠: ㉠은 '벗'입니다. 화자는 수석, 송죽, 달이 자신의 친구라고 하였습니다.

즉 수석, 송죽, 달에 대한 설명으로 알맞은 것을 고르는 문제입니다.

왜 정답?

② 다섯 가지 자연물을 가리킨다.
  '수석, 송죽, 달'

★ **근거: 초장❶~종장❸**

화자는 초장과 중장에서 자신의 다섯 친구로 수석, 송죽, 달을 소개하고, 종장에서 그 다섯에 만족하고 있음을 드러내고 있다. 따라서 화자의 벗(㉠)은 다섯 가지 자연물, 즉 물, 돌, 소나무, 대나무, 달이다.

왜 오답?

① 화자가 ~~피하고 싶은 존재~~이다.
  반가워함.

★ **근거: 중장❷, 종장❸**

화자는 중장에서 '동산에 달 오르니 긔 더욱 반갑구나.'라고 하면서 동산에 떠오른 달을 반가워하고 있고, 종장에서는 다섯 자연물에 대한 만족감을 드러내고 있다. 즉 화자는 이 다섯 자연물을 피하고 싶어하지 않는다.

③ 화자가 ~~가진 많은 것 중 하나~~이다.
  벗일 뿐, 가진 것이 아님.

★ **근거: 초장❶~종장❸**

윗글에서 화자는 다섯 자연물을 벗으로 여기고 있을 뿐, 가지고 있다고 여기고 있는 것은 아니다. 또한 윗글에서 화자가 많은 것들을 가지고 있다고 이야기하는 부분은 찾을 수 없다.

④ ~~동산에 올라가야만 볼 수 있는 것~~이다.
  올라가지 않아도 볼 수 있음.

★ **근거: 중장❷**

화자의 벗 중 하나인 달이 동산에 떠오른 것이다. 자연물들을 동산에 올라가야만 볼 수 있는 것은 아니다.

⑤ ~~현실에 대한 화자의 부정적인 인식과 관련이 있다.~~
  관련이 없음.

★ **근거: 종장❸**

화자는 종장에서 '두어라 이 다섯밖에 또 더하여 무엇하리.'라면서 다섯 가지 자연물에 대해 만족감을 드러내고 있다. 따라서 벗은 현실에 대한 화자의 부정적인 인식과 관련이 없다.

07 [정답] 벗

윗글에서 〈보기〉의 설명과 관련이 있는 것을 찾아 1글자로 쓰시오.

> ─────〈보기〉─────
>
> 〈오우가〉의 화자는 사람이 아닌 자연물인 수석과 송죽, 달을 (벗)(이)라고 하면서 자연 속 삶에 대한 만족감을 드러내고 있다.
>   화자의 벗

왜 정답?

화자는 초장과 중장에서 자신의 벗인 수석, 송죽, 달을 소개하고, 종장에서는 '이 다섯밖에 또 더하여 무엇하리.'라면서 다섯 자연물에 대한 만족감을 드러내고 있다. 따라서 빈칸에 들어가기에 알맞은 것은 '벗'이다.

포근한 봄 _오규원

❶ 화자, 중심 대상   ❷ 상황, 정서, 태도   ❸ 표현상 특징   ⬜ 시 이해

1 ❶눈이 내린다
   ❶ 중심 대상

  ❷봄이라서
   ❷ 상황: 봄에 내리는 눈을 보고 있음.

  ❸봄빛처럼 포근한 눈
   ❸ 직유법   ❸ 촉각적 심상

> 1 눈이 내린다. 봄이라서 봄빛처럼 포근한 눈(이 내린다.)

❷ 정서: 봄눈을 포근하다고 느낌.

*1연 요약: 봄에 눈이 내림.

2 ❶담장 위에 쌓이는 봄눈
  ❷나무 위에 쌓이는 봄눈
  ❸마당 위에 쌓이는 봄눈
   ❸ ⬜: 시각적 심상, 반복법 – 운율을 형성함.

❷ 상황: 봄눈이 곳곳에 쌓이는 것을 바라봄.

> 2 담장 위에 쌓이는 봄눈 나무 위에 쌓이는 봄눈 마당 위에 쌓이는 봄눈

*2연 요약: 집 곳곳에 봄눈이 쌓임.

3 ❶그리고 / ❷마루에서 졸다가 깬
  ❸눈을 하고 앉은 / ❹새끼 고양이의 눈 속에도
     고양이의 눈에 눈이 내리는 모습이 비침.
  ❺내리는 봄눈

> 3 그리고 마루에서 졸다가 깬 눈을 하고 앉은 새끼 고양이의 눈 속에도 내리는 봄눈

*3연 요약: 새끼 고양이의 눈에 봄눈이 비침.

4 ❶감았다 떴다 하는
  ❷새끼 고양이의 눈처럼 / ❸보드라운
     ❸ 직유법   ❸ 촉각적 심상
  ❹봄
  ❺봄 하늘
  ❻봄 하늘의 봄눈
   ❸ 반복법, 점층법: 같은 말을 반복하는 행의 길이를
     점점 길게 하여 눈이 내려 쌓이는 모습을 표현함.

> 4 감았다 떴다 하는 새끼 고양이의 눈처럼 보드라운 봄, 봄 하늘, 봄 하늘의 봄눈(이 내린다.)

*4연 요약: 봄눈이 내림.

★ 시 독해 공식

❶ 화자: 드러나지 않음, 중심 대상: 봄눈
❷ 상황: 화자는 봄눈이 내리고 있는 모습을 보고 있음.
   정서: 봄눈이 포근하고 보드랍다고 느낌.
❸ 표현상 특징
   – 직유법, 반복법, 점층법을 사용해 봄눈이 내리는 모습을 생생하게 표현함.
   – 시각적 심상과 촉각적 심상을 사용해 봄눈의 포근한 느낌을 표현함.

직유법 : 비슷한 성질이나 모양을 가진 두 사물을 '같이', '처럼', '듯이'와 같은 말로 연결하여 직접 빗대어 표현하는 방법

원관념 : 표현하고자 하는 실제 대상(A)

보조 관념 : 실제 대상을 빗대는 대상(B)
1-❸ 봄빛(B)처럼 포근한 눈(A)
4-❷ 새끼 고양이의 눈(B)

심상 : 사물이나 사건을 통해 느껴지는 마음속의 그림
시각적 심상 : 눈으로 보는 듯한 느낌을 줌.
2연

반복법 : 같거나 비슷한 말을 되풀이하여 의미를 강조하거나 운율을 형성하는 표현법
2-❶~❸ ~위에 쌓이는 봄눈

촉각적 심상 : 피부로 느껴지는 듯한 느낌을 줌.
1-❸ 포근한
4-❸ 보드라운

점층법 : 문장의 뜻을 점점 강하게 하거나, 크게 하거나, 높게 하는 표현법
4-❹~❻

■ 내용: 이 작품은 봄눈이 내리는 모습을 다양한 방법으로 표현한 현대시이다.
1연: 봄눈의 포근함을 봄빛에 빗대어 표현하고 있다.
2연: 담장, 나무, 마당에 내려앉는 봄눈을 시각적으로 표현하고 있다.
3연: 새끼 고양이의 눈에 비친 봄눈의 모습을 이야기하고 있다.
4연: 봄눈을 새끼 고양이의 눈에 빗대어 보드라운 느낌을 이야기하고, 행의 길이를 점차 길게 하여 봄눈이 내려 쌓이는 모습을 강조하고 있다.

■ 주제: 봄에 내리는 눈의 포근함
■ 이것이 핵심!: 봄눈

봄빛처럼 '포근한' → 봄눈 ← 새끼 고양이의 눈처럼 '보드라운'
포근하고 보드라운 느낌

01 [정답] (1) 봄눈 (2) 새끼 고양이

> **왜 정답 ?**

(1) 윗글의 화자는 봄눈이 하늘에서 내려 쌓이는 모습을 보고 있다.

(2) 4연에서 화자는 봄눈을 '새끼 고양이의 눈처럼 / 보드라운'이라고 표현하고 있다.

02 [정답] ④

윗글의 화자에 대한 설명으로 가장 알맞은 것은?

> **왜 정답 ?**

④ **봄눈이 마당 위에 쌓이는 것을 보고 있다.**
　　　　　'마당 위에 쌓이는 봄눈'

★ **근거:** ②연 ❸행

화자는 2연에서 '마당 위에 쌓이는 봄눈'이라고 했다. 이를 통해 화자가 봄눈이 마당 위에 쌓이는 것을 보고 있음을 알 수 있다.

> **왜 오답 ?**

① **새끼 고양이와 마루에서 졸고 있다.**
　　새끼 고양이가 마루에서 졸다가 깬 눈을 하고 앉은 것을 봄.

★ **근거:** ③연

화자는 3연에서 '마루에서 졸다가 깬 / 눈을 하고 앉은 / 새끼 고양이의 눈 속에도 / 내리는 봄눈'이라고 했다. 화자는 봄눈이 내리는 마루 위에서 새끼 고양이가 졸다 깨어 새끼 고양이의 눈에도 봄눈이 내리는 것이 비치는 것을 보고 있을 뿐, 새끼 고양이와 함께 마루에서 졸고 있지 않다.

② **새끼 고양이와 봄눈을 맞으며 놀고 있다.**
　　　　　　새끼 고양이가 졸다 깬 것을 보고 있음.

★ **근거:** ③연 ❷~❺행

화자는 3연에서 '마루에서 졸다가 깬 / 눈을 하고 앉은 / 새끼 고양이의 눈 속에도 / 내리는 봄눈'이라고 했다. 화자는 마루 위에서 졸다 깬 새끼 고양이의 눈에 봄눈이 내리는 모습이 비치는 것을 보고 있을 뿐, 새끼 고양이와 함께 봄눈을 맞으며 놀고 있지는 않다.

③ **새끼 고양이가 놀고 있는 것을 보고 있다.**
　　　　　졸다가 깬 눈을 하고 앉은 것을 보고 있음.

★ **근거:** ③연 ❷~❺행

화자는 3연에서 '마루에서 졸다가 깬 / 눈을 하고 앉은 / 새끼 고양이의 눈 속에도 / 내리는 봄눈'이라고 했다. 새끼 고양이는 놀고 있는 것이 아니라 졸고 있다가 깨어나 봄눈을 보고 있다.

⑤ **봄에 눈이 내리는 것을 의아하게 생각하고 있다.**
　　　　　　봄눈의 포근함과 보드라움을 느끼고 있음.

★ **근거:** ①연 ❸행, ④연 ❸행

화자는 1연에서 봄눈을 '봄빛처럼 포근한 눈'이라고 했고, 4연에서 봄눈이 보드랍다고 했다. 윗글에서 화자가 봄에 눈이 내리는 것을 의아하게 생각하는 부분은 찾을 수 없다.

03 [정답] ②

윗글에서 〈보기〉의 설명과 관련이 있는 것은?

> 〈보기〉
> - 봄빛처럼 포근한 것
>   　　1연에 근거
> - 새끼 고양이의 눈처럼 보드라운 것
>   　　4연에 근거

> **왜 정답 ?**

② **봄눈**
　봄빛처럼 포근하고, 새끼 고양이의 눈처럼 보드라움

★ **근거:** ①연 ❸행, ④연 ❷, ❸행

1연에서 화자는 봄눈이 내리는 것을 보고 '봄빛처럼 포근한 눈'이라고 했고, 4연에서는 봄눈이 '새끼 고양이의 눈처럼 / 보드라운'이라고 했다. 따라서 봄빛처럼 포근하고 새끼 고양이의 눈처럼 보드라운 것은 '봄눈'이다.

> **왜 오답 ?**

① **봄**
　봄이라서 눈이 봄빛처럼 포근함.

★ **근거:** ①연 ❷, ❸행

1연에서 화자는 '봄이라서 / 봄빛처럼 포근한 눈'이라고 했을 뿐 봄을 봄빛처럼 포근하다고 하지는 않았다.

③ **담장**
　눈이 쌓이는 곳임.

★ **근거:** ②연 ❶행

2연에서 화자는 '담장 위에 쌓이는 봄눈'이라고 했다. 즉 윗글에서 담장은 봄눈이 쌓이는 곳일 뿐이다.

④ **나무**
　눈이 쌓이는 곳임.

★ **근거:** ②연 ❷행

2연에서 화자는 '나무 위에 쌓이는 봄눈'이라고 했다. 즉 윗글에서 나무는 봄눈이 쌓이는 곳일 뿐이다.

⑤ **마당**
　눈이 쌓이는 곳임.

★ **근거:** ②연 ❸행

2연에서 화자는 '마당 위에 쌓이는 봄눈'이라고 했다. 즉 윗글에서 마당은 봄눈이 쌓이는 곳일 뿐이다.

나룻배와 행인 _한용운

❶ 화자, 중심 대상 ❷ 상황, 정서, 태도 ❸ 표현상 특징 [ ] 시 이해 ❸ ▨ : 반복법 – '–ㅂ니다'를 반복하여 운율을 형성함.

---

1 ❶나는 나룻배
　❶ 화자: 나(나룻배)
　❷당신은 행인.
　❶ 중심 대상: 당신(행인)

❸ 은유법, 상징: '나'는 당신을 언제까지나 기다릴 수밖에 없는 존재로, '당신은 왔다 갈 수 있는 의지를 가진 존재로 표현하기 위해 '나'는 나룻배로, '당신'은 행인으로 표현함.

> 1 나는 나룻배(이고) 당신은 (나룻배를 타는) 행인(입니다.)

＊①연 요약: '나'와 '당신'의 관계

---

2 ❶당신은 흙발로 나를 짓밟습니다.
　　　'나'에 대한 당신의 태도: 무심함.
　❷「나는 당신을 안고 물을 건너갑니다.
　❸나는 당신을 안으면 깊으나 옅으나 급한 여울이나 건너갑니다.」
　　　　　　　　　　　　힘든 상황

> 2 당신은 흙(이 묻은) 발로 (나룻배인) 나를 짓밟습니다. 나는 당신을 안고 물을 건너갑니다. 나는 당신을 안으면 (물이) 깊으나 옅으나 급한 여울이나 건너갑니다.

「 」: ❷ 상황 – '나'가 당신을 태우고 물을 건넘, 태도 – 희생적(당신을 위해 힘든 상황을 견딤.) ＊②연 요약: '당신'을 안고 물을 건너는 '나'

▢ : 시련, 고난

3 ❶「만일 당신이 아니 오시면 나는 바람을 쐬고 눈비를 맞으며 밤에서 낮까지 당신을

기다리고 있습니다.」❷「 」: 상황 – 당신을 기다림.

　❷당신은 물만 건너면 나를 돌아보지도 않고 가십니다그려.
　　　　　　　　'나'에 대한 당신의 태도: 무심함.
　❸㉠그러나 당신이 언제든지 오실 줄만은 알아요.
　　　　　　❷ 정서: 당신이 올 것이라고 믿음.
　❹나는 당신을 기다리면서 날마다 날마다 낡아 갑니다.
　　　　　　　　❸ 반복법: 기다림을 강조함.

> 3 만일 당신이 아니 오시면 나는 바람을 쐬고 눈비를 맞으며 밤에서 낮까지 당신을 기다리고 있습니다. 당신은 물만 건너면 나를 돌아보지도 않고 가십니다그려. 그러나 (나는) 당신이 언제든지 오실 줄만은 알아요. 나는 당신을 기다리면서 날마다 날마다 낡아 갑니다.

＊③연 요약: '당신'을 기다리는 '나'

---

4 ❶나는 나룻배
　❷당신은 행인.

❸ 수미 상관: 1연과 같은 구절을 반복함.

> 4 나는 나룻배(이고) 당신은 (나룻배를 타는) 행인(입니다.)

＊④연 요약: '나'와 '당신'의 관계 강조

★ 시 독해 공식

❶ 화자: 나(나룻배), 중심 대상: 당신(행인)
❷ 상황: '나'가 당신을 태우고 물을 건넌 후 당신을 기다리고 있음.
　정서: 당신이 올 것이라고 믿음, 태도: 희생적
❸ 표현상 특징
　– 수미 상관의 구조를 통해 안정적으로 시상을 전개함.
　– 비유적, 상징적인 표현을 통해 주제를 효과적으로 강조함.

은유법 : 원관념과 보조 관념을 연결어로 직접 연결하지 않고, '원관념(A)은 보조 관념(B)이다'의 형식으로 마치 두 대상이 동일한 것처럼 나타내는 방법
원관념 : 표현하고자 하는 실제 대상(A)
보조 관념 : 실제 대상을 빗대는 대상(B)
①-❶ 나(A)는 나룻배(B)
①-❷ 당신(A)은 행인(B)

상징 : 개념이나 사물을 원래의 의미가 아니라 다른 의미를 제시하기 위해 구체적인 다른 것으로 표현하는 방법
①-❶ 나룻배
①-❷ 행인

반복법 : 같거나 비슷한 말을 되풀이하여 의미를 강조하거나 운율을 형성하는 표현법
③-❹ 날마다 날마다

수미상관 : 시의 처음 부분과 마지막 부분에 비슷하거나 같은 연이나 행을 배치하는 방법
①, ④ 나는 나룻배/당신은 행인.

■ 내용: 이 작품은 '당신'을 '행인'으로, '나'를 '나룻배'로 설정하여 '당신'을 향한 '나'의 기다림과 희생적인 사랑을 표현한 현대시이다.

①연: '나'는 나룻배에, '당신'은 행인에 빗대어 나와 당신의 관계를 말하고 있다.
②연: 나룻배인 '나'가 행인인 '당신'을 위해 힘든 상황을 견디는 희생적인 모습을 보여 주고 있다.
③연: '나'가 '당신'을 기다리며 낡아 가는 것을 통해 '당신'을 기다리는 '나'의 믿음과 인내를 드러내고 있다.
④연: 1연과 똑같은 내용을 두어 당신과 나의 관계를 강조하고 있다.

■ 주제: '당신'을 향한 '나'의 희생적인 사랑과 기다림
■ 이것이 핵심!: '나룻배'와 '행인'의 의미

나 = 나룻배		당신 = 행인
• 어떤 상황에서도 '당신'을 안고 물을 건넘. • '당신'이 돌아올 것이라고 믿고 기다림.	사랑 →	• 흙발로 '나'를 짓밟음. • 물만 건너면 '나'를 돌아보지 않고 떠남.

---

04 [정답] (1) 나룻배 (2) 당신

> **왜** 정답 ?

(1) 화자는 1연에서 '나는 나룻배'라고 하였고, 2연에서 '나는 당신을 안고 물을 건너갑니다.'라고 했다.

(2) 화자는 3연에서 '당신을 기다리면서 날마다 날마다 낡아 갑니다.'라고 했다.

05 [정답] ④

윗글의 화자에 대한 설명으로 가장 알맞지 <u>않은</u> 것은?

> **왜** 정답 ?

④ 물을 건너면 돌아보지 않는 당신을 <u>미워한다.</u>
미워하지 않음.

★ 근거: ③연 ❷, ❸행
화자는 3연에서 '당신은 물만 건너면 나를 돌아보지도 않고 가십니다 그려. / 그러나 당신이 언제든지 오실 줄만은 알아요.'라고 했다. 화자는 언젠가 당신이 돌아올 것을 믿고 있을 뿐, 당신을 미워한다고 하지는 않았다.

> **왜** 오답 ?

① 오지 않는 당신을 기다린다.
'당신을 기다리면서 날마다 날마다 낡아 갑니다.' 등

★ 근거: ③연 ❶, ❹행
화자는 3연에서 '당신이 아니 오시면 나는 바람을 쐬고 눈비를 맞으며 밤에서 낮까지 당신을 기다리고 있습니다.'라면서 '나는 당신을 기다리면서 날마다 날마다 낡아 갑니다.'라고 했다. 이를 통해 화자가 오지 않는 당신을 기다리고 있음을 알 수 있다.

② 당신이 언젠가 올 것이라고 생각한다.
'당신이 언제든지 오실 줄만은 알아요.'

★ 근거: ③연 ❸행
화자는 3연에서 '그러나 당신이 언제든지 오실 줄만은 알아요.'라고 했다.

③ 당신이 흙발로 짓밟기도 하는 존재이다.
'흙발로 나를 짓밟습니다.'

★ 근거: ②연 ❶행
화자는 2연에서 '당신은 흙발로 나를 짓밟습니다.'라고 했다.

⑤ 어떠한 상황이라도 당신을 안고 물을 건넌다.
'나는 당신을 안으면 깊으나 옅으나 급한 여울이나 건너갑니다.'

★ 근거: ②연 ❸행
2연에서 화자는 '나는 당신을 안으면 깊으나 옅으나 급한 여울이나 건너갑니다.'라고 했다. 이를 통해 화자는 물이 깊거나 얕거나, 여울이 급한 상황이라도 당신을 안고 물을 건넌다는 것을 알 수 있다.

06 [정답] ①

㉠에 대한 설명으로 가장 알맞은 것은?

• ㉠: ㉠은 '그러나 당신이 언제든지 오실 줄만은 알아요.'예요. 화자는 오지 않는 당신을 기다리면서도 당신이 돌아올 것이라고 믿고 있어요.

집 윗글에서 ㉠이 하는 역할로 알맞은 것을 고르는 문제입니다.

> **왜** 정답 ?

① 화자가 당신을 기다리는 원인이다.
화자는 당신이 오실 것을 믿기 때문에 당신을 기다림.

★ 근거: ③연 ❸행
3연에서 화자는 당신이 물만 건너면 나를 돌아보지도 않고 가지만 '당신이 언제든지 오실 줄만은 알아요.'라면서 '나는 당신을 기다리면서 날마다 날마다 낡아 갑니다.'라고 했다. 화자가 낡아가면서도 당신을 기다리는 이유는 언젠가 당신이 돌아올 것이라고 믿고 있기 때문이다.

> **왜** 오답 ?

② 화자가 당신을 <u>싫어하는</u> 원인이다.
싫어하지 않음.

★ 근거: ②연, ③연
화자는 2연에서 당신이 '흙발로 나를 짓밟'아도 당신을 안고 물을 건넌다고 했고, 3연에서 '눈비를 맞으며 밤에서 낮까지' 당신이 오기를 기다린다고 했다. 화자는 당신이 돌아올 것을 알기 때문에 당신을 기다리는 것이지, 당신이 돌아온다고 해서 당신을 싫어하지 않는다.

③ 화자가 낡은 배를 <u>고치는</u> 원인이다.
고치지 않음.

★ 근거: ③연 ❹행
화자는 3연에서 '나는 당신을 기다리면서 날마다 날마다 낡아 갑니다.'라고 했을 뿐, 낡은 배를 고친다고 하지는 않았다.

④ 화자가 급한 여울을 피하고 싶어 하는 원인이다.
피하고 싶어 하지 않음.

★ 근거: ②연 ❸행
화자는 2연에서 '당신을 안으면 깊으나 옅으나 급한 여울이나 건너갑니다.'라고 했을 뿐, 급한 여울을 피하고 싶다고 하지는 않았다.

⑤ 화자가 <u>바람을 쐬거나 눈비를 맞으려 하는</u> 원인이다.
당신을 기다리며 바람을 쐬거나 눈비를 맞음.

★ 근거: ③연 ❶행
화자는 3연에서 '당신이 아니 오시면 나는 바람을 쐬고 눈비를 맞으며 밤에서 낮까지 당신을 기다리고 있습니다.'라고 했다. 화자는 당신을 기다리면서 바람을 쐬거나 눈비를 맞은 것일 뿐, 당신이 오기 때문에 바람을 쐬거나 눈비를 맞으려 한 것이 아니다.

07 [정답] 나룻배

윗글에서 〈보기〉의 빈칸에 들어가기에 알맞은 말을 찾아 3글자로 쓰시오.

〈보기〉

한용운은 〈나룻배와 행인〉에서 헌신적인 사랑을 하는 화자 '나'를 (나룻배)에 빗대어 표현함으로써 인내와 희생을 통한 임에 대한 사랑을 효과적으로 드러내고 있다.
'나룻배'
당신을 안고 물을 건너며, 당신을 기다리며 낡아감.

> **왜** 정답 ?

1연과 4연에서 '나는 나룻배'라고 하였으므로 윗글의 화자인 '나'는 '나룻배'이다.

DAY 07 수박끼리 _이응인

❶ 화자, 중심 대상   ❷ 상황, 정서, 태도   ❸ 표현상 특징   〔   〕시 이해

인용: 남의 말이나 글을 자신의 말이나 글 속에 끌어 씀.
①-❶ 수박이 왔어요 달고 맛있는 수박

의인법: 사람이 아닌 것을 사람처럼 표현하는 방법
①-❸ 저들끼리 하는 말
②연
③ 얼굴을 비비는 수박들

우의적: 다른 사물에 빗대어 비유적인 뜻을 나타냄.
②연

사투리의 사용: 친근함, 현장감과 생동감을 주기 위해 사투리를 사용함.
②연

[1]
❶수박이 왔어요 달고 맛있는 수박
　수박 장수의(혹은 수박 장수 트럭의 스피커에서 나오는) 말
❷김 씨 아저씨 1톤 트럭 짐칸에 실린 수박
　수박 장수　　　　　　　　　❶ 중심 대상
　　수박
❸저들끼리 하는 말
　❸ 의인법

> ① (수박 장수가) 수박이 왔어요, 달고 맛있는 수박(이라고 말했다.) 김씨 아저씨의 1톤 트럭 짐칸 실린 수박 저들(수박들)끼리 하는 말

*①연 요약: 수박 장수의 트럭에 실린 수박들

[2] ― ❶형님아 밑에 있으이 무겁제, 미안하다.❷괜안타, 그나저나 제
　　　　　위에 놓인 수박(동생)의 말　　　　　　　　　농부의 정성
　　값에 팔리야 될 낀데.❸내사 똥값에 팔리는 거 싫타.❹내 벌건 속 알
　　　아래 깔린 수박(형님)의 말
[A]　아주는 사람 있을 끼다 그자.❺그래도 형님아 헤어지마 보고 싶을
　　❷ 정서: 제값에 팔리지 못할까 봐 걱정하면서도 희망을 잃지 않음. 태도: 희망적
　　끼다.❻간지럽다 코 좀 고만 문대라.❼그래, 우리는 사람들 속에 들
　　어가서 다시 태어나는 기라.
　　사람이 수박을 먹는 것을 수박이 사람들 속에서 다시 태어나는 것이라고 표현함.

❸ 의인법, 우의적 표현, 대화의 형식, 사투리 사용

> ② 형님아, 밑에 있으니 무겁지? 미안하다. 괜찮아. 그나저나 제값에 팔려야 될텐데. 나는 똥값에 팔리는 것은 싫어. 내 빨간 속을 알아주는 사람이 있을 거야. 그치? 그래도 형님아, 헤어지면 보고 싶을 거야. 간지럽다, 코 좀 그만 문지르렴. 그래, 우리는 사람들 속에 들어가서 다시 태어나는 거야.

*②연 요약: 제값에 팔리지 않을까 걱정하면서도 희망을 놓지 않는 수박들

[3] ❶털털거리며 저들끼리 얼굴을 부비는 수박들.
　　서로를 의지하는 수박들의 모습

> ③ 털털거리며 저들끼리 얼굴을 부비는 수박들

*③연 요약: 서로를 의지하는 수박들

★ 시 독해 공식

❶ **화자**: 드러나지 않음. **중심 대상**: 수박
❷ **상황**: 1톤 트럭 짐칸에 실린 수박들을 보고 있음.
　정서: 수박들이 자신의 속을 알아줄 사람이 있을 것이라는 희망을 갖고 있음.
　태도: 희망적
❸ **표현상 특징**
　– 사투리를 사용하여 수박의 대화를 생동감 있게 표현함.
　– 수박을 의인화하여 주제를 드러냄.

■ **내용**: 이 작품은 수박들의 대화를 통해 농산물에 담긴 농부들의 정성이 인정받기를 바라는 마음을 드러낸 현대시이다.
　①연: 수박 장수의(혹은 수박 장수 트럭의 스피커에서 나오는) 말을 인용하여 트럭 짐칸에 실린 수박에 대해 이야기하고 있다.
　②연: 수박을 의인화하여 형님 수박과 동생 수박의 대화로 내용을 전개하고 있다.
　③연: 수박들이 서로 의지하는 모습을 이야기하고 있다.

■ **주제**: 농부의 노력이 담긴 농작물의 가치
■ **이것이 핵심!**: 수박의 걱정

> 수박의 걱정　＝　정성을 다해 길러 낸 수박이 제값을 받지 못할까 걱정하는 농민의 마음

01 정답 (1) 수박 (2) 사투리

> **왜 정답 ?**

(1) 화자는 1연에서 '저들끼리 하는 말'이라면서 수박들이 말을 한다고 하였고, 2연에서는 수박들이 나눈 말을 제시하고 있다.

(2) 2연에서는 수박들이 나눈 대화의 내용을 사투리를 사용하여 현장감과 생동감 넘치게 표현하고 있다.

02 정답 ⑤

윗글의 내용으로 가장 알맞지 않은 것은?

> **왜 정답 ?**

⑤ 김 씨 아저씨는 ~~수박들이 말을 하는 것이 시끄럽다고 생각~~
     <small>알 수 없음.</small>
하고 있다.

1연에서 '김 씨 아저씨 1톤 트럭 짐칸에 실린 수박'이라고 하면서 김 씨 아저씨가 수박을 팔고 있음을 드러내고 있지만 윗글에서 김 씨 아저씨가 수박에 대해 어떻게 생각하는지에 대해서는 이야기하고 있지 않다.

> **왜 오답 ?**

① 수박들은 1톤 트럭의 짐칸에 실려 있다.
     <small>'김 씨 아저씨 1톤 트럭 짐칸에 실린 수박'</small>
   ★ 근거: 1연 2행

1연에서 '김 씨 아저씨 1톤 트럭 짐칸에 실린 수박'이라고 하였다.

② 형님 수박이 동생 수박보다 아래에 있다.
     <small>'형님아 밑에 있으이 무겁제, 미안하다.'</small>
   ★ 근거: 2연-❶

수박들의 대화인 2연에서 '형님아 밑에 있으이 무겁제, 미안하다.'라고 한 것으로 보아 형님 수박이 동생 수박의 아래에 놓여 있음을 알 수 있다.

③ 김 씨 아저씨는 1톤 트럭에서 수박을 팔고 있다.
     <small>'김 씨 아저씨 1톤 트럭 짐칸에 실린 수박'</small>
   ★ 근거: 1연 ❶, ❷행

1연에서 '수박이 왔어요 달고 맛있는 수박 / 김 씨 아저씨 1톤 트럭 짐칸에 실린 수박'이라고 했다. 수박은 김 씨 아저씨 트럭에 실려 있으므로 수박이 왔다고 김 씨 아저씨가 말을 했거나 혹은 김 씨 아저씨의 1톤 트럭의 스피커에서 이러한 소리가 나오고 있음을 알 수 있다. 이를 통해 김 씨 아저씨가 수박을 팔고 있음을 알 수 있다.

④ 수박들은 자신들이 제값에 팔리기를 바라고 있다.
     <small>'그나저나 제값에 팔려야 될 낀데. / 내 사 똥값에 팔리는 거 싫다.'</small>
   ★ 근거: 2연-❷, ❸

2연에서 수박들은 '그나저나 제값에 팔리야 될 낀데. / 내사 똥값에 팔리는 거 싫다.'라고 말했다. 이를 통해 수박들이 제값에 팔리기를 바라고 있음을 알 수 있다.

03 정답 ③

[A]에 대한 설명으로 가장 알맞지 않은 것은?

• **[A]**: [A]는 2연입니다. [A]에서는 수박을 사람처럼 표현하여 형님 수박과 아우 수박이 나누는 대화가 제시되어 있습니다.

  즉 2연에 드러난 표현상의 특징으로 틀린 것을 고르는 문제입니다.

> **왜 정답 ?**

③ ~~같은 표현을 반복하여 운율을 형성하고 있다.~~
     <small>같은 표현을 반복하지 않음.</small>
   ★ 근거: 2연

2연에서는 수박을 의인화하여 형님 수박과 아우 수박이 나누는 대화가 제시되고 있을 뿐, 같은 표현을 반복하지는 않았다.

> **왜 오답 ?**

① 사투리를 사용하여 친근감을 주고 있다.
     <small>'밑에 있으이 무겁제', '괘안타' 등</small>
   ★ 근거: 2연

2연에서는 사투리를 사용하는 형님 수박과 아우 수박의 대화를 중심으로 시상을 전개하고 있다.

② 사람이 아닌 것을 사람처럼 표현하고 있다.
     <small>수박이 사람처럼 말을 할 수 있는 것처럼 표현함.</small>
   ★ 근거: 2연

2연에서는 수박을 의인화하여 형님 수박과 동생 수박이 대화를 나누는 형식으로 시상을 전개하고 있다.

④ 형님 수박과 동생 수박이 대화를 나누는 형식이다.
     <small>'형님아 밑에 있으이 무겁제, 미안하다.', '괘안타'</small>
   ★ 근거: 2연

2연에서는 수박을 의인화하여 시상을 전개하면서 '형님아 밑에 있으니 무겁제, 미안하다.'라고 했다. 이를 통해 위에 있는 수박이 동생 수박이고 아래에 있는 수박이 형님 수박임을 알 수 있다.

⑤ 사람들이 수박을 먹는 것을 수박이 사람 속에 들어가서 다
     <small>'그래, 우리는 사람들 속에 들어가서 다시 태어나는 기라.'</small>
시 태어나는 것이라고 표현하고 있다.
   ★ 근거: 2연-❼

2연에서 수박은 '그래, 우리는 사람들 속에 들어가서 다시 태어나는 기라.'라고 했다. 이를 통해 수박의 입장에서 사람들이 수박을 먹는 것을 수박이 사람 속에서 다시 태어나는 것이라고 표현했다는 것을 알 수 있다.

떨어져도 튀는 공처럼 _정현종

❶ 화자, 중심 대상   ❷ 상황, 정서, 태도   ❸ 표현상 특징   [시 이해]   ❸ ▨: 반복법 – 의미 강조

[1]
❶ 그래 살아 봐야지
❷ 태도: 의지적(삶에 대한 의지)
❶ 중심 대상
❷ 너도나도 공이 되어
❶ 화자
❸ 하강의 이미지와 상승의 이미지
❸ 떨어져도 튀는 공이 되어
공의 속성 ① 어려운 현실에도 다시 도전함.

❸ 도치법

> [1] 그래, 살아 봐야지. 너도 나도 공이 되어 떨어져도 (다시) 튀어 오르는 공이 되어

* ①연 요약: 떨어져도 튀는 공처럼 살아가겠다고 다짐함.

[2]
❶ 살아 봐야지
❸ 하강의 이미지
❷ 쓰러지는 법이 없는 둥근
공의 속성 ② 좌절하지 않음.
❸ 공처럼, 탄력의 나라의
❸ 직유법
❹ 왕자처럼
❸ 직유법

❸ 도치법

> [2] 쓰러지는 법이 없는 둥근 공처럼 (좌절하지 않고) 탄력 나라의 왕자처럼 살아 봐야지.

* ②연 요약: 쓰러지지 않는 탄력적인 공처럼 살아가겠다고 다짐함.

[3]
❸ 상승의 이미지
❶ 가볍게 떠올라야지
❷ 정서: 어려움을 극복하겠다고 다짐함.
❷ 곧 움직일 준비 되어 있는 꼴
공의 속성 ③ 멈추지 않고 행동할 준비가 되어 있음.
❸ 둥근 공이 되어

❸ 도치법

> [3] 곧 움직일 준비가 되어 있는 꼴의 둥근 공이 되어 가볍게 떠올라야지.

* ③연 요약: 행동할 준비가 되어 있는 공처럼 살아가겠다고 다짐함.

[4]
❶ 옳지 최선의 꼴 / ❷ 지금의 네 모습처럼
가장 이상적인 모습   ❸ 직유법
❸ 떨어져도 튀어 오르는 공
❸ 하강의 이미지   ❸ 상승의 이미지
❹ 쓰러지는 법이 없는 공이 되어
❷ 정서: 공과 같은 자세로 살아가겠다고 다짐함.

> [4] 옳지, 최선의 꼴 지금의 네 모습처럼 떨어져도 튀어 오르는 공, 쓰러지는 법이 없는 공이 되어 (살아 봐야지.)

* ④연 요약: 최선의 꼴인 공처럼 살아가겠다고 다짐함.

★ 시 독해 공식

❶ 화자: '나', 중심 대상: 공
❷ 상황: 떨어져도 튀는 공을 보고 있음.
　정서: 공처럼 살아야겠다고 다짐함. 태도: 의지적
❸ 표현상 특징
　– 사물의 속성을 활용하여 주제를 드러냄.　– 하강의 이미지와 상승의 이미지를 대비함.
　– 비슷한 문장 구조를 반복하여 운율을 형성하고, 주제를 강조함.

반복법: 같거나 비슷한 말을 되풀이하여 의미를 강조하거나 운율을 형성하는 표현법
①-❶, ②-❶ 살아 봐야지
①-❷, ❸ ③-❸ ④-❹ 공이 되어

도치법: 말의 차례를 바꾸어 쓰는 문장 표현법
①, ②, ③연

하강의 이미지: 아래로 향하는 듯한 느낌을 불러일으키는 이미지로, 주로 좋지 않은 이미지로 사용됨.
①-❸, ④-❸ 떨어져도
②-❷, ④-❹ 쓰러지는

상승의 이미지: 위로 오르는 듯한 느낌을 불러일으키는 이미지로, 주로 좋은 이미지로 사용됨.
①-❸ 튀는
③-❶ 떠올라야지
④-❸ 튀어 오르는

직유법: '~같이', '~처럼' 등을 사용하여 어떤 사물을 다른 사물에 직접적 빗대어 나타내는 표현 방법
②-❸ 공처럼
②-❹ 왕자처럼
④-❷ 지금 네 모습처럼

■ **내용**: 이 작품은 '공'의 속성을 통해 바람직한 삶의 자세에 대해 이야기하고 있는 현대시이다.
①연: 떨어져도 다시 튀어 오르는 공처럼 살겠다고 다짐하고 있다.
②연: 힘겨운 상황에도 쓰러지지 않는 공처럼 살겠다고 다짐하고 있다.
③연: 활동적이고 역동적인 모습의 공처럼 살겠다고 다짐하고 있다.
④연: 최선의 모습인 공처럼 살겠다고 다짐하고 있다.
■ **주제**: 어려움에도 좌절하지 않고 다시 일어나는 삶의 자세

■ **이것이 핵심!: 공의 속성과 삶의 자세**

공의 속성		삶의 자세
• 떨어져도 튐. • 쓰러지는 법이 없음. • 곧 움직일 준비가 되어 있음.	공의 속성을 사람이 살아가는 자세와 연결함.	• 어려움에 부딪혀도 다시 도전함. • 좌절하지 않음. • 언제든 다시 도전할 준비가 되어 있음.

04 [정답] (1) 살아 봐야지 (2) 공

>**왜 정답?**

(1) 근거: ①연 ❶행, ②연 ❶행

화자는 1연과 2연에서 '살아 봐야지'라는 표현을 반복하여 공처럼 살아야겠다는 다짐을 드러내고 있다.

(2) 근거: ②연 ❸, ❹행

화자는 2연에서 '탄력의 나라의 / 왕자처럼'이라면서 공을 탄력 나라의 왕자에 비유하고 있다.

05 [정답] ⑤

윗글의 화자에 대한 설명으로 가장 알맞은 것은?

>**왜 정답?**

⑤ 쓰러지지 않는 공을 보고 공과 같은 삶을 살겠다고 다짐하

'살아 봐야지 / 쓰러지는 법이 없는 둥근 / 공처럼~'

고 있다.

★ 근거: ②연

화자는 2연에서 '살아 봐야지 / 쓰러지는 법이 없는 둥근 / 공처럼'이라면서 쓰러지지 않는 둥근 공처럼 살겠다고 다짐하고 있다.

>**왜 오답?**

① 자신의 삶과 공이 반대된다고 생각하고 있다.

생각하지 않음.

화자는 공처럼 살겠다고 다짐하고 있을 뿐, 자신의 삶이 공과 반대된다고 이야기하지는 않았다.

② 가볍게 떠오르는 공의 모습을 보고 질투심을 느끼고 있다.

공처럼 떠오르겠다고 다짐하고 있음.

★ 근거: ③연

화자는 3연에서 곧 움직일 준비되어 있는 둥근 공처럼 가볍게 떠오르겠다고 다짐하고 있을 뿐, 공의 모습에 질투심을 느끼고 있지 않다.

③ 공이 움직이는 모습을 보고 다른 사람의 삶을 비난하고 있다.

공처럼 살겠다고 다짐하고 있음.

★ 근거: ④연 ❶행

화자는 4연에서 공의 움직이는 모습을 '최선의 꼴'이라고 생각하고 있을 뿐, 다른 사람의 삶에 대해 이야기하거나, 비난하고 있지는 않다.

④ 쓰러지지 않는 공을 보고 자신의 삶이 대단하다고 생각하

공처럼 살겠다고 다짐하고 있음.

고 있다.

★ 근거: ②연 ❶, ❷행

화자는 쓰러지는 법이 없는 공처럼 살겠다고 다짐하고 있을 뿐, 윗글을 통해 화자가 자신의 삶이 대단하다고 생각하는지는 알 수 없다.

06 [정답] ⑤

윗글에 대한 설명으로 가장 알맞지 <u>않은</u> 것은?

>**왜 정답?**

⑤ '공처럼', '탄력의 나라의 왕자처럼'에서 은유법을 사용하고

직유법

있다.

★ 근거: ②연 ❸, ❹행

직유법이란 '~처럼', '~같이' 등을 사용하여 어떤 사물을 다른 사물에 직접적으로 빗대어 나타내는 표현 방법이고, 은유법이란 어떤 사물을 다른 사물에 연결할 때 'A는 B이다.'의 형식을 통해 마치 두 대상이 같은 것처럼 나타내는 방법이다. 2연의 '공처럼', '탄력의 왕자처럼'에서는 은유법이 아니라 직유법이 사용되었다.

>**왜 오답?**

① '공이 되어'를 반복하여 운율을 형성하고 있다.

'너도 나도 공이 되어', '떨어져도 튀는 공이 되어' 등

★ 근거: ①연 ❷, ❸행, ③연 ❸행, ④연 ❹행

1연과 3연, 4연에서 '공이 되어'를 반복하여 운율을 형성하고 공처럼 살겠다는 화자의 의지를 강조하고 있다.

② '공'의 속성에 주목하여 내용을 전개하고 있다.

'떨어져도 튀는 공', '쓰러지는 법이 없는 / 둥근 공' 등

★ 근거: ①연 ❸행, ②연 ❷, ❸행, ③연 ❷행

1연에서는 떨어져도 다시 튀어 오르는 공에 대해 이야기하고, 2연에서는 쓰러지는 법이 없는 공에 대해 이야기하고 있다. 또 3연에서는 곧 움직일 준비가 되어 있는 공에 대해 이야기하고 있다. 즉, 윗글은 공의 속성을 통해 공처럼 살아가겠다는 화자의 다짐을 중심으로 내용을 전개하고 있다.

③ 상승의 이미지와 하강의 이미지를 활용하고 있다.

'튀어 오르는', '떠올라야지' 등

★ 근거: ①연 ❶, ❸행, ②연 ❷행, ③연 ❶행, ④연 ❸행

1연 '튀는', 3연 '떠올라야지', 4연 '튀어 오르는'에서는 상승의 이미지를, 1연, 4연 '떨어져도', 2연과 4연 '쓰러지는'에서는 하강의 이미지를 활용했다.

④ '-야지'라는 표현을 반복하여 의지를 드러내고 있다.

'살아봐야지', '떠올라야지'

★ 근거: ①연 ❶행, ②연 ❶행, ③연 ❶행

화자는 1, 2, 3연의 각 1행에서 '-야지'라는 표현을 통해 공처럼 살아가겠다는 자신의 의지를 강하게 표현하고 있다.

07 [정답] 공

윗글에서 〈보기〉의 빈칸에 들어가기에 알맞은 말을 찾아 1글자로 쓰시오.

〈보기〉

〈떨어져도 튀는 공처럼〉의 화자는 떨어져도 다시 튀는

'떨어져도 다시 튀는 공이 되어'

(공)의 모습을 보고 힘겨운 순간에도 좌절하지 않겠다고 다짐하고 있다.

>**왜 정답?**

화자는 떨어져도 튀어 오르고, 쓰러지는 법이 없으며 언제나 움직일 준비가 되어 있는 공을 보면서 공처럼 좌절하지 않고 다시 일어서는 삶을 살아야겠다고 다짐하고 있다.

천만리 머나먼 길에 _왕방연

❶ 화자, 중심 대상   ❷ 상황, 정서, 태도   ❸ 표현상 특징   ☐ 시 이해

[초장] 임과 이별한 슬픔의 깊이(심리적 거리감)
❶ 천만리 머나먼 길에 고운 님 여의옵고
❸ 과장법   단종

> [초장] ❶ 천만리 머나먼 길에 사랑하는 임과 이별하고
> *초장(❶) 요약: 임과 이별함.

[중장] ❶ 화자
❷ 내 마음 둘 데 없어 냇가에 앉았으니
❷ 상황: 사랑하는 사람과 이별하고 냇가에 혼자 앉아 있음.

> [중장] ❷ (슬픈) 내 마음을 둘 곳이 없어 냇가에 앉아있으니
> *중장(❷) 요약: 슬픈 마음으로 냇가에 앉음.

[종장] ❸ 감정 이입의 대상   ❷ 태도: 애상적
❸ 「저 물도 내 안 같아서 울며 밤길 가는구나」
❶ 중심 대상   마음   ❸ 의인법
「 」: 냇물이 흐르는 소리 = 화자의 울음소리

> [종장] ❸ (흐르는) 저 물도 (슬픈) 내 마음과 같아서 울며 밤길 가는구나.
> *종장(❸) 요약: 냇물이 내 마음처럼 울며 흐름.

★ 시 독해 공식

❶ **화자**: '나', **중심 대상**: (냇)물
❷ **상황**: 화자는 사랑하는 임과 이별하고 냇가에 앉아 울고 있음.
   정서: 임과 원하지 않는 이별을 하게 되어 매우 슬퍼함.
   태도: 애상적(슬퍼하거나 가슴 아파하는 것)
❸ **표현상 특징**
   – 흐르는 냇물에 감정을 이입하여 임과 이별한 슬픔을 효과적으로 드러냄.

과장법: 표현하고자 하는 대상을 실제보다 크거나 작게 표현하는 방법
❶ 천만리

심리적 거리: 실제 거리가 아니라, 시적 화자가 느끼는 대상과의 거리
❶ 천만리 머나먼 길에

감정 이입: 화자의 감정을 다른 대상에 옮기어 마치 대상이 화자의 감정을 함께 느끼는 것처럼 표현하는 방법
❸ 저 물도 내 안 같아서 울며 밤길 가는구나

의인법: 사람이 아닌 것을 사람처럼 표현하는 방법
❸ 울며 밤길 가는구나

■ **내용**: 이 작품은 사랑하는 사람과 헤어진 화자의 슬픔을 자연물인 물에 이입하여 표현하고 있는 시조이다.
   초장(❶): 사랑하는 임과 이별한 상황에서 멀게만 느껴지는 임과의 거리를 표현하고 있다.
   중장(❷): 임과 이별한 후 냇가에 앉아 있는 상황을 이야기하고 있다.
   종장(❸): 자연물에 감정을 이입하여 자신의 슬픈 마음을 드러내고 있다.

■ **주제**: 임과 이별한 슬픈 마음
■ **이것이 핵심!**: 화자의 정서

화자 →(감정 이입 / 임과 이별한 슬픔)→ 냇물

01 [정답] (1) 물 (2) 천만리 머나먼 길

>왜 정답?

(1) 화자는 종장에서 '저 물도 내 안 같아서 울며 밤길 가는구나'라고
했다. 이것은 흐르는 물의 마음이 자신의 마음과 같아서 자신이
우는 것처럼 물도 울면서 흐르고 있다는 의미이다. 이처럼 화자
는 흐르는 물에 자신의 슬픈 감정을 이입하고 있다. 따라서 정답
은 '물'이다.

(2) 화자는 초장에서 '천만리 머나먼 길에 고운 님 여의옵고'라고 했
다. 이것은 화자가 천만리 떨어진 곳에서 임과 이별했다는 것이
아니라, 그만큼 임과의 마음 속 거리가 멀다는 의미이다. 따라서
정답은 '천만리 머나먼 길'이다.

02 [정답] ②

윗글의 화자에 대한 설명으로 가장 알맞은 것은?

>왜 정답?

② 임과 이별하고 슬픔을 느끼고 있다.
'고운 님 여의옵고'

★ 근거: 초장(❶), 중장(❷), 종장(❸)

화자는 고운 임과 이별하고 슬픈 마음으로 냇가에 앉아 자신의 마음
처럼 울며 흐르는 냇물을 보고 있다. 즉 화자는 사랑하는 임과 이별
하고 냇가에 홀로 앉아 슬퍼하고 있다.

>왜 오답?

① 임과 행복한 시간을 보내고 있다.
임과 이별하고 슬퍼하고 있음.

★ 근거: 초장(❶)

초장에서 '고운 님 여의옵고'라고 했으므로 화자는 현재 임과 헤어진
상황이다. 임과 행복한 시간을 보내고 있지는 않다.

③ 냇가에서 임을 만날 수 있기를 바라고 있다.
냇가에서 울고 있음.

★ 근거: 중장(❷), 종장(❸)

화자는 임과 이별하고 냇가에 앉아 울며 밤길 흐르는 냇물을 보고 있
을 뿐, 냇가에서 임을 만날 수 있을 것이라고 기대하고 있지는 않다.

④ 임과 언젠가 다시 만날 수 있다고 생각하고 있다.
생각하지 않음.

윗글에서 화자가 임과 다시 만날 수 있다고 말하고 있는 부분은 찾을
수 없다.

⑤ 냇물이 자신과 임을 헤어지게 한다고 여기고 있다.
냇물에 자신의 감정을 이입하고 있음.

★ 근거: 종장(❸)

윗글에서 화자는 냇물이 자신과 임을 헤어지게 한다고 여기고 있지
않다. 종장에서 '저 물도 내 안 같아서 울며 밤길 가는구나'라면서 자
신의 슬픈 마음을 냇물에 이입하여 냇물도 울면서 흐른다고 하였을
뿐이다.

03 [정답] ④

윗글을 읽은 학생들이 한 생각으로 가장 알맞은 것은?

>왜 정답?

④ 수지: 의인법을 활용하여 화자의 마음을 드러내고 있어.
'저 물도 내 안 같아서 울며 밤길 가는구나'

★ 근거: 종장(❸)

의인법이란 사람이 아닌 것을 사람처럼 표현하는 방법이다. 화자는
종장에서 '저 물도 내 안 같아서 울며 밤길 가는구나'라고 했다. 이것
은 사람이 아닌 냇물이 울면서 흐른다고 표현하여 임과 이별하여 슬
픈 화자의 마음을 표현한 것으로, 의인법이 사용되었다.

>왜 오답?

① 민수: 묻고 답하는 방식을 활용하고 있어.
활용하지 않음.

묻고 답하는 방식을 문답법이라고 한다. 윗글의 화자는 초장부터 종
장까지 자신의 현재 상황과 감정을 말하고 있을 뿐, 무엇인가에 대해
묻거나 답하고 있지 않다.

② 지호: 3음보의 율격으로 리듬감을 형성하고 있어.
4음보

★ 근거: 초장(❶)

음보란 운율을 이루는 소리의 덩어리로, 띄어 읽는 단위를 말한다. 윗
글은 '천만리/머나먼 길에/고운 님/여의옵고'와 같이 4음보의 율격으
로 리듬감을 형성하고 있다.

③ 예림: 은유법을 사용하여 화자의 슬픔을 드러내고 있어.
사용하지 않음.

은유법은 '내 마음은 호수요.'처럼 'A는 B이다.'라는 형식으로 어떠한
대상을 다른 사물에 빗대어 표현하는 방법이다. 윗글에서 은유법을
활용한 부분은 찾을 수 없다.

⑤ 성찬: 앞부분에서는 감정을 드러내고 뒷부분에서는 경치
를 묘사하고 있어.
감정을 드러냄.

윗글에서 화자의 감정은 중장과 종장에 드러나 있으므로 뒷부분에서
경치를 묘사한 것이 아니다. 참고로 앞부분에서 경치를 묘사하고 뒷
부분에서 감정을 드러내는 것을 선경후정이라고 한다.

❶ 화자, 중심 대상   ❷ 상황, 정서, 태도   ❸ 표현상 특징   〔   〕 시 이해

❸ 상징: 간신배, 신흥 세력(이성계 일파)   ❸ 〔   〕 ↔ △ : 대조법

[초장] ❶ 까마귀 싸우는 곳에 백로야 가지 마라
          ❶ 중심 대상, ❸ 상징: 절개를 지키는 충신, 정몽주

          「 」: ❷ 태도-비판적(까마귀를 부정적으로 여김.)
[중장] 「❷ 성낸 까마귀 흰빛을 시샘할세라
          까마귀의 속성   ❸ 상징: 지조와 절개, 백로의 속성

          ❸ 상징: 지조와 절개
[종장] ❸ 청강에 기껏 씻은 몸을 더럽힐까 하노라」
          백로의 몸   ❷ 정서: 까마귀가 백로를
                          더럽게 만들까 봐 걱정함.

[초장] ❶ 까마귀 싸우는 곳에 백로야 가지 마라.

[중장] ❷ 자기들끼리 싸우다 성이 난 까마귀가 백로의 흰빛을 시샘할까 (염려가 된다.)

[종장] ❸ 맑은 물에 기껏 씻은 (백로의) 몸을 더럽힐까 걱정이다.

*❶～❸ 요약: 백로(충신)에 대한 걱정과 염려

★ 시 독해 공식

❶ **화자**: 드러나지 않음. **중심 대상**: 백로
❷ **상황**: 백로에게 까마귀들이 싸우는 곳에 가지 말라고 함.
   정서: 까마귀가 백로를 더럽게 만들까 봐 걱정함.
   태도: 비판적(까마귀를 부정적으로 여김.)
❸ **표현상 특징**
   – 대조적인 소재를 통해 주제를 강조하고 있음.
   – 상징적인 시어를 이용해 주제를 우회적으로 드러내고 있음.

〔대조법〕: 서로 반대되는 내용을 맞세워 강조하거나 인상을 선명하게 하는 표현 방법
❶ 까마귀 ↔ 백로

〔상징〕: 개념이나 사물을 원래의 의미가 아니라 다른 의미를 제시하기 위해 다른 것으로 표현하는 방법
❶ 까마귀(간신), 백로(충신)
❷ 흰빛(충신의 지조와 절개)
❸ 청강(충신의 지조와 절개)

■ **내용**: 이 작품은 간신을 까마귀에, 충신을 백로에 빗대어 간신의 무리를 비판하고 지조와 절개의 중요성을 강조하는 시조이다.
   초장(❶): 상징적인 시어를 대조하여 백로에게 주의를 기울일 것을 당부하고 있다.
   중장(❷): 상징적인 시어를 사용하여 까마귀가 백로의 흰빛을 시샘한다고 비판하고 있다.
   종장(❸): 까마귀가 백로의 몸을 더럽힐까 걱정하는 마음을 드러내고 있다.

■ **주제**: 신하의 지조와 절개
■ **이것이 핵심!**: **시어의 상징적 의미**

까마귀		백로
• 간신배, 나쁜 무리 • 이성계 무리	↔	• 착한 무리, 충성스러운 신하 • 정몽주

04 정답 (1) 까마귀, 백로 (2) 상징적

왜 정답?

(1) 화자는 중장에서 '성낸 까마귀 흰 빛을 시샘하니'라면서 까마귀의 속성과 하얀 백로의 속성을 대비하고 있다.

(2) 윗글에서는 충신을 상징하는 '백로', 간신을 상징하는 '까마귀', 충신의 지조와 절개를 상징하는 '청강'과 '흰빛'이라는 시어를 활용하여 신하의 지조와 절개라는 주제를 강조하고 있다.

05 정답 ④

윗글의 화자에 대한 설명으로 가장 알맞은 것은?

왜 정답?

④ 까마귀가 백로의 몸을 더럽게 만들까 봐 걱정하고 있다.
   '청강에 기껏 씻은 몸을 더럽힐까 하노라'

★ 근거: 초장①, 종장③

화자는 초장에서 '까마귀 싸우는 곳에 백로야 가지 마라'라고 했고, 종장에서 '청강에 기껏 씻은 몸을 더럽힐까 하노라'라고 했다. 청강에 기껏 씻은 몸은 백로의 몸을 의미하며, 화자는 백로가 까마귀 싸우는 곳에 갔을 때 기껏 씻은 몸이 더러워질까 봐 가지 말라고 한 것이다.

왜 오답?

① 까마귀와 백로를 악한 존재라고 생각하고 있다.
   악한 존재는 까마귀임.

화자는 백로가 청강에 기껏 씻은 몸이 까마귀 때문에 더러워질까 봐 걱정하고 있다. 즉 화자는 까마귀만 나쁘다고 생각하고 있을 뿐, 백로를 나쁜 존재라고 생각하고 있지는 않다.

② 백로가 까마귀를 본받아야 한다고 생각하고 있다.
   '성낸 까마귀가 흰빛을 시샘할세라'

★ 근거: 중장②

화자는 중장에서 '성낸 까마귀 흰빛을 시샘할세라'라고 했다. 이것은 까마귀가 백로의 하얀 빛을 시샘한다는 것일 뿐, 백로가 까마귀를 본받아야 한다고 생각한 것이 아니다.

③ 까마귀가 자신의 몸을 더럽힐까 봐 걱정하고 있다.
   백로

★ 근거: 초장①, 초장③

화자는 초장에서 '까마귀 싸우는 곳에 백로야 가지 마라'라고 했고, 종장에서 '청강에 기껏 씻은 몸을 더럽힐까 하노라'라고 했다. 화자는 백로가 까마귀 싸우는 곳에 갔을 때 몸이 더러워질까 봐 걱정하고 있을 뿐, 까마귀가 몸을 더럽힐까 봐 걱정하고 있는 것이 아니다.

⑤ 까마귀와 백로는 서로 친구가 되어야 한다고 생각하고 있다.
   '까마귀 싸우는 곳에 백로야 가지 마라'

★ 근거: 초장①

화자는 초장에서 '까마귀 싸우는 곳에 백로야 가지 마라'라고 하면서 백로가 까마귀 근처에 가는 것을 말리고 있다. 그러므로 화자는 까마귀와 백로가 서로 친구가 되어야 한다고 보지는 않을 것이다.

06 정답 ②

윗글에 대한 설명으로 가장 알맞지 않은 것은?

왜 정답?

② 직유법과 은유법을 활용하고 있다.
   활용하지 않음.

직유법은 '~처럼', '~같이', '~듯'을 사용하여 어떤 사물을 다른 사물에 직접적으로 빗대어 나타내는 표현 방법이고, 은유법은 '내 마음(A)은 호수(B)이다.'에서처럼 'A는 B이다.'의 형식을 사용하는 표현 방법이다. 윗글에서는 직유법과 은유법을 활용한 표현을 찾아볼 수 없다.

왜 오답?

① 상징적인 시어를 활용하고 있다.
   까마귀, 백로, 흰빛, 청강

윗글에서는 충신을 상징하는 '백로', 간신을 상징하는 '까마귀', 충신의 지조와 절개를 상징하는 '청강'과 '흰빛'이라는 시어를 활용하고 있다.

③ 주제를 우회적으로 제시하고 있다.
   '청강에 기껏 씻은 몸을 더럽힐까 하노라'

★ 근거: 종장③

우회적이라는 것은 돌아서 간다는 것을 의미한다. 종장에서 충신을 상징하는 '백로'가 간신을 상징하는 '까마귀'에 의해 몸을 더럽힐까 화자가 걱정하는 모습을 통해서 '백로'가 가진 속성인 충신의 절개와 지조를 돌려서 강조하고 있다.

④ 자연물에 빗대어 주제를 드러내고 있다.
   '까마귀'→ 간신, '백로'→ 충신

충신을 '백로'에, 간신을 '까마귀'에 빗대어 충신의 지조와 절개를 강조하고 있다.

⑤ 대조적인 속성을 가진 대상을 활용하고 있다.
   까마귀, 백로

흰빛을 가진 '백로'와 성낸 '까마귀'를 대비하고 있다.

07 정답 ㉠: 백로 ㉡: 까마귀

윗글에서 〈보기〉의 ㉠과 ㉡에 해당하는 것이 무엇인지 찾아 쓰시오.

〈보기〉
시조 〈까마귀 싸우는 곳에〉는 ㉠ 정몽주가 ㉡ 이성계
에게 가는 것을 말리기 위해 정몽주의 어머니가 지은 것
으로 알려져 있다.
고려의 충신

왜 정답?

이 시조를 지은 작가는 고려 말기의 충신인 정몽주의 어머니로, 이성계에게 문병을 가려고 하는 아들(정몽주)을 말리기 위해 이 시조를 지었다고 전해진다. 화자는 백로를 걱정하며 까마귀가 싸우는 곳에 가지 말라고 하고 있으므로 화자가 걱정하는 대상인 ㉠은 '백로', 멀리하기를 바라는 ㉡은 '까마귀'라고 볼 수 있다.

DAY 08

물새알 산새알 _박목월

❶ 화자, 중심 대상   ❷ 상황, 정서, 태도   ❸ 표현상 특징   [   ] 시 이해

대구법: 형식이나 내용이 비슷한 문장을 짝을 맞추어 나란히 두는 표현 방법
①·②연, ③·④연, ⑤·⑥연

시각적 심상: 눈으로 보는 듯한 느낌이 떠오르는 것
①-❹ 보얗게 하얀
②-❹ 알락달락 얼룩진

후각적 심상: 냄새를 맡는 듯한 느낌이 떠오르는 것
③-❸ 미역 냄새
③-❹ 바람 냄새
④-❷ 향긋한
④-❸ 풀꽃 냄새
④-❹ 이슬 냄새

미각적 심상: 혀로 맛을 보는 듯한 느낌이 떠오르는 것
③-❷ 간간하고 짭조름한
④-❷ 달콤하고

의인법: 사람이 아닌 것을 사람처럼 표현하는 방법
⑥-❸ 머리꼭지에 빨간 댕기를 드린

❸ 대구법

① ❶물새는
   ❶ 중심 대상
❷물새라서 바닷가 바위 틈에 / ❸알을 낳는다.
   ❷ 상황: 물새가 바닷가에 알을 낳음, 자연의 이치
❹보얗게 하얀 / ❺물새알.
   ❸ 시각적 심상

[① 물새는 물새라서 바닷가 바위 틈에 알을 낳는다. 보얗게 하얀 물새알.]
*①연 요약: 물새알의 탄생

② ❶산새는
   ❶ 중심 대상
❷산새라서 잎수풀 둥지 안에 / ❸알을 낳는다. 자연의 이치
   ❷ 상황: 산새가 수풀 둥지에 알을 낳음, 자연의 이치
❹알락달락 얼룩진 / ❺산새알.
   ❸ 시각적 심상

[② 산새는 산새라서 잎수풀 둥지 안에 알을 낳는다. 알락달락 얼룩진 산새알.]
*②연 요약: 산새알의 탄생

❸ 대구법

③ ❶물새알은 / ❷간간하고 짭조름한
   ❸ 미각적 심상
❸미역 냄새 / ❹바람 냄새.
   ❸ 후각적 심상

[③ (바닷가에 있는) 물새알은 짭조름한 미역 냄새와 바람 냄새(가 난다.)]
*③연 요약: 물새알의 감각적 이미지

④ ❶산새알은 / ❷달콤하고 향긋한
   ❸ 미각적 심상 ❸ 후각적 심상
❸풀꽃 냄새 / ❹이슬 냄새.
   ❸ 후각적 심상

[④ (산에 있는) 산새알은 향긋한 풀꽃 냄새와 이슬 냄새(가 난다.)]
*④연 요약: 산새알의 감각적 이미지

❸ 대구법

⑤ ❶물새알은 / ❷물새알이라서
❸날갯죽지 하얀 / ❹물새가 된다.
   ❷ 상황: 물새알이 물새가 됨.

[⑤ 물새알은 물새알이라서 날갯죽지(가) 하얀 물새가 된다(태어난다).]
*⑤연 요약: 물새의 탄생

⑥ ❶산새알은 / ❷산새알이라서
❸머리꼭지에 빨간 댕기를 드린 / ❹산새가 된다.
   ❸ 의인법: 산새의 모습   ❷ 상황: 산새알이 산새가 됨.

[⑥ 산새알은 산새알이라서 머리꼭지에 빨간 댕기를 드린(듯한 무늬가 있는) 산새가 된다(태어난다).]
*⑥연 요약: 산새의 탄생

★ 시 독해 공식

❶ 화자: 드러나지 않음. **중심 대상**: 물새알(물새), 산새알(산새)
❷ 상황: 물새와 산새가 알을 낳고, 그 알에서 물새와 산새가 태어남.
   정서: 생명 탄생의 신비로움을 깨닫고 있음.
❸ 표현상 특징
   – 다양한 심상을 활용하여 물새알(물새)과 산새알(산새)을 표현하고 있음.
   – 1·2연, 3·4연, 5·6연을 비슷한 문장 구조로 맞추어 운율을 형성하고 있음.

■ **내용**: 이 작품은 물새알과 산새알을 통해 자연의 이치에 따른 생명의 신비를 표현한 현대시이다.
①, ②연: 시각적 심상을 활용하여 물새가 물에 알을 낳고, 산새가 산에 알을 낳는 자연의 이치를 표현하고 있다.
③, ④연: 미각적 심상과 후각적 심상을 활용하여 물새알과 산새알을 표현하고 있다.
⑤, ⑥연: 시각적 심상을 활용하여 물새알에서 물새가 태어나고, 산새알에서 산새가 태어나는 생명의 신비로움을 드러내고 있다.

■ **주제**: 신비한 생명의 탄생
■ **이것이 핵심!**: 자연의 이치

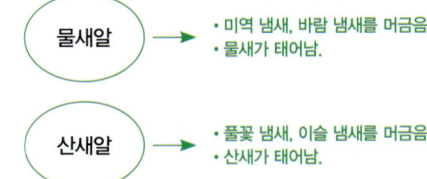

물새알 → ・미역 냄새, 바람 냄새를 머금음. ・물새가 태어남.

산새알 → ・풀꽃 냄새, 이슬 냄새를 머금음. ・산새가 태어남.

01 정답 (1) 산새 (2) 냄새, 후각적

> **왜** 정답?

(1) **근거: 6연 3행**

화자는 6연에서 '머리꼭지에 빨간 댕기를 드린 / 산새가 된다.'라면서 사람이 아닌 산새를 사람처럼 표현하고 있다.

(2) **근거: 3연 3, 4행, 4연 3, 4행**

3연의 '미역 냄새 / 바람 냄새', 4연의 '풀꽃 냄새 / 이슬 냄새'에서 냄새라는 시어를 반복함으로써 냄새를 맡는 듯한 느낌을 떠올리게 하는 심상인 후각적 심상을 사용하고 있다.

02 정답 ③

윗글의 내용으로 알맞지 않은 것은?

> **왜** 정답?

③ ~~물새는~~ 색깔이 알록달록한 알을 낳는다.
알록달록한 알은 산새알임.
★ **근거: 1연 4, 5행, 2연 4, 5행**

화자는 1연에서 '보얗게 하얀 / 물새알.'이라고 했고, 2연에서 '알락달락 얼룩진 / 산새알.'이라고 했다. 따라서 알락달락한 알을 낳는 새는 물새가 아니라 산새이다.

> **왜** 오답?

① 산새는 머리꼭지에 빨간 무늬가 있다.
'머리꼭지에 빨간 댕기를 드린 / 산새가 된다.'
★ **근거: 6연 3, 4행**

화자는 6연에서 '머리꼭지에 빨간 댕기를 드린 / 산새가 된다.'라고 했다. 이것은 사람이 아닌 산새가 사람이 빨간 댕기를 드린 것처럼 머리꼭지에 빨간 무늬가 있다는 의미이다.

② 산새는 잎수풀 둥지에서 알을 낳는다.
'산새라서 잎수풀 둥지 안에 / 알을 낳는다'
★ **근거: 2연 2, 3행**

화자는 2연에서 산새가 '잎수풀 둥지 안에/알을 낳는다.'라고 했다.

④ 물새알에서는 미역 냄새, 바람 냄새가 난다.
'미역 냄새 / 바람 냄새'
★ **근거: 3연 3, 4행**

화자는 3연에서 물새알에서 '미역 냄새 / 바람 냄새'가 난다고 했다.

⑤ 산새알에서는 풀꽃 냄새, 이슬 냄새가 난다.
'풀꽃 냄새 / 이슬 냄새'
★ **근거: 4연 3, 4행**

화자는 4연에서 산새알에서 '풀꽃 냄새 / 이슬 냄새'가 난다고 했다.

03 정답 ⑤

윗글에 대한 설명으로 가장 알맞지 않은 것은?

> **왜** 정답?

⑤ ~~청각적 심상을 활용하고 있다.~~
활용하지 않음.

심상이란 시어에 의해 마음속에 떠오르는 구체적이고 선명한 인상이나 감각적인 인상을 의미한다. 이 가운데 청각적 심상이란 귀로 듣는 듯한 느낌을 주는 표현 방식을 의미한다. 윗글에서 귀로 듣는 듯한 느낌을 주는 부분은 찾을 수 없다.

> **왜** 오답?

① 대구법을 활용하고 있다.
1연-2연, 3연-4연, 5연-6연

대구법은 형식이나 내용이 비슷한 문장을 짝을 맞추어 나란히 두는 표현 방법이다. 윗글에서는 1연과 2연, 3연과 4연, 5연과 6연이 각각 짝을 이뤄 비슷한 문장 구조를 이루고 있다.

② 의인법을 활용하고 있다.
'머리꼭지에 빨간 댕기를 드린/산새가 된다.'
★ **근거: 6연 3행**

의인법이란 사람이 아닌 것을 사람처럼 표현하는 방법을 의미한다. 화자는 6연에서 '머리꼭지에 빨간 댕기를 드린 / 산새'라면서 사람이 아닌 산새가 사람이 빨간 댕기를 드린 것처럼 머리꼭지에 빨간 무늬가 있다고 표현하고 있다.

③ 시각적 심상을 활용하고 있다.
'보얗게 하얀', '알락달락 알록진'
★ **근거: 1연 4행, 2연 4행, 6연 3행**

시각적 심상이란 눈으로 보는 듯한 느낌을 주는 표현 방법이다. 1연의 '보얗게 하얀', 2연의 '알락달락 얼룩진', 6연의 '머리꼭지에 빨간 댕기'에서 시각적 심상을 활용하고 있다.

④ 후각적 심상을 활용하고 있다.
'간간하고 짭조름한 미역 냄새 / 바람 냄새', '달콤하고 향긋한 / 풀꽃 냄새 / 이슬 냄새'
★ **근거: 3연 3, 4행, 4연 2~4행**

후각적 심상이란 코로 냄새를 맡는 듯한 느낌을 주는 표현 방법을 의미한다. 3연의 '미역 냄새 / 바람 냄새'와 4연의 '향긋한 / 풀꽃 냄새 / 이슬 냄새'에서 후각적 심상을 활용하고 있다.

❶ 화자, 중심 대상   ❷ 상황, 정서, 태도   ❸ 표현상 특징   [ ] 시 이해   ❸ ▨ : 점층법   ❸ ▨ : 반복법

1 ❶내가 그의 이름을 불러 주기 전에는
❶ 화자   상대에게 의미를 주는 행위
❷그는 다만 / ❸하나의 몸짓에 지나지 않았다.
'나'가 바라보는 대상   ❸ 상징: 의미가 없는 존재

> ① 내가 그의 이름을 불러 주기 전에는 그는 다만 (나에게 의미 없는) 하나의 몸짓에 지나지 않았다.

＊①연 요약: 이름을 부르기 전에 의미가 없었던 '그'

2 ❶내가 그의 이름을 불러 주었을 때
              의미를 줌. ❶ 중심 대상
❷그는 나에게로 와서 / ❸꽃이 되었다.
'나'와 '그'의 관계   ❸ 상징: 소중하고 의미 있는 존재

> ② 내가 그의 이름을 불러 주었을 때 그는 나에게로 와서 (의미 있는) 꽃이 되었다.

＊②연 요약: 이름을 불러주자 '나'에게 의미 있는 존재가 된 '그'

3 ❶내가 그의 이름을 불러 준 것처럼
              의미를 주는 행위
❷나의 이 빛깔과 향기에 알맞은
              참된 면모, 본질적인 요소
❸누가 나의 이름을 불러 다오.
❷ 정서: 다른 사람이 자신에게 의미를 주기를 바람.
❹그에게로 가서 나도
❺그의 꽃이 되고 싶다.
❷ 정서: 자신도 다른 누군가에게 의미 있는 존재가 되기를 바람.

> ③ 내가 그의 이름을 불러 준 것처럼 나의 빛깔과 향기에 알맞은 누가 나의 이름을 불러 다오. 그(나의 이름을 불러 준 사람)에게 가서 나도 그의 꽃(의미 있는 존재)이 되고 싶다.

＊③연 요약: 누군가에게 의미 있는 존재가 되고 싶은 '나'

4 ❶우리들은 모두 / ❷무엇이 되고 싶다.
                    의미 있는 것
❸너는 나에게 나는 너에게
'우리들' 모두의 관계   ❸ 상징: 의미 있고 소중한 존재
❹잊혀지지 않는 하나의 눈짓이 되고 싶다.
서로가 서로에게 의미 있는 존재가 되고자 함.

> ④ 우리들은 모두 무엇(소중한 존재)이 되고 싶다. 너는 나에게 나는 너에게 잊혀지지 않는 (소중한) 하나의 눈짓이 되고 싶다.

＊④연 요약: 서로에게 의미 있는 존재가 되고 싶은 '우리들'

상징 : 추상적인 개념이나 사물을 구체적인 사물로 나타내는 표현 방법
①-❸ 몸짓
②-❸ 꽃
④-❹ 눈짓

점층법 : 조금씩 의미를 넓혀 가면서 점차 중심 주제로 이끌어 가는 방법
①-❸ 몸짓
②-❸ 꽃
④-❹ 눈짓

반복법 : 비슷하거나 같은 단어, 구절, 문장 구조를 반복하는 표현 방법
③-❺ 되고 싶다.
④-❷ 되고 싶다.
④-❹ 되고 싶다.

★ 시 독해 공식
❶ 화자: '나', 중심 대상: 꽃
❷ 상황: 누군가에게 꽃이 되고 싶은 마음을 이야기함.
  정서: 자신의 본모습을 알아주는 누군가에게 자신이 의미 있는 존재가 되기를 바람.
❸ 표현상 특징
  – 반복법을 통해 화자의 소망을 강조하고 있음.
  – 상징적인 시어를 활용하여 주제를 강조하고 있음.

■ 내용: 이 작품은 의미 있는 존재가 되고 싶다는 소망을 드러낸 현대시이다.
  ①, ②연: '나'가 의미 없는 존재였던 '그'의 이름을 불러줌으로써 '그'가 나에게 의미 있는 존재가 되는 과정을 보여 주고 있다.
  ③연: 다른 사람이 '나'의 이름을 불러줌으로써 자신도 누군가에게 의미 있는 존재가 되기를 바라는 마음을 드러내고 있다.
  ④연: '우리' 모두가 서로에게 의미 있는 존재가 되고 싶어 한다는 소망을 드러내고 있다.

■ 주제: 진정한 관계를 형성하고 싶은 소망
■ 이것이 핵심!: '이름 부르기'의 효과

몸짓	이름 부르기 →	꽃, 무엇, 눈짓
의미 없는 존재		의미 있는 존재

04 [정답] (1) 몸짓, 꽃 (2) 반복

>왜 정답?

(1) **근거:** ①연 ③행, ②연 ③행

화자는 1연에서 자신이 이름을 불러주기 전에는 하나의 몸짓, 즉 의미 없는 존재였던 그가 2연에서 자신이 이름을 불러주자 의미 있는 존재인 꽃이 되었다고 하였다. 따라서 '몸짓'은 의미 없는 존재를, '꽃'은 의미 있는 존재를 의미한다.

(2) **근거:** ③연 ⑤행, ④연 ②, ④행

3연과 4연에서 '되고 싶다.'를 반복함으로써 누군가에게 의미 있는 존재가 되고 싶은 화자의 소망을 강조하고 있다.

05 [정답] ④

윗글의 화자에 대한 설명으로 가장 알맞은 것은?

>왜 정답?

④ 누군가에게 의미 있는 존재가 되고 싶어 한다.
   '그에게로 가서 나도 / 그의 꽃이 되고 싶다.'

★ **근거:** ③연 ④, ⑤행

화자는 3연에서 누군가에게 자신의 이름을 불러 달라고 하면서 '그에게로 가서 나도 / 그의 꽃이 되고 싶다.'라고 했다. '꽃'은 '의미 있는 존재'를 상징하므로 화자 역시 누군가에게 의미 있는 존재가 되고 싶은 소망을 드러내고 있음을 알 수 있다.

>왜 오답?

① 꽃의 이름을 짓고 있다.
   '내가 그의 이름을 불러 주었을 때'

★ **근거:** ②연 ①행

화자는 2연에서 '내가 그의 이름을 불러 주었을 때'라고 했다. 화자는 그를 의미 있는 존재로 만들기 위해 그의 이름을 불렀을 뿐, 꽃의 이름을 짓고 있지는 않다.

② 어떠한 몸짓을 하고 있다.
   몸짓을 하고 있지 않음.

★ **근거:** ①연 ②, ③행

1연에서 '그는 다만 / 하나의 몸짓에 지나지 않았다.'라고 했다. '하나의 몸짓'은 화자가 그의 이름을 불러 주기 전까지의 그로, 그가 의미 없는 존재였다는 뜻이다. 이처럼 화자는 그의 이름을 불러주었을 뿐, 어떠한 몸짓을 하지는 않았다.

③ 꽃과 자신의 모습을 비교하고 있다.
   비교하지 않음.

★ **근거:** ③연 ⑤행

3연에서 화자는 '그의 꽃이 되고 싶다.'라면서 자신도 누군가에게 의미 있는 존재가 되고 싶다는 소망을 드러내고 있을 뿐, 꽃과 자신의 모습을 비교하지는 않았다.

⑤ 누군가에게 하나의 눈짓으로 기억되는 것을 싫어한다.
   '나는 너에게 / 잊혀지지 않는 하나의 눈짓이 되고 싶다.'

★ **근거:** ④연 ③, ④행

화자는 4연에서 '너는 나에게 나는 너에게 / 잊혀지지 않는 하나의 눈짓이 되고 싶다.'라고 했다. 이것은 우리 모두가 서로에게 의미 있는 존재가 되기를 바란다는 의미이다. 따라서 화자 역시 다른 사람에게 의미 있는 존재, 즉 누군가에게 하나의 눈짓이 되고 싶어하는 것이지 다른 사람에게 눈짓으로 기억되는 것을 싫어하는 것이 아니다.

06 [정답] ⑤

윗글에 대한 설명으로 가장 알맞은 것은?

>왜 정답?

⑤ 특정한 어구를 반복하여 주제를 드러내고 있다.
   '되고 싶다.'

★ **근거:** ③연 ⑤행, ④연 ②, ④행

화자는 3연에서 '그의 꽃이 되고 싶다.'라고 했고, 4연에서 '무엇이 되고 싶다.', '잊혀지지 않는 하나의 눈짓이 되고 싶다.'라고 했다. 즉 화자는 '되고 싶다'라는 구절을 반복함으로써 의미 있는 존재가 되기를 바라는 소망을 드러내고 있다.

>왜 오답?

① 역설법을 활용하고 있다.
   활용하지 않음.

역설법이란 겉으로는 모순되거나 논리에 맞지 않는 표현이지만, 그 속에 진정으로 말하고자 하는 의미를 표현하는 방법을 의미한다. 윗글에서 역설법을 활용한 부분을 찾을 수 없다.

② 청각적 심상을 활용하고 있다.
   나타나지 않음.

청각적 심상이란 귀로 듣는 듯한 느낌을 주는 이미지를 말한다. 윗글에서 청각적 심상을 활용한 부분을 찾을 수 없다.

③ 공감각적 심상을 활용하고 있다.
   나타나지 않음.

공감각적 심상이란 하나의 감각을 다른 감각으로 옮겨서 표현하는 심상을 말한다. 윗글에서 공감각적 심상을 활용한 부분은 찾을 수 없다.

④ 묻고 답하는 형식을 반복하고 있다.
   나타나지 않음.

윗글에서는 화자만 이야기를 하고 있을 뿐, 화자가 스스로에게 묻거나 답을 하고 있지는 않다.

07 [정답] 이름

윗글에서 〈보기〉의 빈칸에 들어가기에 알맞은 말을 찾아 2글자로 쓰시오.

> ─〈보기〉─
> 김춘수의 〈꽃〉에서 '몸짓'은 의미가 없는 존재이다. 하지만 '몸짓'은 화자가 (이름)을/를 불러 줌으로써 '꽃', '무엇', '눈짓'이라는 의미 있는 존재로 변하게 된다.
>   이름을 불러 주기 전의 '그'
>   의미를 줌.

>왜 정답?

★ **근거:** ①연, ②연

1연에서 '그'는 화자가 이름을 불러 주기 전에는 의미 없는 존재인 '하나의 몸짓'이었다. 2연에서 화자가 '그'의 이름을 불러 주자, '하나의 몸짓'이었던 '그'는 화자에게 와서 '꽃', 즉 의미 있는 존재가 되었다. 따라서 화자는 '이름'을 불러 줌으로써 대상에 의미를 주었다고 할 수 있다.

❶ 중심인물, 배경 ❷ 중심 사건, 갈등 ❸ 서술상 특징 ❸ ▢ : 향토적 소재

[1] ❶소년은 개울가에서 소녀를 보자 곧 윤 초시네 증손
   ❶ 중심인물 ❶ 공간적 배경 ❶ 중심인물
녀딸이라는 걸 알 수 있었다. ❷소녀는 개울에다 손을
잠그고 물장난을 하고 있는 것이다. ❸서울서는 이런 개
울물을 보지 못하기나 한 듯이.
소녀가 서울에서 왔음을 알 수 있음.
❹벌써 며칠째 소녀는, 학교에서 돌아오는 길에 물장
난이었다. ❺그런데 어제까지는 개울 기슭에서 하더니,
오늘은 징검다리 한가운데 앉아서 하고 있다.
❶ 시간적 배경 소년과 친해지고 싶은 소녀의 행동: 적극적인 성격
❻소년은 개울둑에 앉아 버렸다. ❼소녀가 비키기를 기
                        소년의 성격은 소극적임.
다리자는 것이다.
❽요행 지나가는 사람이 있어, 소녀가 길을 비켜 주었다.
       * ▢ 요약: 소년과 소녀가 개울가에서 처음 만남.

[2] ❶다음 날은 좀 늦게 개울가로 나왔다.
   ❶ 시간적 배경 소년의 소극적 성격: 소녀와 마주치지 않으려 함.
❷이날은 소녀가 징검다리 한가운데 앉아 세수를 하고
있었다. ❸분홍 스웨터 소매를 걷어 올린 팔과 목덜미가
마냥 희었다.
소녀의 깨끗하고 맑은 이미지: 소녀가 도시 아이임을 짐작하게 함.
❹한참 세수를 하고 나더니, 이번에는 물속을 빤히 들
여다본다. 얼굴이라도 비추어 보는 것이리라. ❺갑자기
물을 움켜 낸다. ❻고기 새끼라도 지나가는 듯.
❼「소녀는 소년이 개울둑에 앉아 있는 걸 아는지 모르
는지, 그냥 날쌔게 물만 움켜 낸다. ❽그러나 번번이 허탕
     「 」: 소년의 관심을 끌기 위한 소녀의 행동
이다. ❾그대로 재미있는 양, 자꾸 물만 움킨다.」❿어제처럼
개울을 건너는 사람이 있어야 길을 비킬 모양이다.
                   ❸ 작가 관찰자 시점
⓫그러다가 소녀가 물속에서 무엇을 하나 집어낸다.
⓬하얀 조약돌이었다. ⓭그러고는 벌떡 일어나 팔짝팔짝
소년에 대한 소녀의 관심
징검다리를 뛰어 건너간다.
⓮다 건너가더니만 휙 이리로 돌아서며,
⓯"이 바보."   ❷ 사건: 자신의 마음을 몰라주는 소년
                            에게 소녀가 서운한 마음을 담아 하얀
⓰조약돌이 날아왔다.   조약돌을 던짐.

⓱소년은 저도 모르게 벌떡 일어섰다.
⓲단발머리를 나풀거리며 소녀가 막 달린다. ⓳갈밭 사
잇길로 들어섰다. ⓴뒤에는 청량한 가을 햇살 아래 빛나
                      ❶ 시간적(계절적) 배경: 가을
는 갈꽃뿐.
㉑이제 저쯤 갈밭머리로 소녀가 나타나리라. ㉒꽤 오랜
시간이 지났다고 생각됐다. ㉓그런데도 소녀는 나타나지
                    갈꽃을 꺾느라고 나타나지 않음.
않는다. ㉔발돋움을 했다. ㉕그러고도 상당한 시간이 지났
     소녀에 대한 소년의 관심이 드러나는 행동 ①
다고 생각됐다.
㉖저쪽 갈밭머리에서 갈꽃이 한 옴큼 움직였다. ㉗소녀
                  소녀가 갈꽃을 꺾어 안고 움직임.
가 갈꽃을 안고 있었다. ㉘그리고 이제는 천천한 걸음이
었다. ㉙유난히 맑은 가을 햇살이 소녀의 갈꽃 머리에서
반짝거렸다. ㉚소녀 아닌 갈꽃이 들길을 걸어가는 것만
      소녀의 움직임을 갈꽃의 움직임으로 표현함.: 소녀가 갈꽃을 한 움
같았다.   큼 안고 걷고 있기 때문임.
㉛소년은 이 갈꽃이 아주 뵈지 않게 되기까지 그대로
       소녀
서 있었다. ㉜문득, 소녀가 던진 조약돌을 내려다보았다.
㉝물기가 걷혀 있었다. ㉞㉠ 소년은 조약돌을 집어 주머니
     시간이 흐름.   소녀에 대한 소년의 관심이 드러나는 행동 ②
에 넣었다.
     * ▢ 요약: 소년이 소녀가 던진 조약돌을 주머니에 집어 넣음.

[3] ❶다음 날부터 좀 더 늦게 개울가로 나왔다. ❷소녀의
   ❶ 시간적 배경   소년은 소녀를 피하려고 함.
그림자가 뵈지 않았다. ❸다행이었다.
❹그러나 이상한 일이었다. ❺소녀의 그림자가 뵈지 않
는 날이 계속될수록 소년의 가슴 한구석에는 어딘가
허전함이 자리 잡는 것이었다. ❻주머니 속 조약돌을 주
     소녀가 보고 싶음.   소녀에 대한 소년의 관심이 드러나는 행동 ③
무르는 버릇이 생겼다.
❼그러한 어떤 날, 소년은 전에 소녀가 앉아 물장난을
     ❶ 시간적 배경
하던 징검다리 한가운데에 앉아 보았다. ❽물속에 손을
잠갔다. ❾세수를 하였다. ❿물속을 들여다보았다. ⓫검게
                       소녀의 흰 팔, 목덜미와 대비됨.
탄 얼굴이 그대로 비치었다. ⓬싫었다.
⓭소년은 두 손으로 물속의 얼굴을 움키었다. ⓮몇 번이

고 움키었다.⑮그러다가 깜짝 놀라 일어나고 말았다. ⑯소녀가 이리 건너오고 있지 않느냐.

⑰'숨어서 내가 하는 꼴을 엿보고 있었구나.'⑱소년은 달
<small>소녀가 건너오는 것을 본 소년의 생각</small>
리기 시작했다.⑲디딤돌을 헛짚었다.⑳한 발이 물속에
<small>자신의 마음을 소녀에게 들킨 것 같아 부끄러움을 느낌.</small>
빠졌다.㉑더 달렸다.⌐『 』: 소년의 마음 – 당황스러움

㉒몸을 가릴 데가 있어 줬으면 좋겠다.㉓이쪽 길에는 갈
밭도 없다.㉔메밀밭이다.㉕전에 없이 메밀꽃 내가 짜릿
하니 코를 찌른다고 생각됐다.㉖미간이 아찔했다.㉗찝찔
한 액체가 입술에 흘러들었다.㉘코피였다.㉙소년은 한
손으로 코피를 훔쳐 내면서 그냥 달렸다.㉚어디선가 '바
보, 바보.' 하는 소리가 자꾸만 뒤따라오는 것 같았다.
<small>소녀를 계속 의식하고 있는 소년 ★③ 요약: 소녀를 마주한 소년이 도망을 침.</small>

★ 소설 독해 공식

❶ **중심인물**: 소년, 소녀
   배경: 한 시골 마을 개울가 등(공간적 배경), 가을(시간적 배경)
❷ **중심 사건**: 소년과 소녀가 개울가에서 만남.
   갈등: 크게 두드러지지 않음.
❸ **서술상 특징**
   – 서술자: 3인칭 서술자, 시점: 작가 관찰자 시점(부분적으로 전지적 작
     가 시점)
   – 서술자가 소년과 소녀를 관찰하며 이야기를 전개함.
   – 농촌을 배경으로 소년과 소녀의 순수한 사랑을 효과적으로 표현함.

■ **내용**: 이 작품은 서울에서 온 소녀와 시골 소년의 풋풋하지만 비극적인
사랑을 담은 현대 소설이다.
①: 소년은 며칠 째 개울가에서 물장난을 하는 소녀를 본다. 소녀가 징
검다리 한가운데에 앉아서 물장난을 하는 것을 본 소년은 소녀가 비키기
를 기다린다.
②: 다음 날도 징검다리 한가운데에 앉아 물장난을 하던 소녀는 소년에
게 하얀 조약돌을 던지고 갈밭 사잇길로 간다. 소년은 소녀의 모습을 갈
꽃이 들길을 걸어가는 것만 같다고 생각하면서 소녀가 던진 조약돌을
집어 주머니에 넣는다.
③: 시간이 지난 어떤 날, 소녀처럼 개울가에서 세수를 하던 소년은 소
녀를 보고 메밀밭으로 도망간다. 소년은 '바보'하는 소리가 자신을 뒤따
라오는 것처럼 느낀다.

■ **주제**: 소년과 소녀의 순수한 사랑
■ **이것이 핵심!**: 조약돌의 의미

(조약돌) • 소년과 친해지고 싶은 소녀의 마음
          • 소녀에 대한 소년의 관심

---

01 [정답] (1) 소년, 소녀 (2) 개울가

>**왜** 정답?

(1) 윗글에 등장하는 인물은 소년과 소녀이다.
(2) ②에서 소녀는 개울가에서 세수를 하다 물속에서 하얀 조약돌을
집어냈고, 그 하얀 조약돌을 소년에게 던졌다. 따라서 소녀가 소
년에게 하얀 조약돌을 던진 곳은 개울가이다.

02 [정답] ⑤

>**왜** 정답?

소년에 대한 설명으로 가장 알맞지 않은 것은?

⑤ 징검다리 한가운데에 앉아 세수를 하면 흰 얼굴이 될 것이
   라고 믿었다.
   <small>흰 얼굴이 될 것이라고 믿지 않음.</small>

★ **근거**: ③ - ❼~⓫
③에서 소년은 소녀가 앉아 물장난을 하던 개울가의 징검다리에 앉
아 '세수를 하였다. 물속을 들여다보았다. 검게 탄 얼굴이 그대로 비
치었다.'라고 했다. 소년이 징검다리 한가운데에 앉아서 세수를 한 이유
는 이전에 소녀가 했던 행동을 따라한 것일 뿐, 얼굴이 하얗게 될 것
이라고 생각하고 세수를 한 것이 아니다.

>**왜** 오답?

① 메밀밭에서 코피를 흘리면서 달렸다.
   <small>'코피를 훔쳐 내면서 그냥 달렸다.'</small>

★ **근거**: ③ - ㉔, ㉙
징검다리 한가운데 앉아서 세수를 하던 소년은 소녀가 징검다리를
건너오기 시작하자 메밀밭 쪽으로 달리기 시작했다. 이때 '소년은 한
손으로 코피를 훔쳐 내면서 그냥 달렸다.'라고 했다.

② 소녀가 조약돌을 던지자 벌떡 일어났다.
   <small>'소년은 저도 모르게 벌떡 일어섰다.'</small>

★ **근거**: ② - ⑯, ⑰
소녀가 던진 하얀 조약돌이 날아오자 '소년은 저도 모르게 벌떡 일어
섰다.'라고 했다.

③ 개울둑에 앉아 소녀가 비키기만을 기다렸다.
   <small>'소녀가 비키기를 기다리자는 것이다.'</small>

★ **근거**: ① - ❺~❼
소녀가 개울가의 징검다리 한가운데 앉아서 물장난을 하고 있자 소
년은 개울둑에 앉아서 소녀가 비키기를 기다렸다.

④ 개울가에서 만난 소녀가 윤 초시네 증손녀 딸이라는 것을
   <small>소녀를 보자마자 알았음.</small>
   알았다.

★ **근거**: ① - ❶
'소년은 개울가에서 소녀를 보자 곧 윤 초시네 증손녀 딸이라는 것을
알 수 있었다.'라고 했다.

03 정답 ①

소년이 ⊙처럼 행동한 이유로 가장 알맞은 것은?

- ⊙: ⊙은 '소년은 조약돌을 집어 주머니에 넣었다.'예요. 소년은 소녀가 "이 바보."라고 하며 던진 흰 조약돌을 집어 자신의 주머니에 넣었어요.

즉 소년이 소녀가 던진 흰 조약돌을 주머니에 넣은 이유로 알맞은 것을 고르는 문제입니다.

>왜 정답?

① 소녀에게 관심이 있어서
소녀를 지켜보다가 조약돌을 주머니에 넣음.
★ 근거: ② - ③①~③④
②에서 소년은 갈밭 사잇길로 가서 갈꽃을 안고 가는 소녀를 한참 보다가 소녀가 아주 보이지 않게 되자 소녀가 던진 조약돌을 내려다보다가 주머니에 집어넣었다. 소년이 이처럼 행동한 이유는 소녀에게 관심이 생겼기 때문이다.

>왜 오답?

② 조약돌이 흰 것이 신기해서
신기하게 여기지 않음.
윗글을 통해 소년이 조약돌이 흰 것을 신기해하는지는 알 수 없다.

③ 갈꽃 아래에 가져다 두기 위해서
갈꽃 아래 가져다 두기 위함이 아님.
★ 근거: ② - ⑲~㉚
갈밭 사잇길로 가서 갈꽃을 꺾어 그것을 들고 간 사람은 소녀이다. 소년은 갈밭으로 가지 않았으며, 갈꽃 아래에 조약돌을 가져다 두지도 않았다.

④ 흰 조약돌을 가지면 행운이 온다고 해서
알 수 없음.
윗글을 통해 소년이 흰 조약돌을 가지면 행운이 온다고 생각하는지는 알 수 없다.

⑤ 소녀가 자신에게 바보라고 한 이유를 물어보고 싶어서
물어보고 싶어 하지 않음.
윗글을 통해 소녀가 자신에게 바보라고 한 이유를 물어보고 싶어 하는지는 알 수 없다.

DAY 10 고무신 _오영수

❶ 중심인물, 배경 ❷ 중심 사건, 갈등 ❸ 서술상 특징

❶ 시대적 배경: 1940년대 후반 ❶ 공간적 배경

[앞부분의 줄거리] 귀환 동포들이 모여 살던 산기슭 마을의 아이들에게는 어쩌다 찾아오는 엿장수가 큰 즐거움이었다. 어느 날 윤이와 영이는 엿이 너무 먹고 싶은 나머지 식모 남이가 몹시 아끼던 옥색 고무신을 엿장수에게 가져가 엿으로 바꾸어 먹는다. 몹시 속이 상한 남이는 엿장수에게 고무신을 되찾기 위해 엿장수를 기다린다.
남이가 엿장수를 기다린 이유

① ❶ 남이가 세숫대야에 걸레랑 헌 양말이랑 담아 옆에
빨래를 하러 나감.
끼고 마악 대문 밖을 나서는데 엿장수의 가위 소리가 들려왔다.

② 엿장수는 마을 중턱 보리밭 사잇길을 올라오고 있었
❶ 중심인물 장소의 이동
다. ❸ 남이는 대문 설주에 몸을 붙이고 엿장수를 기다렸
❶ 중심인물 고무신을 되찾기 위해
다. ❹ 엿장수는 마을 앞에 오자 한층 더 목청을 높여
장소의 이동
❺ "자아- 떨어진 고무신이나 백철 부서진 거나 삼베
❶ 시대적 배경을 알 수 있는 표현 ① ❶ 표현 ②
속곳 떨어진 거나…… 째깍째깍."
❻ 그러자 남이는 / "저놈의 엿장수 미쳤는가 베!"
: 엿장수에 대한 남이의 태도가 드러남.
❼ 하고 입속말로 중얼거렸고, 마을 아이들은 어느새 엿
장수를 둘러쌌다.

「❽ 엿장수가 엿판을 길목에 내리자 남이는 가시처럼 꼭
❶ 공간적 배경 : 엿장수에 대한 남이의 태도가 드러남.
찌르는 소리로
❾ "보소!"
❿ 엿장수는 놀란 듯 힐끗 한 번 돌아보고는 담을 싼 아
이들을 헤치고 남이에게로 오는데 남이는 입을 샐쭉하
: 엿장수에 대한 남이의 태도가 드러남.
면서 대뜸,
⓫ "내 신 내놓소!"
❷ 사건; 남이가 엿장수에게 자신의 고무신을 돌려 달라고 함.
⓬ 했다. ⓭ 엿장수는 걸음을 멈추고 한참 동안 남이를 바라
보다 말고 은근한 말투로
: 남이에 대한 엿장수의 태도가 드러남.
⓮ "신은 웬 신요?"
⓯ 하고는 상대편에 의심을 받을 만큼 히죽이 웃어 보이
「」: ❷ 갈등-고무신을 돌려달라는
자, 남이는 눈을 까칠해 가지고 남이와 무슨 말인지 모르겠다는
: 엿장수에 대한 남이의 태도가 드러남. 엿장수(외적 갈등)
⓰ "잡아떼면 누가 속을 줄 아는가 베!"」
남이는 엿장수가 고무신을 가져가지 않았다고 거짓말을 하고 있다고 생각함.
★① 요약: 엿장수에게 옥색 고무신을 돌려 달라고 요구하는 남이

[중략 부분의 줄거리] 고무신을 돌려주는 것에 대해 남이와 엿장수가 실랑이를 벌인다. 그때 남이 저고리 앞섶에 벌 한 마리가 내려앉는다. 엿장수는 손바닥으로 벌을 덮어 누른다.」
「」: ❷ 사건-남이와 실랑이를 벌이던 엿장수가 손을 벌에 쏘임.

2 ❶남이는 당황하면서도 귀 언저리를 붉히고 한걸음
엿장수와의 신체적 접촉에 부끄러움을 느낌.
뒤로 물러서자 함께, 엿장수 손아귀에는 벌이 쥐어졌
다.❷쥐인 벌은 고스란히 있을 리가 없다.❸한 번 잉 소
리를 내고는 그만 손바닥을 쏘아 버렸다.❹동시에 엿장
수는 "앗!"하고 쥐었던 손을 펴 볼며 털며 앙감질을 하
는 꼴이 「남이는 어떻게나 우스웠던지 그만 손등으로
입을 가리고 킥킥하고 웃어 버렸다.❺엿장수는 반은 울
남이와 엿장수 사이의 갈등 분위기가 누그러짐(갈등 해소).
상 반은 웃는 상 남이를 바라보는데, 남이의 송곳니가
벌에 쏘여 아프지만, 남이가 웃어서 좋음.
무척 예뻐 보였다.❻남이는 엿장수와 눈이 마주치자 무
남이가 마음에 듦.　　　　　　　　　　　*창피함. 부끄러움.*
색해서 눈을 땅바닥으로 떨어뜨렸다.❼살을 쏘아버린
　　　　　　　　「 」: 엿장수와 남이 사이에 사랑이 싹틈.
벌이 꽁무니에 흰 실 같은 것을 달고, 거추장스럽게
기어가고 있다.❽남이의 시선을 따라온 엿장수 눈이 이
것을 보자 그만 그 억센 발로 "엥이 엥이 엥이."하고
망깨 다지듯 짓밟고 문질러 자취도 없이 해 버리자 남
이는 또 웃음이 나올 것만 같아 문을 밀고 안으로 들어
가 버렸다.

❾엿장수는 무슨 발작이나 막 하고 난 사람처럼 맥이
없었다.

❿어깨와 두 팔을 축 늘어뜨리고 남이가 들어간 문 쪽
을 한참 동안 멍하니 바라보고 나서야 비로소 어슬렁
어슬렁 엿판께로 돌아왔다.

＊2 요약: 남이의 저고리 앞섶에 붙은 벌을 잡아 주다 벌에 쏘인 엿장수

★ 소설 독해 공식

❶ 중심인물: 남이, 엿장수
배경: 산기슭 마을(공간적 배경), 1940년대 후반(시대적 배경)
❷ 중심 사건: 남이가 엿장수에게 자신의 고무신을 돌려달라고 함, 엿장수
가 남이 저고리의 앞섶에 앉은 벌을 잡다가 벌에 쏘임.
갈등: 옥색 고무신을 돌려달라는 남이와 무슨 말인지 모르겠다는 엿장
수(외적 갈등)
❸ 서술상 특징
– 서술자: 3인칭 서술자, 시점: 전지적 작가 시점
– 산기슭 마을을 배경으로 젊은 남녀의 순수한 사랑을 그림.

■ 내용: 이 작품은 서로 호감을 느꼈지만 결국 이루어지지 못한 남이와 엿
장수의 애틋하고 순수한 사랑을 그린 현대 소설이다.
1: 남이는 아이들이 엿과 바꾸어 먹은 자신의 고무신을 되찾기 위해 엿
장수를 기다린다. 남이가 자신의 고무신을 돌려 달라고 하자 엿장수는
신은 웬 신이냐며 모르는 척 한다.
2: 남이와 실랑이를 벌이던 엿장수는 남이의 저고리 앞섶에 앉은 벌을
잡다 벌에게 손을 쏘인다. 이 모습을 보고 웃음을 터트린 남이는 벌을
짓밟아 없애는 엿장수의 모습에 다시 웃음이 나올 것 같아 문 안으로 들
어 간다.

■ 주제: 젊은 남녀간의 순수한 사랑
■ 이것이 핵심!: 고무신과 벌의 역할

고무신	벌
• 남이가 아끼던 물건 • 남이가 엿장수와 실랑이를 벌이게 된 원인 제공 (남이와 엿장수를 만나게 해준 매개체)	• 남이와 엿장수 사이에 호감이 싹트게 하는 것 • 남이와 엿장수 사이의 갈등이 해소되게 해 준 것

04 정답 (1) 엿장수 (2) 대문 설주

▶왜 정답?
(1) 남이는 엿장수에게 "내 신 내 놓소!"라면서 자신의 고무신을 돌려
달라고 요청하고 있다.
(2) 보리밭 사잇길을 올라오고 있는 엿장수를 본 '남이는 대문 설주
에 몸을 붙이고 엿장수를 기다렸다.'라고 했다.

05 정답 ①

엿장수에 대한 설명으로 가장 알맞지 않은 것은?

▶왜 정답?
① 입속말을 중얼거리고 있다.
입속말을 중얼거리는 사람은 남이임.
★ 근거: 1-❻, ❼
1에서 "저놈의 엿장수 미쳤는가 베!"라고 입속말로 중얼거린 사람
은 엿장수가 아닌 남이이다.

▶왜 오답?
② 벌을 발로 밟아 없애고 있다.
'망깨 다지듯 짓밟고 문질러 자취도 없이 해 버리자~'
★ 근거: 2-❽
2에서 엿장수가 자신의 손을 쏜 벌을 '그 억센 발로 "엥이 엥이 엥
이." 하고 망깨 다지듯 짓밟고 문질러 자취도 없이 해' 버렸다고 했다.
③ 목청을 높여 이야기하고 있다.
'한층 더 목청을 높여'
★ 근거: 1-❹, ❺
1에서 '엿장수는 마을 앞에 오자 한층 더 목청을 높여 "자아— 떨어
진 고무신이나 백철 부서진 거나 삼베 속곳 떨어진 거나…… 째깍째
깍."이라고 했다.

④ **은근한 말투로 남이에게 말을 건네고 있다.**
'남이를 바라보다 말고 은근한 말투로'

★ 근거: 1-⑬, ⑭
1에서 엿장수는 신을 내놓으라고 하는 남이에게 은근한 말투로 "신은 웬 신요?"라고 대답하고 있다.

⑤ **남이가 문을 밀고 안으로 들어가서 아쉬움을 느끼고 있다.**
'문 쪽을 한참 동안 멍하니 바라보고'

★ 근거: 2-⑨, ⑩
2에서 엿장수는 남이가 문 안으로 들어가자, 맥이 없이 '어깨와 두 팔을 축 늘어뜨리고 남이가 들어간 문 쪽을 한참 동안 멍하니 바라보고 나서야 비로소 어슬렁어슬렁 엿판께로 돌아왔다.'라고 했다. 이를 통해 엿장수는 남이가 문 안으로 들어간 것을 아쉬워하고 있음을 알 수 있다.

06 정답 ①

윗글의 배경을 드러내는 말이 아닌 것은?

왜 정답?

① **벌**
남이와 엿장수 사이의 분위기를 누그러뜨림.
벌은 남이와 엿장수 사이의 갈등을 해소하는 역할을 할 뿐, 윗글의 시대적 배경과는 관련이 없다.

왜 오답?

② **식모** ③ **엿장수** ④ **고무신** ⑤ **산기슭 마을**

식모(②), 엿장수(③), 고무신(④)은 윗글의 시대적 배경(1940년대 후반)과 관련이 있고, 산기슭 마을(⑤)은 공간적 배경과 관련이 있다.

07 정답 고무신

윗글에서 〈보기〉와 관련이 있는 것을 찾아 3음절로 쓰시오.

〈보기〉
- 남이가 아끼던 물건
- 남이가 엿장수에게 돌려달라고 하는 것
"내 신 내놓소!"

왜 정답?

★ 근거: [앞부분의 줄거리], 1-⑪
[앞부분의 줄거리]에서 윤이와 영이가 남이가 아끼던 옥색 고무신을 엿장수에게 가져가 엿으로 바꾸어 먹었다고 했고, 1에서 남이는 엿장수에게 "내 신 내놓소!"라며 자신의 고무신을 돌려 달라고 했다. 따라서 남이가 아끼던 물건이자 남이가 엿장수에게 돌려 달라고 한 것은 '고무신'이다.

배경지식

<고무신>의 전체 줄거리

산기슭 마을에 사는 철수 내외의 집에서 남이는 식모살이를 하며 철수 내외의 자식인 영이, 윤이를 돌본다. 어느 날 영이와 윤이는 엿장수에게 남이의 옥색 고무신을 가져다 주고 그것을 엿으로 바꾸어 먹는다. 이를 알게 된 남이는 엿장수에게 아이들이 엿으로 바꿔 간 신을 내놓으라고 한다. 엿장수와 남이가 실랑이를 벌이던 그때 벌 한 마리가 날아와 남이의 저고리 앞섶에 붙고, 엿장수는 손바닥으로 벌을 딱 덮어 누른다. 남이는 얼굴을 붉히며 한 걸음 뒤로 물러서고, 엿장수 손아귀로 들어간 벌은 엿장수의 손바닥을 쏘아 버린다. 이 모습에 남이는 웃음을 보이고, 이후 엿장수는 산기슭 마을에 전보다 오랜 시간 머물게 된다.

시간이 지난 어느 날, 남이의 아버지가 철수 내외를 찾아와 남이를 시집을 보내겠다고 한다. 다음 날 철수의 아내는 남이를 위해 장만해 두었던 옷감을 꺼내 남이의 짐을 싸 주고, 남이는 아직 할일이 남았다며 떠나기 싫은 모습을 보인다. 아버지가 재촉하는 소리에 남이는 영이와 윤이를 찾는다. 그때 엿장수의 가위 소리가 들리고, 남이는 윤이와 영이를 데리고 나가 엿장수에게 엿을 산다. 엿장수는 엿과 돈을 남이에게 건네고, 그것을 받은 남이는 집 안으로 들어온다. 엿장수는 대문을 쳐다보다가 울음고개로 향한다. 철수 내외는 남이가 새 옥색 고무신을 신고 가고 있는 뒷모습을 보게 되고, 엿장수는 울음고개 위에서 남이가 영감 하나를 따라가고 있는 모습을 지켜본다.

흥부전 ① _작자 미상

❶ 중심인물, 배경   ❷ 중심 사건, 갈등   ❸ 서술상 특징

[앞부분의 줄거리] 형제인 흥부와 놀부는 부모님이 돌아가신 후에도 한집에 살고 있었다. 그러나 욕심 많은 형 놀부는 재산을 몽땅 가로채고 동생 흥부를 집에서 내쫓았다. 빈손으로 쫓겨난 흥부는 도저히 가족을 먹여 살릴 길이 없어 놀부의 집에 찾아갔다.
❶ 공간적 배경

1 「"형님 전에 뵙니다. 세 끼를 굶어 누운 자식 살려 낼 길 없어 염치코치 불구하고 찾아왔으니 동기간 정을
형제 간의 우애
생각하여 무엇이든지 좀 주시면 품을 판들 못 갚으며 일을 한들 공으로 가져가겠습니까? 모쪼록 죽는
공짜로 가져가지 않겠다.
목숨 살려 주십시오." 」: ❷ 사건–흥부가 놀부를 찾아와 도와 달라고 함.

❷ 이렇듯 애걸하였으나 놀부는 차디차기만 하였다. ❸ 오
❶ 중심인물 ❸ 서술자: 3인칭, 시점: 전지적 작가 시점
히려 맹호같이 날뛰며 모진 눈을 부릅뜨고 핏대를 올리는 것이었다.

❹ "너도 염치없는 놈이다. 내 말을 들어 보아라. 하늘
흥부
이 내지 않은 자는 벼슬에 못 오르고 땅이 내지 않은 자는 이름 없는 인간이다. 너는 어찌하여 복이 없어
놀부는 흥부의 어려운 처지를 흥부 탓으로 여김.
날 보고 이렇게 보채느냐? 잔말은 듣기 싫다."

❺ 흥부는 울며 사정하였다.
❶ 중심인물
❻ "양식이 못 되거든 돈 서 돈 주시면 하루라도 살겠습니다."

❼ "이놈아 들어 보아라. 쌀이 많다 한들 너 주자고 섬
❸ ___: '~ 한들 너 주자고 ~며'를 반복함. 욕심 많은 놀부의 성격을 드러냄.
을 헐며, 벼가 많다 한들 너 주자고 노적 헐며, 돈이 많다 한들 너 주자고 궤돈 헐며, 가루 되나 주자 한들 너 주자고 큰 독에 가득한 것을 떠내며, 의복 가지나 주자 한들 너 주자고 행랑것들 벗기며, 찬 밥 술이나 주자 한들 너 주자고 마루 아래 청삽사리 굶기며, 지게미나 주자 한들 너 주자고 새끼 낳은 돼지를 굶기며, 콩 섬이나 주자 한들 큰 농우가 네 필이니 너를 주고 소 굶기랴? 정말 염치없고 속이 없는 놈이로구나."

❽ "아무리 그러시더라도 죽는 동생 살려 주오."
흥부
❾ 놀부는 화를 더럭 내어 벼락같은 소리로 하인 마당
❶ 시간적 배경을 알 수 있게 해 줌.
쇠를 부르는 것이었다.

❿ "이놈아, 뒷광문 열고 들어가면 저편에 보리 쌓은 담
마당쇠
불이 있지?"

⓫ 거기 있는 도끼 자루 묶음을 내오게 하고는 손에 닿
보리 쌓은 담불
는 대로 골라잡더니 그만 달려들어 흥부의 뒤꼭지를
잔뜩 움켜쥐고 사정없이 친다. ⓬ 마치 손 잰 중이 비질
❷ 사건: 놀부가 흥부를 때림.   ❸ 흥부를 때리는 놀부의 모습을 손이
하듯, 상좌중이 법고 치듯이다. 빠른 중이 비질을 하는 것과 중이 북을
치는 것에 빗대어 해학적으로 표현함.

⓭ "이놈 내 눈앞에 뵈지 마라."
❶
            *1 요약: 놀부가 도와 달라는 흥부를 때림.
2 흥부는 어찌나 맞았던지 온몸이 나른하여 그만 돌
❷
아가고 싶었다. ❷ 그러나 형수나 보고 가려고 엉금엉금
❶ 중심인물, 놀부 아내
부엌으로 기어갔다. ❸ 놀부 아내가 마침 밥을 푸고 있었다.
❶ 공간적 배경
❹ 흥부는 굶은 창자에 밥 냄새를 맡으니 오장이 뒤집혔다.
흥부는 몹시 배가 고픈 상태임.
❺ "애고 형수님, 밥 한 술만 떠 주오. 이 동생을 살려 주오."
놀부의 아내
❻ 그러나 이년 또한 몹쓸 년이었다.
❸ 서술자가 인물을 직접 평가함.
❼ "남녀가 유별한데 어디를 들어오노?"
❶ 시간적 배경을 알 수 있게 해 줌.
❽ 밥 푸던 주걱으로 흥부의 마른 뺨을 우지끈 때리니
❷ 사건: 놀부 아내가 흥부를 주걱으로 때림.
흥부는 두 눈에 불이 화끈 일고 정신이 아찔한 중에도 얼떨결에 손을 슬쩍 뺨 위로 밀어 보니 밥이 볼때기에 붙어 있는 것이었다. ❾ 얼른 입으로 쓸어 넣는다.

❿ "아주머님은 뺨을 쳐도 먹여 가며 치시니 감사한 말을 어찌 다 하겠습니까? ㉠ 수고스럽지만 이쪽 뺨마저 쳐 주십시오. 밥 좀 많이 붙은 주걱으로요. 그 밥 갖다가 아이들 구경이나 시키겠소.
흥부가 밥이 많이 붙은 주걱으로 반대쪽 뺨을 때려 달라고 한 이유
⓫ 이 몹쓸 년이 주걱은 내려놓고 부지깽이로 흥부를
놀부 아내
실컷 때리니, 흥부는 아프단 말도 못하고 할 수 없이
❷ 사건: 놀부 아내가 흥부를 부지깽이로 때림.
통곡하며 돌아오는 것이었다.
            *2 요약: 놀부 아내가 밥을 달라는 흥부를 때림.

❶ **중심인물**: 흥부, 놀부, 놀부 아내
　배경: 놀부의 집, 부엌(공간적 배경), 조선 시대(시간적 배경)
❷ **중심 사건**: 가난한 흥부가 놀부에게 도와 달라고 갔다가 놀부와 놀부 아내에게 맞음.
　갈등: 도와 달라는 흥부와 도와주지 않고 흥부를 때리는 놀부, 놀부 아내 (외적 갈등)
❸ **서술상 특징**
　- **서술자**: 3인칭 서술자, **시점**: 전지적 작가 시점
　- 서술자가 개입하여 등장인물을 평가함.
　- 인물의 말과 행동을 통해 인물의 성격을 드러냄.
　- 인물의 모습을 해학적으로 표현함.

■ **내용**: 이 작품은 가난하지만 착한 흥부와 욕심 때문에 동생을 외면한 놀부의 이야기를 다룬 고전 소설이다.
　① 흥부가 놀부의 집에 찾아와 놀부에게 도와 달라고 하지만, 놀부는 흥부를 도와주기는커녕 흥부를 때린다.
　② 형수(놀부 부인)를 보고 가기 위해 부엌에 간 흥부는 밥 냄새를 맡고 놀부 부인에게 밥을 달라고 한다. 놀부 부인이 밥알이 붙은 주걱으로 흥부의 뺨을 때리자 흥부는 놀부 부인에게 다른 뺨도 때려 달라고 한다. 놀부 부인은 부지깽이로 흥부를 때리고 흥부는 통곡하며 돌아간다.

■ **주제**: 도움을 요청하는 흥부를 때린 놀부 부부
■ **이것이 핵심**: 흥부의 요청을 거절하는 놀부 부부

01 [정답] (1) 놀부 (2) 부엌

> **왜 정답?**

(1) 흥부는 놀부에게 '세 끼를 굶어 누운 자식 살려낼 길 없어 염치코치 불구하고 찾아왔'다면서 놀부에게 도와 달라고 하였다.
(2) 흥부는 놀부 아내를 보고 가려고 부엌에 들렸다가 놀부 아내에게 밥을 푸던 주걱과 부지깽이로 맞았다.

02 [정답] ②

윗글의 내용으로 가장 알맞지 <u>않은</u> 것은?

> **왜 정답?**

② 놀부는 집에 가려는 흥부에게 <u>놀부 아내를 보고 가라고 했다.</u>
　　　　　　　　　　　　　　　　보고 가라고 하지 않음.

★ **근거**: ②-❶, ❷
②에서 놀부에게 맞은 흥부는 집에 돌아가고 싶었지만 '형수나 보고 가려고 엉금엉금 부엌으로 기어갔다.'라고 했다. 즉 흥부가 형수, 즉 놀부 부인을 보고 가려고 한 것이지 놀부가 집에 가려는 흥부에게 자신의 아내를 보고 가라고 한 것이 아니다.

> **왜 오답?**

① 놀부는 흥부에게 <u>염치가 없다고 화를 냈다.</u>
　　　　　　　　　　　'너도 염치없는 놈이다.'

★ **근거**: ①-❹
①에서 놀부는 도와 달라는 흥부에게 '너도 염치없는 놈이다.'라고 하면서 화를 냈다.

③ 놀부는 <u>마당쇠에게 도끼 자루를 가져오게 하여 흥부를 때</u>
　　　　　　　　　　　　　　　'도끼 자루 묶음을 내오게 하고는~'
<u>렸다.</u>

★ **근거**: ①-❾~⓫
①에서 놀부는 하인 마당쇠에게 보리 쌓은 담불에서 '도끼 자루 묶음을 내오게 하고는 손에 닿는 대로 골라잡더니 그만 달려들어 흥부의 뒤꼭지를 잔뜩 움켜쥐고 사정없이' 흥부를 때렸다.

④ 흥부는 놀부 아내에게 밥을 푸던 주걱으로 뺨을 때려 달라고
　　　　　　　　　　　　　　'이쪽 뺨마저 쳐주십시오. 밥 좀 많이 붙은 주걱으로요.'
했다.

★ **근거**: ②-⓾
②에서 흥부는 주걱으로 밥을 푸던 놀부의 아내에게 한쪽 뺨을 맞은 후 볼때기에 붙은 밥을 먹고 '수고스럽지만 이쪽 뺨마저 쳐 주십시오. 밥 좀 많이 붙은 주걱으로요.'라고 말했다.

⑤ 흥부는 <u>세 끼를 굶어 누운 자식을 살리기 위해 놀부에게</u>
　　　　　　　　　　'세 끼를 굶어 누운 자식 살려낼 길 없어~'
<u>찾아왔다.</u>

★ **근거**: ①-❶
①에서 흥부는 놀부에게 '세 끼를 굶어 누운 자식 살려낼 길 없어 염치코치 불구하고 찾아 왔'다고 했다.

03 [정답] ⑤

흥부가 ㉠과 같이 말한 이유로 가장 알맞은 것은?

• ㉠: ㉠은 '수고스럽지만 이쪽 뺨마저 쳐 주십시오.'로, 흥부가 놀부 부인에게 한 말이에요.

즉 흥부가 놀부의 아내에게 뺨을 때려 달라고 한 이유로 가장 알맞은 것을 고르는 문제입니다.

> **왜 정답?**

⑤ <u>뺨에 밥알이 붙으면 그것을 아이들에게 가져다주려고</u>
　　　　　　　　　'그 밥 갖다가 아이들 구경이나 시키겠소.'

★ **근거**: ②-⓾
②에서 흥부는 주걱으로 밥을 푸던 놀부의 아내에게 한쪽 뺨을 맞은 후 볼때기에 붙은 밥을 먹고 '수고스럽지만 이쪽 뺨마저 쳐 주십시오. 밥 좀 많이 붙은 주걱으로요. 그 밥 갖다가 아이들 구경이나 시키겠소.'라고 했다. 흥부는 볼에 붙은 밥알이라도 아이들에게 가져다주기 위해 놀부 부인에게 밥을 푸던 주걱으로 때려 달라고 한 것이다.

> **왜 오답?**

① <u>놀부에게 맞은 이후 온몸이 나른해져서</u>
　　　　　　　　　　온몸이 나른해서가 아님.

★ **근거**: ②-❶, ⓾
②에서 흥부는 놀부에게 맞아서 온몸이 나른하여 그만 집에 돌아가고 싶었지만 형수, 즉 놀부 부인을 보고 가려고 부엌으로 향했다. 흥부는 온몸이 나른해져서 놀부의 아내에게 한쪽 뺨을 마저 때려 달라고 한 것이 아니다.

② 밥 냄새를 맡은 후 너무 밥이 먹고 싶어져

밥이 먹고 싶어서가 아님.

★ 근거: ②-❹, ❿

②에서 흥부는 '굶은 창자에 밥 냄새를 맡으니 오장이 뒤집'힐 정도로 배가 고픈 상태이다. 하지만 아이들에게 밥주걱에 맞아 뺨에 붙은 밥알이라도 가져다주기 위해 놀부의 아내에게 한쪽 뺨을 마저 때려 달라고 한 것이지 흥부 본인이 밥이 먹고 싶어서 뺨을 때려 달라고 한 것은 아니다.

③ 밥이 볼때기에 붙어 있는 것을 믿기 어려워져

믿기 어려워서가 아님.

★ 근거: ②-❿

②에서 흥부는 놀부 아내에게 밥을 푸던 주걱에 맞아 볼에 밥알이 붙은 것을 보고 아이들에게 그것이라도 갖다주기 위해 놀부의 아내에게 한쪽 뺨을 마저 때려 달라고 했다. 밥이 볼에 붙어 있는 것을 믿기 어려워서 한쪽 뺨마저 때려 달라 한 것이 아니다.

④ 놀부 아내의 얼굴을 보자 반가운 마음이 들어져

반가운 마음이 들어서가 아님.

★ 근거: ②-❿

②에서 흥부는 놀부 아내의 얼굴을 보고 반가운 마음이 들어서 뺨을 때려 달라고 한 것이 아니라, 밥을 푸던 주걱에 맞아 볼에 밥알이 붙은 것을 보고 아이들에게 그것이라도 갖다주기 위해 놀부의 아내에게 한쪽 뺨을 마저 때려 달라고 한 것이다.

DAY 11 흥부전 ② _작자 미상

❶ 중심인물, 배경 ❷ 중심 사건, 갈등 ❸ 서술상 특징

[앞부분의 줄거리] 흥부가 다리를 다친 제비를 고쳐 주고 얻은 박씨를 심어 부자가 되었다는 말을 들은 놀부는 일부러 새끼 제비의 다리를 부러뜨리고 이를 고쳐 준다. 흥부처럼 제비가 물어다 준 박씨를 심은 놀부는 박이 익자 박을 타고, 박에서 온갖 몹쓸 것들이 나와 그의 재산을 몽땅 가져가고 만다. 놀부 부부는 마지막 박은 다를 것이라는 희망으로 박을 타기 시작한다.

❶ ⌈슬근슬근 타다가 반쯤 켜고 우선 궁금증이 나서 박 속을 기웃이 들여다보니 그 속이 아주 싯누런 것이 온통 황금 같으므로 놀부 놈 좋아라 한다.
❸ 서술자: 3인칭 서술자, 시점: 전지적 작가 시점

❷ "수 났구나! 그럼 그렇지! 마누라, 자네도 이 박 속을 들여다 보게. 저 누런 것이 온통 황금일세."
박에 황금이 들어 있을 것이라고 기대함.

❸ 놀부 아내가 한동안 코를 훌쩍거리더니 되물었다.
❶ 중심인물

❹ "누런 것을 보니 금인가 싶소만 그 속에서 구린내가 물큰물큰 나니 그게 웬일이오?"
안 좋은 일이 일어날 것이라는 것을 짐작하게 함.

❺ 놀부가 말하였다.
❶ 중심인물

❻ "자네도 어리석은 소리 작작 하게. 박이 더 익고 덜 익은 것이 있을 거 아닌가. 이 박은 아주 무르익었으므로 구린내가 나는 것을 모른단 말인가? 어서 타고 보세."
놀부가 생각하는 박에서 구린내가 나는 이유

❼ 슬근슬근 거의 타다가 놀부 양주 궁금증이 또 나므로 톱을 멈추고 양편에 마주 앉아 들여다보는데 별안간 박 속으로부터 모진 바람이 쏟아져 나오며 벼락같은 소리가 나더니 똥 줄기가 무자위에서 나오는 물줄기처럼 쏟아져 나오는 것이었다.

❽ 놀부 양주는 피할 사이도 없이 똥 벼락을 맞으며 나동그라졌다. ❾ 똥 줄기는 천군만마가 달려오듯 태산을 밀치고 바다를 메울 듯 터져 나와 삽시간에 놀부 집 안팎 채가 똥으로 그득하게 되자 놀부 양주는 온몸이 황금 덩이가 되어 달아났다. ❿ 멀찍이 물러나서 뒤돌아보니 온 집안이 똥에 묻혀있는 것이었다.⌋
❸ 과장된 표현
온몸에 똥이 묻은 놀부 부부
⌈ ⌋: ❷ 사건 – 놀부 부부가 탄 박에서 똥이 나와 놀부 부부와 집을 덮침.
❶ 공간적 배경: 놀부네 집

⓫ 놀부가 기가 막혀 발을 동동 구르며 탄식하였다.

⓬ "여보 마누라, 이 노릇을 어찌하면 좋단 말이오? 재물을 얻으려다 재물을 탕진하고 끝장은 똥더미로 의복 한가지 없게 되었으니 앞으로 어떻게 살아간단 말이오? 애고 답답 서러워라."
❶
★ ❶ 요약: 놀부 부부가 켠 박에서 똥이 나와 놀부 집을 덮침.

⓭ 이때 앞뒷집에 사는 양반네들 제 집까지 똥이 밀려와서 그득하게 쌓이게 되자 그 양반들이 고두쇠를 벼락같이 부르더니 분부하는 것이었다.
❶ 공간적 배경
하인

❷ⓘ"빨리 가서 놀부 놈을 잡아 오너라!"
놀부 때문에 양반들의 집에 똥이 쌓였기 때문임.

❸「고두쇠가 <u>새총알 같이</u> 달려가서 놀부놈의 덜미를
　　　　　　비유적 표현
퍽퍽 눌러 짚고 풍우 같이 몰아다가 생원님들 앞에 꿇
어 앉혔다.」 ❸「 」: 고두쇠가 놀부를 잡아 오는 모습을 요약하여 제시함.

❹"이놈 놀부야, 들어라! 양반 댁에 쌓인 똥을 해지기
전에 다 쳐내지 못하면 죽을 줄을 알아라!"
❷ 사건: 양반들이 놀부에게 자신들 집의 똥을 치우라고 함.

❺놀부 놈은 기왓장 위에 꿇어앉은 채 <u>계집</u>을 시켜 돈
　　　　　　　　　　　　　　　　　　　　　　놀부 부인
오백 냥을 갖다 놓고 거름 장사들을 닥치는 대로 불러
다가 삯전을 후히 주고 똥을 쳐낸 다음에야 겨우 풀려
났다.❻놀부 내외 서로 붙들고 <u>갈 곳이 없어</u> 통곡하는
　　　　　　　　　　　　　　　집이 똥으로 가득 참.
데, 이때 건넛마을「흥부가 형이 패가망신했다는 말을
듣고 급히 하인을 거느리고 와서 놀부 양주와 조카들
을 데리고 <u>제 집</u>으로 돌아왔다.❼그리고 흥부는 안방을
　　　　❶ 공간적 배경: 흥부네 집
치우고 형님 내외를 거처케 한 다음 의식을 후히 내어
대접하며 위로하고, 한편으로 좋은 터를 잡아 수만금을
아낌없이 들여 집을 짓되 제 집과 같게 하고 세간이며
의복, 음식을 똑같게 하여 그 형을 살게 하여 주었다.」
「 」: ❷ 사건 - 흥부가 놀부 부부를 도와줌.
* ② 요약: 흥부가 갈 곳을 잃은 놀부 부부를 도와줌.

★ 소설 독해 공식

❶ 중심인물: 놀부, 놀부 부인, 흥부
　배경: 놀부네 집, 앞뒷집에 사는 양반들의 집, 흥부네 집(공간적 배경),
　　　　조선 시대(시대적 배경)
❷ 중심 사건: 놀부 부부가 마지막으로 탄 박에서 똥이 나와서 놀부의 집과
　　　주변을 덮침. 흥부가 놀부 부부를 도와줌.
　갈등: 크게 두드러지지 않음.
❸ 서술상 특징
　– 서술자: 3인칭 서술자, 시점: 전지적 작가 시점
　– 인물의 말과 행동을 통해 인물의 성격을 드러냄.
　– 과장된 표현과 비유적 표현을 활용함.

■ 내용: 이 작품은 욕심 때문에 패가망신한 놀부 부부를 돕는 흥부의 모습
　을 통해 착한 일을 하면 복을 받고 나쁜 일을 하면 벌을 받는다는 권선
　징악과 형제 간의 우애라는 교훈을 주는 고전 소설이다.
　①: 놀부 부부가 타던 마지막 박에서 똥이 나와 놀부 부부의 집을 덮친다.
　②: 놀부네 앞뒷집까지 밀려온 똥을 치운 놀부 부부는 갈 곳이 없어 통
　곡한다. 놀부가 패가망신했다는 소식을 들은 흥부는 놀부 부부를 도와
　준다.
■ 주제: 권선징악과 형제 간의 우애

■ 이것이 핵심!: 놀부의 처지와 흥부의 도움

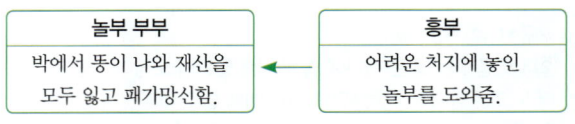

놀부 부부	흥부
박에서 똥이 나와 재산을 모두 잃고 패가망신함.	어려운 처지에 놓인 놀부를 도와줌.

04 [정답] (1) 놀부 (2) 흥부의 집

> 왜 정답 ?

(1) 놀부는 박에서 구린내가 난다는 부인의 말에 '이 박은 아주 무르
익었으므로 구린내가 나는 것을 모른단 말인가?'라고 하면서 똥
이 들어 있는 박을 탔다.

(2) 흥부는 재산을 모두 잃은 어려운 처지의 놀부 부부와 조카들을
제 집, 즉 자신의 집에 데려와 도와주었다.

05 [정답] ③

'놀부'에 대한 설명으로 가장 알맞은 것은?

> 왜 정답 ?

③ 부자가 되기를 기대하며 마지막 박을 탔다.
'희망으로 박을 타기 시작한다'
★ 근거: [앞부분의 줄거리], ①-❶~❻
놀부가 탄 박에서는 몹쓸 것들이 나와 놀부의 재산을 몽땅 가져갔음
에도 놀부는 마지막 박은 다를 것이라는 희망으로 박을 탔다. 놀부는 마
누라에게도 '누런 것이 온통 황금일세.'라고 하면서 기대감을 드러냈다.

> 왜 오답 ?

① 은혜를 갚은 제비를 <u>기특하게 생각했다.</u>
　　　　　　　　　　　알 수 없음.
윗글에는 놀부가 제비가 물어다 준 박씨를 심어 마지막 박을 타는 모
습만 제시되어 있을 뿐이다. 윗글을 통해 놀부가 제비를 기특하게 생
각했는지는 알 수 없다.

② 재산을 잃고 가장 <u>먼저 흥부를 찾아갔다.</u>
　　　　　　　　　흥부가 놀부를 찾아옴.
★ 근거: ②-❻
②에서 '흥부가 형이 패가망신했다는 말을 듣고 급히 하인을 거느리고
와서 놀부 양주와 조카들을 데리고 제 집으로 돌아왔다.'라고 했다. 즉
놀부가 흥부를 먼저 찾아간 것이 아니라 흥부가 놀부를 찾아간 것이다.

④ 양반들의 집을 채운 <u>똥을 스스로 치웠다.</u>
　　　　　　　　　거름 장사들을 불러 치움.
★ 근거: ②-❺
②에서 놀부의 앞뒷집에 사는 양반네의 집까지 마지막 박 속에서 나
온 똥이 쌓이자 양반들은 놀부에게 똥을 치우라고 시켰다. 그러자 놀
부는 '돈 오백 냥을 갖다 놓고 거름 장사들을 닥치는 대로 불러다가
삯전을 후히 주고 똥을' 쳐냈다.

⑤ 마지막 박에는 <u>똥이 들어 있을 것이라고 예상했다.</u>
　　　　　　　　황금이 들었을 것이라고 예상함.
★ 근거: ①-❶, ❷, ❻
①에서 박을 타던 놀부는 박의 속을 보고 부인에게 '저 누런 것이 온
통 황금일세.'라고 말했다. 놀부는 마지막 박에 황금이 들어 있을 것
이라고 생각했지, 똥이 들어 있을 것이라고는 예상하지 못했다.

06 [정답] ⑤

양반들이 ㉠이라고 말한 이유로 가장 알맞은 것은?

• ㉠: ㉠은 '빨리 가서 놀부 놈을 잡아 오너라!'로, 양반들이 하인인 고 두쇠에게 한 말이에요.

[즉] 양반들이 고두쇠에게 놀부를 잡아오라고 한 이유로 알맞은 것을 고르는 문제입니다.

>왜 정답?

⑤ 놀부 부부네 집에 있던 똥이 자신들의 집까지 밀려와서
　　　　　　　　'~양반네들 제집까지 똥이 밀려와서~'

★ 근거: ②-❶

놀부네 집의 앞뒷집에 살던 양반들은 자신들의 집까지 박에서 나온 똥이 밀려오자 그것을 해결하기 위해 하인 고두쇠에게 빨리 놀부를 잡아오라고 했다.

>왜 오답?

① 고두쇠가 자신들의 말을 듣지 않아서
　　　　　고두쇠는 놀부를 잡아오라는 말을 들음.

★ 근거: ②-❶~❸

②에서 놀부의 앞뒷집에 살던 양반들은 자신들의 집까지 박에서 나온 똥이 밀려오자 그것을 해결하기 위해 고두쇠에게 놀부를 잡아오라고 했다. 고두쇠는 이 말을 듣고 놀부를 잡아 왔으므로, 고두쇠가 말을 듣지 않아서 놀부를 잡아 오라고 한 것은 아니다.

② 흥부가 부자가 되었다는 소식을 들어서
　　　　　　　알 수 없음.

윗글에서 양반들이 흥부 부부가 부자가 되었다는 소식을 들었는지에 대해서 이야기한 부분을 찾을 수 없다.

③ 놀부 부부가 갈 곳이 없다는 소식을 들어서
　　　　놀부 부부를 돕기 위해서가 아님.

★ 근거: ②-❶~❸

②에서 놀부의 앞뒷집에 살던 양반들은 자신들의 집까지 박에서 나온 똥이 밀려오자 그것을 해결하기 위해 고두쇠에게 놀부를 잡아오라고 했다. 놀부 부부가 갈 곳이 없다고 해서 양반들이 놀부 부부를 잡아오라고 한 것이 아니다.

④ 놀부 부부가 부자가 되었다는 소문을 들어서
　　　　　　　알 수 없음.

★ 근거: ②-❶~❸

놀부 부부는 박에서 나온 똥 때문에 패가망신을 하였지, 부자가 된 것이 아니다. 또 윗글에서 양반들이 놀부네 부부가 부자가 되었다는 소문을 들었는지에 대해서 이야기하지 않았다.

07 [정답] 박

윗글에서 〈보기〉와 관련이 있는 것을 찾아 1음절로 쓰시오.

─〈보기〉─

• 놀부 부부가 함께 켠 것
• 구린내가 나고 속에 똥이 들은 것
구린내가 물큰물큰 나니~

>왜 정답?

★ 근거: [앞부분의 줄거리], ①-❶~❼

놀부 부부는 마지막 박을 타다가 구린내를 맡았고, 결국 박에서 나온 똥을 뒤집어 쓰게 되었다.

DAY 11

----- **배경지식**

소설, 수필, 시의 '나'

소설	나는 금년 여섯 살 난 처녀 애입니다. 내 이름은 박옥희이구요. 우리 집 식구라구는 세상에서 제일 이쁜 우리 어머니와 단 두 식구뿐이랍니다. 아차 큰일 났군, 외삼춘을 빼놓을 뻔했으니. – 주요섭, 〈사랑손님과 어머니〉	'나'는 글쓴이(작가)가 만들어낸 가짜(허구의) 인물임.
수필	그때 나는 내가 전혀 예기치 않던 방향에서 쏟아지는 환호 소리를 들었다. 그것은 내 뒤쪽 조그만 라디오방 스피커에서 나오는 환호 소리였다. – 박완서, 〈꼴찌에게 보내는 갈채〉	'나'는 글쓴이 자신임.
시	나보기가 역겨워 가실 때에는 말없이 고이 보내 드리오리다. – 김소월, 〈진달래꽃〉	'나'는 글쓴이가 자신 대신 내세운 사람임.

꿩 _이오덕

❶ 중심인물, 배경 ❷ 중심 사건, 갈등 ❸ 서술상 특징

❶ 시대적 배경(1960~70년대)을 알 수 있는 말 ①

[앞부분의 줄거리] 용이의 아버지는 마을에서 머슴 일을 한다. 이 때문에 용이도 학교 친구들에게 머슴 취급을 받는다. 매일 애들 의 책 보퉁이를 나르며 학교를 다니던 용이는 학교에 가지 않겠 다고 투정을 부리지만 아버지가 머슴을 그만둔다는 어머니의 말 에 일 년만 참아 보기로 결심한다. 그러던 어느 등굣길, 아이들이 용이에게 책 보퉁이를 던지고 신나게 고갯길을 올라 간다.

❶ 시대적 배경을 알 수 있는 말 ②   ❶ 공간적 배경

① 용이는 화가 났습니다. ② 벌써 고개 위에 다 올라갔는
❶ 중심인물   용이의 감정 ①

지 아이들의 고함이 산 위에서 들려왔을 때, 용이는
❸ 서술자: 3인칭, 시점: 전지적 작가 시점

눈앞에 있는 책 보퉁이를 그냥 콱콱 짓밟아 버리고 싶

은 생각이 났습니다. ④ 발밑에 돌멩이 하나가 밟혔습니

다. ④ 용이는 벌떡 일어나 그 돌멩이를 집어 힘껏 골짜
용이의 분노를 나타내는 소재

기 아래로 던졌습니다. ⑤ 돌멩이가 저 밑에 떨어지자,

갑자기 온 산골을 뒤흔드는 소리를 치면서 커다란 뭉
꿩

텅이 하나가 솟아올랐습니다. 「 」: 용이의 행동이 변화하게 되는 계기

⑥ "꼬공 꼬공, 푸드득!" / ⑦ 그것은 온 산골의 가라앉은

공기를 뒤흔들어 놓고 하늘을 날아오르는, 정말 살아

있는 생명의 소리였습니다.
꿩이 힘차게 날아 오르는 소리, 용이의 모습과 반대됨.

⑧ '야, 참 멋지다!'
용이의 감정 ②

⑨ 날개를 쫙 펴고 꽁지를 쭉 뻗고 아침 햇빛에 눈부신

모습으로 산을 넘어가는 꿩을 쳐다보는 용이의 온몸
용이의 행동을 변화하게 함.

에 갑자기 어떤 힘이 마구 솟구쳤습니다. ⑩ 용이는 그
아이들에게 당당히 맞설 용기

자리에서 한번 훌쩍 뛰어올라 보았습니다. ⑪ 하늘에라

도 날아오를 듯합니다. ⑫ 용이는 발에 채는 책 보퉁이
용이의 감정 ③

하나를 집어 들었습니다. ⑬ 그리고 그것을 하늘 위로 던

졌습니다. 「 」: ❷ 사건 - 용이가 날아오르는 꿩을 보고 용기를
얻어 아이들의 책 보퉁이를 던짐.

⑭ 횡! ⑮ 공중에서 몇 바퀴 돌던 책 보퉁이가 퍽 소리를

내면서 골짜기에 떨어졌을 때, 용이는 두 번째 책 보

퉁이를 집어던졌습니다.

⑯ 또 하나, 또 하나……. / ⑰ 마지막에 던진 작대기는
용이가 책 보퉁이를 운반할 때 사용한 도구

건너편 벼랑의 소나무 가지를 철썩 치도록 멀리 떨어

졌습니다.

⑱ 됐다! / ⑲ 용이는 이제 하늘이 탁 트이고 가슴이 시원
용이의 감정 ④

해져서, 저 건너 산을 보고 "하하하" 웃었습니다.

⑳ 떠가는 구름을 따라 마구 날아갈 것 같았습니다.

㉑ 내가 정말 못난이였구나! 이제 다시는 그런 짓 안 한
다른 아이들의 책 보퉁이를 나르는 일

다!' / ㉒ 용이는 제 책 보퉁이만 허리에 둘러맸습니다.

㉓ 그러고는 고개를 향해 날 듯이 뛰어올라갔습니다.
＊① 요약: 날아오르는 꿩을 본 후 책 보퉁이들을 집어 던진 용이
(중략)

② 「❶ "너, 책 보퉁이 어쨌어?"「 」: ❷ 갈등 - 자신들의 책 보퉁이를 나르라는
아이들과 그것을 거절하는 용이(외적 갈등)

❷ "이 자식, 죽고 싶나? 빨리 말해!"
아이들의 감정: 흥분, 분노, 당황함.

❸ 용이는 아이들을 한번 둘러보고는 조용히, 그러나
자신감에 찬 용이의 모습

힘찬 소리로 말했습니다. ❹ 이상하게도 책 보퉁이를 모

두 날리고 나니 마음이 가라앉는 것이 조금도 겁이 나
용이의 감정 ⑤

지 않았습니다.

❺ "너희들 책보 말이제? 저 밑의 뚜꺼비 바우 밑에 던
❸ 사투리 사용: 사실성, 현장감을, 생동감을 높임.

져 났어."

❻ "뭐? 이 자식이!" / ❼ "이 자식 돌았나?"

❽ "빨리 못 가져오겠나?"

❾ 그러나 용이는 여전히 조용한 소리로 말했습니다.

❿ "나, 이젠 못난 아이 아니야!"
용이가 생각하는 과거의 용이 → 용이의 태도 변화

⓫ "어, 이 자식이?"

⓬ "요런, 머슴의 자식이."
아이들이 용이에게 책 보퉁이를 들게 한 이유

⓭ "나쁜 자식! 맛 좀 볼래?"」

⓮ 「아이들의 발과 주먹이 용이를 덮쳐 왔을 때, 용이는

번개같이 거기를 빠져나와 몇 걸음 발을 옮기더니, 발

밑에 있는 돌을 두 손으로 한 개씩 거머쥐고는 거기 있

는 커다란 바윗돌 위에 껑충 뛰어올랐습니다.

⓯ 그 몸놀림이 어찌나 재빠른지, 아이들이 모두 놀랐

습니다.⑯<u>지금까지의 용이와는 아주 다른 딴 아이였습</u>
자신감과 용기를 얻어 달라진 용이
니다. /⑰"자, 덤빌람 덤벼! 누구든지 오는 녀석은 가만
두지 않을끼다!"」「 」: 용이가 아이들에게 당당하게 맞섬.

*② 요약: 아이들에게 당당히 맞서는 용이

★ 소설 독해 공식

❶ **중심인물**: 용이
배경: 고갯길(공간적 배경), 1960~70년대(시간적 배경)
❷ **중심 사건**: 날아오르는 꿩을 본 용이가 아이들의 책 보퉁이를 집어 던짐.
갈등: 아이들의 책 보퉁이를 나를지 말지 고민하는 용이(내적 갈등), 자신들의 책 보퉁이를 나르라는 아이들과 이것을 거부하는 용이(외적 갈등)
❸ **서술상 특징**
– **서술자**: 3인칭 서술자, **시점**: 전지적 작가 시점
– 인물의 심리 변화에 따라 내용이 전개됨.
– 인물의 내적 갈등과 인물 간의 외적 갈등이 드러남.
– 사투리를 사용하여 소설에 사실감, 현장감, 생동감을 줌.

■ **내용**: 이 작품은 아버지가 머슴이라는 이유로 아이들에게 머슴 취급을 받던 용이가 꿩을 본 후 용기를 내서 부당함에 맞서는 내용을 다룬 현대 소설이다.
① : 아이들의 책 보퉁이까지 들고 고갯길을 올라가던 용이는 화가 나서 골짜기 아래로 돌멩이를 던진다. 용이가 던진 돌멩이에 놀란 꿩 한 마리가 높이 날아 오르는 것을 보고 용이는 용기를 얻고, 아이들의 책 보퉁이를 멀리 집어 던진다.
② : 아이들은 용이에게 자신들의 책 보퉁이가 어디 있는지를 물으며 화를 낸다. 용이는 책 보퉁이를 가져오라는 아이들의 말을 거부하고 아이들에게 맞선다.

■ **주제**: 부당한 일에 당당하게 맞서는 용기
■ **이것이 핵심!**: 용이를 둘러싼 갈등

1) 용이의 내적 갈등

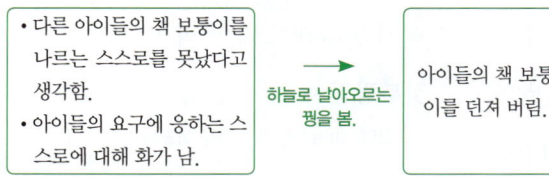

• 다른 아이들의 책 보퉁이를 나르는 스스로를 못났다고 생각함.
• 아이들의 요구에 응하는 스스로에 대해 화가 남.
→ 하늘로 날아오르는 꿩을 봄. → 아이들의 책 보퉁이를 던져 버림.

2) 외적 갈등

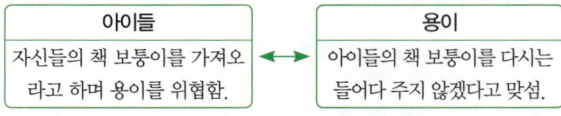

아이들		용이
자신들의 책 보퉁이를 가져오라고 하며 용이를 위협함.	↔	아이들의 책 보퉁이를 다시는 들어다 주지 않겠다고 맞섬.

01 [정답] (1) 용이 (2) 뚜꺼비 바우

> **왜 정답?**

(1) ①에서 용이는 꿩을 보고 용기를 얻어 아이들의 책 보퉁이를 집어 던졌다.
(2) 아이들이 용이에게 자신들의 책 보퉁이가 어디에 있냐고 묻자 용이는 '저 밑의 뚜꺼비 바우 밑에 던져 놨어.'라고 했다.

---

02 [정답] ②, ⑤

윗글의 배경을 알 수 있게 해 주는 것은?(정답 2개)

> **왜 정답?**

② **머슴** ⑤ **책 보퉁이**
시대적 배경을 짐작할 수 있음.
★ **근거**: [앞부분의 줄거리], ①, ②
머슴과 책 보퉁이를 통해 윗글의 시대적 배경이 머슴이 있고, 책을 가방이 아니라 보퉁이에 담아 다니던 1960~70년대임을 알 수 있다. 짐작할 수 있다.

> **왜 오답?**

① **꿩** ③ **골짜기** ④ **돌멩이**
꿩(①)은 용이에게 용기를 갖게 해 준 대상이고, 돌멩이(④)는 용이가 골짜기 아래로 던진 것이며, 골짜기(③)는 꿩이 날아오른 장소이자 용이가 아이들의 책 보퉁이를 던진 곳일 뿐이다. 꿩, 골짜기, 돌멩이 모두 윗글의 배경을 짐작하게 해 주는 소재가 아니다.

03 [정답] ②

용이에 대한 설명으로 가장 알맞지 <u>않은</u> 것은?

> **왜 정답?**

② ~~책 보퉁이를 찾는 아이들에게 돌을 던졌다.~~
아이들에게 돌을 던지지 않음.
★ **근거**: ①-❹, ②-⑭~⑯
①에서 용이는 자신의 발에 밟힌 돌멩이를 집어 골짜기 아래로 던졌다. ②에서 용이는 자신에게 발과 주먹으로 위협하던 아이들에게 양손에 돌을 쥐고 위협을 하고 있을 뿐, 책 보퉁이를 찾는 아이들에게 돌을 던지지는 않았다.

> **왜 오답?**

① 꿩을 보고 멋지다고 생각했다.
'야, 참 멋지다!'
★ **근거**: ①-❽
①에서 용이는 산골의 가라 앉은 공기를 뒤흔들어 놓고 하늘로 날아오르는 꿩을 보며 '야, 참 멋지다!'라고 생각했다.

③ 자신의 책 보퉁이만 허리에 둘러매고 고개 위를 올랐다.
자신의 책 보퉁이만 두름.
★ **근거**: ①-㉒, ㉓
①에서 아이들의 책 보퉁이를 다 집어 던진 용이는 자신의 책 보퉁이만 허리에 둘러매고 고개를 향해 뛰어 올랐다.

④ 아이들의 책 보퉁이를 밟아 버리고 싶다고 생각했다.
눈앞에 있는 책 보퉁이를 그냥 콱콱 짓밟아 버리고 싶은 생각
★ **근거**: ①-❷
①에서 '용이는 눈앞에 있는 책 보퉁이를 그냥 콱콱 짓밟아 버리고 싶은 생각이 났습니다.'라고 했다.

⑤ 꿩을 보고 용기를 얻어 아이들의 책 보퉁이를 하늘로 던졌다.
발에 채는 책 보퉁이부터 던지기 시작함.
★ **근거**: ①-❾~⑯
①에서 용이는 날아오르는 꿩을 보고 온몸에 '갑자기 어떤 힘이 솟구'치는 것을 느끼고 아이들의 책 보퉁이를 하나씩 집어 던졌다.

흰 종이수염 _하근찬 ━━━━━━━

❶ 중심인물, 배경 ❷ 중심 사건, 갈등 ❸ 서술상 특징

❶ 시대적 배경 ❶ 공간적 배경

[앞부분의 줄거리] 6·25 전쟁 직후, 어느 시골 마을에 살던 동길이는 사친회비를 몇 달간 밀렸다는 이유로 책보를 빼앗기고 교실에서 쫓겨난다. 집으로 돌아온 동길이는 징용에서 돌아온 아버지가 오른팔을 잃었다는 사실을 알게 된다. 이튿날 아이들은 동길의 아버지를 '외팔뚝이'라고 놀리고 동길은 화를 낸다. 그날 저녁 아버지는 술에 취해 집에 들어온다.

①❶"아, 오늘 김 주사가 한턱내더라. 우리 목공소 주인

❶ 시대적 배경을 알 수 있게 해 주는 표현 ①

김 주사가 말이지, 징용 나가서 고생 많이 했다고

❶ 표현 ②

한턱내더라니까. 고생 많이 했다고……. 팔뚝을 하

나 나라에 바쳤다고…… 으흐흐흐흐……."

자신의 처지에 대한 자조적(자기를 비웃는 듯한 것) 웃음

❷그러고는 또, ❸「"이놈! 너, 오늘 와 핵교 안 갔노,

응? 돈이 없어서 안 갔나, 응? 응? 이 못난 자식아!

❷ 사건: 아버지가 학교에 가지 않은 동길이를 꾸중함.

뭐, 핵교를 안 댕기겠다고?"」 ❸「 」: 사투리 사용 – 사실성,
현장감, 생동감을 높임.

❹하고 마구 퍼부어 댄다.

＊①요약: 아버지가 학교에 가지 않은 동길이를 꾸짖음.

②❶"이놈아, 오늘 내가 핵교에 갔다. 핵교에 갔어. 너

거 선생 만나서 다 애기했다. 이봐라, 이놈아! 내 팔

전쟁으로 인한 우리 민족 전체의 비극과 아픔을 상징

이 하나 안 없어졌나. 이것을 내보이면서 다 애기하

니까 너거 선생 오히려 미안해서 죽을라 카더라. 죽

❶ 표현 ③

을라 캐. 봐라, 이렇게 책보도 안 받아 왔는강."

❸ 서술자: 3인칭

❷아버지는 책보를 동길이 앞에 불쑥 내밀었다.❸동길

❶ 중심인물 ❶ 중심인물

이는 책보와 흰 종이를 한꺼번에 받아 안으며 모가지

아버지에 대한 미안함

를 움츠렸다.「 」: ❷ 사건–아버지가 동길이에게 책보를 건네 줌.

❹「"이놈아, 아버지가 징용에 나갔다고 선생님한테 와

말 못 하노. 아부지가 돌아오면 다 갖다 바치겠다고

와 말을 못 하노 말이다. 입은 뒀다가 뭐 할라 카는

입이고?"/ ❺"아부지 노무자 나갔다고 캤심더."

❻동길은 약간 뾰로통해졌다.「 」: ❷ 사건–동길이는 아버지가 자신을
꾸중하는 것에 대해 불만을 느낌.

❸ 시점: 전지적 작가 시점

❼"뭐, 이놈아? 니가 똑똑하게 말을 못 했으니까 그렇

지. 병신자식 같으니……."」

＊②요약: 아버지가 동길이에게 책보와 흰 종이를 건넴.

③❶어머니가 밥상을 들고 와서 아버지 앞에 놓으며,

❷"자아, 그만하고 어서 저녁이나 드이소."/했다.

❸아버지는 숟가락을 들었다.❹그러나 밥을 떠올릴 생

각은 않고 연방 떠들어 댄다.

❺「"내가 비록 이렇게 팔이 하나 없어지긴 했지만, 이

놈아, 니 사친회비 하나를 못 댈 줄 아나? 지금까지

❶ 표현 ④

밀린 것 모두 며칠 안으로 장만해 준다. 방학할 때

까진 어떠한 일이 있어도 장만해 준단 말이다. 오

늘 너거 선생님한테도 그렇게 약속했다. 문제없단

말이다. 애비의 이 맘을 알고 니가 더 열심히 핵교

에 댕기야지, 나 핵교 때리챠 버릴랍니더가 다 뭐

꼬? 이눔으 자식! 그게 말이라고 하는 기가?"」

「 」: ❸–아버지의 말을 통해 아버지가 가장으로서의 책임감을 갖고 있으며
자식에 대한 사랑이 큰 사람이라는 것을 드러냄. → 간접 제시

❻동길이는 그만 울먹울먹해졌다.❼그러나 한사코 눈물

자신을 위하는 아버지의 마음을 알고 가슴이 뭉클해짐.

을 흘리지는 않았다.

❽아버지는 밥을 몇 숟갈 입에 떠 넣다가 별안간 또 무

슨 생각이 났는지 이번에는 어머니에게,

❾"이봐, 나 오늘 취직했어. 취직. 손이 하나 없으니까

징용에 나가기 전 아버지의 직업은 목수였음.

목수질은 못 하지만 그래도 다 써먹을 데가……."

❿정말인지 거짓부렁인지 알 수는 없는 소리를 대고

주워섬긴다. ＊③요약: 아버지는 동길이를 학교에 보내겠다고 하면서
취업을 했다고 함.

★ 소설 독해 공식 ─────────

❶ **중심인물**: 동길이, 동길이의 아버지
   배경: 동길의 집(공간적 배경), 6·25 전쟁 직후(시대적 배경)
❷ **중심 사건**: 동길이의 아버지가 징용에서 팔을 잃은 채 돌아와 학교에 가지 않은 동길이를 꾸중함.
❸ **서술상 특징**
   – **서술자**: 3인칭, **시점**: 전지적 작가 시점
   – 어린 소년을 통해 전쟁으로 인한 상처와 비참한 삶을 그려냄.
   – 사투리를 사용해 토속성, 사실성, 현장감, 생동감을 높임.

■ **내용**: 이 작품은 6·25 전쟁으로 한쪽 팔을 잃은 동길이의 아버지와 아버지를 바라보는 동길이의 모습을 통해 6·25 전쟁 직후 우리 민족의 힘겨운 삶과 그것을 극복하려는 의지를 다룬 현대 소설이다.
1: 동길이의 아버지는 학교에 가지 않은 동길이를 꾸짖는다.
2: 아버지는 동길이의 학교에 가서 선생님에게 동길의 책보를 받아왔다면서 동길이에게 책보를 건넨다.
3: 아버지는 동길이에게 밀린 사친회비를 다 낼 것이니 열심히 학교에 다니라고 하고, 그 말을 들은 동길이는 울먹울먹해진다.

■ **주제**: 6·25 전쟁 직후 가난한 삶의 모습과 극복 의지
■ **이것이 핵심!**: 아버지가 동길이를 꾸짖는 이유

겉으로 보이는 이유	동길이가 학교에 가지 않고 자신의 처지를 선생님께 제대로 말하지 못했다고 생각해서
겉으로 보이지 않는 이유	사친회비를 주지 못하는 등 경제적 어려움으로 자식을 고생시켰다는 생각 때문에

04 정답 (1) 동길이 (2) 아버지

> **왜 정답?**

(1) 동길이는 사친회비를 내지 못해 책보도 빼앗기고 교실에서 쫓겨났다.
(2) 징용은 전쟁이나 비상사태에 국가가 국민을 강제적으로 일정한 일을 시키는 것을 의미한다. 아버지가 동길이를 혼내면서 '이놈아, 아버지가 징용에 나갔다고 선생님한테 와 말 못 하노.'라고 한 것에서 윗글의 시대적 배경이 6·25 전쟁 이후이고, 징용에 나갔다 온 사람은 '아버지'임을 알 수 있다.

05 정답 ①

윗글의 내용으로 가장 알맞지 <u>않은</u> 것은?

> **왜 정답?**

① 동길이는 아버지께 책보를 받아서 ~~몹시 기뻤다.~~
   '모가지를 움츠렸다.'

★ 근거: 2-3
2에서 아버지가 책보를 불쑥 내밀자 '동길은 책보와 흰 종이를 한꺼번에 받아 안으며 모가지를 움츠렸다.'라고 했다. 동길이가 목을 움츠린 것은 책보를 받아서 몹시 기뻤기 때문이 아니라, 아버지에게 미안함을 느꼈기 때문이다.

> **왜 오답?**

② 동길이는 아버지가 혼을 내자 조금 뾰로통해졌다.
   '노무자 나갔다고 캤심더.'

★ 근거: 2-4~6
동길이는 아버지가 징용에 나갔다고 왜 선생님께 말을 못 했냐는 아버지의 꾸중에 아버지가 노무자로 나갔다고 했다면서 약간 뾰로통해했다.

③ 아버지는 학교에 가서 동길이의 책보를 받아 왔다.
   '이렇게 책보도 안 받아 왔는강.'

★ 근거: 2-1, 2
2에서 아버지는 동길이의 학교에 가서 선생님과 얘기했다고 하면서 학교에서 받아 온 동길이의 책보를 동길이 앞에 불쑥 내밀었다.

④ 아버지는 동길이가 열심히 학교에 다니기를 바란다.
   '니가 더 열심히 핵교에 댕기야지'

★ 근거: 3-5
3에서 아버지는 동길이에게 '애비의 이 맘을 알고 니가 더 열심히 핵교에 댕기야.'라고 하면서 동길이가 학교에 열심히 다니길 바라는 마음을 드러냈다.

⑤ 아버지는 손이 하나 없어도 취직을 하여 가족의 생계를 책임지려고 했다.
   '이봐, 나 오늘 취직했어.'

★ 근거: 3-9
3에서 아버지는 어머니에게 '이봐, 나 오늘 취직했어, 취직. 손이 하나 없으니까 목수질은 못 하지만 그래도 다 써먹을 데가…….'라면서 자신이 취직한 사실을 알리고 있다.

06 정답 ②, ③

다음 중 윗글의 시대적 배경과 관련이 있는 것은?(정답 2개)

> **왜 정답?**

② **책보**
   시대적 배경을 알 수 있음.
   책보는 책을 싸는 보자기로, 요즘에는 책을 가지고 다닐 때 주로 책가방을 이용하지만 과거에는 책을 쌀 때 보자기를 이용했다. 그러므로 책보를 통해 윗글의 시대적 배경이 보자기로 책을 싸던 시대임을 짐작할 수 있다.

③ **징용**
   시대적 배경을 알 수 있음.
   징용은 전쟁이나 비상사태에 국가가 국민을 강제적으로 일정한 일을 시키는 것을 의미한다. 그러므로 징용을 통해 윗글의 시대적 배경이 전쟁이나 비상 사태가 일어난 시기 직후라는 것을 알 수 있다.

> **왜 오답?**

① **학교**   ④ **취직**   ⑤ **목수질**
   └─ 시대적 배경과 관련이 없음.
   학교와 취직, 목수질은 과거부터 지금까지 사용하는 말로, 윗글의 시대적 배경을 짐작하게 해 주지는 않는다.

07 정답 징용

윗글에서 〈보기〉와 관련 있는 소재를 찾아 2글자로 쓰시오.

〈보기〉
• 아버지가 팔뚝을 잃게 된 이유
   '징용 나가서~ 팔뚝을 하나 나라에 바쳤다고……'
• 아버지가 왜 선생님께 자신이 이것을 나갔다고 하지 않았냐고 동길이에게 물은 것
   '이놈아, 아버지가 징용에 나갔다고 선생님한테 와 말 못하노.'

> **왜 정답?**

★ 근거: [앞부분의 줄거리], 1-1, 2-4
[앞부분의 줄거리]를 통해 동길이의 아버지가 징용에 나갔다가 오른쪽 팔을 잃었다는 것을 알 수 있다. 또 아버지가 김 주사가 자신이 징용을 나가서 고생을 많이 했다고 하면서 한턱 냈다고 한 것, 또 동길이에게 왜 선생님께 아버지가 징용에 나갔다고 말하지 못 했냐고 물은 것을 통해 아버지가 팔뚝을 잃은 이유가 징용 때문임을 알 수 있다.

할머니를 따라간 메주 _오승희

❶ 중심인물, 배경 ❷ 중심 사건, 갈등 ❸ 서술상 특징

❶ 공간적 배경

[앞부분의 줄거리] '나'는 부모님과 할머니와 함께 아파트에 살고 있다. 할머니는 뭐든 현대식으로 간편히 하려고 하는 어머니를 못마땅하게 여기며 많은 양의 송편을 직접 만드는 등 '나'의 어머니와 갈등을 겪고 있다.

①①며칠 후, 엄마가 몸이 좀 안 좋다고 일찍 들어온 날
　❶ 중심인물　　　　❶ 시간적 배경
이었다. ②내 방에서 숙제를 하고 있는데 못 박는 소리
가 났다. ③곧이어 엄마의 놀란 목소리가 들려왔다.
　❸ 서술자: 1인칭 서술자, 시점: 1인칭 관찰자 시점
④"아니, 어머니. 뭘 하시는 거예요?"

⑤나도 밖으로 나가 보았다. ⑥할머니가 베란다에 의자
　　　　　　　　　❶ 중심인물
를 내놓고 그 위에 올라가 있었다. ⑦그러고는 또 하나
못을 박는 것이었다. ⑧창고 문틀 위에 나란히 못이 박
❷ 사건: 할머니가 집에 못을 박음.–할머니와 엄마의 갈등이 겉으로 드러나게 된 계기
혀 있었다.

⑨"메주 매달아 놓을라고 그려."
　할머니가 베란다에 못을 박는 이유
⑩엄마는 한숨을 폭 쉬었다.

⑪"어머니, 그런 데다 못을 박으시면 어떡해요."
　　　엄마는 집의 모양이 망가지는 것을 못마땅하게 여김.
⑫"매달아 놓을 데가 마땅치 않아 그러재. 원 메주 하
　나 매달아 놓을 데도 없는 집구석이 어디 있다냐.
　　　할머니의 전통적 생활 양식과 아파트가 맞지 않음.
　몹쓸 놈의 집구석이여."

⑬할머니는 못을 또 하나 들어서 박았다. ⑭그것을 본 엄
마는 입을 앙다물고 눈을 한 번 꼭 감았다 뜨더니 떨
　　　　　　　　화가 난 엄마의 모습을 묘사함.
리는 목소리로 외쳤다.

⑮"아니, 메주만 중요하고 집 꼴은 아무렇게나 돼도
　　　　　　　엄마의 마음: 집의 미관이 중요함.
　괜찮단 말씀이세요?"

⑯할머니는 그제서야 돌아서서 엄마 얼굴을 똑바로 바
라보았다.

⑰"뭐여? 집 꼴? 그럼 내가 집 꼴을 망치고 있단 말여?
　못 몇 개 박은 게 집 꼴을 망치는 거란 말여?"
　「 」: ❷ 갈등–메주를 둘러싼 엄마와 할머니의 외적 갈등
　　*① 요약: 메주를 걸기 위해 할머니가 베란다에 못을 박음.

②①「할머니는 눈을 부릅뜨고 노여워 어쩔 줄 몰라 했
　「 」: ❷ 엄마와 할머니의 갈등이 심화됨.
다. ②나는 무서웠다. ③엄마가 이렇게 할머니에게 대드는
것은 처음 보았다.」 ④엄마는 울상을 지으며 말했다.

⑤"그러니까 메주 만들지 마시라 그랬잖아요."
　　❸「 」: 인물 간의 대화를 통해 할머니와 엄마의 가치관의 차이를 드러냄.
⑥"뭣이여? 메주를 만들지 마라? 니가 지금 메주 만드
　는 거 돕기나 하면서 그런 말을 하냐? 손가락 하나
　　「 」: 엄마에 대한 할머니의 불만
　까딱 안 하고 만들지 말란 소리만 하면 다여?"」

⑦㉠"요즘 아파트에서 그런 거 만드는 사람이 몇이나
　　　실용성과 편리함을 추구하는 현대인의 사고방식이 드러남.
　된다고 그러세요."

⑧"너는 안 먹고 살래? 아무리 아파트기로서니 사람이
　할 일은 하고 살아야재. 그래, 아파트 살면 장을 다
　장을 직접 담가 먹는 일
　사 먹어야 한단 말이여?"

⑨"아유, 그만두세요. 어머닌 옛날 방식만 고집하시니."」
　　　　　　　　할머니의 전통적 생활 양식
⑩엄마는 돌아서서 안방 쪽으로 갔다. ⑪할머니는 속이
상한지 한참이나 그대로 서 있었다. ⑫나는 조심스럽게
할머니를 불러 보았다.
　'나'가 할머니의 눈치를 봄.
⑬"…… 할머니이."

⑭할머니는 그제서야 내 얼굴을 보더니 혼잣말같이 중
얼거렸다.

⑮"시상이 아무리 달라졌다 혀도 달라지지 않는 것도
　　　　　　　　　전통문화, 가족의 건강 중시, 바른 먹거리 등
　있는 법이여. 그렇재, 암."

⑯그러고는 박아 놓은 못에 메주를 걸었다. ⑰메주는 창
고 문 앞에 주렁주렁 매달렸다. ⑱못에 다 걸 수가 없어
서 빨래 건조대에도 매달았다.
　　*② 요약: 메주를 만드는 일을 둘러싸고 할머니와 엄마가 갈등함.

★ 소설 독해 공식

❶ 중심인물: 엄마, 할머니
배경: 아파트, 베란다(공간적 배경), 엄마가 몸이 안 좋다고 일찍 들어온 날(시간적 배경)
❷ 중심 사건: 할머니가 메주를 매달기 위해 베란다 창고 문 틀 위에 못을 박음.
갈등: 집에 못을 박아 메주를 매달아 두려는 할머니와 할머니의 전통적 사고방식을 이해하지 못하는 엄마(외적 갈등)
❸ 서술상 특징
 - 서술자: 1인칭 서술자, 시점: 1인칭 관찰자 시점
 - 어린아이인 '나'를 서술자로 내세워 세대 간의 갈등을 보여 줌.
 - 인물의 말과 행동을 통해 가치관의 차이를 드러냄.

■ 내용: 이 작품은 메주를 통해 전통적인 사고방식을 가진 할머니와 실용성과 편리함을 추구하는 엄마와의 갈등을 보여 줌으로써 세대 간의 갈등을 다룬 현대 소설이다.
1: 할머니는 직접 만든 메주를 걸기 위해 아파트 베란다에 못을 박는다. 엄마는 할머니의 행동이 집의 꼴을 해친다며 할머니를 말렸지만 할머니는 자신의 뜻을 굽히지 않는다.
2: 엄마는 할머니가 옛날 방식만 고집한다며 안방 쪽으로 들어가 버린다. 할머니는 속상해하면서도 박아 놓은 못에 메주를 매단다.

■ 주제: 가치관의 차이로 인한 세대 갈등
■ 이것이 핵심!: 할머니와 엄마의 가치관의 차이와 갈등

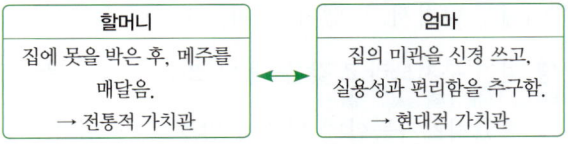

할머니	엄마
집에 못을 박은 후, 메주를 매달음. → 전통적 가치관	집의 미관을 신경 쓰고, 실용성과 편리함을 추구함. → 현대적 가치관

---

01 [정답] (1) 엄마, 할머니 (2) 메주

> 왜 정답 ?

(1) 윗글은 메주를 매달기 위해 아파트 베란다 창고 문 위 벽에 못을 박는 할머니와 집의 꼴을 해친다는 이유로 이것을 반대하는 엄마의 갈등을 중심으로 이야기가 진행되고 있다.
(2) 할머니는 엄마의 반대에도 아파트 베란다 창고 문 틀 위에 못을 박고 메주를 매달아 두었다.

02 [정답] ④

할머니에 대한 설명으로 가장 알맞지 않은 것은?

• 할머니: 할머니는 메주를 만드는 등 전통적인 생활 양식을 중요하게 생각해요.

[즉] 전통적인 가치관을 가진 할머니에 대한 설명으로 틀린 것을 고르는 문제입니다.

> 왜 정답 ?

④ 숙제를 하지 않는 '나'의 행동을 이해하지 못하고 있다.
윗글에서 찾아볼 수 없음.

★ 근거: 1-❷, ❺
1에서 '내 방에서 숙제를 하고 있는데 ~ 나도 밖으로 나가 보았다.'라고 했다. '나'는 숙제를 하다가 밖으로 나간 것이므로 '나'가 숙제를 하지 않는다고 할 수 없다. 또 윗글에서 할머니가 '나'의 행동을 이해하지 못하는 부분도 찾을 수 없다.

> 왜 오답 ?

① 엄마와 갈등을 겪고 있다.
할머니가 베란다 창고 문틀 위에 못을 박자 엄마는 집꼴이 아무렇거나 되어도 상관없냐고 함.
★ 근거: 1, 2
할머니가 메주를 매달아 놓기 위해 베란다 창고 문틀 위에 못을 박자, 엄마는 '그런 데다 못을 박으시면 어떡해요.', '메주만 중요하고 집 꼴은 아무렇게나 돼도 괜찮단 말씀이세요?'라고 말하면서 할머니와 갈등을 겪고 있다.

② 메주를 만드는 것을 중요하게 생각하고 있다.
'사람이 할 일은 하고 살아야재.'
★ 근거: 2-❽
할머니는 요즘 누가 아파트에서 메주를 만드냐는 엄마의 말에 '아무리 아파트기로서니 사람이 할 일은 하고 살아야재.'라면서 메주를 만들어 장을 만드는 것을 중요하게 생각하고 있음을 드러내고 있다.

③ 자신이 살아온 방식을 계속해서 고집하고 있다.
'시상이 아무리 달라졌다 혀도 달라지지 않는 것도 있는 법이여.'
★ 근거: 2-⑮
할머니는 '시상이 아무리 달라졌다 혀도 달라지지 않는 것도 있는 법이여.'라면서 자신이 살아온 방식을 고집하고 있다.

⑤ 엄마가 집의 미관만 생각하는 태도에 노여움을 느끼고 있다.
'할머니는 눈을 부릅뜨고 노여워 어쩔 줄 몰라 했다.' 등
★ 근거: 1-⑮, 2-❶
할머니는 '집 꼴은 아무렇게나 돼도 괜찮단 말씀'이냐는 엄마의 말을 듣고 '못 몇 개 박는 게 집 꼴을 망치는 거란 말여?'라고 말하며 '눈을 부릅뜨고 노여워 어쩔 줄 몰라 했다.'라고 했다.

03 [정답] ②

엄마가 ㉠처럼 말한 이유로 가장 알맞은 것은?

• ㉠: ㉠은 '요즘 아파트에서 그런 거 만드는 사람이 몇이나 된다고 그러세요.'라는 엄마의 말입니다. 엄마는 아파트에서 메주를 만드는 할머니의 모습을 보고 이렇게 말을 하였습니다.

[즉] 전통적인 생활 양식을 고집하는 할머니에 대한 엄마의 생각으로 알맞은 것을 고르는 문제입니다.

> 왜 정답 ?

② 할머니가 살아온 삶의 방식에 답답함을 느꼈기 때문이다.
엄마는 옛날 방식을 고집하는 할머니를 답답해 함.
★ 근거: 2-❼, ❾
엄마는 할머니가 메주를 만드는 것이 요즘 아파트에 사는 사람들의 생활 양식과는 다르다면서 '아유, 그만두세요. 어머닌 옛날 방식만 고집하시니.'라고 말했다. 엄마는 할머니가 옛날 방식만 고집하는 것에 답답함을 느꼈기 때문에 '요즘 아파트에서 그런 거 만드는 사람이 몇이나 된다고 그러세요.'라고 말한 것이다.

① 할머니가 메주를 만드시는 것을 **돕고 싶었기** 때문이다.
  도움지 않음.

★ 근거: ②-❺, ❻

엄마가 '그러니까 메주 만들지 마시라 그랬잖아요.'라고 하자 할머니는 '니가 지금 메주 만드는 거 돕기나 하면서 그런 말을 하냐?'라고 했다.
즉 엄마는 할머니가 메주를 만드는 것을 싫어하며, 할머니를 돕지 않고 할머니가 메주를 베란다 창고 위에 매달려고 하는 것을 말리고 있음을 알 수 있다.

③ ~~'나'가 할머니의 말을 듣지 않을까 봐 걱정이 되었기~~ 때문이다.
  '나'의 앞에서 할머니와 다툼.

엄마는 '나'가 보는 앞에서 할머니와 갈등을 겪고 있을 뿐, '나'가 할머니의 말을 듣지 않을까봐 걱정하고 있지는 않다.

④ 할머니가 옛날 방식을 고집하는 모습이 **존경스러웠기** 때문이다.
  불만임.

★ 근거: ②-❾

엄마는 '아유, 그만두세요. 어머닌 옛날 방식만 고집하시니.'라면서 메주를 만들고 이것을 매달기 위해 아파트에 못을 박는 할머니의 모습에 불만을 드러내고 있다. 윗글에서 엄마가 할머니를 존경하는 모습이 드러난 부분은 찾을 수 없다.

⑤ 메주를 만들겠다는 할머니의 ~~생각이 바뀔까봐 걱정이 되~~었기 때문이다.
  걱정하지 않음.

★ 근거: ②-❾

엄마는 메주를 베란다에 매달려고 하는 할머니의 행동에 '아유, 그만두세요.'라면서 할머니가 메주를 만드는 것을 좋아하지 않는 마음을 드러내고 있다.

DAY 13 나비를 잡는 아버지 _현덕

❶ 중심인물, 배경 ❷ 중심 사건, 갈등 ❸ 서술상 특징

[앞부분의 줄거리] 바우는 서울로 진학한 경환이와 달리 시골에 남게 된다. 경환은 졸업 후 하릴없이 나비와 놀고 있던 바우를 보게 되고, 바우에게 나비를 달라고 한다. 심술이 난 바우는 경환의 말을 못 들은 체 하며 나비를 날려 보낸다. 화가 난 경환은 바우네 참외밭을 다 밟아 버리고, 경환과 바우의 싸움은 경환이네와 바우네의 갈등으로 번진다.
❷ 갈등: 경환과 바우의 갈등이 두 집안의 갈등으로 확대됨.

① 그리고 어머니는 경환이 집 안주인이 꾸중꾸중하더
  경환의 어머니
라는 것, 그리고 바우가 나비를 잡아 가지고 와서 경
             ❶ 중심인물
환이에게 빌지 않으면 내년부턴 땅 얻어 부칠 생각을
  마름인 경환이네가 소작농인 바우네에 한 말
말라더란 말을 옮기며 또 바우에게

❷"어서 나비 잡아 가지고 가서 빌어라, 빌어."
  바우와 부모님 사이에 갈등이 시작된 원인

[중략 부분의 줄거리] 어머니의 말을 들은 바우는 집을 나갔다가 해가 저물 때가 되어서야 집에 돌아온다.

❸"나빈 잡아 갔지?"

❹하고 다져 묻는다. ❺바우는 고개를 숙인 채 묵묵하다.
                  나비를 잡아 가지 않았음.
❻아버지는 기가 막힌 듯 잠시 건너다 보기만 하다가 언성을 높였다.

❼"이때껏 나가서 뭘 했어. 인마, 간 봄에 늙은 아비가 땅 얻어 부치느라고 갖은 애 다 쓰던 것을 네 눈으로
  바우네가 땅을 빌려 농사를 지음.
도 보았지? 가뜩한데 너까지 말썽일 게 뭐냐. 어서
  가뜩이나 땅을 얻어 부치기 힘든데
가서 빌지 못하겠어."

❽아버지는 담뱃대 끝으로 바우의 수그린 머리를 찌를
  ❶ 중심인물
듯 겨눈다. ❾그러는 대로 바우는 무춤무춤 피할 뿐 조금도 걸음을 옮기려 하지 않는다.
              바우의 성격: 고집이 셈.

❿"그래도 네 고집만 실 테냐? 그럴라거든 아주 나가거라. 아주 나가."
「 」: ❷ 갈등-바우가 사과하기를 바라는 부모님과 그것이 싫은 바우

⓫하고, 아버지는 빗자루를 들고 나섰다.

(중략)

⓬그 아버지가 보이지 않는 곳에 이르자 어머니는 부엌에서 나와 작은 음성으로 바우를 달랜다.

⓭"아버지 속상하시게 하지 말고 오늘은 나빌 잡아 가지고 가 봐라. 땅이 떨어지거나 하면 너는 좋겠니.
  농사지을 땅을 잃는 것은 온 가족에게 안 좋은 일임.
생각해 봐라."
  *① 요약: 부모님이 바우에게 경환이를 찾아가서 사과하라고 함.

②❶바우는 여전히 말이 없다. ❷어머니는 그것을 바우가 순종하는 뜻으로 여긴 모양, 부엌에서 아침을 차리기
❸ 서술자: 3인칭 서술자, 시점: 전지적 작가 시점
에 분주하였다.

❸"얼른 밥 차려 줄게. 먹고 나가 봐."

❹그러나 바우는 어머니가 밥상을 날라 오기 전에 자기가 먼저 슬며시 집 밖으로 나갔다.❺밥을 열 끼를 굶
❶ 공간적 배경: 바우네 집
는 한이 있더라도 그 경환이 앞에 나비를 잡아 가지고 가서 머리를 숙이는 무엇보다 싫었다.❻아들의 그만
바우의 성격: 자존심이 셈.
한 체면쯤 보아줄 줄 모르고 자기네 요구만 고집하는
바우가 부모님을 원망스럽게 생각하는 이유
아버지가, 그리고 어머니까지 바우는 무척 야속했다.
❸ 바우의 심리를 직접 제시함.
❼노여웠다. (중략)
*② 요약: 바우는 자신의 체면을 헤아려 주지 않는 부모님이 야속함.
③❶산을 또 좀 더 내려와 바라볼 때 경환이로 본 그것
❷ 사건: 바우가 산을 내려오다 어른의 모습을 발견함.
은 어른이 분명했다.

❷'흥, 경환이란 놈이 저희 집 머슴을 시켜 나비를 잡
바우는 자신이 본 어른이 경환의 집 머슴이라고 생각함.
게 하는구나.'

❸그리고 바우는 또 한 번 같은 웃음을 웃는다.

❹바우는 산을 내려와 맞은편 언덕 위로 올라섰다.❺그리고 가까운 거리에서 메밀밭을 내려다보았을 때 그
❶ 공간적 배경: 아버지가 나비를 잡고 있는 곳
는 놀라 벌린 입을 다물지 못했다.❻경환이 집 머슴으
로 본 사람은 남 아닌 바로 자기 아버지였다.
바우의 생각과는 다른 결과를 마주함.

❼아버지는 농립을 벗어 두고 나비를 쫓아 엎드렸다 일어섰다 하며 그 똑똑지 못한 걸음으로 밭두렁을 지척지척 돌고 있다.

❽「바우는 머리를 얻어맞은 듯 멍하니 아래를 바라보
아버지를 보고 놀라서
고 서 있다.❾그러다가 갑자기 언덕 모래 비탈을 지르르 미끄러져 내려가며 그렇게 빠른 속력으로 지금까지 잠기어 있던 어두운 마음에서 벗어나, 그 아버지가
갈등의 해소
무척 불쌍하고 정답고 그 아버지를 위하여서는 어떠한 어려운 일이든지 못할 것이 없을 것 같은 생각에, 바우는 울음이 되어 터져 나오려는 마음을 가슴 가득
「」: 아버지를 이해하고 아버지에게 연민과 사랑, 죄송함을 느끼는 바우

히 참으며 언덕 아래 메밀밭을 향해 소리쳤다.

⑩" – 아버지."

⑪" – 아버지.

⑫" – 아버지."」
*③ 요약: 바우가 아버지를 이해하게 됨.

★ 소설 독해 공식

❶ **중심인물**: 바우, 바우의 아버지
　배경: 바우네 집, 메밀밭(공간적 배경)
❷ **중심 사건**: 바우의 부모님이 바우에게 나비를 잡아 경환에게 사과하러 가라고 바우를 혼냄. 바우는 메밀밭에서 나비를 잡고 있는 아버지를 봄.
　갈등: 경환에게 나비를 잡아 가서 사과하라는 부모님과 그렇게 하지 않겠다는 바우(외적 갈등)
❸ **서술상 특징**
　– **서술자**: 3인칭 서술자, **시점**: 전지적 작가 시점
　– 인물 간의 대화를 통해 외적 갈등을 드러냄.
　– 인물의 심리를 직접적으로 제시함.

■ **내용**: 이 작품은 자식에 대한 아버지의 사랑과 마름과 소작농의 갈등을 다룬 현대 소설이다.
　①　바우의 부모님은 바우에게 나비를 잡아 경환이에게 가서 사과를 하라고 한다.
　②　바우는 아침을 먹지 않고 집을 나가며 부모님에게 야속함을 느낀다.
　③　산에서 내려오던 바우는 나비를 잡고 있는 어른을 보고 경환이네 머슴이라고 생각했으나, 곧 그 어른이 자신의 아버지였다는 것을 알게 된다. 아버지의 입장을 이해한 바우는 아버지에게 불쌍함과 정다움을 느끼며 아버지를 부른다.

■ **주제**: 자식에 대한 아버지의 따뜻한 사랑, 마름과 소작농의 갈등
■ **이것이 핵심!**: 바우와 부모님의 갈등

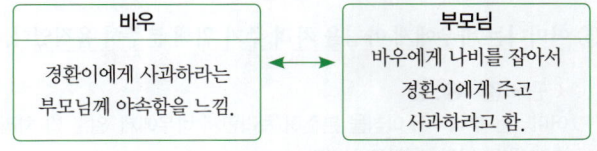

바우	부모님
경환이에게 사과하라는 부모님께 야속함을 느낌.	바우에게 나비를 잡아서 경환이에게 주고 사과하라고 함.

04 정답 (1) 나비 (2) 체면

>왜 정답?

(1) 어머니는 경환이 어머니의 말을 전하면서 바우에게 "어서 나비 잡아 가지고 가서 빌어라, 빌어."라고 했다.

(2) 바우는 '아들의 그만한 체면쯤 보아줄 줄 모르고 자기네 요구만 고집하는 아버지가, 그리고 어머니까지 바우는 무척 야속했다.'라고 했다.

DAY 13

05 [정답] ①

윗글의 내용으로 가장 알맞지 않은 것은?

>**왜 정답?**

① 아버지는 경환이네 머슴이 되기로 했다.
    나비를 잡으려 한 것임.

★ 근거: ③-❷, ❻

바우는 메밀밭에서 나비를 잡는 어른을 보고 '경환이란 놈이 저희 집 머슴을 시켜 나비를 잡게 하는구나.'라고 생각했지만, 이내 '경환이 집 머슴으로 본 사람은 남 아닌 자기 아버지'임을 확인했다. 바우의 아버지는 메밀밭에서 경환에게 줄 나비를 잡고 있었을 뿐, 바우의 아버지가 경환이네 집 머슴이 되기로 했는지에 대해서는 이야기하고 있지 않다.

>**왜 오답?**

② 아버지는 바우의 머리 근처에 담뱃대 끝을 겨누었다.
    '아버지는 담뱃대 끝으로 ~ 머리를 찌를 듯 겨눈다'

★ 근거: ①-❽

바우의 아버지는 바우에게 경환이에게 나비를 잡아다 주지 않은 것을 탓하며 '담뱃대 끝으로 바우의 수그린 머리를 찌를 듯 겨눈다.'라고 했다.

③ 아버지는 바우와 이야기를 하다가 빗자루를 들고 나갔다.
    '아버지는 빗자루를 들고 나섰다.'

★ 근거: ①-⓫

바우에게 나비를 잡아다 경환이에게 주지 않을 것이면 집을 나가라고 말한 '아버지는 빗자루를 들고 나섰다.'라고 했다.

④ 어머니는 경환이네 집 안주인의 말을 바우에게 들려주었다.
    '어머니는 ~ 옮기며'

★ 근거: ①-❶

①에서 '어머니는 경환이 집 안주인이 꾸중꾸중하더라는 것, 그리고 바우가 나비를 잡아 가지고 와서 경환이에게 빌지 않으면 내년부터 땅 얻어 부칠 생각을 말라더란' 경환이네 어머니의 말을 옮기고 있다.

⑤ 어머니는 바우에게 아침을 차려 주기 위해 분주히 움직였다.
    '부엌에서 아침을 차리기에 분주하였다.'

★ 근거: ②-❷, ❸

어머니는 부엌에서 아침을 분주히 차리면서 바우에게 '얼른 밥 차려 줄게. 먹고 나가 봐.'라고 하였다.

06 [정답] ①

바우에 대한 설명으로 가장 알맞은 것은?

>**왜 정답?**

① 나비를 잡는 아버지를 보고 연민을 느꼈다.
    '그러다가 갑자기 ~ 메밀밭을 향해 소리쳤다.'

★ 근거: ③-❻, ❾

메밀밭에서 나비를 잡는 사람이 자신의 아버지라는 것을 안 후 바우는 '아버지가 무척 불쌍하고 정답고 그 아버지를 위하여서는 어떠한 어려운 일이든지 못할 것이 없을 것 같은 생각'이 들었다고 했다. 이것은 바우가 아버지의 마음을 이해하고, 아버지에게 연민, 사랑, 죄송함을 느꼈다는 의미이다.

>**왜 오답?**

② 자신을 야단치는 아버지에게 존경심을 느꼈다.
    '무척 야속했다. 노여웠다'

★ 근거: ②-❻, ❼

바우의 아버지와 어머니는 바우에게 나비를 잡아다가 경환이에게 빌라고 한다. 그러자 '아들의 그만한 체면쯤 보아줄 줄 모르고 자기네 요구만 고집하는 아버지가, 그리고 어머니까지 바우는 무척 야속했다. 노여웠다.'라고 했다. 즉 바우는 자신을 야단치는 아버지에게 존경심이 아니라 야속함을 느끼고 있다.

③ 경환이에게 나비를 잡아주겠다고 고집을 부렸다.
    '경환이 앞에 나비를 잡아 가지고 가서 ~ 무엇보다 싫었다.'

★ 근거: ②-❺

바우는 '밥을 열 끼를 굶는 한이 있더라도 그 경환이 앞에 나비를 잡아 가지고 가서 머리를 숙이기는 무엇보다 싫었다.'라고 했다. 따라서 바우는 경환이에게 나비를 잡아 주겠다고 고집을 부린 것이 아니라, 나비를 잡아 주기 싫어서 고집을 부리고 있다.

④ 어머니가 아버지의 생각에 반대하는 이유를 궁금해 했다.
    '아버지 속상하시게 하지 말고'

★ 근거: ①-❷, ⓭

①에서 어머니는 바우에게 나비를 잡아 가서 경환이에게 빌라고 하였고, '아버지 속상하시게 하지 말고 오늘은 나빌 잡아 가지고 가 봐.'라고 하였다. 이를 통해 어머니는 바우를 타일러 경환이에게 사과를 하라고 하고 있을 뿐, 아버지의 생각에 반대하고 있지 않음을 알 수 있다.

⑤ 어머니를 위해서라면 어떠한 일이든 할 수 있을 것이라고
    '아버지를 위하여서는 어떠한 어려운 일이든지 못할 것이 없을 것 같은 생각에'
생각했다.

★ 근거: ③-❾

바우는 메밀밭에서 나비를 잡는 아버지를 보고 '아버지가 무척 불쌍하고 정답고 그 아버지를 위하여서는 어떠한 어려운 일이든지 못할 것이 없을 것 같은 생각'이 들었다고 했다. 윗글만으로는 바우가 어머니를 위해서 어떠한 일이든 할 수 있을 것이라고 생각했는지는 알 수 없다.

07 [정답] 나비

윗글에서 <보기>와 관련이 있는 것을 찾아 2음절로 쓰시오.

---〈보기〉---
- 어머니가 바우에게 잡아 가지고 가서 빌라고 하는 것
    '어서 나비 잡아 가지고 가서 빌어라, 빌어.'
- 아버지가 경환이네 머슴 대신 잡고 있는 것

>**왜 정답?**

★ 근거: ①-❷, ③-❻

①에서 어머니는 바우에게 나비를 잡아 경환이에게 가지고 가서 빌라고 했다. 또 ③에서 나비를 잡고 있는 사람은 바우네 아버지이다. 따라서 정답은 '나비'이다.

토끼와 자라 _엄인희

❶ 중심인물, 배경   ❷ 중심 사건, 갈등   ❸ 서술상 특징

등장인물: 토끼, 자라, 용왕, 문어, 뱀장어, 전기뱀장어, 고등어, 꼴뚜기, 도루묵

장소: 바닷속 궁궐(용궁), 산속

〈제1장〉

(바닷속 궁궐)
❶ 공간적 배경
용왕이 있는 용궁이 무대이다.

용궁은 온갖 해초들이 넘실대는 화려한 궁전이다.

가운데 용왕의 의자가 놓여 있다.

막이 오르면 시름시름 앓고 있는 용왕이 의자에 앉아

있다.

양옆으로 신하들이 늘어서 있다.

신하들은 용왕의 부름을 받고 분부를 기다리는 중이다.
「」: ❸ 해설 – 등장인물, 장소, 무대 장치를 언급함(희곡의 특성).

(중략)

❶
[1] 용왕: 듣기 싫어! 황공이고 무지고 그런 소리 말고 내
❶ 중심인물
병이 깔끔히 나을 묘수를 말하란 말이다.

❷꼴뚜기: 폐하! 약초보다는 어패류가 나은 줄 아뢰오.
❷ 사건: 꼴뚜기가 용왕에게 병이 나을 묘수로 어패류를 권함.

❸용왕: 어패류가 무엇을 말하는고? 신약이 나왔단 말이냐?
어패류에 관심을 갖는 용왕

❹문어: 어패류란 물고기나 조개 종류를 말하는 것인 줄

아뢰오.

❺용왕: 물고기…… 너희를 먹으라고?
물고기를 다스리는 자신에게 물고기를 먹으라고 하여 놀람.

❻용왕 놀란다.

❼용왕 구역질을 한다.

❽신하들은 깜짝 놀라 꼴뚜기를 두드려 팬다.
*[1] 요약: 용왕이 어패류를 먹으라는 제안을 듣고 당황함.
「」: ❷ 갈등 – 물고기들이 용왕에게 서로 다른 물고기를 먹으라고 추천함.
[2] 「뱀장어: 어물전 망신은 꼴뚜기가 시킨다더니, 아예
못난 사람일수록 동료를 망신시킨다는 뜻의 속담
용궁 망신까지 시키는구나. 누굴 먹어?

❷꼴뚜기: (분해서) 폐하! 예로부터 뱀장어가 몸에 좋고
❸ 지시문: 인물의 행동이나 심리를 지시함.
기력이 살아난다는 명약으로 알려졌다고 합니다.
꼴뚜기가 용왕에게 뱀장어를 먹으라고 제안함. → 물고기들 사이에 갈등이 생김.

❸뱀장어: (당황해서) 폐하! 죄송스러우나 지난 여섯 달간

다이어트를 하고 있어서 약 될 것이 없는 줄 아뢰오.
❸ 외래어 사용, 웃음 유발
차라리 제 사촌 전기뱀장어가 어떨는지요.
용왕에게 전기뱀장어를 먹으라고 제안함.

❹전기뱀장어: 이런 의리 없는 사촌을 봤나. 폐하! 제 몸

은 전기가 흐르고 있어 물속에서 드시면 전기가 올
전기뱀장어가 용왕에게 자신을 먹으면 안 된다고 말한 이유
라 입이 삐뚤어진다고 하옵니다. 저보다는 도루묵이

어떨는지요.
용왕에게 도루묵을 먹으라고 제안함.

❺도루묵: (펄쩍 뛰며) 폐하! 오죽하면 제 이름이 도루묵

이겠습니까? 「옛날 어느 임금이 피란 가다 우리 할아
「」: 도루묵이라는 이름이 생긴 이유 ①
버지 묵고기를 잡수셨는데, 너무 맛있어서 눈물이

주루룩 나왔다고 합니다. 그래서 우리 묵고기들은

이름이 금어로 고쳐졌다고 하옵니다. 금어.」

❻용왕: 금붕어가 아니고? (도루묵 끄덕끄덕) 옳지, 그래.

네놈을 먹어야겠다.

❼도루묵:「그런데! 그런데 전쟁이 끝나고 다시 우리 아버
「」: 도루묵이라는 이름이 생긴 이유 ②
지 묵고기를 잡수시다가 퉤퉤 토하며 "아, 이런 맛대

가리를 봤나. 이놈 이름을 도루묵이라고 해라." 하셨

답니다.」 그러니 고등어가 어떨는지요.
용왕에게 고등어를 먹으라고 제안함.

❽고등어: 마마! 저는 죽이나 마나 먹어 보나 마나입니다.

❾용왕: 왜?

❿고등어:「저는 등 푸른 생선이라 머리를 좋아지게 할 뿐
「」: 고등어가 용왕에게 자신을 먹으면 안 된다고 하는 이유
이지 병을 낫게 하지는 못한답니다. 그리고 제가 비

려요.」 냄새 좀 맡아 보세요.

⓫고등어, 용왕의 앞으로 다가가 등을 내민다.

⓬용왕, 냄새를 맡아 보다가 얼굴을 찡그린다.
비린내를 맡음.

⓭용왕, 나머지 신하를 샅샅이 훑어본다.

⓮문어와 자라는 벌벌 떨고 있다.

⓯먼저 핑계를 대는 것이 낫겠다 싶어서 문어가 나선다.

⑯문어: 폐하! 저는 머리칼이 없는 생선이라 약효가 없는
문어가 용왕에게 자신을 먹으면 안 된다고 하는 이유 ①
줄로 아뢰오.

⑰용왕: 머리칼은 다 없어. 너만 없는 줄 알아?
웃음 유발

⑱문어: (당황하며) 그게 아니고 비닐……
❸ 현대의 외래어 사용, 웃음 유발

⑲용왕: 비닐?

⑳문어: 비닐이 아니고 비늘이 없을 뿐만 아니라, 다리에
붙은 빨판은 배 속으로 들어가 먹은 자의 피를 빨아
문어가 용왕에게 자신을 먹으면 안 된다고 하는 이유 ②
버린답니다.

㉑용왕: 정말?

㉒문어: 마마! 저는 아주 질긴 고기인 줄로 아뢰오.
문어가 용왕에게 자신을 먹으면 안 된다고 하는 이유 ③

㉓용왕: 그럼 누가 남았느냐? 참으로 힘이 든다.
＊② 요약: 물고기들이 용왕에게 서로 자신이 아닌 다른 물고기를 먹으라고 함.

(중략)

③❶자라: 그렇습니다. 토끼의 간을 꺼내 드시면 만병이 다
용왕의 병을 낫게 할 해결책
낫는다고 하옵니다.

❷용왕: (벌떡 일어나) 여봐라! 얼른 자라를 땅으로 보내
❷ 사건: 용왕이 자라를 땅으로 보내 토끼를 데려오라고 명함.
토끼를 데려오도록 하여라!

❸신하들: 예이!

❹자라: 저 보고 가라고요?

❺용왕: 내가 아주 급하다! 냉큼 다녀오너라!

❻신하들: 냉큼 다녀오랍신다!

❼〈별주부전〉 판소리에서 뭍으로 나오는 소리 한 대목을
❸ (무대) 지시문: 음향 효과를 지시함.
튼다.
＊③ 요약: 용왕이 자라에게 토끼의 간을 구해오라고 함.

★ 극 문학 독해 공식

❶ 중심인물: 용왕, 물고기들
  배경: 바닷속 궁궐(공간적 배경)
❷ 중심 사건: 신하들이 용왕의 병을 낫게 할 묘수로 어떤 물고기를 먹을지
  이야기함. 자라는 토끼의 간을 꺼내 먹으면 용왕의 병이 나을 것이라고
  말하고, 용왕은 자라를 땅으로 보냄.
  갈등: 신하들이 용왕에게 다른 물고기를 먹으라고 함(외적 갈등).
❸ 서술상 특징
  - 물고기 등을 의인화하여 표현함.
  - 현대의 외래어를 사용하여 웃음을 유발함.

■ 내용: 이 작품은 〈토끼전〉이라는 고전 소설을 각색한 현대 희곡이다.
  ①: 어패류를 먹으라는 제안을 들은 용왕은 구역질을 한다.
  ②: 신하들이 저마다 용왕이 자신을 먹으면 안 되는 이유를 이야기한다.
  ③: 자라가 토끼의 간이 만병을 낫게 한다고 하자, 용왕은 자라에게 땅
    으로 가 토끼를 데려오라고 명한다.

■ 주제: 용왕의 병과 토끼의 간
■ 이것이 핵심!: **신하들 사이의 갈등**

신하	⟷	신하

자신이 용왕에게 먹히지 않기 위해
용왕에게 다른 신하들을 약으로 추천함.

---

01 정답 (1) 용왕 (2) 자라

> 왜 정답 ?

(1) 신하들은 용왕에게 잡아 먹히지 않기 위해 갖은 핑계를 댄 후, 용
   왕에게 자신이 아닌 다른 신하들을 먹으라고 제안하고 있다.
(2) 자라가 '토끼의 간을 꺼내 드시면 만병이 다 낫는다고 하옵니다.'
   라고 했다.

02 정답 ④

윗글의 내용으로 가장 알맞지 않은 것은?

> 왜 정답 ?

④ 용왕은 도루묵을 먹고 감동하여 그 이름을 금어로 바꾸라
  옛날 어느 임금
  고 했다.

★ 근거: ② - ❺
  ②에서 도루묵은 '옛날 어느 임금이 피란 가다 우리 할아버지 묵고기
  를 잡수셨는데, ~ 우리 묵고기들은 이름이 금어로 고쳐졌다고 하옵니
  다.'라고 했다. 즉 도루묵의 이름을 금어로 바꾼 것은 용왕이 아니라
  옛날 어느 임금이다.

> 왜 오답 ?

① 자라는 용왕이 자신을 먹을까 봐 두려워서 겁에 질렸다.
  '문어와 자라는 벌벌 떨고 있다.'

★ 근거: ② - ⑭
  ②에서 다른 신하들이 자신을 먹어서는 안 되는 이유를 말하며 용왕
  에게 다른 물고기들을 먹으라고 추천할 때 '문어와 자라는 벌벌 떨고
  있다.'라고 했다. 즉 자라는 용왕이 자신을 먹을까봐 두려워 떨고 있는
  것이다.

② 문어는 용왕에게 자신은 머리카락이 없어 약효가 없다고 했다.
'저는 머리칼이 없는 생선이라~'
★ 근거: ②-⑯
문어는 용왕에게 '폐하! 저는 머리칼이 없는 생선이라 약효가 없는 줄로 아뢰오.'라고 했다.

③ 전기뱀장어는 용왕에게 자신을 먹으면 전기가 오를 수 있다고 했다.
'물속에서 드시면 전기가 올라 입이 삐뚤어진다고 하옵니다.'
★ 근거: ②-④
전기뱀장어는 '폐하! 제 몸은 전기가 흐르고 있어 물속에서 드시면 전기가 올라 입이 삐뚤어진다고 하옵니다.'라고 했다.

⑤ 용궁에 있는 여러 신하들은 용왕이 자기가 아닌 다른 어패류를 먹기를 바랐다.
용왕에게 다른 신하들을 추천함.
★ 근거: ②
꼴뚜기는 뱀장어를, 뱀장어는 전기뱀장어를, 전기뱀장어는 도루묵을, 도루묵은 고등어를 먹으라고 용왕에게 추천하고 있다. 즉, 신하들을 자기 자신이 아닌 다른 물고기를 먹기를 바라고 있다.

03 [정답] ③

윗글에 대한 설명으로 가장 알맞지 <u>않은</u> 것은?

＞왜 정답 ?

③ 특수한 용어를 사용해 ~~카메라 기법을 안내~~하고 있다.
안내하지 않음.
윗글은 무대에서 공연하기 위한 목적으로 쓰인 희곡으로, 카메라를 사용하지 않기 때문에 카메라 기법을 안내하고 있지 않다.

＞왜 오답 ?

① 공연을 목적으로 하는 연극의 대본이다.
대사, 해설, 지문 등이 나타남.
윗글에서는 대사, 해설, 지문 등 희곡의 구성 요소를 모두 찾아볼 수 있다.

② 대사를 통해 인물의 성격을 드러내고 있다.
용왕과 신하들의 말
용왕과 신하들의 말을 통해 각 인물의 성격을 알 수 있다.

④ 지시문을 통해 인물의 동작을 상황에 맞게 지시하고 있다.
(펄쩍 뛰며), (도루묵 끄덕끄덕)
★ 근거: ②-⑤, ⑥
②의 (펄쩍 뛰며), (도루묵 끄덕끄덕) 등에서 지시문을 사용하여 등장인물의 동작을 상황에 맞게 지시하고 있음을 알 수 있다.

⑤ 지시문을 통해 등장인물의 마음을 상황에 맞게 지시하고 있다.
(분해서)
★ 근거: ②-❷
②에서 뱀장어가 '어물전 망신은 꼴뚜기가 시킨다더니, 아예 용궁 망신까지 시키는구나. 누굴 먹어?'라면서 꼴뚜기를 비난하자 꼴뚜기는 '(분해서) 폐하!'라고 한다. '(분해서)'처럼 윗글에서는 지시문을 사용하여 등장인물의 감정을 지시하고 있다.

DAY 14

DAY 14 토끼전 _작자 미상

❶ 중심인물, 배경 ❷ 중심 사건, 갈등 ❸ 서술상 특징

[앞부분의 줄거리] 북해 용왕은 우연히 병을 얻게 된다. 어떤 약을 써도 효험이 없던 어느 날, 한 도사가 나타나 용왕의 병을 고칠 약은 토끼의 간이라고 알려 준다. 이를 들은 별주부는 용왕을 위해 육지에 나가 토끼를 꾀어 온다. 수궁에서 배가 갈릴 위기에 처한 토끼는 꾀를 내어 자신의 간이 육지에 있다고 주장한다.

1 용왕이 더욱 <u>의심</u>하여 말하였다.
❶ 중심인물 ❸ 서술자: 3인칭 서술자, 시점: 전지적 작가 시점

❷ "네가 간을 들이고 낼 수 있다 하니, 배 속에 간이 있는데 혹시 착각하고 있는 것은 아닌가? 그렇다면 배를 갈라 보아야 하지 않겠는가?"
용왕이 토끼의 말을 의심함.

❸ 토끼가 다시 여쭈었다.
❶ 중심인물 ❸ 동물을 의인화하여 표현함.

❹ 「제가 비록 간을 들이고 낼 수 있으나, 그 또한 정
「」: ❷ 사건 - 용왕이 토끼의 배를 가르려고 하자 토끼가 자신의 간이 육지에 있다고 주장함.

해진 때가 있사옵니다. 매달 초하루부터 보름까지
용왕의 질문에 당황하지 않고 꾀를 냄. 음력 1일~15일
는 배 속에 넣어 해와 달의 정기를 받아 천지의 기운을 온전히 간직하고, 보름부터 그믐까지는 배에
음력 15일~30일
서 꺼내 옥처럼 깨끗한 계곡물에 씻어 소나무와 대나무가 우거진 깨끗한 바위틈에 아무도 모르게 감춰 둔답니다. 그렇기에 제 간을 두고 세상 사람들이 모두 영약이라고 하는 것이지요. 별주부를 만난 때는 곧 오월 하순이었습니다. 만일, 별주부가 용왕님
현재는 간이 없다는 의미.
의 병환이 이렇듯 위급함을 미리 말했더라면 며칠 기다렸다 간을 가져왔을 것이니, 이는 모두 별주부
간을 주지 못하는 이유를 별주부의 탓으로 돌리는 꾀를 씀.
의 미련한 탓이로소이다.」
★ 1 요약: 토끼가 간이 몸 밖에 있다고 말함.

2️⃣ ❶대개 수궁은 육지의 사정에 밝지 못한 까닭에 용왕
❶ 공간적 배경 용왕과 수궁의 신하들이 토끼에게 속은 이유
은 토끼의 말을 묵묵히 듣고 있다가 속으로 헤아리되,

❷「만일 저 말과 같을진대, 배를 갈라 간이 없으면 애
써 잡은 토끼만 죽일 따름이요, 다시 누구에게 간
「 」: ❷ 사건 – 용왕의 어리석은 모습 ① 토끼의 거짓말에 완전히 속아 넘어감.
을 얻을 수 있으리오? 차라리 살살 달래어 육지에
나가 간을 가져오게 함이 옳도다.'」

❸하고, 좌우에 명하여 토끼의 결박을 풀고 자리를 마련
토끼에 대한 대우가 달라짐.
해 편히 앉도록 했다. ❹토끼가 자리에 앉아 황공함을
이기지 못 하거늘, 용왕이 가로되,

❺"토 선생은 과인의 무례함을 너무 탓하지 마시게."
토끼를 부르는 호칭이 바뀜.
❻하고, 옥으로 만든 술잔에 귀한 술을 가득 부어 권하
토끼의 간을 얻기 위해 토끼를 대접함.
며 재삼 위로하니, 토끼가 공손히 받아 마신 후 황송
함을 아뢰었다.

❼그때, 한 신하가 문득 앞으로 나와 아뢰었다.
자가사리
❽"신이 듣자오니 토끼는 본디 간사한 짐승이라 하옵
니다. 바라옵건대 토끼의 간사한 말을 곧이듣지 마
시고 바삐 간을 내어 옥체를 보중하옵소서."
자가사리의 간언
❾모두 바라보니, 간언(諫言)을 잘하는 자가사리였다.
❶ 중심인물
❿하지만 토끼의 말을 곧이듣게 된 용왕은 기꺼워하지
않으며 말하였다.

⓫「"토 선생은 산중의 점잖은 선비인데, 어찌 거짓말
로 과인을 속이겠는가? 경은 부질없는 말을 내지 말
「 」: 용왕의 어리석은 모습 ② 토끼에게 속아 자가사리
고 물러가 있으라."」
의 간언을 무시함. → 당시의 어리석고 이기적인 지배
계층의 모습을 빗대어 비판함.
⓬결국 자가사리가 분함을 못 이기고 하릴없이 물러났
어쩔 수 없이 용왕의 명에 따름.
다.

⓭용왕이 이에 크게 잔치를 열어 토끼를 대접하였다.
❷ 사건: 용왕이 토끼를 극진히 대접함.
⓮온갖 귀한 음식이 옥으로 만든 쟁반에 쌓여 있고, 세
상에 보기 드문 귀한 술이 잔마다 가득하고, 흥겨운
음악을 연주하는 미녀들은 쌍쌍이 춤추고 노래하였
다.⓯토끼가 술에 흠뻑 취해 속으로 생각하되

'내 간을 줄지라도 죽지 아니할 것 같으면 이곳에서
용왕의 후한 대접에 만족함.
평생 살고 싶구나.'

하였다.   *2️⃣ 요약: 토끼의 거짓말에 용왕이 속아 넘어감.

★ 소설 독해 공식

❶ 중심인물: 토끼, 용왕, 자가사리
  배경: 수궁(공간적 배경)
❷ 중심 사건: 용왕은 간을 육지에 두고 왔다는 토끼의 거짓말에 속아 자가
  사리의 간언을 무시하고, 토끼를 극진히 대접함.
  갈등: 배를 갈라 보자는 용왕과 간이 배 속에 없다는 토끼(외적 갈등), 토
  끼의 말을 믿지 말라는 자가사리와 자라사리에게 물러가라고 한 용왕(외
  적 갈등)
❸ 서술상 특징
  – 서술자: 3인칭 서술자, 시점: 전지적 작가 시점
  – 토끼와 자가사리 등을 사람처럼 표현하여 우화적 수법으로 인간 사회
  를 풍자함.

■ 내용: 이 작품은 동물을 의인화하여 인간 사회의 모습을 풍자한 고전 소
설이다.
1️⃣: 용왕이 토끼의 배를 갈라 보겠다고 하자, 토끼는 자신의 간을 들이
고 내는 때가 정해져 있다고 거짓말을 한다.
2️⃣: 토끼의 거짓말에 속아 넘어간 용왕은 자가사리의 간언을 무시하고
토끼를 극진히 대접한다.

■ 주제: 위기를 극복하는 지혜
■ 이것이 핵심!: 등장인물의 특성

토끼 · 위기 상황에도 침착하게 대처함.
· 지배 계층의 수탈과 횡포에 고통받는 백성을 상징함.

용왕 · 자신의 병을 고치기 위해 남을 해하려고 하는 이기적
인 마음을 갖고 있음.
· 어리석어서 토끼의 꾀에 넘어감.
· 무능하고 부패한 지배층을 상징함.

자가사리 · 용왕에게 충성함.
· 왕에게는 충성하고 백성들을 수탈하는 관리를 상징함.

04 정답 (1) 토끼 (2) 자가사리

> 왜 정답?

(1) 배를 갈라 보자는 용왕의 말에 토끼는 자신의 간은 들이고 낼 수
있다고 거짓말을 하였다. 용왕은 처음에는 토끼의 말을 의심하였
지만, 결국 토끼의 거짓말을 믿게 되었다.
(2) 자가사리는 용왕에게 '토끼의 간사한 말을 곧이듣지 마시'라고 했
지만 용왕은 자가사리의 말을 듣지 않고 자가사리에게 물러가라
고 했다.

05 정답 ⑤

토끼에 대한 설명으로 가장 알맞은 것은?

>**왜** 정답?

⑤ 위험한 상황에서도 **침착하다.**
  간이 몸 밖에 있다고 꾀를 내어 죽을 위기를 넘김.
★ 근거: ①-❷, ❹
용왕이 '배를 갈라 보아야 하지 않겠는가?'라고 하면서 토끼의 배를 갈라 보겠다는 생각을 밝히자, 토끼는 '제가 비록 간을 들이고 낼 수 있으나, 그 또한 정해진 때가 있사옵니다.'라면서 정해진 때가 아니어서 간을 밖에 두고 왔다고 이야기하고 있다. 이처럼 토끼는 배가 갈릴 위기에 처했어도 침착하게 거짓말을 하여 죽을 위기를 넘기고 있다.

>**왜** 오답?

① 마음이 여리다.
  나타나지 않음.
윗글을 통해 토끼가 마음이 여린지는 알 수 없다.

② 순진하고 착하다.
  나타나지 않음.
윗글을 통해 토끼가 순진하고 착한지는 알 수 없다.

③ 뻔뻔하고 눈치가 없다.
  나타나지 않음.
윗글을 통해 토끼가 뻔뻔하고 눈치가 없는지는 알 수 없다. 자신의 배를 가르려는 용왕에게 거짓말을 하여 오히려 자신을 믿게 하고 있을 뿐이다.

④ 무례하고 간언을 잘한다.
  나타나지 않음.
윗글을 통해 토끼가 무례하고 간언을 잘하는지는 알 수 없다. 윗글에서 간언을 한 것은 토끼가 아니라 자가사리이다.

06 정답 ③

윗글의 내용으로 가장 알맞지 **않은** 것은?

>**왜** 정답?

③ 용왕은 토끼에게 간이 없다는 것을 처음부터 알고 있었다.
  처음에는 의심하다가 나중에 믿게 됨.
★ 근거: ①-❶, ❷, ②-❷
①에서 '용왕이 더욱 의심하여 말하였다. ~ 배를 갈라 보아야 하지 않겠는가?'라면서 용왕은 토끼가 자신의 간이 밖에 있다고 한 것에 대해 의심을 드러내고 있다. 그러나 토끼가 간을 들이고 내는 때가 따로 있다면서 이에 대해 설명하자, '만일 저 말과 같을진대, 배를 갈라 간이 없으면 애써 잡은 토끼만 죽일 따름이요, 다시 누구에게 간을 얻을 수 있으리오?'라고 생각하면서 잔치를 열어 토끼를 대접한다. 용왕은 처음에는 토끼에게 간이 없다는 사실을 의심하였지만 마지막에는 토끼의 말을 믿게 된다.

>**왜** 오답?

① 용왕은 자가사리의 말을 들어 주지 않았다.
  '경은 부질없는 말을 내지 말고 물러가 있으라.'
★ 근거: ②-❽~⓬
용왕은 자가사리가 토끼의 말을 곧이듣지 말라고 간언하자 기꺼워하지 않으며 '경은 부질없는 말을 내지 말고 물러가 있으라.'라고 말했다.

② 용왕은 온갖 귀한 음식으로 토끼를 대접하였다.
  '온갖 귀한 음식이 옥으로 된 쟁반에 쌓여 있고~'
★ 근거: ②-⓭, ⓮
②에서 용왕이 '크게 잔치를 열어 토끼를 대접하였다. 온갖 귀한 음식이 옥으로 만든 쟁반에 쌓여 있'었다고 했다.

④ 토끼는 용왕이 자신을 편하게 앉게 하자 황공함을 느꼈다.
  '토끼가 자리에 앉아 황공함을 이기지 못하거늘'
★ 근거: ②-❹
②에서 용왕이 토끼를 묶고 있던 결박을 풀고 자리를 마련해 토끼를 편하게 앉게 하자, '토끼가 자리에 앉아 황공함을 이기지 못'했다고 했다.

⑤ 토끼는 용왕에게 자신이 간을 가져 오지 못한 이유를 말하였다.
  달마다 간을 넣고 빼는 시기가 있다고 함.
★ 근거: ①-❹
①에서 토끼는 '제가 비록 간을 들이고 낼 수 있으나, 그 또한 정해진 때가 있사옵니다.'라면서 '보름부터 그믐까지는 배에서 꺼내 ~ 감춰 둔답니다. ~ 별주부를 만난 때는 곧 오월 하순이었습니다.'라고 했다. 보름부터 그믐까지는 음력 15일~30일을 가리키고, 하순은 21일부터 말일까지를 가리킨다. 즉 토끼는 오월 말에 별주부를 만났기 때문에 간을 배에서 꺼내 감추어 두어 간을 가져오지 못했다고 용왕에게 설명했다.

07 정답 간

윗글에서 〈보기〉와 관련이 있는 것을 찾아 1음절로 쓰시오.

┌─────〈보기〉─────┐
• 용왕이 토끼의 배를 갈라 얻고자 하는 것
  '배 속에 간이 있는데~'
• 토끼가 별주부 때문에 갖고 오지 못했다고 한 것
  '용왕님의 병환이~별주부의 미련한 탓이로소이다.'
└──────────────────┘

>**왜** 정답?

★ 근거: ①-❷, ❹
용왕은 토끼에게 '배속에 간이 있는데 혹시 착각하고 있는 것은 아닌가? 그렇다면 배를 갈라 보아야 하지 않겠는가?'라면서 토끼의 배를 갈라 간을 얻으려 했다. 이 말을 들은 토끼는 자신은 간을 들이고 낼 수 있으나 그것은 정해진 때가 있는데 '별주부가 용왕님의 병환이 이렇듯 위급함을 미리 말했더라면 며칠 기다렸다 간을 가져왔을 것이니, 이는 모두 별주부의 미련한 탓이로소이다.'라면서 자신이 간을 가져오지 못한 이유를 별주부의 탓으로 돌리고 있다. 따라서 정답은 '간'이다.

야, 춘기야 _김옥

❶ 중심인물, 배경 ❷ 중심 사건, 갈등 ❸ 서술상 특징

[앞부분의 줄거리] 중학교 입학을 앞둔 예린은 한창 외모 꾸미기에 관심이 많다. 엄마와 매일 크고 작은 말다툼을 하던 예린은 친구 윤선과 마트에서 산 염색약으로 머리에 염색을 한다.

❶ **①중심인물**
① 오후에 엄마가 여느 때보다 훨씬 일찍 집에 들어왔다.
①시간적 배경 / **①공간적 배경**
② 엄마를 맞이할 마음 준비가 끝나기도 전에 와 버려서
①중심인물 / **염색을 한 모습**
나도 놀랐지만, 엄마도 내 모습에 어지간히 놀랐나 보다.
③서술자: 1인칭, 시점: 1인칭 주인공 시점
③ 한참을 입을 벌린 채 바라보더니 비명처럼 소리를
엄마가 '나'의 모습을 보고 놀람.
질렀다.

④ "머리 꼴이 그게 뭐야? 누가 우리 딸 머리를 그렇게 만들어 버렸어? 누구야 누구?"

⑤ "아니야, 엄마. 내가 집에서 했어."

⑥ 내가 기어들어 가는 소리로 말하자 「엄마의 짧은 머
염색을 하고 자신감이 없어진 '나'
리카락이 일일이 곤두서는 것 같더니 눈동자가 커질
「 」: ❸ 인물의 모습을 묘사하여 인물이 느낀 감정을 표현함.
대로 커졌다. 」

⑦ 「"너 미쳤구나? 학생이 염색을 다 하고."
❷ 사건: 엄마가 학생인 '나'가 염색을 했다고 꾸짖음.
⑧ "윤선이도 했는데."

⑨ 내 말대꾸에 엄마는 불같이 화를 내기 시작했다.

⑩ "집에서 하라는 공부는 안 하고 잘한다. 응? 그리고 매니큐어는 왜 발랐어? 너 지금 한 것 내 허리띠 맞지? 도저히 참을 수 없어. 날마다 엉뚱한 짓이나 하고."
'나'가 염색을 하고 매니큐어를 바르고 엄마의 허리띠를 찬 것
⑪ 엄마는 내가 차고 있던 허리띠를 휙 빼앗아 가더니 만 또다시 소리쳤다.

⑫ "휴대 전화도 압수야! 내가 너만 한 나이 때는 공부만 하고 책만 읽었다. 도대체 누굴 닮아 엉뚱한 궁리만 하는 거야?"

⑬ 휴대 전화를 빼기고 나자 억울해서 눈물이 다 나왔다.
휴대 전화를 빼긴 '나'의 마음: 억울함.
⑭ 더 이상 참을 수가 없어 소리쳤다.

⑮ "엄마도 화장하고 파마도 하잖아."

⑯ "나하고 너하고 같아? 나는 어른이고 너는 학생이잖아."

⑰ "그럼 엄마처럼 바쁘다는 핑계로 딸 밥도 잘 안 챙겨
'나'는 엄마가 엄마 노릇을 잘하지 못한다고 생각함.
주는 거는 엄마 노릇 잘하는 거야?"

⑱ 나는 울면서 소리쳤다.

⑲ "내가 누구 때문에 이렇게 열심히 사는데……."

⑳ "누군 누구야. 엄마가 좋아서 엄마 인생 사는 거지. 나는 바보처럼 공부만 하면서 살고 싶지 않아. 해 보고 싶은 것은 다 하면서 살 거야. 그리고 절대로 엄마처럼은 살지 않을 거야." / ㉑ 엄마 눈이 휘둥그레졌다.

㉒ 짧은 순간 커다란 눈 가득 눈물을 글썽이더니 내 등
'나'의 말에 상처를 받은 엄마
짝을 세게 후려치며 말했다.

㉓ "난 애들이 어른한테 대드는 꼴은 죽어도 못 봐. 하여간 검은 염색약 사다 다시 염색할 거니까 그런 줄
❷, ❸ 대화의 형식으로 '나'와 엄마의 갈등을 드러냄.
알아." 」
＊① 요약: 머리에 염색을 한 일로 엄마와 '나'가 싸움.
❶
② 나는 내 방에 들어가 문을 걸어 잠그고 엉엉 울었다.

② '집 나가 버릴 거야. 혼자서도 얼마든지 살 수 있어.'

③ 한참 뒤 엄마가 현관을 나가는 소리가 들렸다.

④ '검은 염색약 사러 가는 건가?' 하는 생각이 들었지
엄마가 검은 염색약을 사서 다시 염색할 것이라고 했음.
만 나가보지는 않았다.   **＊② 요약: '나'는 엄마가 현관을 나가는 소리를 들음.**
❶
③ 한참 있다 화장실로 가 세수를 했다. ❷거울 속에는 어른도 아이도 아닌 갈색 머리가 서 있었다.
'나' / **거울에 비친 '나'의 모습**
③ '어서 저 낯선 애와 친해져야 할 텐데.'
＊③ 요약: '나'는 '나'의 모습을 낯설다고 느낌.

★ **소설 독해 공식**

❶ **중심인물**: '나(예린)', 엄마
  배경: 집(공간적 배경), 오후(시간적 배경)
❷ **중심 사건**: '나'가 머리에 염색을 한 일로 엄마와 싸움.
  갈등: 학생은 학생다워야 한다는 엄마와 엄마처럼은 살지 않겠다는 '나'(외적 갈등)
❸ **서술상 특징**
  – 서술자: 1인칭 서술자('나'), 시점: 1인칭 주인공 시점
  – 서술자인 '나'가 자신이 겪은 일과 자신의 속마음을 직접 이야기하는 형식으로 내용을 전개함.
  – 인물 간의 대화와 행동을 통해 인물 간의 갈등과 감정을 드러냄.

■ 내용: 이 작품은 외모 꾸미기에 관심이 많은 '나'와 이런 '나'를 꾸짖는 엄마와의 갈등을 중심으로 전개되는 현대 소설이다.
[1]: 머리를 염색한 '나'를 본 엄마는 학생이 무슨 염색이냐고 하면서 '나'를 혼낸다. 그러자 '나'는 엄마가 엄마 노릇을 잘하지 못한다면서 엄마처럼 살지 않겠다고 한다.
[2]: 엄마와 싸운 후 '나'는 자신의 방에 들어가 울음을 터뜨리고, 엄마가 집을 나가는 소리를 듣지만 나가 보지 않는다.
[3]: 화장실에 간 '나'는 거울 속에 비친 자신의 모습을 보고 낯설어 한다.

■ 주제: 서로의 역할에 대한 엄마와 딸의 갈등
■ 이것이 핵심!: 엄마와 '나'의 갈등

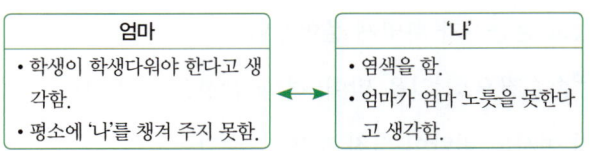

엄마		'나'
• 학생이 학생다워야 한다고 생각함. • 평소에 '나'를 챙겨 주지 못함.	↔	• 염색을 함. • 엄마가 엄마 노릇을 못한다고 생각함.

01 [정답] (1) 염색 (2) 엄마

> **왜 정답?**

(1) 엄마는 염색을 한 '나'를 보고 비명처럼 소리를 지르며 '머리 꼴이 그게 뭐야?', '너 미쳤구나?'라고 말했다.

(2) '나'는 엄마와 다투던 중 엄마에게 '절대로 엄마처럼은 살지 않을 거야.'라고 하면서 울면서 소리를 쳤다.

02 [정답] ①

윗글의 내용으로 가장 알맞지 <u>않은</u> 것은?

> **왜 정답?**

① 엄마는 ~~'나'가 염색을 잘했다고 말했다.~~
  '너 미쳤구나?'
  ★ 근거: [1]-❼
  엄마는 염색을 한 '나'를 보고 '너 미쳤구나? 학생이 염색을 다 하고.'라고 말하며 꾸짖고 있다. 따라서 엄마는 '나'가 염색한 것을 잘했다고 말하지 않았다.

> **왜 오답?**

② '나'는 엄마처럼 살지 않겠다고 이야기했다.
  '그리고 절대로 엄마처럼은 살지 않을 거야.'
  ★ 근거: [1]-⓴
  엄마와 다투던 '나(예린)'는 해 보고 싶은 것은 다 하면서 살 것이라면서 '절대로 엄마처럼은 살지 않을 거야.'라고 말했다.

③ 엄마는 '나'가 염색한 것이 엉뚱한 짓이라고 말했다.
  '엉뚱한 짓', '엉뚱한 궁리'
  ★ 근거: [1]-❿, ⓬
  엄마는 염색을 한 '나'를 꾸짖으며 '나'가 매니큐어를 바른 것, 자신의 허리띠를 한 것을 '엉뚱한 짓'이라고 하였다. 또 '도대체 누굴 닮아 엉뚱한 궁리만 하는 거야?'라고 하였다. 이를 통해 엄마는 '나'가 염색한 것을 엉뚱한 짓, 엉뚱한 궁리라고 여김을 알 수 있다.

④ '나'는 공부만 하면서 사는 것은 바보같다고 말했다.
  '나는 바보처럼 공부만 하면서 살고 싶지 않아.'
  ★ 근거: [1]-⓴
  엄마와 다투던 '나'는 '나는 바보처럼 공부만 하면서 살고 싶지 않아.'라고 말했다.

⑤ '나'는 엄마가 엄마 노릇을 잘하지 못한다고 말했다.
  '그럼 엄마처럼 ~ 엄마 노릇 잘하는 거야?'
  ★ 근거: [1]-⓱
  엄마와 다투던 '나(예린)'는 '그럼 엄마처럼 바쁘다는 핑계로 딸 밥도 잘 안 챙겨 주는 거는 엄마 노릇 잘하는 거야?'라고 말했다.

03 [정답] ①

엄마와 '나'가 말다툼을 한 원인으로 가장 알맞은 것은?

> **왜 정답?**

① '나'가 염색을 했기 때문이다.
  '머리 꼴이 그게 뭐야?', '너 미쳤구나? 학생이 염색을 다 하고'
  ★ 근거: [앞부분의 줄거리], [1]-❸, ❹, ❼
  엄마는 '나'가 머리에 염색을 한 것을 보고 놀라서 소리를 지른 후 '머리 꼴이 그게 뭐야?', '너 미쳤구나?'라고 이야기하였다. 이를 계기로 엄마와 '나'의 말다툼이 시작되었다.

> **왜 오답?**

② ~~'나'가 매니큐어를 발랐기 때문이다.~~
  '그리고 매니큐어는 왜 발랐어?'
  ★ 근거: [1]-❿
  '나'가 머리에 염색을 한 것을 엄마가 본 후 말다툼이 일어났다. '나'가 매니큐어를 바른 것은 엄마가 '나'에게 엉뚱한 짓을 한다면서 이야기한 것으로, 엄마와 '나'의 말다툼의 가장 큰 원인은 아니다.

③ ~~'나'가 엄마의 허리띠를 착용했기 때문이다.~~
  '너 지금 한 것 내 허리띠 맞지?'
  ★ 근거: [1]-❿
  '나'가 염색을 한 것을 엄마가 본 후 말다툼이 일어났다. '나'가 엄마의 허리띠를 한 것은 엄마가 '나'에게 엉뚱한 짓을 한다면서 이야기한 것으로, 엄마와 '나'의 말다툼의 가장 큰 원인은 아니다.

④ ~~엄마가 화장을 하고 파마를 했기 때문이다.~~
  '엄마도 화장하고 파마도 하잖아.', '나는 어른이고 너는 학생이잖아.'
  ★ 근거: [1]-⓯, ⓰
  '나'는 엄마와 말다툼을 하는 도중에 엄마도 화장과 파마를 하지 않냐며 말대꾸를 하고 있다. 이는 싸우다 나온 말로, 엄마가 화장을 하고 파마를 한 것이 엄마와 '나'의 말다툼의 원인은 아니다.

⑤ ~~엄마가 '나'의 휴대 전화를 압수했기 때문이다.~~
  '휴대 전화도 압수야!', '휴대 전화를 뺏기고 나자~'
  ★ 근거: [1]-⓬, ⓭
  엄마가 '나'의 휴대 전화를 압수한 것은 엄마와 '나'가 말다툼을 시작한 이후이다. 엄마가 '나'의 휴대폰을 빼앗은 것은 엄마와 '나' 사이의 갈등이 심해진 계기가 되기는 하지만, 말다툼의 원인은 아니다.

오마니별 _ 김원일

❶ 중심인물, 배경 ❷ 중심 사건, 갈등 ❸ 서술상 특징

[앞부분의 줄거리] 6·25 전쟁 때 피란을 가던 길에 조평안은 어머니와 누이를 잃고 만다. 고아로 떠돌던 조평안은 어느 집의 양자가 되고, 어른이 된 후 6·25 전쟁 때 헤어진 동생을 찾는 안나 리의 소식을 듣게 된다. 안나 리와 만나게 된 조평안은 어릴 적 추억에 관한 이야기를 나눈다.

① ❶"어린 동생 데리고 하염없이 걷고 걸었던 그해 겨울 추위와 배고픔을 나는 이날 이때까지 하루도 잊어
<small>평범했던 아이들이 전쟁고아가 되어 고통을 겪음.</small>
본 적 없답니다. _「그럼 내가 묻겠어요. 어머니가 숨을 거두었던 겨울밤은 생각납니까?"
<small>「」: ❷ 사건─안나 리가 조평안이 동생임을 확인함.</small>
❷줄리 여사 통역을 듣던 황 이장이 답답해 미칠 지경이란 듯 조 씨 무릎을 흔들며 조 씨 귀에 대고 큰 소리
<small>❶ 중심인물</small>
로 말했다.

❸"이 사람아, 그건 기억난다고 했잖아. 꾸물대지 말구 어서 말해 봐!"

❹"그래, 그래 기억나."

❺그제야 조 씨가 머리를 끄덕였다.

❻"그렇다면 어머니가 숨 거둔 그날 밤, 하늘을 보고 내가 했던 말을 기억합니까?"

❼안나 리 여사도 답답했던지 프랑스 말에 달아 천장
<small>❶ 중심인물</small>
을 쳐다보며,

❽"별, 별 말입니다!"

❾하고 분명한 한국 발음으로 강조했다. ❿그네는 터지려
<small>절박한 상황에서 안나 리가 잊어버린 한국말로 말을 함.   안나 리</small>
는 울음을 손수건으로 막았다. ⓫한순간에 실내는 숙연해졌고 모두의 시선이 조 씨 얼굴에 쏠렸다.

⓬"별?"

⓭조 씨가 천장을 올려다보며 눈을 깜박이더니 추위를 타듯 어깨를 움츠리고 온몸을 떨어 댔다.
<small>추운 겨울밤의 기억이 떠올랐기 때문임.</small>

⓮"하늘에 별?"

⓯"별 보구 내 뭐라 말했어?"
<small>조평안이 동생이라고 생각하고, 조평안이 기억을 찾기를 원함.</small>

⓯봇물이 터진 듯 안나 리 여사 입에서 자연스럽게 한국말이 터졌고 낮춤말을 썼다. ⓱그네가 팔걸이 쥔 손에
<small>자신의 동생이라고 생각해서</small>
얼마나 힘을 주었던지 휠체어가 흔들렸다.

⓲"오마니별, 거기 있어……."

⓳허공을 보는 조 씨 입에서 꿈결이듯 그 말이 흘러나왔고 눈동자가 뿌옇게 풀어졌다.

⓴손수건으로 입을 막아 격한 감정을 다스리던 안나 리 여사의 비탄이 터진 것은 그 순간이었다.

㉑"오마니별을 알다니! 내 동생이 틀림없어!"_」
<small>＊① 요약: 안나 리가 조평안이 동생임을 확인함.</small>

② _「❶엄마가 숨을 거둔 겨울밤이었다. ❷폭격으로 반쯤 허물어진 빈집의 무너진 천장 사이로 밤하늘이 보였고, 찬 별들이 하늘 가득 보석처럼 박혀 있었다. ❸헌 이불을 둘러쓰고 서로 껴안아 체온으로 밤을 새울 때, 밤하늘의 별을 보며 누이가 말했다. ❹중길아, 저 하늘에 반짝이는 별 두 개를 봐. ❺아바지별과 오마니별이야. ❻천지
<small>「」: ❸ 조평안과 안나 리가 남매라는 것을 증명하는 과거의 사건을 제시함.</small>
강산에 우리 둘만 남기구 아바지가 오마니 데빌구 하
<small>아버지   어머니   데리고</small>
늘에 가서 별루 떴어. ❼저기, 저기 오마니별 보여?_」
<small>＊② 요약: '오마니 별'에 얽힌 안나 리와 조평안의 과거 일</small>

③ ❶"중길아! 네 이름은 이중길이야. 여기루 오라구!"
<small>조평안의 진짜 이름</small>
❷안나 리 여사가 떨리는 두 팔을 한껏 벌리고 외쳤다.
<small>동생과 다시 만난 감동</small>
❸그 순간을 놓치지 않겠다는 듯 현 선생이 앞으로 나서며 카메라를 들이댔다. ❹㉠ 안나 리 여사 며느리는 뒤쪽에 따로 준비해 둔 한 아름 생화 꽃다발을 들고
<small>며느리는 조 씨가 안나 리의 동생임을 확신하여 꽃을 들고 맞이함.</small>
활짝 웃으며 조 씨 쪽으로 걸어왔다.
<small>＊③ 요약: 안나 리 여사와 조평안(이중길)이 재회함.</small>

★ 소설 독해 공식

❶ 중심인물: 조평안(이중길), 안나 리
❷ 중심 사건: 조평안(이중길)과 안나 리가 남매임을 확인함.
   갈등: 크게 두드러지지 않음.
❸ 서술상 특징
   – 서술자: 3인칭 서술자, 시점: 전지적 작가 시점
   – 현재 상황의 배경이 되는 과거 사건을 중간에 삽입함.
   – 전쟁으로 인한 상처를 표현함.

■ 내용: 이 작품은 6·25 전쟁으로 헤어졌던 두 남매가 극적으로 상봉하게 되는 사건을 통해 전쟁의 비극성과 전쟁이 개인에게 준 상처를 드러낸 현대 소설이다.
   ①: 조평안이 '오마니별'을 떠올린 결과 조평안과 안나 리는 서로가 남매임을 확인한다(현재).
   ②: 전쟁으로 엄마가 숨을 거둔 밤, 누이가 동생 중길에게 '오마니별'에 대해 이야기한다(과거).
   ③: 안나 리가 조평안에게 진짜 이름은 이중길이라고 말하면서 포옹을 제안한다(현재).

■ 주제: 6·25 전쟁으로 인한 상처와 치유
■ 이것이 핵심!: '오마니별'의 역할

과거	현재	역할
엄마가 숨을 거둔 날, 밤하늘의 별을 보고 누이가 중길이 '오마니별'이라고 함.	조평안이 과거를 떠올리며 '오마니별'이라고 말함.	안나 리와 조평안이 남매임을 확인하고 재회하게 함.

04 [정답] (1) 안나 리 (2) 오마니별

> 왜 정답?

(1) 안나 리가 조 씨에게 어머니가 '숨을 거둔 그날 밤, 하늘을 보고 내가 했던 말을 기억합니까?'라고 묻자 조 씨는 '오마니별'이라고 답했다. 이를 통해 안나 리와 조 씨가 남매임이 밝혀졌다.
(2) '오마니별'은 과거 조 씨(이중길)와 안나 리의 어머니가 숨을 거둔 날, 누이(안나 리)가 아버지가 오마니를 데리고 갔다고 한 이야기 속에서 등장한다. 안나 리는 조 씨가 '오마니별'이라고 하자 조 씨가 자신의 동생임을 깨닫고 조 씨를 중길이라고 불렀다.

05 [정답] ②

윗글의 내용으로 가장 알맞지 <u>않은</u> 것은?

> 왜 정답?

② 안나 리는 조 씨와 이야기하면서 추위에 떨었다.
   조 씨가 몸을 떨었음.   진짜 추워서가 아님.
   ★ 근거: ①-⑬
   어머니가 숨을 거둔 그날 밤, 하늘을 보며 자신이 했던 말을 기억하냐는 안나 리의 질문에 조 씨가 천장을 올려다보며 '추위를 타듯 어깨를 움츠리고 온몸을 떨어 댔다.'라고 했다. 즉 몸을 떤 사람은 조 씨이고, 조 씨는 추워서 몸을 떤 것이 아니라 그 겨울밤이 생각났기 때문에 몸을 떨었다.

> 왜 오답?

① 조 씨는 오마니 별에 대해 기억하고 있었다.
   '오마니별, 거기 있어……'
   ★ 근거: ①-⑱
   조 씨는 어머니가 숨을 거둔 날, 밤하늘의 별을 보고 자신이 무엇이라고 했냐는 안나 리의 질문에 '오마니별, 거기 있어……'라고 대답했다. 즉 조 씨는 현재까지도 오마니별을 기억하고 있다.

③ 누이는 중길이에게 아바지별과 오마니별에 대해 설명해 주었다.
   '아바지가 오마니 데빌구 하늘에 가서 별루 떴어.'
   ★ 근거: ②-❹, ❺
   어머니가 숨을 거둔 겨울밤, 밤하늘의 별을 보며 누이, 즉 안나 리는 '중길아, 저 하늘에 반짝이는 별 두 개를 봐. 아바지별과 오마니별이야. 천지 강산에 우리 둘만 남기구 아바지가 오마니 데빌구 하늘에 가서 별루 떴어.'라면서 중길에게 오마니별에 대해 설명해 주었다.

④ 안나 리는 어머니가 숨을 거둔 날 동생과 밤하늘의 별을 보았다.
   아바지별과 오마니별
   ★ 근거: ②
   안나 리와 그의 동생 이중길은 어머니가 숨을 거둔 겨울밤, '헌 이불을 둘러쓰고 서로 껴안아 체온으로 밤을 새울 때 밤하늘의 별을 보았다. 이때 누이(안나 리)가 중길이에게 아바지별과 오마니별에 대해 이야기해 주었다.

⑤ 어머니가 숨을 거둔 겨울밤, 남매는 폭격으로 무너진 빈집에 있었다.
   폭격으로 반 쯤 허물어진 빈집
   ★ 근거: ②-❶, ❷
   ②에서 '엄마가 숨을 거둔 겨울밤이었다. 폭격으로 반쯤 허물어진 빈집'이라고 하였다.

06 [정답] ③

㉠의 이유로 가장 알맞은 것은?

• ㉠: ㉠은 '안나 리 여사 며느리는 뒤쪽에 따로 준비해 둔 한 아름 생화 꽃다발을 들고 활짝 웃으며 조 씨 쪽으로 걸어왔다.'입니다.

즉 안나 리의 며느리가 조 씨 쪽으로 꽃다발을 들고 걸어온 이유로 알맞은 것을 고르는 문제입니다.

> 왜 정답?

③ 조 씨가 안나 리의 동생임을 확신했기 때문이다.
   안나 리가 조 씨를 자신의 동생임이 틀림없다고 함.
   ★ 근거: ①-㉑, ③-❶, ❷
   조 씨가 '오마니별'에 대해 이야기하자 안나 리는 '오마니별을 알다니! 내 동생이 틀림없어!'라고 말한다. 이어 안나 리는 '중길아! 네 이름은 이중길이야! 여기루 오라구!'라면서 조 씨가 그녀의 동생임을 확신하고 두 팔을 벌려 조 씨를 안으려 한다. 이것을 본 안나 리의 며느리는 조 씨가 안나 리의 동생임을 알아채고 이를 축하하기 위해 조 씨에게 꽃을 전달하려 한 것이다.

① 안나 리가 한국말을 했기 때문이다.

★ 근거: ①-❽, ❿

안나 리가 한국말을 하는 것은 과거 조 씨(이중길)와 한국에서 살았기 때문이다. 안나 리의 며느리는 조 씨가 안나 리의 동생이기 때문에 이를 축하하기 위해 꽃다발을 들고 조 씨의 곁으로 가는 것일 뿐, 안나 리가 한국말을 했기 때문에 꽃다발을 들고 조 씨 쪽으로 걸어온 것이 아니다.

② 하늘에 별이 보석처럼 박혀 있었기 때문이다.

★ 근거: ②-❷

밤하늘에 별이 보석처럼 박혀 있던 것은 안나 리와 조 씨 남매의 어머니가 숨을 거둔 겨울밤의 일이다. 안나 리의 며느리는 조 씨가 안나 리의 동생이기 때문에 이를 축하하기 위해 꽃다발을 들고 조 씨 곁으로 가는 것일 뿐이다.

④ 아바지별과 오마니별이 하늘에 떠 있었기 때문이다.

★ 근거: ②-❹, ❺

안나 리와 조 씨 남매의 어머니가 숨을 거둔 겨울밤, 누이인 안나 리는 동생 중길이에게 아바지별과 오마니별이 하늘에 떠 있다고 이야기를 해 준다. 안나 리의 며느리는 조 씨가 안나 리의 동생이기 때문에 이를 축하하기 위해 꽃다발을 들고 조 씨 곁으로 가는 것일 뿐, 아바지별이나 오마니별이 떠 있었던 것과는 관련이 없다.

⑤ 조 씨가 온몸을 떨어대는 것이 안쓰러웠기 때문이다.

★ 근거: ①-❸

조 씨가 온몸을 떨어 댄 이유는 안나 리와의 대화를 통해 어머니가 숨을 거둔 날에 대한 기억이 떠올랐기 때문이다. 안나 리의 며느리는 조 씨가 안나 리의 동생이기 때문에 이를 축하하기 위해 꽃다발을 들고 조 씨 곁으로 가는 것일 뿐, 조 씨를 안쓰러워하고 있는지는 윗글을 통해 알 수 없다.

07 정답 오마니별

윗글에서 〈보기〉와 관련이 있는 것을 찾아 4글자로 쓰시오.

〈보기〉
• 안나 리와 조 씨가 남매임이 밝혀진 계기가 된 단서
  조 씨가 '오마니별'을 기억함.
• 안나 리가 어머니가 숨을 거둔 날 밤, 밤하늘의 별을 보고 동생에게 해 준 말
  '아바지가 오마니 데빌구 하늘에 가서 별루 떠어.'

★ 근거: ①-❽, ㉑, ②-❺

조 씨는 어머니가 숨을 거둔 날, 밤하늘의 별을 보고 자신이 무엇이라고 했냐는 안나 리의 질문에 '오마니별, 거기 있어…….'라고 대답했다. 이를 들은 안나 리는 '오마니별을 알다니! 내 동생이 틀림없어!'라면서 조 씨가 자신의 동생임을 확신한다.

또 과거 안나 리와 조 씨 남매의 어머니가 숨을 거둔 겨울밤, 누이인 안나 리는 동생 중길이에게 아바지별과 오마니별이 하늘에 떠 있다고 이야기를 해 준다. 따라서 〈보기〉와 관련이 있는 것은 '오마니별'이다.

〈오마니별〉의 전체 줄거리

조평안은 어린 시절 6·25 전쟁으로 어머니와 누이를 잃고 당주골로 오게 된다. 전쟁의 충격으로 모든 기억을 잃은 조평안은 어머니가 먼저 죽은 뒤 누이가 죽었다는 기억만 갖고 살아간다. 한편 당주골에 사는 현 선생은 인터넷을 통해 6·25 전쟁 때 잃어버린 남동생을 찾는다는 안나 리의 소식을 듣게 되고, 그 남동생이 조평안일 수도 있다는 생각에 줄리 선생에게 연락을 한다.

줄리 선생은 현 선생에게 안나 리가 자녀 둘, 며느리와 함께 한국 땅을 찾기로 하였다는 소식을 전한다. 이윽고 호텔 객실에서 안나 리와 조평안이 만남을 갖게 된다.

안나 리는 조평안에게 6·25 전쟁 때의 고통스러웠던 기억을 이야기하고, 이를 들은 조평안은 괴로워한다. 안나 리는 조평안에게 어머니가 숨을 거두었던 날 밤 자신이 했던 말을 기억하냐고 묻고, 조평안은 '오마니별'이라고 답한다. 이를 들은 안나 리는 조평안이 자신의 동생임을 확신하고 조평안에게 본래 이름은 '이중길'이라고 하며 두 팔을 한껏 벌린다.

구운몽 _김만중

❶ 중심인물, 배경 　❷ 중심 사건, 갈등 　❸ 서술상 특징

[앞부분의 줄거리] 중국 당나라 때 육관 대사의 가르침을 받으며 도를 닦던 성진은 육관 대사의 심부름을 갔다 돌아오는 길에 팔선녀들을 만나 불도의 법을 어기게 된다. 지옥의 왕인 염라대왕이 성진에게 인간으로 다시 태어나라는 벌을 내려, 성진은 인간 세계에서 양소유로 태어나게 된다. 인간 세상에서 높은 벼슬에 올라 부귀영화를 누린 양소유는 삶이 허망하다는 것을 깨닫고 불도에 귀의하려고 한다. 이때 한 노승이 나타난다.

❶ 1 노승이 웃으며 말하였다.
❶ 중심인물: 노승(육관 대사=늙은 화상=사부)

❷ "승상은 평생 사귀던 오랜 벗을 모르십니까?"
❶ 중심인물: 승상(양소유=성진)

❸ 승상이 한참 보다가 깨닫고 여러 낭자를 돌아보며
　　　　　　　　　　　　　　　　　팔선녀
말하였다.
❸ 서술자: 3인칭, 시점: 전지적 작가 시점

❹ "내 토번을 치러 갔을 때 꿈에 동정호에 갔다가 남악산에 올라 늙은 화상이 제자를 데리고 토론하는 모습을 보았는데 사부가 바로 그분이십니까?"
　　　　　　　　　　　　　노승

❺ 노승이 박장대소하며 말하였다.

❻ "옳소! 옳소! 그러나 승상은 꿈속에서 한 번 본 것만 기억하고, 십 년을 같이 산 일은 생각하지 못하십니까?"
　　　　　성진이 육관 대사의 가르침을 받던 일

❼ 승상이 멍한 채로 말하였다.

❽ 「십육 세 이전은 부모의 곁을 떠나지 아니하고, 십육 세 후는 벼슬하여 임금을 섬겨 분주하여 겨를이 없었는데, 어느 때 사부를 좇아 십 년을 놀았겠습니까?」
　　「 」: 인간 양소유의 삶

❾ 노승이 웃으며 말하였다.

❿ "승상이 오히려 꿈을 깨닫지 못하였소."
　　　　　양소유가 사는 인간 세계(꿈)

⓫ 승상이 말하였다.

⓬ 「사부께서 저를 깨닫게 하시겠습니까?」
　　「 」: ❷ 사건 – 노승이 승상을 꿈에서 깨어나게 함.

⓭ 노승이 말하였다. / "이 어렵지 않다."

⓮ 하고, 막대기를 들어 난간을 치니, 문득 흰 구름이 일어나 사면에 두루 껴 지척을 분간치 못하였다.
　　❸ 고전 소설의 비현실성

⓯ 승상이 크게 불러 말하였다.

⓰ "사부는 바른 도리로 가르치지 아니하시고 어찌 환술로 희롱하십니까?"
　　아직 양소유의 삶이 꿈인 것을 모르는 성진

⓱ 말을 마치지 못하여 구름이 걷히며 노승과 두 부인 육 낭자는 간 데 없었다. ⓲승상이 크게 놀라 자세히 보니 누대 궁궐은 간 데 없고, 몸은 홀로 작은 암자 가운데 앉아 있었다. ⓳손으로 머리를 만지니 새로 깎은 흔적이 송송하고 백팔 염주가 목에 걸려 있으니 다시는 대승상 위의는 없고 불과 연화 도량의 성진 소화상이었다.
　　「 」: ❸ 환몽 구조 – 성진이 꿈에서 깨어나 현실로 돌아옴.
　　　　　　　팔선녀
　노승과 이야기를 나누던 곳
　　❶ 공간적 배경　　　❶ 공간적 배경
　　　　　❶ 공간적 배경
　　＊1 요약: 노승과의 대화 이후 꿈에서 깨어나는 성진

❶ 2 다시 생각하되,

'당초 일념 그르침을 사부가 경계하려 하여 인간 세상에 나가 부귀영화와 남녀 정욕을 한번 알게 하신 게구나.'
　　성진이 생각한 자신이 꿈을 꾼 이유

하고, 즉시 새암에 가 세수한 후, 장삼을 바로 입고 고깔을 뚜렷이 쓰고 방장에 들어가니 모든 제자들이 다 모여 있었다. ❷대사가 큰 소리로 말하였다.
　　　　　　　　　　　　　육관 대사의 제자들
　육관 대사

❸ "성진아, 인간 세상의 재미가 어떠하더냐?"
　　성진의 꿈 내용을 알고 있는 육관 대사

❹ 성진이 머리를 땅에 두드리며 눈물을 흘려 말하였다.

❺ "이제야 깨달았습니다. 성진이 함부로 굴어 도심이 바르지 못하니 마땅히 인간 세상에 윤회하는 벌을 받아야 하거늘, 사부께서 자비하시어 하룻밤 꿈으로 제자의 마음을 깨닫게 하시니, 사부의 은혜는 천만 겁이 지나도 갚기 어렵습니다."
　　　　　　　　　　　염라대왕이 내린 벌
　　　　　　　　　　　　　　양소유의 삶

❻ 대사가 말하기를,

❼ "네가 흥을 타고 갔다가 흥이 다하여 돌아왔으니 내가 무슨 간여할 바가 있겠느냐? 또 네가 말하기를, '인간 세상에 윤회한 것을 꿈을 꾸었다.'라고 하니, 이는 꿈과 세상을 다르다고 하는 것이니, 네가 아직도 꿈을 깨지 못하였도다. 옛말에 '장주가 꿈에서 나

비가 되었다가 다시 나비가 장주가 되었다.'라고 하
❸ 고사 인용: 인간 세상과 꿈을 구분하는 것이 무의미하다는 깨달음을 줌.

니, 어느 것이 거짓 것이고, 어느 것이 참된 것인지

분변하지 못하나니, 이제 성진과 소유에 있어 어느

것이 참이며 어느 것이 꿈이냐?"

✱❷ 요약: 꿈에서 깬 성진에게 가르침을 주는 육관 대사

★ 소설 독해 공식

❶ 중심인물: 노승(육관 대사), 승상(소유 = 성진)

배경: 누대 궁궐(양소유가 사는 인간 세계, 꿈), 작은 암자(성진이 사는 선계, 현실), 중국 당나라(시간적 배경)

❷ 중심 사건: 노승(육관 대사)을 만난 승상(성진)이 꿈에서 깨어나 현실로 돌아옴.

갈등: 크게 두드러지지 않음.

❸ 서술상 특징
- 서술자: 3인칭 서술자, 시점: 전지적 작가 시점
- 환몽구조(현실 - 꿈 - 현실)로 내용이 전개됨.
- 고사를 인용하여 주제를 강조함.

■ **내용:** 이 작품은 승려 성진이 꿈에서 양소유로 살면서 부귀영화를 누리다 현실로 돌아와 인간의 부귀영화가 꿈같이 헛되다는 것을 깨닫는다는 내용의 고전 소설이다.

①: 노승(육관 대사)이 승상(소유 = 성진)을 만나 자신을 모르겠냐고 묻는다. 승상은 노승에게 자신을 깨닫게 해 달라고 부탁하고, 승상은 꿈에서 깨어나 자신이 성진임을 깨닫는다.

②: 육관 대사는 꿈에서 깬 성진에게 성진과 소유의 삶 중 어느 삶이 참이고 어느 삶이 꿈인지를 묻는다.

■ **주제:** 인생무상

■ **이것이 핵심!: 꿈과 현실**

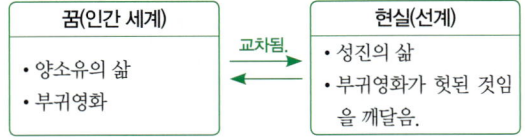

---

01 [정답] (1) 승상 (2) 옛말

> **왜 정답?**

(1) [앞부분의 줄거리]를 고려하면 성진은 양소유로 태어나 승상이 되어 부귀영화를 누리고 살았다. 그러나 노승을 만난 후 이 모든 것이 꿈이었음을 깨닫게 된다.

(2) ②에서 노승은 '옛말에 '장주가 꿈에서 나비가 되었다가 다시 나비가 장주가 되었다.'라고 하니'라고 했다. 승상은 옛말을 인용하여 성진에게 무엇이 참이고 무엇이 꿈인지를 생각해 보게 하였다.

---

02 [정답] ③

윗글에 대한 설명으로 가장 알맞은 것은?

> **왜 정답?**

③ **꿈속 세계와 현실 세계의 이야기가 제시되어 있다.**
승상의 삶(꿈속 세계)과 성진의 삶(현실 세계)
윗글의 ①에서는 승상이 노승을 만난 꿈속 세계가 제시되어 있고, ②에서는 성진이 승상의 삶이 꿈속이었다는 것을 깨닫는 현실 세계가 제시되어 있다.

> **왜 오답?**

① 과거의 이야기와 현재의 이야기가 ~~섞여 있다.~~
섞여 있지 않음.
성진이 꿈에서 깨어 깨달음을 얻는 과정이 시간의 흐름대로 진행되고 있을 뿐, 과거의 이야기와 현재의 이야기가 섞여 있지는 않다.

② 서술자가 ~~자신의 이야기를 직접 전달~~하고 있다.
성진을 둘러싼 이야기를 하고 있음.
윗글의 서술자는 3인칭 서술자이고 시점은 전지적 작가 시점이다. 즉, 작가의 입장에서 주인공인 성진(승상)을 둘러싼 이야기와 성진의 마음까지 모두 서술하고 있을 뿐, 서술자가 자신의 이야기를 하고 있는 것이 아니다. 서술자가 자신의 이야기를 직접 전달하는 것은 1인칭 주인공 시점에 대한 설명이다.

④ 공간적 배경이 변하면서 ~~과거의 이야기가 전개~~되고 있다.
전개되지 않음.
승상이 있는 곳은 누대 궁궐이고, 성진이 있는 곳은 작은 암자이다. 공간적 배경이 변하면서 성진이 꿈에서 깨어나고 있을 뿐, 성진의 과거 이야기가 전개되고 있는 것은 아니다.

⑤ 여러 개의 주제 아래 ~~다양한 인물의 이야기가 전개~~되고 있다.
성진 한 명의 이야기임.
윗글은 꿈속 세계에서 소유(승상)의 삶을 산 성진이 꿈에서 깨어나 부귀영화의 허무함을 깨닫는다는 내용으로 구성되어 있다. 성진을 둘러싼 이야기가 주로 제시되어 있을 뿐, 다양한 인물의 이야기가 여러 개의 주제 아래 전개되고 있지 않다.

---

03 [정답] ⑤

윗글의 내용으로 알맞지 않은 것은?

> **왜 정답?**

⑤ 사부가 막대기로 난간을 치자 ~~팔선녀가 난간 위로 나타나~~고 있다.
성진이 꿈에서 깸.

★ **근거:** ① - ❶❹~❶❾
①에서 승상이 노승에게 자신을 깨닫게 해 달라고 하자, 노승이 막대기를 들어 난간을 쳤고 흰 구름이 사면에 두루 꼈다. 그 이후 승상은 자신이 연화 도량의 성진 소화상임을 깨닫게 되었다. 이 과정에서 팔선녀가 난간 위에 나타나지는 않았다.

> **왜 오답?**

① 승상은 꿈속에서 노승을 만난 적이 있다.
'꿈에 동정호에 갔다가~사부가 바로 그분이십니까?'
★ **근거:** ① - ❹, ❻
①에서 승상이 꿈에 동정호에 갔다가 늙은 화상이 토론하는 모습을 보았다고 하자 노승은 '옳소! 옳소!'라고 했다. 이를 통해 승상이 꿈속에서 노승을 만난 적이 있음을 알 수 있다.

② 성진은 사부가 자비롭다고 생각하고 있다.
  '~사부께서 자비하시어~'

★ 근거: ②-⑤
②에서 꿈에서 깨어난 성진은 '인간 세상에 윤회하는 벌을 받아야 하거늘, 사부께서 자비하시어 하룻밤 꿈으로 제자의 마음을 깨닫게' 하였다고 했다. 이를 통해 성진이 사부, 즉 육관 대사가 자비롭다고 생각하고 있음을 알 수 있다.

③ 성진은 사부의 은혜가 크다고 생각하고 있다.
  '~천만겁이 지나도 갚기 어렵습니다.'

★ 근거: ②-⑤
②에서 성진은 꿈에서 깨어난 이후 머리를 땅에 두드리며 '사부의 은혜는 천만겁이 지나도 갚기 어렵습니다.'라고 했다.

④ 승상은 노승이 자신의 스승임을 알아보지 못하고 있다.
  '어느 때 사부를 좇아 십 년을 놀았겠습니까?'

★ 근거: ①-②~⑧
①에서 노승(육관 대사)은 승상에게 '승상은 평생 사귀던 오랜 벗을 모르십니까?'라면서 '십 년을 같이 산 일은 생각하지 못하십니까?'라고 물었다. 이 물음을 들은 승상은 '어느 때 사부를 좇아 십 년을 놀았겠습니까?'라고 답하였다. 이를 통해 승상은 노승이 자신의 스승임을 알아보지 못했음을 알 수 있다.

DAY 16 아기장수 우투리 _작자 미상

❶ 중심인물, 배경 ❷ 중심 사건, 갈등 ❸ 서술상 특징

[앞부분의 줄거리] 먼 옛날 왼쪽 겨드랑이에 작은 날개를 단 우투리가 태어났다. 부모는 우투리와 지리산 깊은 골로 들어가 숨어 살았지만, 임금은 영웅이 났다는 소문을 듣고 군사를 보내 우투리를 없애려 했다. 우투리는 군사와 맞서 싸우기 전 자신이 죽거든 뒷산 바위 밑에 좁쌀 석 되, 콩 석 되, 팥 석 되를 같이 묻어 달라고 유언을 남긴다. 우투리가 죽은 후 백성들 사이에서 우투리가 살아 있다는 소문이 돌고, 이 소문은 임금의 귀에까지 들어갔다.

시간적 배경, *중심인물*

① ①"에잇, 안 되겠다. 이번에는 내 손으로 죽이는 수밖에 없다."
  임금이 우투리를 직접 죽이려 함.

❶ 중심인물, 시대적 배경을 알 수 있는 표현
②임금이 화가 나서 군사들을 많이 데리고 우투리 네 집을 찾아갔어. ③찾아가서 우투리 어머니, 아버지더러, *공간적 배경*
  우투리에게 닥친 위기 ❶ 중심인물
④"우투리를 어디에 묻었느냐? 바른대로 대라!"

⑤하고 으르대겠지. ⑥그런다고 어머니, 아버지가 순순히 가르쳐 줄 리 있나? ⑦입을 딱 다물고 죽어도 말 못 한다고 버텼지. ⑧아무리 으름장을 놓아도 말을 안 하니까 임금이 시퍼런 칼을 아버지 목에 딱 갖다 대고,
  ❸ 서술상: 3인칭 서술자, 시점: 전지적 작가 시점
  ❷ 사건: 우투리의 부모님을 협박하는 임금 ①
⑨"이래도 말 안 할 테냐?"

⑩하는데, 그걸 보니「어머니가 그만 눈앞이 아득해져서
  『」: ❸ 어머니의 나약한 성격 – 권력 앞에서 힘을 못 쓰는 백성을 상징함.
저도 모르게 뒷산 바위 밑에 묻었노라고 말해 버렸어.」
  우투리의 당부를 어김: 비극적인 결말 암시
⑪임금이 그길로 뒷산에 가서 우투리 묻었다는 바위 밑
  ❶ 공간적 배경(우투리가 묻힌 곳)

을 파 보았지.⑫그런데 이게 참 귀신이 곡할 노릇이야. ⑬암만 파도 아무것도 안 나와. ⑭우투리는커녕 개미 뒷다리 하나 없어.⑮아주 깨끗해.⑯임금이 가만히 살펴보니,
  ❸ 아무 것도 없음. → 과장된 표현
우투리가 살아 있다면 숨을 데라고는 그 위에 있는 바위 속뿐이겠거든.⑰그렇지만 바위에 뭐 틈이 있기나 하
  임금은 우투리가 바위 속에 있을 것이라고 생각함.
나?⑱바위를 열고 속을 들여다보려고 해도 도무지 열 재간이 있어야 말이지.⑲임금이 바위를 이리 쳐다보고 저리 쳐다보고 빙빙 돌기만 하다가 다시 우투리 어머니, 아버지한테로 갔어.⑳가서,

"우투리 낳을 때 뭐 이상한 일이 없었느냐? 바른대로 대라!"
  우투리의 출생과 관련된 비밀에 대해 물음.

㉑하는데, 이번에도 칼을 아버지 목에 딱 갖다 대고 으름장을 놓으니 어머니가 그만 눈앞이 아득해 가지고,
  ❷ 사건: 우투리의 부모님을 협박하는 임금 ②
탯줄이 안 잘려서 억새풀로 잘랐노라고 가르쳐 줘 버렸어.
  ❸ 전설의 비현실성 ① 우투리의 기이한 출생
  ★① 요약: 임금이 우투리의 부모를 협박함.

② 임금이 다시 뒷산으로 가서「억새풀을 한 아름 베어
  우투리를 죽음에 이르게 한 소재
다 바위를 탁 쳤지. ❷그랬더니 이게 웬일이냐? ❸우르르
  「」: ❸ 전설의 비현실성 ② 바위가 갈라짐.
하고 땅이 흔들리면서 바위 한가운데에 금이 쩍 가더니 그 큰 바위가 스르르 두 쪽으로 갈라지지 않겠어?」

❹갈라진 틈으로 바위 속을 들여다보니, ㉠ 야, 참 이
  ❸ 서술자의 개입: 서술자가 바위 안의 모습에 대해 자신이 느낀점을 말함.

런 장관이 없구나.

❺소문대로 「우투리가 죽지 않고 살아, 바위 속에서 병
❸「 」: 전설의 비현실성 ③ 바위 안에 우투리가 살아 있음.

우투리의 영웅적인 모습(비범한 능력)

사를 기르고 있었던 게지.❻그 사이에 좁쌀 석 되, 콩
우투리의 지지 기반이 농민(백성)임을 상징함.

석 되, 팥 석 되가 모조리 병사가 되고, 말이 되고, 투

구가 됐어.❼투구를 쓴 병사들이 저마다 말을 타고 늘

어섰는데, 그 수가 몇천이나 되는지 몇만이나 되는지

몰라.❽그때 우투리는 막 말을 타려고 한 발은 땅을 딛
우투리가 세상을 구하기 직전 → 극적인 상황, 안타까움을 더함.

고 한 발은 말 안장에 걸쳤는데, 그때 그만 바위가 갈

라져 버린 거야.❾바위가 갈라져 바깥바람이 들어가니

까 그 많은 병사가 스르르 녹아서 없어지고, 우투리도
비극적인 결말

스르르 눈 녹듯이 녹아서 형체가 없어져 버렸어.❿그
우투리가 죽기 전 삼 년 동안 자신이 묻힌 곳을 알려주지 말라고 했었음.

때가 삼 년에서 딱 하루가 빠지는 날이었단다.⓫「하루만
❷ 사건: 임금이 억새풀로 바위를 치자 우투리와 군대가 녹아 없어짐.

더 있었으면 우투리가 병사들과 함께 바위를 열고 나
「 」: ❸ 서술자의 개입 – 우투리의 죽음에 대한 안타까움을 표현함.

와 백성들을 살렸을 텐데, 딱 하루가 모자라 그리되고

말았어.」   *② 요약: 바위 속의 우투리와 병사들이 모두 사라짐.

③❶「바위가 열리고 우투리가 병사들과 함께 사라지던
「 」: ❸ 전설의 비현실성 ④

바로 그 순간, 지리산 자락 어느 냇가에 날개 달린 말
전설의 배경: 증거물

이 나타나 사흘 밤 사흘 낮을 울었대.❷그렇게 슬피 울
백성들의 슬픔을 나타냄.   우투리의 죽음을 슬퍼함.

던 말이 냇물 속으로 스르르 들어가 버렸는데, 그 뒤

에도 물속에서는 자주 말 우는 소리가 들렸대.」❸백성
들은 그 소리를 듣고 우투리가 아직도 죽지 않고 살아

있다고 믿고 있어.❹날개 달린 말이 우투리를 태우고
영웅을 바라는 백성들의 마음

물속으로 들어갔다고 믿는 게지.❺우투리는 지금도 그
❸ 질문의 형식으로 읽는 사람의 호기심을 불러일으키고 여운을 남김.

물속에 살아 있을까?

*③ 요약: 백성들이 우투리가 살아 있을 것이라고 믿음.

★ 소설 독해 공식

❶ 중심인물: 임금, 어머니, 아버지, 우투리
  배경: 우투리네 집, 뒷산(공간적 배경), 먼 옛날(시간적 배경)
❷ 중심 사건: 임금이 억새풀로 바위를 치자 바위 속 우투리와 군대가 녹아
  없어짐.
  갈등: 우투리가 묻힌 곳을 알고자 하는 임금과 그곳을 숨기고자 하는 우
  투리의 부모(외적 갈등)
❸ 서술상 특징
  – 서술자: 3인칭 서술자, 시점: 전지적 작가 시점
  – 구어체를 사용하여 읽는 사람들에게 친근감을 줌.
  – 서술자가 직접 개입하여 자신의 감정을 이야기함.
  – 시간의 흐름에 따라 내용을 전개함.

■ 내용: 이 작품은 우투리라는 영웅이 능력을 펼치지 못한 채 죽음을 맞이
  한다는 내용의 전설이다.
  ① 우투리가 살아 있다는 소문을 들은 임금이 우투리를 직접 죽이기 위
    해 우투리의 집을 찾아온다. 임금은 우투리가 있는 곳을 찾기 위해
    우투리의 부모를 협박한다.
  ② 임금이 억새풀로 뒷산의 바위를 치자 바위 속이 갈라지고, 바위 속에
    서 살아 있던 우투리와 우투리가 키우던 병사들이 녹아서 없어진다.
  ③ 백성들은 여전히 우투리가 살아 있다고 믿는다.

■ 주제: 우투리의 비극적인 삶과 영웅이 나타나기를 바라는 마음
■ 이것이 핵심!: 소재의 의미

억새풀	백성들의 강인한 생명력
좁쌀, 콩, 팥	우투리를 지지하는 사람들이 백성들임을 보여 줌.

---

04 [정답] (1) 구어체 (2) 전지적 작가

>왜 정답?

(1) 윗글의 서술자는 글에서 쓰는 말투가 아닌, 일상적인 대화에서
  주로 쓰는 말투인 구어체로 내용을 서술하고 있다.
(2) 윗글에서는 작품 밖의 서술자가 등장인물의 속마음까지도 서술
  하고 있다. 따라서 윗글의 시점은 전지적 작가 시점이다.

05 [정답] ②

윗글에 대한 설명으로 알맞지 않은 것은?

>왜 정답?

② 주인공의 목소리로 이야기를 전개하고 있다.
  전지적 작가 시점

★ 근거: ②-❺

윗글은 3인칭 서술자가 전지적 작가 시점으로 이야기를 서술하고 있
다. ②에서 '소문대로 우투리가 죽지 않고 살아, 바위 속에서 병사를
기르고 있었던 게지.'라고 한 것을 통해 윗글의 서술자는 우투리가 아
님을 알 수 있다.

① 신비로운 인물의 이야기가 제시되어 있다.
  우투리의 이야기
  ★ 근거: ①-㉮, ②-❺~❾
  우투리는 탯줄이 안 잘려서 억새풀로 잘랐으며(기이한 탄생), 바위 속에서 좁쌀, 콩, 팥으로 군대를 기르며 살다가 스르르 녹아서 형체가 없어졌다는 것으로 보아 신비로운 인물이다.

③ 비극적인 결말로 이야기가 마무리되고 있다.
  우투리가 사라짐.
  ★ 근거: ②-❾
  ②에서 임금이 억새풀로 바위를 치자 '바위가 갈라져 바깥바람이 들어가니까 그 많은 병사가 스르르 녹아서 없어지고, 우투리도 스르르 눈 녹듯이 녹아서 형체가 없어져 버렸어.'라고 했다. 결국 우투리와 병사들은 영웅이 되지 못하고 녹아서 사라지는 비극을 맞고 말았다.

④ 시간의 흐름에 따라 이야기를 전개하고 있다.
  임금이 우투리를 찾아감. → 우투리가 사라짐.
  윗글에서는 임금이 우투리 부모를 협박하여 바위 속에서 살아 있는 우투리를 찾아 내고, 바위 속에 살아 있던 우투리가 형체가 없어진 이후까지의 이야기를 시간의 흐름에 따라 전개하고 있다.

⑤ 읽는 사람에게 질문을 하며 이야기를 전개하고 있다.
  '우투리는 지금도 물속에 살아 있을까?'
  ★ 근거: ③-❺
  ③에서 서술자는 '우투리는 지금도 그 물속에 살아 있을까?'라고 질문하여 읽는 사람의 호기심을 불러일으키고 여운을 남기고 있다.

06 [정답] ⑤

㉠에 대한 설명으로 가장 알맞은 것은?

• ㉠: ㉠은 '야, 참 이런 장관이 없구나.'입니다. 서술자는 우투리가 죽지 않고 살아 있던 바위 속의 모습을 본 자신의 생각을 이야기하고 있습니다.
  즉 서술자가 장관이라고 한 것에 대한 설명으로 올바른 것을 고르는 문제입니다.

>왜 정답 ?
⑤ 서술자가 바위 안의 모습에 대해 자신이 느낀 바를 이야기한
  갈라진 틈으로 바위 속을 들여다 보니
  것이다.
  ★ 근거: ②-❹
  ②에서 서술자는 임금이 억새풀로 바위를 쳤다고 한 이후 '갈라진 틈으로 바위 속을 들여다 보니, 야, 참 이런 장관이 없구나.'라고 했다. 서술자는 바위 속에서 우투리가 죽지 않고 살아 있던 모습이 훌륭한 모습이라는 자신의 생각을 전달하고 있는 것이다.

>왜 오답 ?
① 서술자가 임금의 마음을 대신 이야기한 것이다.
  서술자의 마음
  ②에는 임금이 억새풀로 우투리가 있는 바위를 치고 그 후에 어떻게 되었는지만 이야기하고 있을 뿐, 임금이 어떠한 생각이나 느낌을 갖고 있었는지는 윗글을 통해 알 수 없다. 서술자는 '야, 참 이런 장관이 없구나.'라면서 자신이 느낀 바를 말하고 있을 뿐, 임금의 마음을 대신 이야기한 것이 아니다.

② 서술자가 어머니의 마음을 대신 이야기한 것이다.
  서술자의 마음
  어머니는 임금이 아버지의 목숨을 가지고 협박을 하자 우투리가 있는 곳을 가르쳐 주고, 출생과 관련된 이상한 일을 이야기해 주었을 뿐이다. 갈라진 바위 안을 보며 '야, 참 이런 장관이 없구나.'라고 생각한 사람은 서술자이다.

③ 서술자가 우투리의 생김새에 대해 이야기한 것이다.
  서술자의 마음
  ②에서 서술자는 우투리가 죽지 않고 살아 있던 바위 속의 광경에 감탄하고 있을 뿐, 우투리의 생김새에 대해서 이야기하지 않았다.

④ 서술자가 우투리의 마음 상태를 대신 이야기한 것이다.
  서술자의 마음
  윗글에서 우투리가 어떠한 마음이었는지에 대해 이야기한 부분은 찾을 수 없다.

07 [정답] 억새풀

윗글에서 〈보기〉와 관련이 있는 것을 찾아 3음절로 쓰시오.

〈보기〉
• 우투리가 태어날 때 탯줄을 자른 것
  탯줄을 억새풀로 자름.
• 임금이 바위를 열 때 사용한 것
  '억새풀을 한 아름 베어다 바위를 탁 쳤지.'

>왜 정답 ?
★ 근거: ①-㉮, ②-❶
①에서 우투리를 낳을 때 이상한 것이 없었냐는 임금의 협박에 어머니가 '탯줄이 안 잘려서 억새풀로 잘랐노라고 가르쳐 줘 버렸어.'라고 했다. 또 ②에서 이를 들은 임금은 '뒷산으로 가서 억새풀을 한 아름 베어다 바위를 탁 쳤지.'라고 했다. 따라서 우투리가 태어날 때 탯줄을 자른 것이자 임금이 바위를 열 때 사용한 것은 '억새풀'이다.

달리는 차은 _ 김태용 외

❶ 중심인물, 배경   ❷ 중심 사건, 갈등   ❸ 서술상 특징

[앞부분의 줄거리] 중학교 육상부인 차은은 필리핀에서 온 새엄마와 아빠, 남동생과 함께 살고 있다. 학교 육상부가 해체되자 코치는 남은 학생들을 데리고 육상부가 있는 다른 도시로 올라가고, 차은은 육상을 계속하기 위해 코치를 따라 전학을 가겠다고 한다. 하지만 아버지는 이를 반대하고, 분노한 차은은 가출을 한다. 엄마는 한밤중에 버려진 배 옆에서 놀던 차은을 발견하고, 뾰루퉁한 차은을 달래기 위해 서울로 향한다.

❸ 시나리오의 특징 ① 장면 번호 사용   ❶ 시간적 배경
① **S#26 달리는 트럭 안. 밤**
　　　　　　　❶ 공간적 배경

❶ 국도를 빠르게 달리는 트럭 안, 엄마가 트럭을 운전하
　　　　　　　　　　　　　❶ 중심인물
고, 그 옆에 앉은 차은.
　　　　　　❶ 중심인물

❷ 엄마 : 아빠한테 전화해야겠다.
　　　　　❸ 시나리오의 특징 ② 대사로 내용 전개

❸ 엄마, 휴대 전화를 집어 통화 버튼을 누른다.
　　　차은을 위로하고자 거짓으로 전화 통화를 하는 척함.

❹ 엄마 : 여보세요. 예, 차은이랑 같이 있어요! 차은이랑

서울 놀러 갈라고…… (엄마, 제법 큰소리다.) 아니,
　　　　　　　　　❸ 시나리오의 특징 ③ 지시문으로 행동 등을 제시함.
내 딸하고 놀러 가는데 무슨 상관이냐고!
　차은을 자신의 딸이라고 말함으로써 차은의 마음을 열려고 함.

❺ 차은, 힐끗 엄마를 본다.

❻ 엄마 : (점점 당당히 큰소리다.) 내가 내 딸하고 같이 놀

러 가는데, 당신이 무슨 상관이냐고! 동민이나 잘 챙

겨요! 알았어요! 알았어요!

❼ 갑자기 울리는 전화벨 소리! 엄마가 당황한다.
　　　아버지와의 전화 통화가 거짓이었음이 들통남.

❽ 엄마 : 여보세요! 여보세요!

❾ 차은의 눈치를 보며 전화를 그냥 끊는 엄마, 차은은 이
　　　　　　　당황해하는 엄마와 마음을 열기 시작한 차은
상황이 제법 웃긴다. (중략)

S#28 트럭 안. 밤

❿ 갓길에 세워진 트럭, 엄마는 잠시 눈을 붙이고 있고,

차은은 하늘의 반짝이는 별을 본다.
　차은의 꿈과 엄마와의 화해를 상징함.
　　*① (S#26, 28) 요약: 차은의 마음을 풀어 주기 위해 전화하는 척한 엄마

② **S#29 경기장 입구. 밤**
　　　　　　❶ 공간적 배경

❶ 잠겨 있는 입구. ❷ 엉성하게 닫혀 있는 셔터와 바닥 사이

에 작은 틈이 있다. ❸ 엄마가 틈을 벌려 보려고 애를 쓴다.

❹ 차은이 그 틈으로 들어간다. ❺ 차은을 따라 들어가려는 엄

마. ❻ 좀처럼 들어가지 못하는데, 차은이 셔터 버튼을 발견

하고 누른다.

❼ 삐익! 내려가는 셔터, 엄마 등을 누른다.

❽ 엄마 : 아야!

❾ 차은 : 미안해!(피식)
엄마에게 장난을 치는 차은: 엄마에게 점차 마음을 엶.

❿ 셔터 올리는 버튼을 다시 누르는 차은, 엄마가 들어온다.

⓫ cut to* ⓬어두운 복도 끝에 빛이 가득 들어온다. ⓭빛을

따라 걸어가는 두 사람. ⓮환한 운동장을 바라본다. ⓯뛰어가

는 엄마와 차은.

* cut to : 다른 장면(scene)으로 바뀌다.
　　　　*② (S# 29) 요약: 빈 경기장에 들어간 엄마와 차은

★ **극 문학 독해 공식**

❶ **중심인물**: 차은, 엄마
　배경: 트럭 안, 경기장(공간적 배경), 밤(시간적 배경)
❷ **중심 사건**: 엄마가 차은을 위로하기 위해 차은을 경기장으로 데려감.
　갈등: 크게 두드러지지 않음.
❸ **서술상 특징**
　– 시나리오 용어(S#, cut to)를 사용함.
　– 지시문을 통해 인물의 말투, 행동을 제시함.
　– 짧은 사건을 통해 말하고자 하는 바를 전달함.

■ **내용**: 이 작품은 새엄마와 차은의 교감과 달리고 싶은 차은의 마음을 담아낸 시나리오이다.
　①: 엄마는 거짓으로 아버지와 전화하는 척 하지만, 이내 거짓임이 들통난다. 이 모습을 본 차은은 엄마에게 마음을 열기 시작한다.
　②: 차은과 엄마는 한밤중에 경기장에 도착한다. 차은은 엄마에게 장난을 치고, 엄마와 차은은 운동장으로 함께 뛰어가기 시작한다.
■ **주제**: 달리고 싶은 소망을 가진 청소년의 성장
■ **이것이 핵심!**: 엄마와 차은의 관계

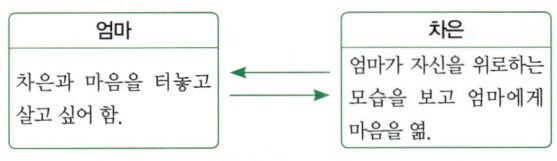

엄마		차은
차은과 마음을 터놓고 살고 싶어 함.	← →	엄마가 자신을 위로하는 모습을 보고 엄마에게 마음을 엶.

01 　[정답] (1) 대사 (2) 지시문

>왜 정답?
(1) 윗글은 엄마와 차은의 대사와 행동을 통해 내용이 진행되고 있다.
(2) 윗글은 지시문을 통해 인물의 말투와 몸짓 등을 구체적으로 드러내고 있다.

02 　[정답] ⑤

윗글에 대한 설명으로 가장 알맞지 않은 것은?

>왜 정답?
⑤ 작품 속 인물이 ~~해설자로 등장해 장면을 설명~~하고 있다.
　　　　　　　　　해설자가 등장하지 않음.
윗글은 시나리오로, 인물 간의 대화와 지시문을 통해 내용이 전개되고 있다. 따로 해설자가 등장하여 장면을 설명하고 있지는 않다.

>왜 오답?
① 영화 촬영을 목적으로 한 각본이다.
　　시나리오
윗글에서 S#, 해설, 대사 등을 찾아볼 수 있으므로 윗글은 시나리오이고, 영화 촬영을 목적으로 함을 알 수 있다.

② 지시문을 통해 인물의 심리를 드러내고 있다.
　★ 근거: S#26 ①-➐, ➒
S#26①에서 '갑자기 울리는 전화벨 소리! 엄마가 당황한다.'와 '차은은 이 상황이 제법 웃긴다.'에서 엄마와 차은의 심리를 드러내고 있다.

③ 장면이 바뀜에 따라 공간적 배경도 달라지고 있다.
　　　　　　　　　　　트럭 안 → 경기장
S#(Scene Number)는 시나리오에서 각 장면의 번호를 일컫는다. S#26과 S#28의 공간적 배경은 트럭 안이고 S#29의 공간적 배경은 경기장 입구이다. 즉 장면이 바뀜에 따라 공간적 배경이 트럭 안에서 경기장으로 바뀌고 있다.

④ 등장인물의 대사와 행동으로 이야기가 흘러가고 있다.
　　차은과 엄마의 말과 행동
윗글은 차은과 엄마의 말과 행동을 통해 이야기가 전개되고 있다.

03 　[정답] ④

윗글의 내용으로 가장 알맞지 않은 것은?

>왜 정답?
④ 차은은 엄마가 아빠와 ~~전화 통화를 하는 것이 싫어서 화를~~
　　　　　　　　　　　엄마에게 마음을 열게 됨.
냈다.

　★ 근거: S#26①-➎, ➒
S#26①에서 엄마가 아빠와 전화 통화하는 척을 할 때 '차은, 힐끗 엄마를 본다.'라고 했다. 또 갑자기 울리는 전화벨 소리에 엄마가 당황하자, '차은은 이 상황이 제법 웃긴다.'라고 했다.
즉 차은은 처음에 엄마가 아빠와 전화 통화하는 척을 했을 때 별 관심이 없어 하다가 이내 웃고 있을 뿐, 엄마가 아빠와 전화 통화를 하는 것이 싫어서 화를 내지는 않았다.

>왜 오답?
① 차은과 엄마는 운동장에서 함께 뛰었다.
　　　　　　　　뛰어가는 엄마와 차은
　★ 근거: ②-⓮, ⓯
S#29②에서 차은은 엄마와 함께 경기장에 갔으며, 두 사람은 환한 운동장을 바라보다가 함께 뛰어갔다.

② 엄마는 밤중에 트럭에 차은을 태우고 서울로 향했다.
　　시간적 배경　　　　　　　'차은이랑 서울 놀러 갈라고……'
　★ 근거: S#26①-➍
S#26①에서 시간적 배경은 밤이라고 하였고, 엄마는 아빠와 전화 통화를 하는 척하면서 '예, 차은이랑 같이 있어요! 차은이랑 서울 놀러 갈라고…….'라고 하였다. 이를 통해 엄마가 한밤중에 트럭에 차은을 태우고 서울로 향하고 있음을 알 수 있다.

③ 차은은 셔터를 잘못 누른 척하면서 엄마에게 장난을 쳤다.
　　　　　　　　　　　　　　　장난을 치고 피식 웃음.
　★ 근거: ②-➏~➒
S#29②에서 엄마와 경기장에 도착한 차은은 셔터 버튼을 잘못 누른 척 하면서 셔터를 내려 엄마에게 장난을 쳤다.

⑤ 엄마는 차은의 기분을 풀어 주기 위해 아버지와 전화 통화를 하는 척했다.
　　아버지에게 상처 받은 차은을 위로하고자 함.
　★ 근거: S#26①-➌~➒
엄마는 차은의 기분을 풀어 주기 위해 차은의 아빠와 전화 통화를 하는 척했다. 하지만 갑자기 전화벨 소리가 울리자, 엄마가 당황하면서 거짓임이 들통나게 된다. '차은은 이 상황이 제법 웃긴다.'를 통해 차은의 기분이 풀렸음을 알 수 있다.

항아리 _정호승

❶ 중심인물, 배경 ❷ 중심 사건, 갈등 ❸ 서술상 특징

[앞부분의 줄거리] '나'는 도시로 떠났던 젊은이가 가업을 잇기 위해 고향으로 돌아와 처음으로 만든 항아리이다. 이 항아리에는 젊은이의 서툰 솜씨가 그대로 담겨 있다. 젊은이는 그런 '나'를 달갑지 않아 하고, '나'를 마당에 방치한다.
❶ 공간적 배경

[1] ❶버려지고 잊힌 자의 가슴은 무척 아팠습니다. ❷항아리가 된 내가 그 무엇을 위해 소중하게 쓰이는 존재가 될 줄 알았으나, 나는 버려진 항아리라는 것 말고는 아무것도 아니었습니다.
❸ '항아리'를 사람처럼 표현함. / 슬픔, 괴로움 / ❸ 서술자: 1인칭 서술자('나'=항아리), 시점: 1인칭 주인공 시점 / '나'가 되고 싶은 것 / 가치 없는 존재가 되었다고 느낌.

*[1] 요약: 버려졌다는 것에 가슴 아파하는 '나(항아리)'

[2] ❶소나기가 지나가면 빗물이 고였습니다. ❷빗물에 구름이 잠깐 머물다가 지나갔습니다. ❸가끔 가랑잎이 날아와 맴돌 때도 있었습니다. ❹밤에는 이따금 별빛들이 찾아와 쓰다듬어 주었습니다. ❺만일 그들마저 찾아와 주지 않았다면 나는 아마 그대로 죽고 말았을 것입니다.
'나'를 위로해 준 존재 ① / '나'를 위로해 준 존재 ② / '나'를 위로해 준 존재 ③ / '나'를 위로해 준 존재 ④ / '나'를 위로해 준 존재들

❻그러나 그들만을 위해 존재하고 있기에는 나 자신이 너무나 초라하고 안타까웠습니다. ❼나는 그 누군가를 위해 사용되는 가장 소중한 그 무엇이 되고 싶었습니다. ❽그래야만 뜨거운 가마의 불구덩이 속에서 끝끝내 살아남은 의미와 가치가 있을 것 같았습니다.
'나'가 되고 싶어 한 것 / 항아리가 되기까지 겪은 고통

*[2] 요약: 의미와 가치가 있는 존재가 되기를 소망하는 '나'

[3] ❶그러던 어느 가을이었습니다. ❷「하루는 젊은이가 삽을 가지고 와서 깊게 땅을 파고는 모가지만 남겨둔 채 나를 묻고 그대로 돌아가 버렸습니다.」
❶ 시간적 배경 / 「 」: ❷ 사건–젊은이가 나를 땅에 묻음.

❸땅속에 파묻힌 나는 내가 무엇으로 쓰일지 알 수 없었습니다. ❹그렇지만 가슴은 두근거렸습니다. ❺이제서야 내가 버려진 존재가 아니라 남을 위해 무엇으로 쓰일 수 있는 존재라는 사실에 그저 한없이 가슴이 떨려왔습니다.
의미와 가치가 있는 존재가 될 것이라고 기대함.

*[3] 요약: 의미와 가치가 있는 존재가 될 것이라고 기대한 '나'

[A]
[4] ❶그날 밤이었습니다. ❷감나무 가지 위에 휘영청 보름달이 걸려 있었습니다. ❸어디선가 나를 향해 다가오는 젊은이의 발걸음 소리가 들렸습니다. ❹나는 가슴을 억누르고 두 귀를 쫑긋 세웠습니다. ❺젊은이의 발걸음 소리는 바로 내 머리맡에 와서 딱 멈추었습니다.
❶ 시간적 배경

❻나의 가슴은 크게 고동쳤습니다. ❼달빛에 비친 젊은이의 그림자가 바람에 흔들렸습니다. ❽나는 고요히 숨을 죽이고 젊은이를 향해 마음속으로 크게 팔을 벌렸습니다.
의미와 가치가 있는 존재가 되고 싶다는 '나'의 마음을 표현함.

❾아, 그런데 이게 도대체 무슨 일입니까. ❿젊은이는 고의춤을 열고 주저 없이 나를 향해 오줌을 누는 것이었습니다. ⓫그러고는 뒤도 돌아보지 않고 다시 방 안으로 들어가 버렸습니다. ⓬아, 나는 그만 오줌독이 되고 만 것이었습니다.
의미와 가치가 있는 존재가 될 것이라는 기대감이 무너짐. / ❷ 사건: 젊은이가 '나'에게 오줌을 쌈. / '나'가 오줌독이 됨.

*[4] 요약: 오줌독이 된 '나'

★ 소설 독해 공식

❶ **중심인물**: '나(항아리)', 젊은이
배경: 마당(공간적 배경), 어느 가을 밤(시간적 배경)
❷ **중심 사건**: 젊은이가 '나'를 마당가에 버려 두었다가 땅에 묻고는 오줌독으로 씀. **갈등**: 크게 두드러지지 않음.
❸ **서술상 특징**
– **서술자**: 1인칭 서술자('나'=항아리), **시점**: 1인칭 주인공 시점
– 항아리를 주인공으로 설정하고 서술자로 내세움.

- **내용**: 이 작품은 버려진 항아리가 쓸모 있는 존재가 되기를 소망하는 내용을 담은 현대 소설이다.
  [1], [2]: '나(항아리)'는 버려진 자신의 처지에 가슴 아파한다. 빗물과 구름, 가랑잎, 별빛들이 항아리를 위로해 주었지만 '나'는 더 의미 있고 가치 있는 존재가 되기를 바란다.
  [3], [4]: 어느 가을날 젊은이가 찾아와서 '나'를 땅속에 묻는다. '나'는 자신이 의미 있는 존재가 될 것이라고 기대하지만, 젊은이는 '나'에게 오줌을 누었다. '나'는 결국 오줌독이 되고 만다.
- **주제**: 존재의 의미와 가치
- **이것이 핵심!**: '나(항아리)'의 마음

'나(항아리)'
- 버려진 것을 슬퍼함.
- 의미와 가치 있는 존재가 되기를 바람.

04 [정답] (1) 항아리 (2) 가슴, 귀

>왜 정답?

(1) 윗글의 '나'는 항아리로, 항아리인 '나'가 읽는 사람에게 말을 건네는 방식으로 이야기를 전달하고 있다.

(2) '가슴은 무척 아팠습니다.' '두 귀를 쫑긋 세웠습니다.' 등에서 사람이 아닌 항아리를 사람처럼 표현하여 내용을 전개하고 있다.

05 [정답] ④

윗글에 대한 설명으로 가장 알맞은 것은?

>왜 정답?

④ '나'는 자신이 쓸모 있게 쓰이기를 바랐다.
　　　　　　　'그 무엇을 위해 소중하게 쓰이는 존재' 등

★ 근거: ①-❷, ②-❼, ③-❺

①에서 '나'는 '항아리가 된 내가 그 무엇을 위해 소중하게 쓰이는 존재가 될 줄 알았'다고 했다. 또 ②에서 '나는 그 누군가를 위해 사용되는 가장 소중한 그 무엇이 되고 싶었습니다.'라고 했고, ③에서 '남을 위해 무엇으로 쓰일 수 있는 존재라는 사실에 그저 한없이 가슴이 떨려 왔습니다.'라고 했다. 이를 통해 항아리인 '나'는 자신이 쓸모 있게 쓰이기를 바라고 있다는 것을 알 수 있다.

>왜 오답?

① ~~나~~는 오줌독에 오줌을 쌌다.
　 젊은이

★ 근거: ④-❿

④에서 '젊은이는 고의춤을 열고 주저 없이 나를 향해 오줌을 누는 것이었습니다.'라고 했다.

② ~~나~~는 서툰 솜씨로 항아리를 만들었다.
　 젊은이

★ 근거: [앞부분의 줄거리]

[앞부분의 줄거리]에서 '젊은이가 가업을 잇기 위해 고향으로 돌아와 처음으로 만든 항아리'가 '나'라고 했다.

③ ~~나는~~ 밤에 항아리를 쓰다듬고 지나갔다.
　 별빛

★ 근거: ②-❹

'나'는 항아리이며, ②에서 '밤에는 이따금 별빛들이 찾아와 쓰다듬어 주었습니다.'라고 했다.

⑤ ~~나~~는 오줌독이 마음에 들지 않아 마당가에 버려 두었다.
　 젊은이

★ 근거: [앞부분의 줄거리]

[앞부분의 줄거리]에서 젊은이는 자신의 서툰 솜씨가 그대로 담긴 항아리인 '나'가 달갑지 않아 '나'를 마당에 방치했다고 했다.

06 [정답] ②

[A]의 내용으로 가장 알맞지 않은 것은?

• [A]: [A]는 젊은이가 다가오는 소리에 잔뜩 기대를 하고 있던 '나'에게 젊은이가 오줌을 누는 바람에 '나'가 오줌독이 되었다는 내용입니다.

측 [A]에 나타난 젊은이의 행동과 '나'의 마음에 대한 설명으로 틀린 것을 고르는 문제입니다.

>왜 정답?

② ~~나~~는 자신의 쓰임새에 만족하고 있다.
　 오줌독이 되어 실망함.

★ 근거: ①-❷, ②-❼, ④-❿, ⓬

①에서 '항아리가 된 내가 그 무엇을 위해 소중하게 쓰이는 존재가 될 줄' 알았다고 한 것과, ②에서 '나는 그 누군가를 위해 사용되는 가장 소중한 그 무엇이 되고 싶었습니다.'라고 한 것으로 보아 '나'는 평소에 누군가에게 사용되는 소중한 그 무엇이 되고 싶었음을 알 수 있다. 그러나 ④에서 '젊은이는 고의춤을 열고 주저 없이 나를 향해 오줌을 누'었고, '나는 그만 오줌독이 되고 만 것이었습니다.'라고 한 것을 통해 '나'는 자신이 오줌독으로 쓰이는 것에 만족한 것이 아니라, 실망을 하고 있음을 알 수 있다.

>왜 오답?

① 젊은이는 '나'를 향해 오줌을 쌌다.
　 젊은이는 나를 오줌독으로 사용함.

★ 근거: ④-❿

④에서 '젊은이는 고의춤을 열고 주저 없이 나를 향해 오줌을 누는 것이었습니다.'라고 했다.

③ 젊은이는 '나'를 두고 혼자 방으로 들어갔다.
　　　　　　　　　뒤도 돌아보지 않고 방 안으로 들어감.

★ 근거: ④-⓫

④에서 '나'를 향해 오줌을 눈 젊은이는 '뒤도 돌아보지 않고 다시 방 안으로 들어가 버렸습니다.'라고 했다.

④ '나'는 젊은이가 '나'를 향해 다가오자 가슴이 몹시 떨렸다.
　　　　　　　　　　　　　　　　'나의 가슴은 크게 고동쳤습니다.'

★ 근거: ④-❺, ❻

④에서 젊은이의 발걸음 소리가 자신의 머리맡에서 멈추었을 때 '나의 가슴은 크게 고동쳤습니다.'라고 했다.

⑤ '나'는 젊은이가 '나'를 향해 오줌을 눈 이후 자신이 오줌독이 되었다고 생각한다.
　 '아, 나는 그만 오줌독이 되고 만 것이었습니다.'

★ 근거: ④-⓬

④에서 '나'는 젊은이가 자신을 향해 오줌을 누고 간 후 '아, 나는 그만 오줌독이 되고 만 것이었습니다.'라고 했다.

07 [정답] 항아리

윗글에서 〈보기〉와 관련이 있는 소재를 찾아 3음절로 쓰시오.

> ─〈보기〉─
> 사람이 아닌 동식물이나 사물을 주인공으로 하여 그들의 행동 속에 교훈을 나타내는 것을 '우화'라고 한다.
> 　　　　　　　　우화의 개념

>왜 정답?

윗글의 주인공은 항아리로, 버림받은 것에 가슴이 아프다고 말하는 등 사람이 아닌데도 사람인 것처럼 표현하고 있다. 따라서 〈보기〉와 관련이 있는 소재는 항아리이다.

DAY
17

사랑손님과 어머니 _주요섭

❶ 중심인물, 배경　　❷ 중심 사건, 갈등　　❸ 서술상 특징

1 ❶나는 금년 여섯 살 난 처녀 애입니다.❷내 이름은 박
　❸서술자: 1인칭 서술자('나'=박옥희), 시점: 1인칭 관찰자 시점
옥희이구요.❸우리 집 식구라구는 세상에서 제일 이쁜

우리 어머니와 단 두 식구뿐이랍니다.❹아차 큰일 났
　❶중심인물　　　　　　❸말하는 어투: 읽는 사람에게 친근감을 줌.
군,❺외삼춘을 빼놓을 뻔했으니.

❻지금 중학교에 다니는 외삼춘은 어디를 그렇게 싸돌

아다니는지 집에는 끼니때나 외에는 별로 붙어 있지
　　　　활달한 외삼촌의 성격을 간접적으로 보여 줌.
를 않으니까 어떤 때는 한 주일씩 가도 외삼춘 코빼기

도 못 보는 때가 많으니까요, 깜빡 잊어버리기도 예사

지요, 무얼.　　　　　　 *① 요약: '나'가 우리 집 식구를 소개함.

2 ❶우리 어머니는, 그야말로 세상에서 둘도 없이 곱게

생긴 우리 어머니는, 금년 나이 스물네 살인데 과부랍
　　　　　　　　　　　　　　　　　 어머니의 처지
니다.❷과부가 무엇인지 나는 잘 몰라도 하여튼 동리

사람들이 나더러 '과부 딸'이라고들 부르니까 우리 어

머니가 과부인 줄 알지요.❸남들은 다 아버지가 있는

데 나만은 아버지가 없지요.❹아버지가 없다고 아마 '과
　　　　　　　　　　　 옥희가 생각하는 과부 딸의 의미
부 딸'이라나 봐.　　　　 *② 요약: '나'가 어머니를 소개함.

[중략 부분의 줄거리] 어느 날 큰 외삼촌의 소개로 낯선 아저씨
가 옥희네 집에서 하숙을 하게 된다.　❷사건: 아저씨가 옥희네 집
　　　　　　　　　　　　　　　　　　　에서 하숙을 하게 됨.

3 ❶나는 그 아저씨가 어떠한 사람인지는 몰랐으나 첫
　　　　❶중심인물
날부터 내게는 퍽 고맙게 굴고, 나도 그 아저씨가 꼭
　　친절하고 상냥하게 대해 줌.　　　아저씨에게 호감을 느낌.
마음에 들었어요.❷어른들이 저희끼리 말하는 것을 들

으니까 그 아저씨는 돌아가신 우리 아버지와 어렸을

적 친구라구요.❸「어데 먼 데 가서 공부를 하다가 요새
　　　　　　　　　「」: 아저씨가 옥희네 집에서 하숙을 하는 이유
돌아왔는데, 우리 동리 학교 교사로 오게 되었대요.
　　　　　　　　　아저씨의 직업
❹또, 우리 큰외삼춘과도 동무인데, 이 동리에는 하숙도

별로 깨끗한 곳이 없고 해서 우리 사랑으로 와 계시게

되었다구요.❺또 우리도 그 아저씨한테서 밥값을 받으

면 살림에 보탬도 좀 되고 한다구요.」

❻그 아저씨는 그림책들이 얼마든지 있어요.❼내가 사

랑방으로 나가면 그 아저씨는 나를 무릎에 앉히고 그
　　　　자상하고 친절한 아저씨의 성격 ①
림책들을 보여 줍니다.❽또, 가끔 과자도 주구요.

　　　　　　　　　　　 *③ 요약: '나'가 아저씨를 소개함.

4 ❶어느 날은 점심을 먹고 이내 살그머니 사랑에 나가

보니까 아저씨는 그때에야 점심을 잡수셔요.❷그래 가

만히 앉아서 점심 잡숫는 걸 구경하고 있누라니까, 아

저씨가

❸「"옥희는 어떤 반찬을 제일 좋아하누?"

하고 묻겠지요.❹그래 삶은 달걀을 좋아한다고 했더니

마침 상에 놓인 삶은 달걀을 한 알 집어 주면서 나더
　　　　　　　　　자상하고 친절한 아저씨의 성격 ②
러 먹으라구 합니다.❺나는 그 달걀을 벗겨 먹으면서,

❻"아저씨는 무슨 반찬이 제일 맛나우?"

하고 물으니까,❼그는 한참이나 빙그레 웃고 있드니,
　　　　　　　　　　　옥희가 귀여워서 웃음을 지음.
　"나도 삶은 달걀." / 하겠지요.❽나는 좋아서 손뼉을
　옥희와 친해지기 위해서 한 대답
짤깍짤깍 치고,

❾"아, 나와 같네, 그럼. 가서 어머니한테 알려야지."

❿하면서 일어서니까, 아저씨가 꼭 붙들면서,
　　　　　　　　　　당황한 아저씨의 행동
⓫"그러지 말어." / 그러시지요.⓬그래두 나는 한번 맘

을 먹은 댐엔 꼭 그대루 하구야 마는 성미지요.⓭그래
　　　　옥희의 고집 센 성격을 직접 이야기함.
안마당으로 뛰쳐 들어가면서,

⓮엄마, 엄마, 사랑 아저씨두 나처럼 삶은 달걀을 제

　일 좋아한대." / 하고 소리를 질렀지요.

⓯떠들지 마라." / 하고 어머니는 눈을 흘기십니다.
　아저씨가 머쓱해할까 봐
⓰그러나 사랑 아저씨가 달걀을 좋아하는 것이 내게는

썩 좋게 되었어요.⓱그것은 그다음부터는 어머니가 달
「」: ❷ 사건 – 아저씨가 달걀을 좋아한다는 이야기를 들은 어머니가 달걀을 많이 사게 됨.
걀을 많이씩 사게 되었으니까요.」⓲달걀 장수 노친네
　아저씨에 대한 어머니의 관심이 드러난 행동
가 오면 한꺼번에 열 알두 사구 스무 알두 사구 그래

선 두고두고 삶아서 아저씨 상에도 놓구 또 으레 나도

한 알씩 주구 그래요.⓳그뿐만 아니라 아저씨한테 놀러

나가면 가끔 아저씨가 책상 서랍 속에서 달걀을 한두
알 꺼내서 먹으라고 주지요.[20] 그래 그담부터는 나는 아
주 실컷 달걀을 많이 먹었어요.

자상하고 친절한 아저씨의 성격 ③

　*[4] 요약: 아저씨가 삶은 달걀을 좋아한다는 '나'의 말에
어머니가 달걀을 많이 사기 시작함.*

★ 소설 독해 공식

❶ **중심인물**: 어머니, 아저씨
　배경: 옥희네 집(공간적 배경)
❷ **중심 사건**: 아저씨가 삶은 달걀을 좋아한다는 옥희의 말에 어머니가 달걀을 많이 사기 시작함.
　갈등: 크게 두드러지지 않음.
❸ **서술상 특징**
　– **서술자**: 1인칭 서술자, **시점**: 1인칭 관찰자 시점
　– 어린아이(옥희)의 시선에서 어른들의 사랑을 순수하게 그림.

■ **내용**: 이 작품은 어린아이의 시선에서 어른들의 사랑을 순수하게 그린 현대 소설이다.

　[1], [2]: 나는 여섯 살이 된 여자아이 박옥희이고, 식구는 어머니, 나, 외삼촌이다. 어머니는 스물 네 살의 과부인데, '나'는 '과부 딸'이라는 말이 아버지가 없다는 말이라고 생각한다.

　[3], [4]: 큰 외삼촌의 소개로 우리 집에 하숙을 하러 온 아저씨는 다정하고 친절한 성격을 갖고 있다. 아저씨가 옥희에게 좋아하는 반찬을 물어보자 옥희는 삶은 달걀을 좋아한다고 하고, 아저씨도 삶은 달걀을 좋아한다고 답한다. 이를 들은 옥희는 그것을 어머니에게 알리고, 이후 어머니는 달걀을 많이 사기 시작한다.

■ **주제**: 어린아이의 눈으로 바라본 어머니와 사랑손님의 사랑
■ **이것이 핵심!**: 서술자

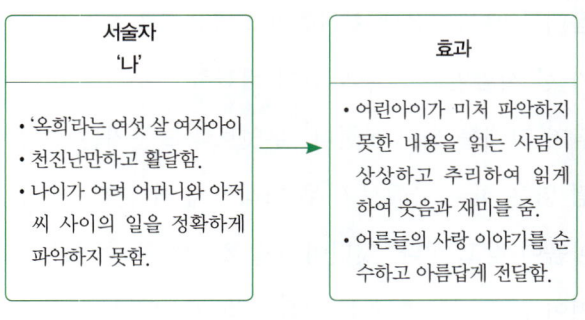

서술자 '나'	효과
• '옥희'라는 여섯 살 여자아이 • 천진난만하고 활달함. • 나이가 어려 어머니와 아저씨 사이의 일을 정확하게 파악하지 못함.	• 어린아이가 미처 파악하지 못한 내용을 읽는 사람이 상상하고 추리하여 읽게 하여 웃음과 재미를 줌. • 어른들의 사랑 이야기를 순수하고 아름답게 전달함.

01 [정답] (1) 박옥희 (2) 아저씨

>**오왜** 정답 ?

(1) 윗글은 '나'의 눈으로 이야기를 전달하고 있다. '나'는 여섯 살짜리 여자아이인 박옥희이다.
(2) '나'는 '어머니'와 '아저씨'에 대해 이야기하고 있다.

02 [정답] ③

윗글에 대한 설명으로 가장 알맞은 것은?

>**오왜** 정답 ?

③ 박옥희가 자신의 집에서 일어난 일을 말하고 있다.
　옥희네 집에서 아저씨가 하숙을 하며 일어난 일
　[1]에서는 '나는 금년 여섯 살 난 처녀 애입니다. 내 이름은 박옥희이구요.'라고 한 후, 우리 집 식구를 소개하고 있다. [3]에서는 큰 외삼촌의 소개로 아저씨가 옥희네 집에서 하숙을 하게 된 이후 일어난 일에 대해 이야기하고 있다.

>**오왜** 오답 ?

① ~~아저씨의 목소리로~~ 이야기를 전하고 있다.
　옥희의 목소리
　윗글은 옥희의 목소리로 이야기를 전하고 있다.

② ~~어머니의 목소리로~~ 이야기를 전하고 있다.
　옥희의 목소리
　윗글은 옥희의 목소리로 이야기를 전하고 있다.

④ ~~외삼촌이~~ 옥희네 집에서 일어난 이야기를 들려주고 있다.
　옥희
　윗글은 옥희가 옥희네 집에서 있었던 이야기를 들려주고 있다.

⑤ '여섯 살 난 처녀 애'에게 벌어지는 일을 ~~작품 밖 서술자가~~ 이야기하고 있다.
　옥희는 작품 속 인물임.
　★ **근거**: [1]-❶, ❷
　[1]에서 '나는 금년 여섯 살 난 처녀 애입니다. 내 이름은 박옥희이구요.'라고 했다. 즉 윗글에서는 작품 속 인물인 옥희가 이야기를 전달하고 있다.

03 [정답] ⑤

윗글의 내용으로 가장 알맞지 <u>않은</u> 것은?

>**오왜** 정답 ?

⑤ '나'와 외삼촌은 ~~아저씨네 집에서 하숙을~~ 하고 있다.
　'아저씨'가 옥희네 집에서 하숙을 함.
　★ **근거**: [중략 부분의 줄거리]
　[1]에서 옥희는 우리 집 식구로 '나', 어머니, 외삼촌을 소개했고, [중략 부분의 줄거리]에서 '어느 날 큰 외삼촌의 소개로 낯선 아저씨가 옥희네 집에서 하숙을 하게 된다.'라고 했다. 따라서 '나', 즉 옥희와 외삼촌은 옥희네 집에 살고 있으며, 아저씨가 옥희네 집에서 하숙을 하고 있다.

>**오왜** 오답 ?

① 아저씨는 옥희네 집에 밥값을 내고 있다.
　'우리도 그 아저씨한테서 밥값을 받으면~'
　★ **근거**: [3]-❺
　[3]에서 아저씨가 옥희네 집에 하숙을 하게 된 상황을 이야기하며 '우리도 그 아저씨한테서 밥값을 받으면 살림에 보탬도 좀 되고 한다구요.'라고 했다.

② '나'의 외삼촌은 집에 별로 붙어 있지 않는다.
　'집에는 끼니때나 외에는 별로 붙어 있지를 않으니까'
　★ **근거**: [1]-❻
　[1]에서 '외삼촌은 어디를 그렇게 싸돌아다니는지 집에는 끼니때나 외에는 별로 붙어 있지를 않으니까.'라고 했다.

③ '나'는 마을 사람들에게 과부 딸이라고 불린다.
'동리 사람들이 나더러 '과부 딸'이라고들 부르니까~'
★ 근거: ②-②
②에서 옥희는 '동리 사람들이 나더러 '과부 딸'이라고들 부르니까,'
라고 하였다.

④ '나'와 아저씨는 반찬으로 삶은 달걀을 좋아한다.
'삶은 달걀을 좋아한다고 했더니~', "나도 삶은 달걀."
★ 근거: ④-❸~❼
점심을 먹는 아저씨의 모습을 구경하던 옥희에게 아저씨가 "옥희는
어떤 반찬을 제일 좋아하누?"라고 묻자, 옥희는 삶은 달걀을 좋아한
다고 했다. 또 옥희가 "아저씨는 무슨 반찬이 제일 맛나우?"하고 물
으니 아저씨도 "나도 삶은 달걀."이라고 답했다.

DAY 18 **하늘은 맑건만** _현덕

❶ 중심인물, 배경 ❷ 중심 사건, 갈등 ❸ 서술상 특징

① 그날 밤이었다. ② 아랫방 들창 밑에 훌쩍훌쩍 우는 어
린아이 울음소리가 났다. ③ 아랫집 심부름하는 아이 점
순이 음성이었다.
점순이
④ 숙모가 직접 그 집에 가서 무슨 말
점순이 돈을 훔쳤다는 말
을 한 것은 아니로되 자연 그 말이 한 입 건너 두 입
건너 그 집에까지 들어갔고, 그리고 그 집 주인 여자
소문이 차차 널리 퍼짐.
는 점순이를 때려 쫓아낸 것이다. ⑤ 먼저는 동네 아이들
❷ 사건: 돈을 훔쳤다는 누명을 쓴 점순이가 주인집에서 쫓겨남.
이 모여 지껄지껄하더니 차차 하나 가고 둘 가고 훌쩍
훌쩍 우는 그 소리만 남는다. ⑥ 방 안의 문기는 그 밤을
점순이의 울음소리: 문기의 양심을 자극함. ❶ 중심인물
뜬 눈으로 새웠다. 죄책감과 점순이에 대한 미안함 때문에 잠 이루지 못함.
* ① 요약: 점순이가 쫓겨난 것에 죄책감을 느끼는 문기

② 이튿날 아침이다. ② 문기는 밥을 두어 술 뜨다가
「」: ❷ 갈등-문기는 거짓말을 했다는 것 때문에 죄책감을 느낌.
고만둔다. ③ 그 돈을 갚기 위한 그것이 아니다. ④ 도시 입
죄책감 때문에 마음이 편치 않기 때문임.
맛이 나지 않았다. ⑤ 학교엘 갔다. ⑥ 첫 시간은 수신 시간,
❶ 공간적 배경 ❶ 시간적 배경(1930년대)을 알 수 있는 표현
그리고 공교로이 제목이 '정직'이다. ⑦ 선생님은 뒷짐을
주제를 드러내는 단어
지고 교단 위를 왔다 갔다 하며 거짓이라는 것이 얼마
나 악한 것이고 정직이 얼마나 귀하고 중한 것인가를
누누이 말씀한다. ⑧ 그리고 안경 쓴 선생님의 그 눈이
번쩍하고 문기 얼굴에 머물렀다 가고 가고 한다. ⑨ 그럴
때마다 문기는 가슴이 뜨끔뜨끔해진다. ⑩ 문기는 자기
❸ 서술자: 3인칭 서술자, 시점: 전지적 작가 시점
한 사람에게만 들리기 위한 정직이요 수신 시간인 듯
선생님의 말씀이 자신을 나무라는 것처럼 들림.
싶었다. ⑪ 그만치 선생님은 제 속을 다 들여다보고 하는
말인 듯싶었다.

⑫ 운동장에서도 문기는 풀이 없다. ⑬ 사람 없는 교실 뒤
장소의 이동
버드나무 옆 그런 데만 찾아다니며 고개를 숙이고 깊은
생각에 잠기거나 팔짱을 찌르고 왔다 갔다 하기도 한
다. ⑭ 그러다 누가 등을 치면 소스라쳐 깜짝깜짝 놀란다.
⑮ 언제나 다름없이 하늘은 맑고 푸르건만 문기는 어쩐
지 그 하늘조차 쳐다보기가 두려워졌다. ⑯ 자기는 감히
문기는 스스로가 떳떳하지 못하기 때문에 하늘을 쳐다보는 것을 두려워함.
떳떳한 얼굴로 그 하늘을 쳐다볼 만한 사람이 못 된다
싶었다.
⑰ 언제나 다름없이 여러 아이들은 넓은 운동장에서 마
음대로 뛰고 마음대로 지껄이고 마음대로 즐기건만 문
기 한 사람만은 어둠과 같이 컴컴하고 무거운 마음에
맑고 푸른 '하늘'과 대조됨.
잠겨 고개를 들지 못한다. ⑱ 무엇보다도 문기는 전일처
럼 맑은 하늘 아래서 아무 거리낌 없이 즐길 수 있는
마음이 갖고 싶다. ⑲ 떳떳이 하늘을 쳐다볼 수 있는, 떳
떳이 남을 대할 수 있는 마음이 갖고 싶었다.
문기가 죄책감에서 벗어나고 싶어 함.
* ② 요약: 학교에 가서도 죄책감을 느끼는 문기
[중략 부분의 줄거리] 문기는 삼거리에서 교통사고를 당해 정신
을 잃고 만다.

③ 얼마 동안을 지났는지 모른다. ② 문기가 어렴풋이 눈
을 떴을 때 무섭게 전등불이 밝아 눈이 부시었다. ③ 문
기는 다시 눈을 감았다. ④ 두 번째 문기는 눈을 뜨자 희
미하게 삼촌의 얼굴이 나타나며 그것이 차차 똑똑해
지더니 삼촌은 ⑤ "너 내가 누군 줄 알겠니?"

하고 웃지도 않고 내려다본다.❻문기는 이것도 꿈인가
문기를 걱정하는 삼촌

하고 한번 웃어 주려면서 그대로 맑은 정신이 났다.

❼문기는 병원 침대 위에 누워 있었다.❽어디 아픈 데는
❶ 공간적 배경

없으면서도 몸을 움직일 수는 없다.❾삼촌은 근심스러

운 얼굴로 내려다본다.

❿"작은아버지."

⓫하고 문기는 입을 열었다. 그리고

⓬「"저는 마땅히 받아야 할 벌을 받은 거예요."
문기는 교통사고를 당한 것이 자신이 잘못한 일에 대한 벌이라고 여김.

⓭하고 문기는 눈을 감으며 한마디 한마디 그러나 똑똑
「」: ❷ 갈등−문기의 갈등이 해소됨.

하게 처음서부터 끝까지 먼저 고깃간 주인이 일 원을

십 원으로 알고 거슬러 준 것, 그 돈을 써 버린 것, 그

리고 또 붙장 안의 돈을 자기가 훔쳐 낸 것, 이렇게 하
문기가 잘못했다고 생각하는 일

나하나 숨김없이 자백을 하자 이때까지 겹겹으로 몸을
문기가 저지른 여러 가지 잘못들

싸고 있던 허물이 한 꺼풀 한 꺼풀 벗어지면서 따라 마

음속의 어둠도 차차 사라지며 맑아지는 것을 문기는
죄책감

확실히 깨달을 수 있었다.⓮마음이 맑아지며 따라 몸도
죄책감에서 벗어남.

가뜬해진다.」⓯내일도 해는 뜨고 하늘도 맑아지리라.

⓰그리고 문기는 그 하늘을 떳떳이 마음껏 쳐다볼 수 있
삼촌에게 잘못을 이야기한 이후 죄책감에서 벗어 났기 때문에

을 것이다.

*③ 요약: 삼촌에게 잘못을 고백하고 죄책감에서 벗어나는 문기

★ 소설 독해 공식

❶ **중심인물**: 문기

  배경: 학교, 병원(공간적 배경),1930년대(시간적 배경)

❷ **중심 사건**: 수신 시간에 정직에 대해 배운 문기는 떳떳한 마음을 갖고 싶다고 느꼈고, 교통 사고 이후 삼촌에게 모든 것을 고백함.

  갈등: 거짓말을 한 것과 도둑질을 한 것에 죄책감을 느끼는 문기(내적 갈등)

❸ **서술상 특징**

  − 서술자: 3인칭 서술자, 시점: 전지적 작가 시점

  − 등장인물의 심리와 마음 속 생각이 그대로 드러남.

  − 단어(정직)를 통해 주제를 직접 드러냄.

■ **내용**: 이 작품은 자신이 한 잘못 때문에 죄책감을 느끼고 반성하는 문기의 모습을 통해 정직한 삶의 중요성을 그린 현대 소설이다.

  ①, ②: 점순이 자신 때문에 누명을 쓰고 쫓겨나자 문기는 이에 죄책감을 느낀다. 학교에서 수신 수업 시간에 '정직'에 대해 배우면서 문기의 죄책감은 더욱 심해진다.

  ③: 정신을 잃었던 문기는 정신을 차린 후 삼촌에게 자신의 잘못을 고백하고, 죄책감에서 벗어나게 된다.

■ **주제**: 양심을 둘러싼 갈등과 정직한 삶의 중요성

■ **이것이 핵심!**: 대조를 통한 주제 강조

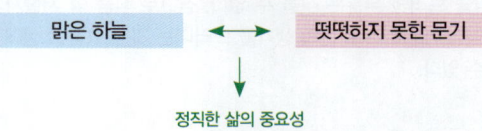

---

04 [정답] (1) 전지적 작가 (2) 작은아버지

왜 정답?

(1) 이 작품의 서술자는 작품 밖에 있으며, 등장인물인 문기의 마음까지 직접 이야기하고 있다. 따라서 이 작품의 시점은 전지적 작가 시점이다.

(2) ③에서 문기는 '작은아버지.' 하고 말을 꺼낸 이후 '저는 마땅히 받아야 할 벌을 받은 거예요.'라면서 자신이 지은 죄를 이야기하자 마음이 맑아짐을 느끼고 있다.

05 [정답] ⑤

윗글에 대한 설명으로 가장 알맞은 것은?

왜 정답?

⑤ 작품 밖의 서술자가 주인공의 마음까지 모두 알고 주인공의 이야기를 전하고 있다.
문기의 심리 변화를 서술함.

★ 근거: ②−❾ 등

윗글에는 서술자가 구체적으로 드러나 있지 않다. 또 ②의 '그럴 때마다 문기는 가슴이 뜨끔뜨끔해진다.'처럼 주인공인 문기의 마음까지 모두 알고 문기의 이야기를 전하고 있다. 따라서 윗글은 3인칭 전지적 작가 시점에서 내용을 전개하고 있다.

왜 오답?

① 작품 안의 서술자가 다른 인물을 관찰하고 있다.
작품 밖 서술자

윗글의 서술자는 작품 안이 아니라 작품 밖에 있다. 작품 안의 서술자가 다른 인물을 관찰하여 이야기한다는 것은 1인칭 관찰자 시점에 대한 설명이다.

② 작품 안의 서술자가 자신이 겪은 일을 이야기하고 있다.
작품 밖 서술자

윗글의 서술자는 작품 안이 아니라 작품 밖에 있다. 작품 안의 서술자가 자신이 겪은 일을 이야기한다는 것은 1인칭 주인공 시점에 대한 설명이다.

DAY
18

③ <u>작품 안의 서술자가</u> 다른 사람이 겪은 일을 이야기하고 있다.
　　작품 밖 서술자

윗글의 서술자는 작품 안이 아니라 작품 밖에 있다. 작품 안의 서술자가 다른 인물이 겪은 일을 말한다는 것은 1인칭 관찰자 시점에 대한 설명이다.

④ 작품 밖의 서술자가 주인공의 이야기에 대한 <u>자신의 생각</u>을 <u>드러내고 있다.</u>
　　　　　　　　　　　자신의 생각을 드러내지 않음.

윗글의 서술자는 작품 밖의 서술자로, 주인공인 문기의 이야기를 전하고 있다. 그러나 이 과정에서 서술자가 작품에 개입하거나, 자신의 생각을 드러낸 부분은 찾을 수 없다. 참고로 작품 밖 서술자가 작품에 직접 개입하여 자신의 생각을 드러내는 것은 고전 소설에서 찾아볼 수 있다.

06 [정답] ⑤

윗글의 내용으로 가장 알맞지 않은 것은?

> **왜** 정답 ?

⑤ 문기는 정육점에서 잘못 받은 거스름돈을 썼다는 사실을 <u>점순이에게</u> 알렸다.
　　삼촌(작은아버지)에게 자백함.

★ 근거: ③-⑩~⑬

③에서 교통사고를 당했다 깨어난 문기는 삼촌(작은아버지)에게 '고깃간 주인이 일 원을 십 원으로 알고 거슬러 준 것, 그 돈을 써 버린 것'에 대해 자백했다.

①에서 문기는 점순이가 쫓겨나 우는 소리를 듣고 뜬눈으로 밤을 지새웠을 뿐, 점순이에게 자신이 정육점에서 잘못 받은 거스름돈을 썼다고 이야기하지는 않았다.

> **왜** 오답 ?

① 문기는 수신 시간에 '정직'에 대해 배웠다.
　　'첫 시간은 수신 시간, 그리고 공교로이 제목이 '정직'이다.'

★ 근거: ②-⑥

②에서 '첫 시간은 수신 시간, 그리고 공교로이 제목이 '정직'이다.'라고 했다.

② 문기는 학교에서 사람이 없는 곳을 찾아다녔다.
　　'사람 없는 교실 뒤 버드나무 옆 그런 데만 찾아다니며~'

★ 근거: ②-⑤, ⑬

②에서 학교에 간 문기는 '사람 없는 교실 뒤 버드나무 옆 그런 데만 찾아다니며 고개를 숙이고 깊은 생각에 잠기거나 팔짱을 찌르고 왔다 갔다 하기도 한다.'라고 했다.

③ 문기는 점순이가 우는 소리를 듣고 잠을 이루지 못했다.
　　'방 안의 문기는 그 밤을 뜬 눈으로 새웠다.'

★ 근거: ①-❷~❻

①에서 '아랫방 들창 밑에 훌쩍훌쩍 우는 어린아이 울음소리가 났다. 아랫집 심부름하는 아이 점순이 음성이었다.'라고 했고, 아이들이 모두 가도 점순이의 울음소리만 남았고, 그 소리를 듣고 '방 안의 문기는 그 밤을 뜬 눈으로 새웠다.'라고 했다.

④ 문기는 삼촌에게 모든 것을 자백한 이후 몸이 가뜬해짐을 느꼈다.
　　　　　　　　　　　　　　　　　　'마음이 맑아지며 따라 몸도 가뜬해진다.'

★ 근거: ③-⑭

③에서 교통사고를 당해 정신을 잃었던 문기가 깨어나자마자 삼촌에게 모든 것을 자백한 이후, '마음이 맑아지며 따라 몸도 가뜬해진다.'라고 했다.

07 [정답] 하늘

윗글에서 〈보기〉와 관련이 있는 것을 찾아 2음절로 쓰시오.

〈보기〉
- 돈을 훔친 문기가 바라보기 두려워하는 것
　　'어쩐지 그 하늘조차 쳐다보기가 두려워졌다.'
- 모든 사실을 삼촌에게 자백한 문기가 떳떳이 마음껏 쳐다볼 수 있게 된 것
　　'그리고 문기는 그 하늘을 떳떳이 마음껏 쳐다볼 수 있을 것이다.'

> **왜** 정답 ?

★ 근거: ①-⑮, ③-⑯

①에서 '언제나 다름없이 하늘은 맑고 푸르건만 문기는 어쩐지 그 하늘조차 쳐다보기가 두려워졌다.'라고 하였고, ③에서 '그리고 문기는 그 하늘을 떳떳이 마음껏 쳐다볼 수 있을 것이다.'라고 하였다.

즉, 문기는 거짓말을 하고 있을 때에는 스스로가 떳떳하지 못하여 하늘을 바라보기 두려워하였지만, 삼촌에게 모든 것을 자백한 이후에는 하늘을 떳떳이 마음껏 쳐다볼 수 있을 것이라고 생각하고 있다.

따라서 〈보기〉와 관련이 있는 것은 '하늘'이다.

따뜻한 조약돌 _ 이미애

❶ 중심 대상　❷ 글쓴이의 생각, 태도　❸ 서술상 특징

1 ❶6학년 땐가 몹시도 추웠던 겨울이었습니다. ❷점심시간이면 말없이 사라지는 아이가 있었습니다.
❸글쓴이가 과거의 일을 떠올림.
❸반 친구들로부터 이유 없이 따돌림을 받던 아이는 늘 그렇게 혼자 굶고 혼자 놀았습니다. ❹그러던 어느 날 그 아이가 다가와 쪽지 하나를 내밀었습니다.

❺"은하야, 우리 집에 놀러 갈래?"
친구가 건넨 쪽지의 내용
'나'의 이름

❻그 애와 별로 친하지 않았던 나는 좀 얼떨떨했지만 모처럼의 제의를 거절할 수가 없었습니다.
❷생각: 그 애의 제의가 썩 내키지 않음.

❼"그래, 수업 끝나고 보자."
＊**1** 요약: 반 친구들로부터 따돌림을 받던 아이의 집에 초대를 받음.

2 ❶그날따라 날이 몹시 추웠습니다. ❷발가락이 탱탱하게 얼어붙고 온몸이 오그라드는 것 같았지만 한참을 가도 그 애는 다 왔다는 말을 하지 않았습니다. ❸괜히 따라나섰다는 후회가 밀려오고 그냥 집으로 돌아가고 싶은 생각이 치밀기 시작할 때쯤 그 애가 멈춰 섰습니다.
❷생각, 태도: 친구네 집에 가기로 한 것을 후회함.

❹"다 왔어. 저기야, 우리 집."
＊**2** 요약: 아이의 집에 도착함.

3 ❶그 애의 손끝이 가리키는 곳에는 바람을 막기도 어렵고 함박눈의 무게조차 지탱하기 힘들어 보이는 오두막 한 채가 서 있었습니다.
튼튼해 보이지 않는 집
❷퀴퀴한 방 안엔 아픈 어머니와 어린 동생들이 옹기종기 모여 있었습니다.

❸"아, 안녕하세요?"

❹"미안하구나. 내가 몸이 안 좋아 대접도 못 하고……."
'나'를 대접하지 못한 친구의 어머니가 나에게 미안함을 표현함.
＊**3** 요약: 아이의 형편이 어려움을 알게 됨.

4 ❶내가 마음을 풀고 그 애의 동생들과 놀아 주고 있을
❷생각: 그 애를 따라온 것을 후회했던 마음을 거둠.
때 품팔이를 다닌다는 그 애 아버지가 돌아오셨습니다.
그 애의 집안 형편이 넉넉하지 않음.

❷"어이구, 우리 딸이 친구를 다 데려왔네."
'나'는 그 애가 처음으로 집에 데려온 친구임.

❸그 애 아버지는 딸의 첫 손님이라며 날 반갑게 대했고, 나는 친구와 즐겁게 놀았습니다.

❹날이 저물 무렵 그 애 집을 나설 때였습니다.
시간의 경과

❺"얘야, 잠깐만 기다려라."

❻"저…… 이거, 줄 게 이거밖에 없구나."
넉넉하지 않은 형편 때문에 줄 것이 조약돌 밖에 없어 미안함을 느낌.
＊**4** 요약: '나'가 집에 가려 하자 친구의 아버지가 무언가를 줌.

5 ❶「그 애 아버지가 장갑 낀 내 손에 꼭 쥐여 준 것, 그것은 불에 달궈 따뜻해진 조약돌 두 개였습니다. ❷㉠
❶ 중심 대상
하지만 그 조약돌 두 개보다 더 따뜻한 것은 그다음 내 귀에 들린 한마디 말이었습니다.
「　」: ❷ 생각─친구 아버지의 따뜻한 마음을 느끼고 감동함.

❸"집에 가는 동안은 따뜻할 게다. 잘 가거라."

❹나는 세상 그 무엇보다 따뜻한 돌멩이 난로를 가슴에 품은 채 집으로 돌아왔습니다.」
＊**5** 요약: 친구의 아버지에게서 따뜻한 마음을 느낌.

★ **수필 독해 공식**

❶ 중심 대상: 조약돌
❷ 글쓴이의 생각: 친구 아버지의 따뜻한 마음을 느끼고 감동함.
❸ 서술상 특징
－ 글쓴이가 과거의 경험을 회상하는 형식으로 내용을 전개함.
－ 과거의 경험을 통해 자신이 느꼈던 감정을 솔직하게 표현함.

DAY
19

■ **내용**: 이 작품은 조약돌에 담긴 친구 아버지의 따뜻한 마음을 느낀 일화를 담은 현대 수필이다.
1: '나'는 6학년 때 이유 없이 따돌림을 당하던 친구가 건넨 쪽지를 받고 그 친구네 집에 놀러 가게 되었다.
2: 매우 추운 날, 생각보다 먼 친구네 집에 가는 것이 후회가 될 때쯤 '나'와 친구는 친구네 집에 도착하였다.
3: '나'는 친구의 집안 형편이 넉넉하지 않다는 것을 알게 되었다.
4: '나'가 집에 돌아가려고 하자 친구의 아버지께서 '나'를 불러 무언가를 주었다.
5: 친구의 아버지는 조약돌 2개를 '나'에게 쥐여 주셨고, '나'는 친구 아버지의 따뜻한 마음에 감동하였다.

■ **주제**: 친구 아버지의 따뜻한 마음
■ **이것이 핵심!**: '나'의 감정 변화

친구네 집에 도착하기 전	친구네 집에 도착한 후
• 친구의 초대가 썩 내키지 않음. • 괜히 따라나섰다고 후회함.	• 친구의 집안 형편이 좋지 않음을 알게 됨. • 친구 아버지의 따뜻한 마음에 감동함.

01 [정답] (1) 쪽지 (2) 조약돌

> **왜 정답?**

(1) 친구는 '나'에게 '은하야, 우리 집에 놀러 갈래?'라는 내용의 쪽지를 건넸고, '나'는 이를 받아들여 친구의 집에 놀러 가게 되었다.

(2) '나'가 집에 돌아가려 하자 친구의 아버지가 나에게 '불에 달궈 따뜻해진 조약돌 두 개'를 건넸다.

02 [정답] ④

윗글의 내용으로 가장 알맞지 않은 것은?

> **왜 정답?**

④ '나'는 친구 어머니가 친구 동생과 놀아 주라고 한 말을 들었다.
    친구 어머니는 친구 동생과 놀아 주라고 말하지 않았음.

★ 근거: ③-④

윗글에서 친구의 어머니는 '미안하구나. 내가 몸이 안 좋아 대접도 못 하고…….'라고 말했을 뿐, '나'에게 친구의 동생들과 놀아 주라고 하지는 않았다.

> **왜 오답?**

① '나'는 추운 날 친구를 따라 친구네 집에 갔다.
    '그날 따라 날이 몹시 추웠습니다.'

★ 근거: ②-①, ②

'나'는 친구의 초대를 받아 몹시 추운 날 친구를 따라 친구네 집에 갔다.

② '나'는 친구 아버지로부터 조약돌 2개를 받았다.
    '불에 달궈 따뜻해진 조약돌 두 개'

★ 근거: ④-⑥, ⑤-①

'나'가 집에 돌아가려 하자 친구의 아버지는 '나'를 불러 장갑 낀 손에 '불에 달궈 따뜻해진 조약돌 두 개'를 쥐어 주었다.

③ '나'는 자신의 집에 놀러 가자는 친구의 쪽지를 받았다.
    '우리 집에 놀러 갈래?'라고 쓰인 쪽지를 받음.

★ 근거: ①-④, ⑤

'나'는 친구로부터 '은하야, 우리 집에 놀러 갈래?'라고 쓰인 쪽지를 받았다.

⑤ '나'는 친구 아버지가 쥐여 준 조약돌을 가슴에 품고 친구네 집을 나왔다.
    '나는 ~ 돌멩이 난로를 가슴에 품은 채 집으로 돌아왔습니다.'

★ 근거: ⑤-④

윗글의 '나'는 친구 아버지가 자신이 집에 돌아갈 때 춥지 않도록 조약돌 2개를 불에 달구어 건네 준 것을 알고 감동하여 조약돌 두 개를 가슴에 품고 집으로 돌아갔다.

03 [정답] ③

글쓴이가 ㉠과 같이 생각한 이유로 가장 알맞은 것은?

• ㉠: ㉠은 '하지만 그 조약돌 두 개보다 더 따뜻한 것은 그다음 내 귀에 들린 한마디 말이었습니다.'입니다. 친구의 아버지는 집에 가려는 '나'에게 조약돌 두 개를 건넨 후 '집에 가는 동안은 따뜻할 게다. 잘 가거라.'라고 했습니다.

[즉] '나'가 조약돌 두 개보다 친구 아버지의 말이 더 따뜻하다고 한 이유로 올바른 것을 고르는 문제입니다.

> **왜 정답?**

③ '나'가 조약돌에 담긴 친구 아버지의 마음에 감동했기 때문이다.
    '나'는 친구 아버지의 말에 감동함.

★ 근거: ⑤

친구의 아버지는 집에 가려는 '나'에게 불에 달궈 따뜻해진 조약돌 두 개를 쥐어 주었다. '나'는 친구 아버지가 '집에 가는 동안은 따뜻할 게다.'라고 하는 말을 듣고 조약돌 2개에 자신이 집에 돌아가는 동안 춥지 않도록 신경을 쓴 친구 아버지의 마음이 담겨 있음을 깨닫게 된다. 즉, '나'는 친구 아버지가 조약돌을 '나'에게 준 이유를 깨닫고 그 따뜻한 마음씨에 감동한 것이다.

> **왜 오답?**

① '나'가 집에 돌아올 때는 날씨가 춥지 않았기 때문이다.
    집에 돌아올 때의 날씨에 대해 이야기하지 않음.

윗글에서 '나'가 집에 돌아올 때의 날씨에 대해 이야기한 부분은 찾을 수 없다. 친구 아버지께서 따뜻한 조약돌 2개를 건네며 '집에 가는 동안은 따뜻할게다.'라고 한 것으로 보아 '나'가 집에 돌아올 때 날씨가 추웠을 것이라고 추측할 수는 있다.

② '나'가 친구 아버지에게서 받은 조약돌이 차가웠기 때문이다.
    '불에 달궈 따뜻해진 조약돌 두 개'

★ 근거: ⑤-①, ④

친구 아버지가 '나'에게 쥐어 준 것은 '불에 달궈 따뜻해진 조약돌 두 개'이고, 나는 그것을 '세상 그 무엇보다 따뜻한 돌멩이 난로'라고 여기고 있다.

④ '나'가 친구 아버지에게 장갑을 선물로 받아서 행복하다고 생각했기 때문이다.
    친구 아버지가 '나'에게 장갑을 주지 않음.

★ 근거: ⑤-①

⑤에서 '그 애 아버지가 장갑 낀 내 손에 꼭 쥐어 준 것'이라고 했으므로 '나'는 이미 장갑을 끼고 있었음을 알 수 있다. 또한 친구 아버지는 '나'에게 조약돌 2개를 주었을 뿐, 장갑을 선물하지는 않았다.

⑤ '나'가 친구네 집에 갈 때보다 자신의 집에 돌아갈 때 날씨가 따뜻하다고 느꼈기 때문이다.
    알 수 없음.

★ 근거: ②, ⑤

윗글에서 '나'가 친구네 집에 갈 때는 '날이 몹시 추웠습니다.'라고 했지만, 집에 돌아올 때의 날씨에 대해 이야기한 부분은 찾을 수 없다. 따라서 '나'가 자신의 집에 돌아갈 때 날씨가 따뜻하다고 느꼈는지는 알 수 없다.

꼴찌에게 보내는 갈채 _박완서

❶ 중심 대상 ❷ 글쓴이의 생각, 태도 ❸ 서술상 특징

[앞부분의 줄거리] 어느 날 '나'는 버스를 타고 집에 돌아가는 길에 마라톤 대회가 진행 중이라는 소식을 접한다. 그 말을 들은 나는 1위 주자를 보며 환호하기 위해 타고 있던 버스에서 내려 마라톤 대회가 진행된다는 삼거리로 달려간다.

1 ❶그때 나는 내가 전혀 예기치 않던 방향에서 쏟아지
<small>1위 주자를 볼 수 있을 것이라는 '나'의 생각과 다르게</small>
는 환호 소리를 들었다. ❷그것은 내 뒤쪽 조그만 라디
<small>다른 쪽에서 소리가 들림.</small>
오방 스피커에서 나오는 환호 소리였다.

❸「선두 주자가 드디어 결승점 전방 십 미터, 오 미터,
사 미터, 삼 미터, 골인! 하는 아나운서의 숨 막히는
소리가 들리고 군중의 우레와 같은 환호성이 들렸다.」
<small>「」: 이미 1등 주자가 결승점을 통과함.</small>
❹비로소 1등을 한 마라토너는 이미 이 삼거리를 지난
지가 오래라는 걸 알 수 있었다. ❺이 삼거리에서 골인
지점까지는 몇 킬로미터나 되는지 자세히는 몰라도
상당한 거리다. ❻그런데도 아직까지 통행이 금지된 걸
보면 후속 주자들이 남은 모양이다. ❼꼴찌에 가까운 주
자들이.

❽그러자 나는 그만 맥이 빠졌다. ❾나는 영광의 승리자
<small>❷ 생각: 선두 주자를 보겠다는 기대가 무너짐.</small>
의 얼굴을 보고 싶었던 것이지 비참한 꼴찌의 얼굴을
<small>❷ 생각: 꼴찌 주자가 비참하다고 생각함.</small>
보고 싶었던 건 아니었다.

*❶ 요약: '나'는 선두 주자를 보지 못해 실망함.

2 ❶또 차들이 부르릉대며 들먹이기 시작했다. ❷차들도
기다리기가 지루해서 짜증을 내고 있었다. ❸다시 날카
<small>통행이 금지되어 있어서 차도 움직이지 못함.</small>
로운 호루라기 소리가 들리고 저만치서 ㉠푸른 유니
<small>❶ 중심 대상</small>
폼을 입은 마라토너가 나타났다.

❹삼거리를 지켜보고 있던 여남은 구경꾼조차 라디오
방으로 몰려 우승자의 골인 광경, 세운 기록 등에 귀
를 기울이느라 아무도 그에게 관심을 갖지 않았다. ❺나
<small>사람들이 우승자에게만 관심을 갖고 후속 주자에게는 관심이 없음.</small>
도 무감동하게 푸른 유니폼이 가까이 오는 것을 바라
<small>글쓴이도 다른 사람들처럼 후속 주자에게는 관심이 없음.</small>
보면서 저 사람은 몇 등쯤일까, 이십 등? 삼십 등? -

❻저 사람이 세운 기록도 누가 자세히 기록이나 해 줄
<small>❷ 생각, 태도: 후속 주자를 낮게 평가함.</small>
까? ❼대강 이런 생각을 했다. 그리고 그 이십 등, 아니
면 삼십 등의 선수가 조금쯤 우습고, 조금쯤 불쌍하다
<small>❷ 생각, 태도: 후속 주자를 우습고 불쌍하다고 생각함.</small>
고 생각했다.

❾푸른 마라토너는 점점 더 나와 가까워졌다. ❿드디어
<small>후속 주자</small>
나는 그의 표정을 볼 수 있었다.

*❷ 요약: '나'는 푸른 마라토너가 우습고 불쌍하다고 생각함.

3 ❶나는 그런 표정을 생전 처음 보는 것처럼 느꼈다.

❷여태껏 그렇게 정직하게 고통스러운 얼굴을, 그렇게
<small>푸른 마라토너의 얼굴: 글쓴이의 생각이 바뀌게 된 계기</small>
정직하게 고독한 얼굴을 본 적이 없다. ❸가슴이 뭉클하
더니 심하게 두근거렸다. ❹「그는 이십 등, 삼십 등을
초월해서 위대해 보였다. ❺지금 모든 환호와 영광은 우
<small>「 」: ❷ 생각 - 후속 주자가 위대하다고 생각함.</small>
승자에게 있고 그는 환호 없이 달릴 수 있기에 위대해
<small>푸른 마라토너가 위대해 보인 이유</small>
보였다.」(중략)

❻나는 용감하게 인도에서 차도로 뛰어내리며 그를 향
해 열렬한 박수를 보내며 환성을 질렀다. ❼나는 그가 주
<small>푸른 유니폼을 입은 마라토너에게 힘이 되어 주고 싶어서 한 행동</small>
저앉는 걸 보면 안 되었다. ❽나는 그가 주저앉는 걸 봄으
로써 내가 주저앉고 말 듯한 어떤 미신적인 연대감마저
<small>'나'가 푸른 마라토너에게 느낀 것</small>
느끼며 실로 열렬하고도 우렁찬 환영을 했다. (중략)

*❸ 요약: '나'가 정직하게 최선을 다하는 푸른 마라토너의 모습에 감동함.

4 ❶그 전까지만 해도 나는 마라톤이란 매력 없는 우직
<small>❷ 생각: 마라톤에 대한 이전의 생각</small>
한 스포츠라고밖에 생각 안 했었다. 「❷그러나 앞으론
그것을 좀 더 좋아하게 될 것 같다. ❸그것은 조금도 속
<small>❷ 생각: 마라톤에 대한 생각 변화</small>
임수가 용납 안 되는 정직한 운동이기 때문에. ❹또 끝까
<small>❷ 생각: 마라톤에 대한 지금의 생각</small>
지 달려서 골인한 꼴찌 주자도 좋아하게 될 것 같다.
<small>「 」: ❸ 마라톤을 좋아하게 된 이유를 강조하기 위해 말의 순서를 바꾸어 표현함.</small>
❺그 무서운 고통과 고독을 이긴 의지력 때문에.」(후략)

*❹ 요약: 마라톤에 대한 '나'의 생각이 바뀜.

★ 수필 독해 공식

❶ 중심 대상: 푸른 마라토너
❷ 글쓴이의 생각: 처음에는 마라톤 대회의 후속 주자를 낮게 평가하였으나, 그의 표정을 보고 그가 위대하다고 생각하게 됨.
❸ 서술상 특징
 – 일상의 경험에서 얻은 글쓴이의 깨달음을 중심으로 내용이 전개됨.
 – 마라톤과 꼴찌 주자에 대한 글쓴이의 인식 변화가 드러남.

■ 내용: 이 작품은 마라톤 대회를 본 경험을 통해 마라톤과 꼴찌에 대한 글쓴이의 생각이 달라졌다는 내용의 현대 수필이다.
[1]: 선두 주자를 보며 환호하려고 했던 '나'는 라디오를 통해서 선두 주자가 이미 결승점을 통과했음을 알게 되고, '나'는 자신이 있는 삼거리에는 후속 주자들만 지나가겠다는 생각이 들어 맥이 빠졌다.
[2]: '나'는 삼거리에 나타난 후속 주자인 푸른 마라토너가 조금쯤 우습고 불쌍하다고 생각했다.
[3]: '나'는 정직하고 고통스러운 표정으로 환호 없이 달리는 푸른 마라토너의 모습이 위대하다고 느끼며 그를 응원했다.
[4]: '나'는 마라톤이 정직한 운동이라는 점에서, 꼴찌 주자가 고통과 고독을 이긴 의지력이 있다는 점에서 마라톤과 꼴찌 주자를 긍정적으로 생각하게 되었다.

■ 주제: 포기하지 않고 최선을 다하는 삶
■ 이것이 핵심!: 후속 주자에 대한 '나'의 인식 변화

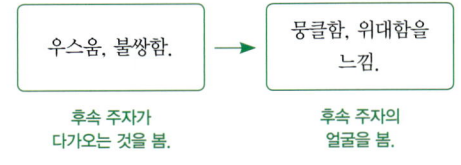

| 우스움, 불쌍함. | → | 뭉클함, 위대함을 느낌. |

후속 주자가 다가오는 것을 봄.　　후속 주자의 얼굴을 봄.

---

04 [정답] (1) 푸른 마라토너 (2) 마라톤

> **왜** 정답 ?

(1) '나'는 푸른 마라토너의 표정을 보고 그가 '정직하게 고통스러운 얼굴을, 그렇게 정직하게 고독한 얼굴을' 했다고 생각했다.
(2) '나'는 '조금도 속임수가 용납 안 되는 정직한 운동'인 마라톤을 앞으로는 좀 더 좋아하게 될 것 같다고 했다.

05 [정답] ②

윗글에 대한 설명으로 가장 알맞지 <u>않은</u> 것은?

> **왜** 정답 ?

② '나'는 ~~1등 주자~~에게 박수와 환호를 보냈다.
　　　 푸른 마라토너
★ 근거: [3]-❻, ❽
'나'는 푸른 유니폼을 입은 마라토너의 정직하게 고독한 얼굴을 본 후 '실로 열렬하고도 우렁찬 환영을 했다.'라고 하였다. 따라서 '나'가 박수와 환호를 보낸 사람은 푸른 마라토너이다.
'나'가 삼거리에 도착했을 때는 이미 선두의 마라토너가 삼거리를 지난 지 오래여서 '나'는 1등 주자에게는 환호를 할 수 없었다.

> **왜** 오답 ?

① '나'는 삼거리에서 마라토너를 보았다.
　　　　삼거리에서 푸른 유니폼을 입은 마라토너를 봄.
★ 근거: [2]-❸, ❹
[2]에서 '푸른 유니폼을 입은 마라토너가 나타났다. 삼거리를 지켜보고 있던 여남은 구경꾼'이라고 한 것으로 보아 '나'는 삼거리에 있으며, 푸른 유니폼을 입은 마라토너를 보고 있음을 알 수 있다.

③ '나'가 현재 있는 삼거리에서 골인 지점까지의 거리는 멀다.
　　　　　　　　　　　　　상당한 거리
★ 근거: [1]-❺
[1]에서 '이 삼거리에서 골인 지점까지는 몇 킬로미터나 되는지 자세히는 몰라도 상당한 거리다.'라고 했으므로 삼거리에서 골인 지점까지의 거리는 가깝지 않다.

④ '나'는 푸른 마라토너와 자신이 점점 가까워지는 것을 느꼈다.
★ 근거: [2]-❾
[2]에서 '푸른 마라토너는 점점 더 나와 가까워졌다.'라고 했다.

⑤ '나'는 라디오에서 흘러나온 아나운서의 목소리를 통해 선두 주자가 골인했다는 소식을 들었다.
　라디오방 스피커에서 아나운서의 목소리가 들림.
★ 근거: [1]-❷, ❸
[1]에서 '라디오 방 스피커에서 나오는 환호 소리였다. ~ 골인! 하는 아나운서의 숨 막히는 소리가 들렸다'라고 했다. 즉 '나'는 라디오방의 스피커에서 흘러나온 아나운서의 말을 듣고 1등 주자가 골인했다는 것을 알게 되었다.

06 [정답] ⑤

㉠에 대한 '나'의 생각으로 가장 알맞은 것은?

• ㉠: ㉠은 '푸른 유니폼을 입은 마라토너'입니다. '나'는 무감동하게 이 마라토너가 가까이 오는 것을 바라보다가 그의 표정을 본 뒤에는 그를 향해 열렬한 박수를 보내며 환성을 질렀습니다.

[즉] '나'가 푸른 유니폼을 입은 마라토너에 대해 가진 생각으로 가장 알맞은 것을 고르는 문제입니다.

> **왜** 정답 ?

⑤ ㉠이 고통과 고독을 이겨 낸 위대한 사람이라고 생각했다.
　　무서운 고통과 고독을 이긴 의지력을 가진 사람
★ 근거: [3]-❷~❺ [4]-❺
[3]에서 '나'는 푸른 유니폼을 입은 마라토너의 '정직하게 고통스러운 얼굴을', '정직하게 고독한 얼굴'을 본 후 그가 '환호 없이 달릴 수 있기에 위대해 보였다.'라고 하였다. 또 '나'는 '무서운 고통과 고독을 이긴 의지력 때문에' '끝까지 달려서 골인한 꼴찌 주자도 좋아하게 될 것 같다.'라고 하였다. 이를 통해 '나'는 푸른 유니폼을 입은 마라토너를 고통과 고독을 이겨 낸 위대한 사람이라고 생각함을 알 수 있다.

① ㉠이 <u>영광의 승리자라고 생각했다.</u>
알 수 없음.

★ 근거: ①-❽

①에서 '나'는 선두 주자를 보려고 버스에서 내렸다가 선두 주자가 이미 골인한 것을 알고 '나는 영광의 승리자의 얼굴을 보고 싶었던 것이지 비참한 꼴찌의 얼굴을 보고 싶었던 건 아니었다.'라고 했다. 이를 통해 '나'가 영광의 승리자라고 여긴 것은 푸른 유니폼을 입은 마라토너가 아닌 1등 주자임을 알 수 있다.

② ㉠이 달리기를 멈추고 <u>주저앉기를 바랐다.</u>
주저앉지 않길 바람.

★ 근거: ③-❼, ❽

③에서 푸른 유니폼을 입은 마라토너를 보던 '나'는 '그가 주저앉는 걸 보면 안 되었다.'라고 했다. 즉 '나'는 푸른 유니폼을 입은 마라토너가 잘 달릴 수 있기를 원할 뿐, 그가 주저앉기를 바란 것이 아니다.

③ ㉠을 보고 <u>환호와 영광이 그에게 있다고 생각했다.</u>
모든 환호와 영광은 우승자에게 있음.

★ 근거: ③-❺

③에서 '나'는 '지금 모든 환호와 영광은 우승자에게 있고 그(푸른 유니폼을 입은 마라토너)는 환호 없이 달릴 수 있기에 위대해 보였다.'라면서 푸른 유니폼을 입은 마라토너를 본 자신의 생각을 이야기하고 있다. 따라서 환호와 영광은 푸른 유니폼을 입은 마라토너가 아니라 우승자에게 있다.

④ ㉠이 계속해서 <u>박수나 환호 없이 홀로 달리기를 바랐다.</u>
'나'가 열렬한 박수를 보내며 환성을 지름.

★ 근거: ③-❻

윗글에서 '나'는 푸른 유니폼을 입은 마라토너가 박수와 환호 없이 달릴 수 있는 데 대해 위대함을 느끼고 있다. 또한 ③의 '나는 용감하게 인도에서 차도로 뛰어내리며 그를 향해 열렬한 박수를 보내며 환성을 질렀다.'라고 한 부분에서 '나'가 푸른 유니폼을 입은 마라토너에게 응원을 보내고 있음을 알 수 있다. 따라서 '나'는 푸른 유니폼을 입은 마라토너가 박수나 환호와 같은 응원 없이 홀로 달리기를 바라고 있는 것이 아니다.

07 [정답] 푸른 유니폼을 입은 마라토너

〈보기〉는 '나'가 마라톤 대회를 보고 느낀 바를 정리한 것이다. 윗글에서 빈칸에 들어가기에 가장 알맞은 말을 찾아 4어절로 쓰시오.

〈보기〉

'나'는 처음에는 꼴찌에 가까운 (푸른 유니폼을 입은 마라토너) 이/가 우습고 불쌍하다고 생각했지만, 정직하게 고통스러운 얼굴로 달리는 그의 표정을 보며 고통과 고독을 이겨낸 꼴찌 주자의 의지력에 위대함을 느끼게 되었다.
환호 없이 달릴 수 있음.

★ 근거: ②-❽

②에서 '나'는 선두 주자가 아니라 '이십 등, 아니면 삼십 등의 선수가 조금쯤 우습고, 조금쯤 불쌍하다고 생각했다.'라고 하였다. 하지만 그 이후 푸른 유니폼을 입은 마라토너의 얼굴을 보았고 그의 의지력에 감동하여 위대함을 느꼈다.

배경지식

수필

글쓴이는 수필을 통해 일상생활에서 자신이 느낀 바나 체험한 것, 인생에 대한 깊이 있는 생각 등을 담아 읽는 사람에게 전달하고자 한다. 그래서 우리는 수필을 읽으면서 자신의 삶을 되돌아 보고, 앞으로 어떻게 살 것인지에 대해 생각하게 된다.

글쓴이 → [**수필**
• 일상생활에서 자신이 느낀 바, 체험한 것 → 교훈
• 인생에 대한 깊이 있는 생각] → 읽는 사람

박완서

박완서는 여성 문학의 대표적 글쓴이이다. 전쟁으로 인해 망가진 우리 사회의 모습과 평범한 사람들의 일상, 여성 문제 등을 생생하게 그려내 읽는 사람들로부터 많은 사랑을 받았다.

박완서는 〈꼴찌에게 보내는 갈채〉에서 일등만을 바라는 경쟁적인 사회를 비판하고, 끝까지 포기하지 않고 최선을 다하는 꼴찌의 삶도 칭찬받아야 한다고 강조한다. 또한 이 작품에서 자신의 자리에서 최선을 다해 살아가는 평범한 사람들의 삶을 애정 어린 시선으로 바라보며, 그 사람들에게 격려를 보낸다.

DAY 19

이옥설 _ 이규보

❶ 중심 대상 ❷ 글쓴이의 생각, 태도 ❸ 서술상 특징

⃞1 행랑채가 퇴락*하여 지탱할 수 없게끔 된 것이 세
❶ 중심 대상
칸이었다.❶ 나는 마지못하여 이를 모두 수리하였다.❷ 그
❷ 생각: 행랑채 수리의 필요성을 알고 있었지만 내키지 않음.
런데 그 두 칸은 앞서 장마에 비가 샌 지가 오래 되었
□↔△ ❸ 제때 수리를 한 한 칸과 수리 시기를 놓친 두 칸의 행랑채를 비교함.
으나, 나는 그것을 알면서도 망설이다가 손을 대지 못
행랑채의 두 칸은 주저하다가 수리 시기를 놓치고 내버려 둠.
했던 것이고, 나머지 한 칸은 비를 한 번 맞고 샜던 것
행랑채의 한 칸은 제때에 수리함.
이라 서둘러 기와를 갈았던 것이다. 이번에 수리하려

고 본즉 비가 샌 지 오래된 것은 그 서까래, 추녀, 기
수리 시기를 놓친 두 칸의 행랑채
둥, 들보가 모두 썩어서 못 쓰게 되었던 까닭으로 수
수리 시기를 놓친 두 칸의 수리비가 많이 든 이유
리비가 엄청나게 들었고, 한 번밖에 비를 맞지 않았던

한 칸의 재목들은 완전하게 하여 다시 쓸 수 있었던
제때 수리를 한 한 칸의 행랑채   수리 시기를 놓치지 않은 한 칸의 수리비가 적게 든 이유
까닭으로 그 비용이 많지 않았다.

*⃞1 요약: 행랑채를 수리한 경험

⃞2 ❶나는 이에 느낀 것이 있었다.❷사람의 몸에 있어서
❷ 생각: 잘못을 알고 바로 고치는 자세의 중요성을 깨닫게 됨.
도 마찬가지라는 사실을. 잘못을 알고서도 바로 고치
❸ 유추: 글쓴이의 깨달음을 사람의 몸에 적용함.
지 않으면 곧 그 자신이 나쁘게 되는 것이 마치 나무
수리 시기를 놓친 행랑채 두 칸
가 썩어서 못 쓰게 되는 것과 같으며, 잘못을 알고 고

치기를 꺼리지 않으면 해를 받지 않고 다시 착한 사람
바로 수리한 행랑채 한 칸
이 될 수 있으니, 저 집의 재목처럼 말끔하게 다시 쓸
바로 수리한 행랑채 한 칸
수 있는 것이다.

*⃞2 요약: 행랑채를 수리한 경험을 통해 깨달은 점을 사람의 몸에 적용함.

⃞3 ❶뿐만 아니라 나라의 정치도 이와 같다.❷백성을 좀
❸ 유추: 글쓴이의 깨달음을 정치에 적용함.
먹는 무리들을 내버려 두었다가는 백성들이 도탄*에
탐관오리들
빠지고 나라가 위태롭게 된다.❸그런 연후에 급히 바로잡

으려 하면 이미 썩어 버린 재목처럼 때는 늦은 것이다.
수리 시기를 놓친 행랑채 두 칸의 재목
❹어찌 삼가지 않겠는가.
❸ 질문의 형식으로 주장하는 바를 강조함.
*⃞3 요약: 집을 수리한 경험을 통해 깨달은 점을 정치에 적용함.

* 퇴락: 낡아서 무너지고 떨어짐.

* 도탄: 몹시 곤궁하거나 고통스러움을 이르는 말

★ 수필 독해 공식

❶ 중심 대상: 행랑채를 수리한 경험
❷ 글쓴이의 생각: 잘못을 알고 바로 고치는 자세가 중요함.
  태도: 교훈적(잘못을 알았으면 바로 고치는 자세가 중요하다는 교훈을 전함.)
❸ 서술상 특징
  – 행랑채를 수리한 일상적인 경험에서 깨달은 점을 사람의 몸과 나라의 정치에 적용함.
  – 유추(두 개의 사물이 비슷하다는 것을 근거로 다른 특징도 비슷할 것이라고 미루어 짐작하는 것)의 방식을 활용함.
  – 사고의 대상을 '집 → 사람의 몸(인간사) → 나라의 정치'로 확장함.
  – 질문의 형식으로 주제를 강조함.

■ 내용: 이 작품은 행랑채를 수리한 일상적인 경험에서 얻은 깨달음을 인간사와 나라의 정치 현실에 적용한 고전 수필(설, 說)이다.
⃞1: 퇴락한 행랑채 세 칸 중 제때 수리를 하지 않은 두 칸은 수리 비용이 많이 들었고, 제때 수리를 했던 행랑채 한 칸은 수리 비용이 적게 들었다.
⃞2: '나'는 행랑채 수리를 하며 얻은 깨달음을 사람의 몸에 적용하여 사람도 잘못을 알고 바로 고치면 다시 착한 사람이 될 수 있다고 했다.
⃞3: '나'는 행랑채 수리를 하며 느낀 깨달음을 나라의 정치에 적용하여 정치도 백성을 좀먹는 무리들을 내버려 두지 않고 제때 바로잡아야 한다고 했다.

■ 주제: 잘못을 알고 바로 고치는 자세의 중요성
■ 이것이 핵심!: '나'의 깨달음과 적용

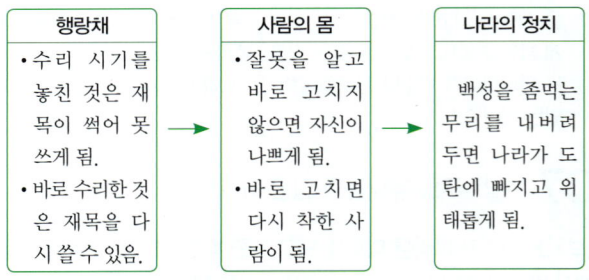

행랑채	사람의 몸	나라의 정치
• 수리 시기를 놓친 것은 재목이 썩어 못 쓰게 됨. • 바로 수리한 것은 재목을 다시 쓸 수 있음.	• 잘못을 알고 바로 고치지 않으면 자신이 나쁘게 됨. • 바로 고치면 다시 착한 사람이 됨.	백성을 좀먹는 무리를 내버려 두면 나라가 도탄에 빠지고 위태롭게 됨.

01 [정답] (1) 행랑채, 사람, 정치 (2) 잘못

> 왜 정답?

(1) 글쓴이는 퇴락한 행랑채 세 칸 중 제때 수리를 하지 않은 두 칸은 수리 비용이 많이 들었고, 제때 수리를 했던 행랑채 한 칸은 수리 비용이 적게 들었다면서 이와 같은 경험을 통해 잘못을 알고 바로 고치는 자세가 중요함을 깨닫게 되었다. 그래서 이 깨달음을 사람의 몸과 나라의 정치에 적용하고 있다.

(2) 글쓴이는 잘못을 알고서도 바로 고치지 않으면 곧 그 자신이 나쁘게 되는 것이 마치 재목이 썩어서 못 쓰게 되는 것과 같다고 하였다.

02 [정답] ⑤

윗글의 글쓴이에 대한 설명으로 가장 알맞은 것은?

> **왜** 정답 ?

⑤ 올바른 삶을 살아가는 자세에 대해 말하고 있다.
　올바른 삶을 살아가는 자세에 대해 말하고 있다.
　잘못을 알고 바로 고치는 자세를 강조함.

★ 근거: 1 ~ 3
글쓴이는 1에서 행랑채를 수리했던 경험, 즉 제때 수리를 한 행랑채 한 칸의 재목은 다시 쓸 수 있었지만, 제때 수리하지 못한 행랑채 두 칸의 재목은 모두 못 쓰게 되었던 일에 대해 이야기하고 있다.
글쓴이는 1에서 얻은 깨달음을 2에서는 사람의 몸에, 3에서는 나라의 정치에 적용하여 잘못을 알고 바로 고쳐 나가는 자세의 중요성을 강조하고 있다.

> **왜** 오답 ?

① 앞으로의 다짐을 이야기하고 있다.
　　　알 수 없음.
글쓴이는 잘못을 알고 바로 고쳐 나가는 자세의 중요성을 강조하고 있을 뿐, 앞으로 어떻게 살아야겠다고 다짐하고 있지는 않다.

② 자신이 살아온 삶을 후회하고 있다.
　　　　알 수 없음.
윗글의 1에 행랑채 세 칸을 수리한 글쓴이의 경험이 드러나 있으나, 이는 글쓴이가 잘못을 알고 바로 고쳐 나가는 자세의 중요성을 깨닫게 된 계기일 뿐이다. 윗글에서 글쓴이는 자신이 살아온 삶에 대해 후회를 하고 있는지에 대해서는 이야기하지 않았다.

③ 자신의 경험을 거짓으로 말하고 있다.
　　　　　행랑채를 수리한 경험이 거짓인지는 알 수 없음.
1에서 글쓴이가 행랑채를 수리했던 경험을 이야기하고 있으나, 이것이 거짓인지는 알 수 없다.

④ 아름다운 자연의 모습을 이야기하고 있다.
　　　　　　이야기하지 않음.
1에서 글쓴이는 행랑채를 수리했던 자신의 경험을 이야기하고, 2와 3에서는 행랑채를 수리하면서 얻은 깨달음을 '사람의 몸'과 '나라의 정치'에 적용하고 있다. 그러나 이 과정에서 아름다운 자연에 대해서는 이야기하지 않았다.

03 [정답] ①

윗글의 글쓴이가 전하고자 하는 생각으로 가장 알맞은 것은?

> **왜** 정답 ?

① 잘못을 알았으면 빨리 고쳐야 한다.
　　잘못을 알고 바로 고치는 자세를 강조함.

★ 근거: 2
글쓴이는 1에서 행랑채 세 칸 중 제때 수리를 한 행랑채 한 칸의 재목은 다시 쓸 수 있었지만, 제때 수리하지 못한 행랑채 두 칸의 재목은 모두 쓰지 못하게 되어 수리 비용이 많이 들었다고 했다.
글쓴이는 이 경험을 통해 얻은 깨달음을 2에서 사람의 몸에 적용하여 잘못을 알고 바로 고치지 않으면 자신이 나쁘게 되고, 바로 고치면 다시 착한 사람이 된다고 하였다.
또 3에서는 이를 나라의 정치에 적용하여 백성을 좀먹는 무리를 내버려 두면 나라가 도탄에 빠지게 되므로 이를 삼가야 한다고 하고 있다.
이처럼 글쓴이는 잘못을 알았으면 빨리 고쳐야 한다고 강조하고 있다.

> **왜** 오답 ?

② 비를 많이 맞은 재목들은 다시 쓸 수 있다.
　　　　　　　　　모두 썩어서 못 쓰게 됨.

★ 근거: 1 - 3
1에서 '비가 샌 지 오래된 것은 그 서까래, 추녀, 기둥, 들보가 모두 썩어서 못 쓰게 되었던 까닭으로 수리비가 엄청나게 들었다'고 했다. 즉 비를 많이 맞은 재목들은 다시 쓰기 어렵다.

③ 나라의 정치를 개혁하는 것은 나라를 위태롭게 하는 길이다.
　　　　　　　　　　　백성을 좀먹는 무리들을 내버려 두면 나라가 위태롭게 된다고 함.

★ 근거: 3 - 2
3에서 '백성을 좀먹는 무리들을 내버려 두었다가는 백성들이 도탄에 빠지고 나라가 위태롭게 된다.'라고 했다. 이는 백성을 좀먹는 무리들을 내버려 두지 않는 것, 즉 나라를 개혁하는 것이 나라를 위태롭게 하지 않는다는 의미이다.

④ 무엇인가를 고치는 것은 몹시 어려운 일이므로 되도록 고치지 말아야 한다.
　　잘못을 알았을 때 제때 고쳐야 한다고 주장함.
글쓴이는 잘못을 알았을 때 제때 고치는 것이 중요하다고 주장하고 있다.

⑤ 한번 만들어진 집은 수리할 수 없으므로 집을 지을 때부터
　　　　　　　　　　행랑채를 수리함.
튼튼하게 지어야 한다.

★ 근거: 1
글쓴이는 1에서 행랑채를 수리한 경험을 이야기하면서 잘못을 알았으면 빨리 고쳐야 함을 강조하고 있다. 그러나 윗글에서 글쓴이가 한번 만들어진 집은 수리하기 어렵다고 하거나, 집을 지을 때부터 튼튼하게 지어야 한다고 이야기하지는 않았다.

❶ 중심 대상   ❷ 글쓴이의 생각, 태도   ❸ 서술상 특징

1❶그 골목길에서의 일이다. ❷초등학교 1학년 때였던
❸ '나'가 과거 경험을 회상함.
것 같다. ❸하루는 우리 반이 좀 일찍 끝나서 나는 혼자

집 앞에 앉아 있었다. ❹그런데 그때 마침 깨엿 장수가
1960년대의 일임.
골목길을 지나고 있었다. ❺그 아저씨는 가위만 쩔렁이

며 내 앞을 지나더니 다시 돌아와 내게 깨엿 두 개를
'나'를 위로하고 격려함.
내밀었다. ❻순간 그 아저씨와 내 눈이 마주쳤다. ❼아저

씨는 아무 말도 하지 않고 아주 잠깐 미소를 지어 보

이며 말했다.

❽㉠ "괜찮아."
글쓴이에게 위로와 희망을 준 깨엿 장수의 말
❾무엇이 괜찮다는 것인지는 몰랐다. ❿돈 없이 깨엿을
글쓴이가 선천적 장애가 있음을 나타냄.
공짜로 받아도 괜찮다는 것인지, 아니면 목발을 짚고
'나'가 생각한 '괜찮아'라는 말의 의미 ①
살아도 괜찮다는 것인지⋯⋯. ⓫하지만 그건 중요하지
'나'가 생각한 '괜찮아'라는 말의 의미 ②   무슨 의미인지가 중요하지 않음.
않다. ⓬중요한 건 내가 그날 마음을 정했다는 것이다.
세상에 대한 태도
⓭이 세상이 그런대로 살 만한 곳이라고, 좋은 친구들이

있고, 선의와 사랑이 있고, '괜찮아'라는 말처럼 용서와
「 」: ❷ 태도-긍정적, 희망적(깨엿 장수의 말이 '나'에게 미친 영향)
너그러움이 있는 것이라고 믿기 시작했다는 것이다.

＊1 요약: 깨엿 장수의 말을 통해 세상을 긍정적으로 바라보게 된 '나'

2❶어느 방송 채널에 오래전의 학교 친구를 찾는 프
「 」: ❸ 1에서 있었던 일과 비슷한 일화를 소개함.
로그램이 있다. ❷한번은 어느 유명한 가수가 나와서 초

등학교 때 친구들을 찾았는데, 함께 축구 시합을 하던

이야기가 나왔다. ❸당시에 허리가 36인치일 정도로 뚱

뚱한 친구가 있었는데, 뚱뚱해서 잘 뛰지 못한다고 다

른 친구들이 축구팀에 끼워 주려고 하지 않았다. ❹그때

그 가수가 나서서 말했다.

❺ "그럼 앤 골키퍼를 하면 함께 놀 수 있잖아!"
뚱뚱한 친구와 함께 놀 수 있는 방법: 친구를 배려하는 마음
❻그래서 골키퍼로 친구들과 함께 축구를 했고, 몇십

년이 지난 후에도 그 따뜻한 말과 마음을 그대로 기억
가수의 따뜻한 말이 친구에게 잊히지 않는 감동이 됨.
하고 있었다.

＊2 요약: 가수가 친구를 위해 했던 말을 그 친구가 잊지 않고 있었던 일화

3❶ '괜찮아.' 난 지금도 이 말을 들으면 괜히 가슴이 찡

해진다.

❷지난 2002년 월드컵 4강에서 독일에 졌을 때 관중

들은 선수들을 향해 외쳤다.

❸ "괜찮아! 괜찮아!"

❹혼자 남아 문제를 풀다가 결국 골든벨을 울리지 못

하면 친구들이 얼싸안고 말해 준다.

❺ "괜찮아! 괜찮아!"

❻ '그만하면 참 잘했다'고 용기를 북돋워 주는 말, '너
'괜찮아'라는 말에 담긴 의미 ①
라면 뭐든지 다 눈감아 주겠다'는 용서의 말, '무슨 일
'괜찮아'라는 말에 담긴 의미 ②
이 있어도 나는 네 편이니 넌 절대 외롭지 않다'는 격
'괜찮아'라는 말에 담긴 의미 ③
려의 말, '지금은 아파도 슬퍼하지 말라'는 나눔의
'괜찮아'라는 말에 담긴 의미 ④
말, 그리고 마음으로 일으켜 주는 부축의 말, 괜찮아.
'괜찮아'라는 말에 담긴 의미 ⑤
＊3 요약: '괜찮아'라는 말의 다양한 의미

4❶참으로 신기하게도 힘들어서 주저앉고 싶을 때마
다 난 내 마음속에서 작은 속삭임을 듣는다. ❷오래전
힘들 때마다 깨엿 장수의 '괜찮아.'라는 말을 떠올림.
따뜻한 추억 속 골목길에서 듣는 말,
「 」: ❸ 말의 순서를 바꾸어 "괜찮아"라는 말을 강조함.
"괜찮아! 조금만 참아. 이제 다 괜찮아질 거야."

❸아, 그래서 '괜찮아'는 이제 다시 시작할 수 있다는
'괜찮아'라는 말에 담긴 의미 ⑥
희망의 말이다.
❷ 생각: '괜찮아'라는 말이 희망의 말이라고 생각함.
＊4 요약: '괜찮아'라는 말에서 희망을 얻는 '나'

★ **수필 독해 공식**

❶ **중심 대상**: '괜찮아'라는 말
❷ **글쓴이의 생각**: 어린 시절 깨엿 장수가 '나'에게 건넨 '괜찮아.'라는 말을
들은 후 세상이 긍정적이고 희망적이라고 믿게 됨.
태도: 긍정적, 희망적
❸ **서술상 특징**
– 글쓴이가 어린 시절의 일을 회상하는 형식으로 내용이 전개됨.
– 삶에 대한 긍정적인 태도를 강조함.

■ **내용**: 이 작품은 어린 시절 글쓴이가 겪은 일과 방송 프로그램의 이야기 등을 통해 '괜찮아.'라는 말이 가진 의미에 대해 이야기한 현대 수필이다.
　①: '나'는 초등학교 1학년 때 골목길에서 만난 깨엿 장수가 건넨 '괜찮아.'라는 말 덕분에 세상에는 좋은 친구들과 선의와 사랑이 있고, 용서와 너그러움이 있다고 믿게 되었다.
　②: 친구를 찾는 방송 프로그램에서 어느 가수의 친구는 뚱뚱해서 축구에 끼지 못한 자신을 배려한 그 가수의 말을 세월이 많이 흘렀음에도 그대로 기억하고 있었다.
　③: '괜찮아.'라는 말은 용기를 북돋워 주는 말, 용서의 말, 격려의 말, 나눔의 말, 부축의 말로 쓰인다.
　④: '나'는 힘들 때마다 '괜찮아.'라는 말을 떠올리고, '나'에게 있어 '괜찮아'는 희망의 말이다.

■ **주제**: 삶에 긍정적인 힘을 주는 '괜찮아.'라는 말
■ **이것이 핵심!**: **'괜찮아.'라는 말의 의미**

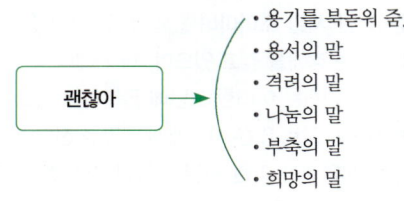

괜찮아 → • 용기를 북돋워 줌.
　　　　• 용서의 말
　　　　• 격려의 말
　　　　• 나눔의 말
　　　　• 부축의 말
　　　　• 희망의 말

---

04 [정답] (1) 깨엿 장수 아저씨 (2) 괜찮아

> **왜** 정답?

(1) 글쓴이인 '나'는 깨엿 장수 아저씨가 깨엿 두 개를 건네며 '괜찮아.'라고 말을 한 것을 통해 '이 세상이 그런대로 살 만한 곳이라고, 좋은 친구들이 있고, 선의와 사랑이 있고, '괜찮아'라는 말처럼 용서와 너그러움이 있는 것이라고 믿기 시작했다'고 했다.

(2) 글쓴이는 '괜찮아'는 이제 다시 시작할 수 있다는 희망의 말이라고 했다.

05 [정답] ⑤

글쓴이에 대한 설명으로 가장 알맞은 것은?

> **왜** 정답?

⑤ 깨엿 장수 아저씨에게 '괜찮아.'라는 말을 듣고 이 세상이 용서와 너그러움이 있는 곳이라고 생각했다.
　　　　'용서와 너그러움이 있는 것이라고 믿기 시작했다는 것'
　★ 근거: ①-⑬
　①에서 '나'는 초등학교 1학년 때 깨엿 아저씨가 깨엿을 주며 "괜찮아."라고 한 말을 듣고, '이 세상이 그런대로 살 만한 곳이라고, 좋은 친구들이 있고, 선의와 사랑이 있고, '괜찮아'라는 말처럼 용서와 너그러움이 있는 것이라고 믿기 시작했다'고 했다.

> **왜** 오답?

① 축구 시합을 하는 유명한 가수의 친구를 응원했다.
　　　　　　일화를 소개함.
　★ 근거: ②
　②에서 오래전의 친구를 찾는 방송 프로그램에서 유명한 가수가 건넨 따뜻한 말을 기억하고 있는 친구의 일화를 소개했을 뿐, '나'가 유명 가수의 친구를 응원하고 있지는 않다.

② 2002년 월드컵에 참여한 전수들에게 고생했다고 말했다.
　　　　　　　　　　　　'나'가 직접 이야기하지 않음.
　★ 근거: ③-❷, ❸
　③에서 지난 2002년 월드컵 4강에서 우리나라가 상대국인 독일에게 졌을 때 관중들이 선수들을 향해 '괜찮아! 괜찮아!'라고 외쳤다고 했다. 우리나라 선수들에게 괜찮다고 말한 사람은 관중들이지 '나'가 아니다.

③ 자신에게 깨엿 두 개를 내민 깨엿 장수 아저씨를 용서했다.
　　　　　　　　　　　　세상이 긍정적이고 희망적이라고 믿게 됨.
　★ 근거: ①, ③, ④
　①에서 깨엿 장수가 깨엿 두 개를 건네면서 '괜찮아.'라고 한 말을 들은 '나'는 이 세상이 살만한 곳이며, 좋은 사람들, 선의와 사랑, 용서와 너그러움이 있다고 믿기 시작하게 되었다고 했다. ④에서 '나'는 힘들 때마다 깨엿 장수 아저씨의 '괜찮아.'라는 말을 떠올리고, '나'에게 있어 '괜찮아'는 희망의 말이라고 했다.
　이것은 모두 글쓴이가 세상을 긍정적으로 보게 된 것과 관련이 있을 뿐, 깨엿 장수 아저씨가 나에게 잘못을 저지르지 않았기 때문에 '나'는 깨엿 장수 아저씨를 용서하고 있지는 않다.

④ 오래전의 학교 친구에게 깨엿을 나누어 주겠다고 다짐했다.
　　　　　　　　　　　　　　다짐하지 않음.
　★ 근거: ①
　①에서 깨엿 장수 아저씨가 깨엿 두 개를 건네면서 '괜찮아.'라고 한 말을 들은 '나'는 세상에 대한 긍정적인 태도를 갖게 되었다고 했다. 하지만 윗글에서 '나'가 오래전의 친구에게 깨엿을 나누어 주겠다고 다짐하고 있는 부분은 찾을 수 없다.

06 [정답] ①

글쓴이가 ㉠에 대해 생각한 것으로 가장 알맞지 않은 것은?

• ㉠: ㉠은 "괜찮아."로, '나'에게 깨엿 장수 아저씨가 깨엿 두 개를 주며 한 말이에요.

🟥 글쓴이가 '괜찮아.'라는 말이 어떠한 의미를 갖고 있다고 했는지를 잘못 설명한 것을 고르는 문제입니다.

> **왜** 정답?

① 옛날 친구를 찾을 때 하는 말이다.
　　　　'나'는 옛날 친구를 찾고 있지 않음.
　★ 근거: ②
　'나'는 옛날 친구를 찾고 있지 않다. ②에서 오래전의 친구를 찾는 방송에서 유명한 가수가 건넨 따뜻한 말을 기억하고 있는 친구의 일화를 소개한 것은 깨엿 아저씨가 나에게 건넨 '괜찮아.'라는 말에 감동하여 그 말을 오래도록 떠올리는 '나'의 사연과 비슷하기 때문이다.

> **왜** 오답?

② 다른 사람의 잘못을 너그럽게 덮어 주는 말이다.
　　　　　　　　　　용서의 말
　★ 근거: ③-❻
　③에서 '괜찮아.'라는 말에 담긴 의미를 이야기하면서 '괜찮아'는 '너라면 뭐든지 다 눈감아 주겠다.'라는 용서의 말'이라고 했다.

③ 이 세상에 선의가 있다는 것을 느끼게 해 주는 말이다.
　　　　　　　세상에 선의가 있다는 것을 믿기 시작함.
　★ 근거: ①-⑬
　'나'는 깨엿 장수 아저씨가 깨엿 두 개를 건네며 나에게 '괜찮아.'라고 말한 이후 이 세상에 선의가 있다는 것을 믿기 시작했다고 하였다.

④ **이 세상에 사랑이 있다는 것을 느끼게 해 주는 말이다.**
　　　　　세상에 사랑이 있다는 것을 믿기 시작함.
★ 근거: ①-⑬

'나'는 깨엿 장수 아저씨가 깨엿 두 개를 건네며 나에게 '괜찮아.'라고 말한 이후 이 세상에 사랑이 있다는 것을 믿기 시작했다고 하였다.

⑤ **힘들어서 주저앉고 싶을 때 다시 시작할 수 있다는 것을**
느끼게 해 주는 말이다.
　　　　　　희망의 말
★ 근거: ③-⑥, ④

③에서 '괜찮아.'라는 말에 담긴 의미를 이야기하면서 '마음으로 일으켜 주는 부축의 말'이라고 했고, ④에서 '나'가 '힘들어서 주저앉고 싶을 때마다 '괜찮아'라는 말을 생각하고, '나'에게 '괜찮아'는 이제 다시 시작할 수 있다는 희망의 말이라고 했다.

07 [정답] 괜찮아

윗글을 읽고 〈보기〉와 관련이 있는 말을 찾아 3글자로 쓰시오.

---〈보기〉---
• 글쓴이가 이 세상이 그런대로 살 만한 곳이라고 믿게
　　　　　　　깨엿 장수 아저씨가 말한 '괜찮아.'
해 준 말
• 지금도 글쓴이가 들으면 괜히 가슴이 찡해진다고 생각
　　　"괜찮아.' 난 지금도 이 말을 들으면 괜히 가슴이 찡해진다.'
하는 말

> **왜 정답 ?**
★ 근거: ①-⑬, ③-①

①에서 '나'는 깨엿 장수 아저씨가 나에게 깨엿 두 개를 건네며 '괜찮아.'라고 했던 일을 통해 '이 세상이 그런대로 살 만한 곳이라고' 믿기 시작했다고 했다.

또 ③에서 "괜찮아.' 나는 지금도 이 말을 들으면 괜히 가슴이 찡해진다.'라고 했다.

따라서 〈보기〉와 관련이 있는 말은 '괜찮아'이다.

고래들의 따뜻한 동료애 _최재천

❶ 중심 대상   ❷ 글쓴이의 생각, 태도   ❸ 서술상 특징

1 ❶몇 년 전 일이다. ❷어디론가 가기 위해 바삐 걷던 중
❸ 과거 일을 회상하는 형식으로 내용을 전개함.
저만치 앞에서 휠체어를 탄 한 장애인이 차도로 내려
❶ 중심 대상
서는 걸 보았다. ❸위험할 터인데 왜 저러나 싶어 살펴
보니 그의 앞에 큼직한 자동차가 인도를 꽉 메운 채
버티고 있는 게 아닌가. ❹어쩔 수 없는 상황에서 차도
자동차가 인도를 막고 있음.
로라도 돌아가려는 그에게 차들은 한 치의 양보도 하
지 않았고 심지어는 요란하게 경적을 울리는 이들도
휠체어를 탄 장애인을 본 차들의 행동 ①
있었다.

2 ❶나는 황급히 그에게 다가가 그의 휠체어 손잡이를
잡으며 도와 드리겠다고 했다. ❷그러나 나의 도움은 아
무런 효과가 없었다. ❸차들은 여전히 매정하게 우리 앞
을 가로지르고 있었고 세워 달라고 내가 손을 흔들 때
면 더 빠른 속도로 달려오곤 했다. ❹그러자 그는 나에
휠체어를 탄 장애인을 본 차들의 행동 ②
게 휠체어는 혼자서도 운전할 수 있으니 미안하지만
차도로 내려 가 오는 차들을 잠시 멈춰 줄 수 있겠느냐
장애인이 나에게 부탁한 것
고 부탁했다. ❺그러면서 자기처럼 장애인은 되지 않도
장애인의 씁쓸한 심정이 드러남.
록 조심하라는 당부를 잊지 않았다. ❻나는 곧바로 차도
에 뛰어들어 달려오는 차들을 막아 세웠고, 그는 차도
로 우회한 후 다시 인도로 올라가던 길을 계속 갈 수
있었다.
＊**1**, **2** 요약: 휠체어를 탄 장애인의 부탁에 '나'가 차도로 내려가 차를 세움.
(중략)

3 ❶자연계는 언뜻 보면 늙고 병약한 개체들은 어쩔 수
없이 늘 포식자의 밥이 되고 마는 비정한 세계처럼만
보인다. ❷「하지만 인간에 버금가는 지능을 지닌 ㉠ 고래
❸「 」: 우리 사회와 고래들의 사회를 비교함.   ❶ 중심 대상
들의 사회는 다르다. ❸거동이 불편한 동료를 결코 나
우리 사회와 대비되는 고래 사회의 모습
몰라라 하지 않는다. ❹다친 동료를 여러 고래들이 둘러
고래 사회의 모습 ①
싸고 거의 들어 나르듯 하는 모습이 고래학자들의 눈
에 여러 번 관찰되었다. ❺그물에 걸린 동료를 구출하기

위해 그물을 물어뜯는가 하면 다친 동료와 고래잡이배
고래 사회의 모습 ②   고래 사회의 모습 ③
사이에 과감히 뛰어들어 사냥을 방해하기도 한다.」

4 ❶고래는 비록 물속에 살지만 엄연히 허파로 숨을 쉬
는 젖먹이 동물이다. ❷그래서 부상을 당해 움직일 수
없게 되면 무엇보다도 물 위로 올라와 숨을 쉴 수 없
물 위로 올라와서 숨을 쉬지 않으면 목숨을 잃을 수 있는 고래들
게 되므로 쉽사리 목숨을 잃는다. ❸그런 친구를 혼자
등에 업고 그가 충분히 기력을 되찾을 때까지 떠받치
고래 사회의 모습 ④
고 있는 고래의 모습을 보면 저절로 머리가 숙여진다.
❷ 생각: 고래들의 동료애에 대한 경외심을 느낌.
❹고래들은 또 많은 경우 직접적으로 육체적인 도움을
주지 않더라도 무언가로 괴로워하는 친구 곁에 그냥
고래 사회의 모습 ⑤
오랫동안 있어 주기도 한다.
＊**3**, **4** 요약: 인간의 사회와는 다른 고래 사회의 모습

5 ❶우리 사회의 장애인들에게도 휠체어를 직접 밀어
줄 사람들보다 그들이 스스로 밀고 갈 수 있도록 길을
비켜 주고 따뜻하게 함께 있어 줄 사람이 필요한 것인
❷ 생각: 글쓴이가 우리 사회에 필요하다고 생각하는 것
지도 모른다. ❷그들이 당당하게 삶을 꾸릴 수 있도록
여건을 마련해 준 후 그저 다른 이들을 대하듯 똑같이
❷ 생각: 고래 사회의 동료애가 우리 사회에도 적용되기를 바람.
만 대해 주면 될 것이다. ＊**5** 요약: '나'가 바라는 우리 사회의 모습

★ **수필 독해 공식**

❶ **중심 대상**: 장애인, 고래
❷ **생각**: 고래 사회의 동료애가 우리 사회에 적용되기를 바람.
　태도: 비판적(우리 사회를 비판하고 고래 사회를 높게 평가함.)
❸ **서술상 특징**
　– 자신의 경험을 바탕으로 이야기하고자 하는 바를 이끌어 냄.
　– 인간 사회와 고래 사회를 비교하여 바람직한 우리 사회의 모습에 대
　　한 글쓴이의 생각을 밝힘.

■ **내용**: 윗글은 글쓴이가 과거 장애인을 도우며 겪었던 일과 고래 사회의
모습을 비교하여 장애인을 배려하지 않는 우리 사회의 모습을 비판한
현대 수필이다. 고래 사회의 동료애가 우리 사회에도 필요하다는 글쓴
이의 생각이 나타나 있다.
1, **2**: '나(글쓴이)'는 몇 년 전 차도로 돌아가려는 장애인에게 양보하
　　　지 않는 차들의 모습을 보았다. 그는 '나'에게 오는 차들을 멈추
　　　어 달라고 부탁했고, 그제서야 그는 길을 건너갈 수 있었다.
3, **4**: 고래들의 사회에서는 다치거나 위험에 빠진 동료를 도와주고,
　　　직접적인 도움을 주지 않더라도 곁을 지켜 주기도 한다.

6: 우리 사회도 고래들의 사회처럼 장애인들이 스스로 삶을 꾸려나갈 수 있는 여건을 마련해 주고, 그들을 그저 다른 이들과 똑같이 대해 주어야 한다.

■ 주제: 우리 사회에 필요한 고래들의 동료애
■ 이것이 핵심!: **우리 사회와 고래 사회**

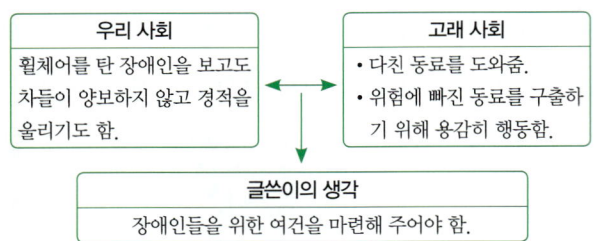

우리 사회	고래 사회
휠체어를 탄 장애인을 보고도 차들이 양보하지 않고 경적을 울리기도 함.	• 다친 동료를 도와줌. • 위험에 빠진 동료를 구출하기 위해 용감히 행동함.

글쓴이의 생각
장애인들을 위한 여건을 마련해 주어야 함.

---

01 [정답] (1) 장애인 (2) 고래

>왜 정답?

(1) 글쓴이는 몇 년 전 휠체어를 탄 장애인을 도왔던 일에 대해 이야기하고 있다. 따라서 정답은 '장애인'이다.
(2) 글쓴이는 차도로 우회하려고 하는 휠체어를 탄 장애인에게 조금도 양보하지 않고 경적을 울리기까지 했던 우리 사회의 사람들과 다친 동료를 외면하지 않고 도와주는 고래들을 비교하고 있다. 따라서 정답은 '고래'이다.

02 [정답] ②

윗글에 대한 설명으로 가장 알맞은 것은?

>왜 정답?

② 자신이 겪었던 경험을 이야기하고 있다.
　몇 년 전 도로에서 휠체어를 탄 장애인과 있었던 일
　★ 근거: 1~2
　글쓴이는 '몇 년 전 일이다.'라면서 휠체어를 탄 장애인을 도왔던 일에 대해 이야기하고 있다.

>왜 오답?

① 편지 형식으로 교훈을 전하고 있다.
　편지 형식이 아님.
　편지는 다른 사람에게 안부, 소식 등을 적어 보내는 것이다. 윗글은 편지가 아니다.

③ 대화를 통해 인물 간의 갈등을 드러내고 있다.
　갈등이 드러나지 않음.
　윗글의 1, 2에서는 글쓴이가 휠체어를 탄 장애인과 겪었던 일에 대해, 3, 4에서는 다쳤거나 위험에 빠진 동료들을 외면하지 않는 고래 사회의 모습에 대해, 5에서는 글쓴이가 바라는 우리 사회의 모습에 대해 이야기하고 있다. 그러나 윗글에서 대화의 형식으로 인물 간의 갈등을 드러낸 부분을 찾을 수 없다.

④ 지시문을 사용하여 인물의 행동을 지시하고 있다.
　지시문을 사용하지 않음.
　윗글에서 지시문을 사용하여 인물의 행동을 지시하는 부분을 찾을 수 없다.

⑤ 특별한 용어를 사용하여 카메라의 움직임을 안내하고 있다.
　특별한 용어를 사용하지 않음.　　카메라의 움직임과 관련 없음.
　윗글에서 특별한 용어를 사용하여 카메라의 움직임을 안내하는 부분은 찾을 수 없다. 윗글은 수필로, 수필은 일정한 형식을 따르지 않고 인생이나 자연 또는 일상생활에서의 느낌이나 체험을 생각나는 대로 쓴 산문 형식의 글을 뜻한다. 보통 시나리오나 드라마 대본에서 특별한 용어를 사용하여 카메라의 움직임을 안내한다.

03 [정답] ②

㉠에 대한 설명으로 가장 알맞지 않은 것은?

• ㉠: ㉠은 '고래'입니다. 고래들은 거동이 불편한 동료를 돕고, 그물에 걸린 동료를 구출하기 위해 그물을 물어뜯고, 고래잡이배의 고래 사냥을 방해하며, 부상을 당한 동료를 등에 업고 떠받칩니다. 또한 무언가로 괴롭히는 친구 곁에 그냥 함께 있어 주기도 합니다.

[즉] '고래'에 대한 설명으로 틀린 것을 고르는 문제입니다.

>왜 정답?

② 거동이 불편한 동료를 나몰라라 한다.
　　　　　　　　　　　　나몰라라 하지 않음.
　★ 근거: 3-3
　3에서 고래들은 '거동이 불편한 동료를 결코 나몰라라 하지 않는다.'라고 했다.

>왜 오답?

① 다친 동료를 도우려고 한다.
　둘러싸고 들어 나르듯 함.
　★ 근거: 3-4 4-2, 3
　3에서 고래들의 사회에 대해 설명하면서 '다친 동료를 여러 고래들이 둘러싸고 거의 들어 나르듯 하는 모습이 고래학자들의 눈에 여러 번 관찰되었다.'라고 했고, 4에서 부상을 당해 움직일 수 없게 된 '친구를 혼자 등에 업고 그가 충분히 기력을 되찾을 때까지 떠받치고' 있는다고 했다.

③ 괴롭히는 친구 곁에서 오랫동안 머물기도 한다.
　　　　　　　　　　　　그냥 오랫동안 있음.
　★ 근거: 4-4
　4에서 고래들은 '무언가로 괴롭히는 친구 곁에 그냥 오랫동안 있어 주기도 한다.'라고 했다.

④ 위험에 처한 동료를 위해 용기 있게 행동하기도 한다.
　　　　　　　　　　　그물을 물어뜯고 고래잡이배의 사냥을 방해함.
　★ 근거: 3-5
　3에서 고래는 '그물에 걸린 동료를 구출하기 위해 그물을 물어뜯는가 하면 다친 동료와 고래잡이배 사이에 과감히 뛰어들어 사냥을 방해하기도 한다.'라고 했다. 이와 같은 고래의 행동은 위험에 처한 동료를 위해 용기를 낸 것이라 할 수 있다.

⑤ 허파로 숨을 쉬기 때문에 숨을 쉬기 위해 물 위로 올라오기도 한다.
　젖먹이 동물
　★ 근거: 4-1, 2
　4에서 고래는 허파로 숨을 쉬는 젖먹이 동물이며, 부상을 당해 움직일 수 없게 되면 '물 위로 올라와 숨을 쉴 수 없게' 된다고 했다. 즉 고래들은 숨을 쉬기 위해서는 물 위로 올라와야 한다.

남의 도움만을 기대하지 말라 _정약용

❶ 중심 대상 ❷ 글쓴이의 생각, 태도 ❸ 서술상 특징

① 너희들은 편지에서 항상 버릇처럼 말하기를 「일가
❶ 중심 대상 ❸ '너희들'에게 말하듯이 서술함.
친척 중에 한 사람도 불쌍히 여겨 돌보아 주는 사람이
「 」: '너희들'이 보낸 편지의 내용
없다고 탄식하더구나. ❷더러는 삶이 험난한 물길 같다
느니, 꼬불꼬불한 길고 긴 험악한 길을 살아간다고 한
탄하는데, 이는 모두 하늘을 원망하고 사람을 미워하
❷ 태도: 비판적(남이 도움을 주지 않는다고 한탄하는 자식들을 비판함.)
는 말투니 큰 잘못이다. ❸전에 내가 벼슬하고 있을 때
에는 근심할 일이나 질병의 고통이 있으면, 다른 사람
들이 돌봐 주게 마련이어서, 날마다 어떠시냐는 안부
를 전해 오고, 약도 주고 양식까지 보내 주는 사람도
있어서 너희들은 이런 일에 익숙해져 있었을 것이다. ❹
다른 사람의 도움을 받는 일
「그래서 지금도 항상 은혜를 베풀어 줄 사람을 바라고
있으니, 가난하고 힘든 현실을 망각하고 있는 것이다.」
「 」: ❷ 생각-은혜를 베풀어 줄 사람을 바라고만 있는 것은 비현실적이라고 지적함.
❺예나 지금이나 남의 도움만을 바라면서 사는 법은 없
다. ❻오늘날 이처럼 집안이 망하긴 했으나 아직도 다른
일가들에 비하면 오히려 나은 형편이다. ❼다만 우리보
다 못한 사람을 도와줄 여유가 없을 뿐이다. ❽남을 돌
볼 만한 여유는 없지만 그렇다고 극심하게 가난하지
도 않으니, 굳이 남의 도움을 바랄 필요는 없지 않겠
❸ 질문의 형식으로 남의 도움을 바랄 필요가 없다고 강조함.
느냐? ❾마음속으로 남의 은혜를 바라는 생각을 버린다
면 저절로 마음이 평안하고 기분이 화평스러워져 하
늘을 원망하거나 사람을 미워하는 잘못은 없어질 것
이다.
★ ① 요약: 자식들에게 남의 도움을 바라는 생각을 버려야 한다고 강조함.

② ❶여러 날 밥을 해 먹지 못하는 집도 있는데, 너희는
                              : 자신보다 힘든 이웃
그런 집에 ⓐ 쌀되라도 퍼다가 굶주림을 면하게 해 주
    : 곤경에 처한 이웃을 돌보는 자세
고 있는지 모르겠구나. 눈이 쌓여 쓰러져 있는 집에는
ⓑ 장작개비라도 나누어 주어 따뜻하게 해 주고, 병들
어 약을 먹어야 할 사람들에게는 한 푼의 돈이라도 쪼

개어 ⓒ 약을 지어 일어날 수 있게 도와주고, 가난하
고 외로운 노인이 있는 집에는 때때로 찾아가 따뜻하
고 ⓓ 공손한 마음으로 공경하여야 하고, 근심 걱정이
쌓인 집에 가서는 그 고통을 함께 나누고 잘 처리할 방
법을 함께 고민해야 할 것이다. ❸그런데 너희들은 그것
을 잘하고 있는지 궁금하구나. ❹㉠ 이런 일도 하지 못
하는데 어떻게 너희들이 위급할 때 다른 집에서 허겁
곤경에 처한 이웃을 돕지 않는 자식들을 꾸짖음.
지겁 달려와 도와줄 것을 바라겠느냐?
★ ② 요약: 자식들이 남이 자신을 돕기만을 바라는 것을 비판함.
③ ❶남이 어려울 때 자기는 은혜를 베풀지 않으면서 남
이 먼저 ㉢ 은혜를 베풀어 주기만 바라는 것은 잘못이
다. ❷이후로는 항상 공손하게 마음을 다하여 다른 일가
들의 마음을 얻는 일에 힘쓰고 보답을 바라는 생각을
갖지 않도록 하여라. ❸훗날 너희들에게 걱정거리가 생
겼을 때 다른 사람들이 보답해 주지 않더라도, 이해하
고 용서하는 마음으로 '그분들이 마침 도와줄 수 없는
사정이 있거나 여유가 없는 모양이구나.'라고 생각하
여라. ❹"나는 지난번에 이리저리 해 주었는데 저들은 이
❷ 생각: 남을 도울 때 보답을 바라지 않아야 함을 강조함.
렇다니!" 하는 소리는 농담으로라도 하지 말아야 한다.
❺만약 이런 말이 한 번이라도 입 밖에 나오게 된다면 지
난날 쌓은 공덕이 하루아침에 사라져 버릴 것이다.
★ ③ 요약: 자식들에게 남을 도울 때 보답이나 도움을 받기를
바라지 말아야 한다고 강조함.

★ 수필 독해 공식

❶ 중심 대상: 너희들
❷ 글쓴이의 생각: 남의 도움을 바라기만 하는 너희들(자식들)을 비판하고,
다른 사람을 도울 때 보답을 바라거나 도움을 받기를 바라지 말아야 한
다고 강조함.
태도: 비판적
❸ 서술상 특징
– 질문의 형식으로 글쓴이가 전하고자 하는 바를 강조함.
– '너희들'에게 말하듯이 서술함.

DAY
21

■ **내용**: 이 작품은 남을 돕되, 남이 자신을 돕기를 바라지 말라고 자식들에게 당부하는 내용을 담고 있는 편지 형식의 고전 수필이다.

1: 자식들이 남이 도움을 주지 않는다며 한탄하는 내용의 편지를 보낸 것을 비판하고, 자식들에게 남의 도움을 바라는 생각을 버려야 한다고 강조한다.

2: 자식들이 자신보다 곤경에 처한 사람들을 도왔는지 궁금해하며, 자식들에게 곤경에 처한 이웃을 돕지 않으면서 위급할 때 다른 집에서 도와줄 것을 바라서야 되겠느냐고 질문한다.

3: 남에게 은혜를 베풀지 않으면서 남에게 도움을 받겠다고 기대하는 것은 잘못이라고 지적한다. 또한 남에게 먼저 도움을 베풀고, 남이 도움에 대한 보답을 할 것을 바라지 말아야 한다고 강조한다.

■ **주제**: 남의 도움을 기대하지 않는 마음의 중요성
■ **이것이 핵심!**: 다른 사람의 도움에 대한 생각

너희들(자식들)		글쓴이
• 남이 도와주지 않음을 한탄함. • 곤경에 처한 남을 돕지 않음.	← 비판	• 남의 도움을 바라지 말아야 함. • 이웃을 먼저 도와주되, 보답을 바라지 말아야 함.

---

04 정답 (1) 편지 (2) 은혜, 보답

왜 정답?

(1) 글쓴이는 **1**에서 '너희들은 편지에서 항상 버릇처럼 말하기를'이라면서 글쓴이의 자식들이 보낸 편지의 내용에 대해 이야기하고 있다.

(2) 글쓴이는 **3**에서 자식에게 남이 어려울 때 자기는 은혜를 베풀지 않으면서 남이 은혜를 베풀어 주기를 바라는 것은 잘못이고 다른 일가를 돕되 보답을 바라지 말라고 했다.

05 정답 ④

윗글에 나타난 글쓴이의 생각으로 가장 알맞지 않은 것은?

왜 정답?

④ 나중에 남들의 도움을 받으려면 미리 남을 도와야 한다.
<u>보답을 바라지 말아야 함.</u>

★ **근거**: **2**, **3**

글쓴이는 **2**에서 자식들에게 곤경에 처한 이웃들을 도와야 한다고 강조하고, **3**에서는 남이 어려울 때 은혜를 베풀어야 한다면서 '보답을 바라는 생각을 갖지 않도록 하여라.'라고 당부하고 있다. 글쓴이는 남들의 도움을 바라고 미리 남을 도와야 한다고 생각하지는 않을 것이다.

왜 오답?

① 남의 도움을 바라기만 하면 안 된다.
<u>은혜를 베풀어 주기만 바라는 것은 잘못이다.</u>

★ **근거**: **1**-❺, **2**-❹, **3**-❶

글쓴이는 **1**에서 '예나 지금이나 남의 도움만을 바라면서 사는 법은 없다.'라고 하였고, **3**에서 '남이 어려울 때 자기는 은혜를 베풀지 않으면서 남이 먼저 은혜를 베풀어 주기만 바라는 것은 잘못이다.'라고 하였다. 이처럼 글쓴이는 다른 사람의 도움을 바라기만 하면 안 된다고 강조하고 있다.

② 때때로 노인들을 찾아가 공경해야 한다.
<u>'때때로 찾아가 공경하여야 하고'</u>

★ **근거**: **2**-❷

글쓴이는 **2**에서 '가난하고 외로운 노인이 있는 집에는 때때로 찾아가 따뜻하고 공손한 마음으로 공경하여야' 한다고 했다.

③ 자신보다 아프고 가난한 이들을 도와야 한다.
<u>병든 사람에게는 돈을 주어 약을 지어 일어날 수 있게 도와 주어야 함.</u>

★ **근거**: **2**-❷

글쓴이는 **2**에서 '병들어 약을 먹어야 할 사람들에게는 한 푼의 돈이라도 쪼개어 약을 지어 일어날 수 있게 도와주'어야 한다고 했다.

⑤ 자신을 도와주지 않는다고 <u>다른 사람을 원망하지 말아야</u> 한다.
<u>큰 잘못임.</u>

★ **근거**: **1**-❶, ❷

글쓴이는 **1**에서 자식들이 일가 친척 중에 자신들을 돌보아 주는 사람이 없다고 탄식하는 것을 두고 '이는 모두 하늘을 원망하고 사람을 미워하는 말투니 큰 잘못이다.'라고 꾸짖고 있다.

06 정답 ④

글쓴이가 ㉠과 같이 말한 이유로 가장 알맞은 것은?

• ㉠: ㉠은 '이런 일도 하지 못하는데 어떻게 너희들이 위급할 때 다른 집에서 허겁지겁 달려와 도와줄 것을 바라겠느냐?'예요. 글쓴이는 자식들이 먼저 곤경에 처한 이웃을 돕지 않으면 다른 사람들도 자식들이 위급할 때 도와주지 않을 것이라는 의미에서 이러한 말을 했어요.

즉 글쓴이가 자식들에게 질문한 이유로 알맞은 것을 고르는 문제입니다.

왜 정답?

④ 질문에 대해 생각해 봄으로써 읽는 이가 스스로 깨닫게 하
<u>남을 돕지 않고서 도움만 바라는 것은 잘못이라는 교훈을 전함.</u>
기 위해

★ **근거**: **2**-❹, **3**-❶

글쓴이는 자식들이 곤경에 처한 다른 사람을 돕지 않음을 지적하고, 남들이 도와줄 것만을 바라는 것이 잘못임을 알려 주고자 했다. 글쓴이가 **3**에서 '남이 어려울 때 자기는 은혜를 베풀지 않으면서 남이 먼저 은혜를 베풀어 주기만 바라는 것은 잘못이다.'라고 한 것을 고려하면 글쓴이는 자식들이 먼저 다른 사람을 돕기를 바랐기 때문에 ㉠과 같이 질문한 것이다.

왜 오답?

① 다른 사람들의 행동을 <u>해학적으로 묘사하기 위해</u>
<u>해학적으로 묘사하지 않음.</u>
해학적이라는 것은 익살스러운 말이나 행동을 통해 대상에 대한 호감을 불러일으키며 웃음을 유발하는 것을 의미한다. ㉠은 다른 사람들의 행동을 해학적으로 묘사한 것이 아니다.

② <u>자신의 경험을 통해</u> 읽는 이에게 교훈을 전하기 위해
<u>자신의 경험을 이야기하지 않음.</u>
글쓴이는 ㉠에서 자식들에게 질문의 형식으로 말하고자 하는 바를 강조하고 있을 뿐, 자신의 경험을 이야기하고 있지는 않다.

③ <u>다른 사람의 말을 빌려</u> 자신의 주장을 뒷받침하기 위해
<u>다른 사람의 말을 이야기하지 않음.</u>
글쓴이는 ㉠에서 자식들에게 질문의 형식으로 말하고자 하는 바를 강조하고 있을 뿐, 다른 사람의 말을 빌려 오지는 않았다.

⑤ 읽는 이의 답을 듣고 자신의 생각이 잘못되었는지를 확인
하기 위해
자식들에게 깨달음을 주기 위해서임.

윗글의 글쓴이는 남들의 도움을 바라기만 하는 자식들의 잘못을 지
적하고, 다른 사람에게 먼저 도움을 베풀며 보답을 바라지 말라고 강
조하고 있다. 글쓴이는 이러한 생각을 강조하기 위해 ㉠과 같이 말한
것이지, 자신의 생각이 잘못되었는지를 확인하기 위해 ㉠과 같이 말
한 것이 아니다.

07 [정답] ⓔ

윗글의 ⓐ~ⓔ 가운데 〈보기〉와 관련이 <u>없는</u> 것을 골라 기호를 쓰
시오.

> ───────〈보기〉───────
>
> 자신보다 힘든 이웃을 돌보는 자세

>**왜** 정답?

★ 근거: ③-❶

윗글의 글쓴이는 자신보다 힘든 이웃을 돌보는 자세를 강조하며, 다
른 사람을 돕되 보답을 바라지 말라고 강조하고 있다. '은혜를 베풀
어 주기만 바라는 것(ⓔ)'은 다른 사람이 어려울 때 자기는 은혜를 베
풀지 않으면서 남이 먼저 도움을 주기를 바라는 것이므로 자신보다
힘든 이웃을 돌보는 자세와는 관련이 없다.

>**왜** 오답?

글쓴이는 ②에서 여러 날 밥을 해 먹지 못하는 집에 쌀되를 퍼 주어 굶주
림을 면하게 해 주고(ⓐ), 눈이 쌓여 쓰러져 있는 집에는 장작개비를 나누
어 주어 따뜻하게 해 주고(ⓑ), 병든 사람에게는 돈을 주어 약을 지어 먹
어 일어날 수 있게 해주고(ⓒ), 가난하고 외로운 노인이 있는 집에 찾아가
공손한 마음으로 공경하는 것(ⓓ)이 곤경에 처한 이웃을 돌보는 방법이라
고 하였다.

DAY
21

 **MEMO**

2022 개정 교육과정

자이스토리

듣기 총정리 모의고사

[중1, 중2, 중3, 고1]

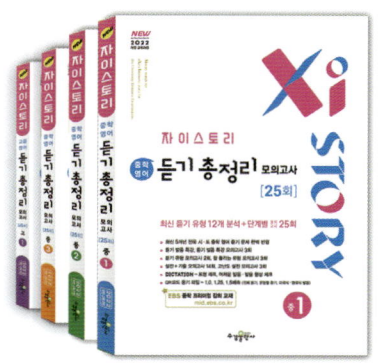

"최신 듣기 유형 분석 + 단계별 모의고사 25회"

⭐ EBS 중학 프리미엄 강의 교재
mid.ebs.co.kr *고1 제외

---

① 듣기 유형 분석 [12~14 유형]

최신 전국 중학 영어 듣기 능력 평가와
고1 전국연합학력평가 유형 완벽 분석

② 잘 틀리는 유형 모의고사 [3회] + 듣기 발음 특강 모의고사 [2~3회]

틀리기 쉬운 유형과 발음을 훈련

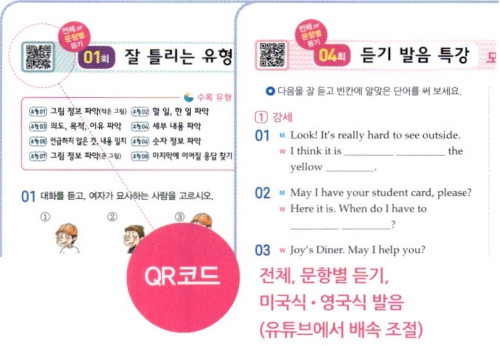

③ 실전+기출 모의고사 [12~16회], 고난도 듣기 실전 모의고사 [3~4회]

최신 기출 문제 유형을 반영한 단계별 모의고사

④ Dictation, 어휘 + 표현 PREVIEW, REVIEW

표현 체크와 발음 체크로 공부하고 중요한
어휘와 표현들을 익힌다.

자이스토리 국어 비문학, 문학, 문법, 어휘 시리즈

중등 비문학 독해 1, 2 예비 고등	독해력 완성 1, 2, 3	문학 독해+문학 용어 1, 2, 3
* 독해 STEP에 따른 단계별 독해 훈련 STEP Ⅰ 핵심어 찾기, 　　　　중심 문장 찾기 STEP Ⅱ 문단 요약하기, 　　　　문단 간의 관계 파악하기 STEP Ⅲ 글의 구조 파악하기, 　　　　주제 찾기 STEP Ⅳ 실력 향상 TEST · 문해력+어휘 체크 문제	· 재미있게 독해력을 기를 수 　있는 다양한 소재의 지문 · 독해 STEP에 따른 단계별 　독해 훈련 · 지문과 문제 접근법을 알려 　주는 지문 특강, 문제 특강 · 다양한 유형의 어휘 　테스트와 배경지식 · 다시는 틀리지 않게 하는 　꼼꼼한 입체 첨삭 해설	* 갈래별, 단계별 독해 훈련 **STEP** 시　❶ 화자, 중심 대상 찾기 　　❷ 상황, 정서, 태도 파악하기 　　❸ 표현상 특징 파악하기 **STEP** 소설　❶ 중심인물, 배경 파악하기 ·극　❷ 중심 사건, 갈등 파악하기 　　❸ 서술상 특징 파악하기
	★강남구청 인터넷 수능방송 강의교재	★강남구청 인터넷 수능방송 강의교재

중등 국어 문법 기본 / 국어 문법 완성	문해력을 키우는 어휘 1, 2
· 쉬운 개념 설명과 확인 문제로 문법 개념 쏙쏙 · 풍부한 예문과 그림으로 한눈에 개념 학습 · 최다 내신 문제로 학교 시험 100점 완성 · 문법 개념 동영상 강의 QR코드	· 읽기, 듣기 · 말하기 · 쓰기 교과서의 　어휘+용어 수록 · 문학 교과서 필수 작품의 어휘 + 개념어 수록 · 영역별 · 주제별 핵심 어휘 + 어휘 실력 테스트

고등 비문학 독해 1, 2	문학 독해 1, 2
* 독해 STEP에 따른 단계별 독해 훈련 STEP Ⅰ 핵심어 찾기, 중심 문장 찾기 STEP Ⅱ 문단 요약하기, 문단 간의 관계 　　　　파악하기 STEP Ⅲ 글의 구조 파악하기, 주제 찾기 STEP Ⅳ 실력 확인 테스트 STEP Ⅴ 최강 실력 모의고사	* 갈래별 구성에 따른 독해 훈련 시　❶ 화자, 중심 대상 찾기 　　❷ 상황, 정서, 태도 파악하기 　　❸ 표현상 특징 파악하기 소설　❶ 중심인물, 배경 파악하기 ·극　❷ 중심 사건, 갈등 파악하기 　　❸ 서술상 특징 파악하기

  **판매량 1위, 만족도 1위, 추천도서 1위!!**

쉬운 개념 이해와 정확한 **연산력**을 키운다!!

★ 수력충전이 꼭 필요한 학생들

- 계산력이 약해서 시험에서 실수가 잦은 학생
- 개념 이해가 어려워 자신감이 없는 학생
- 부족한 단원을 빠르게 보충하려는 학생
- 스스로 원리를 터득하기 원하는 학생
- 수학의 전체적인 흐름을 잡기 원하는 학생
- 선행 학습을 하고 싶은 학생

① 쉬운 개념 이해와 다양한 문제의 풀이를 따라가면서 수학의 연산 원리를 이해하는 교재!!

② 매일매일 반복하는 연산학습으로 기본 개념을 자연스럽고 완벽하게 이해하는 교재!!

③ 단원별, 유형별 다양한 문제 접근 방법으로 부족한 부분의 문제를 집중 학습할 수 있는 교재!!

★ **수력충전** 시리즈

초등 수력충전 [기본]

초등 수학 1-1, 2 / 초등 수학 2-1, 2
초등 수학 3-1, 2 / 초등 수학 4-1, 2
초등 수학 5-1, 2 / 초등 수학 6-1, 2

중등 수력충전

중등 수학 1-1, 2
중등 수학 2-1, 2
중등 수학 3-1, 2

고등 수력충전

공통수학1, 공통수학2
대수 / 미적분 Ⅰ / 확률과 통계

꼼꼼한 지문 분석, 명쾌한 문제 풀이로 국어가 쉬워진다!

대한민국 No.1 수능 기출 문제집

자이스토리
국어 시리즈

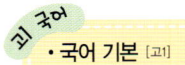

고1 국어
• 국어 기본 [고1]

처음부터 차근차근 고등 국어 기초 쌓기
• 고등 국어를 처음부터 체계적으로 공부할 수 있도록 꼭 맞는 학습법을 알려 드립니다.
• 독서, 문학, 문법(언어), 화법과 작문, 매체까지 고등 국어를 쉽고 재미있게 공부할 수 있습니다.

독서
• 독서 실전 [고3]
• 독서 완성 [고2]
• 독서 기본 [고1] NEW

독해 공식과 문제 유형별 꿀팁으로 쉽고 빠르게 독서 마스터
• 수능 독서 시험의 최신 경향에 꼭 맞는 학습법을 알려 드립니다.
• 지문 유형별 독해 공식과 지문 분석·문제 풀이 특강으로 지문 분석·문제 풀이 훈련을 합니다.

문학
• 문학 실전 [고3]
• 문학 완성 [고2]
• 문학 기본 [고1] NEW

갈래별 독해 공식으로 어떤 문학 작품이라도 쉽고 빠르게 분석
• 작품 갈래별로 반드시 파악해야 할 요소를 독해 공식으로 알려 드립니다.
• 작품 갈래별 독해 공식과 지문 분석·문제 풀이 특강으로 정답을 한눈에 파악할 수 있습니다.

• 고등 국어 문법 총정리 [고1, 2, 3] NEW

2022 개정 교육과정을 반영, 고등 국어 문법 개념 총정리
• 고등 국어 교과서의 문법 개념을 총정리한 책으로, 내신과 수능을 동시에 대비할 수 있습니다.

• 화법과 작문 실전 [2015 교육과정]
• 언어와 매체 실전 [2015 교육과정]
• 언어(문법) 기본 [2022 교육과정]

세분화된 선택 과목 집중 훈련
• 고등 국어 문법·화법과 작문 개념을 쉽게 이해할 수 있도록 도식화·시각화했습니다.
• 여러 유형의 다양한 문제를 통해 내신과 수능을 대비할 수 있습니다.

• 전국연합 고1 국어
• 전국연합 고2 국어
• 연도별 고3 모의고사

실전 훈련으로 국어 1등급 완성 (최신 유형·최다 수록)
• 전국연합 모의고사 고1, 고2 국어: 최신 3개년 학력평가 12회
• 연도별 고3 모의고사: 최신 기출 모의고사 30회

• 고전 시가 총정리 [고1, 2, 3]

단계별 기출문제로 어려운 고전 시가 총정리
• 작품 갈래에 따라 반드시 파악해야 할 요소를 독해 공식으로 알려 드립니다.

• 수능 국어 개념어 총정리
• 국어 독해력을 키우는 실전 어휘

독해력을 키우는 바탕! 어휘력 키우기
• 독서, 문학, 수능 주요 어휘 등 수능 국어 모든 영역의 어휘를 한 번에 학습할 수 있습니다.
• 지문과 문제를 통해 어휘력이 쌓였는지 확인하면서, 독해력도 높입니다.

자이스토리 국어 시리즈

국어 기본(고1)   독서 완성(고2)   고등 국어 문법 총정리   고난도 국어 독서   전국연합 모의고사 고1 국어
독서 기본(고1)   문학 완성(고2)   개념어 총정리   고난도 국어 문학   전국연합 모의고사 고2 국어
문학 기본(고1)   독서 실전(고3)   고전 시가 총정리   수능 연도별 모의고사 고3 국어
언어(문법) 기본   문학 실전(고3)   (화법과 작문 / 언어와 매체)
                      언어와 매체 실전(고3)
                      화법과 작문 실전(고3)